Franz Ritter

Bonn - Beiträge zu seiner Geschichte und seinen Denkmälern

Franz Ritter

Bonn - Beiträge zu seiner Geschichte und seinen Denkmälern

ISBN/EAN: 9783743673601

Hergestellt in Europa, USA, Kanada, Australien, Japan

Cover: Foto ©ninafisch / pixelio.de

Weitere Bücher finden Sie auf **www.hansebooks.com**

BONN.

BEITRÄGE ZU SEINER GESCHICHTE UND SEINEN DENKMÄLERN -

VON

FR. RITTER, J. FREUDENBERG, K. SIMROCK, W. HARLESS, E. V. SCHAUMBURG,
C. VARRENTRAPP, E. AUS'M WEERTH, A. WUERST.

FESTSCHRIFT,

ÜBERREICHT

DEN MITGLIEDERN DES IM SEPTEMBER 1868 ZU BONN TAGENDEN

INTERNATIONALEN CONGRESSES FÜR ALTERTHUMSKUNDE UND GESCHICHTE.

(Secret-Siegel der Stadt Bonn aus dem 15. Jahrh.)

HIERZU 7 TAFELN UND VIELE IN DEN TEXT GEDRUCKTE HOLZSCHNITTE.

BONN, 1868.
DRUCK VON CARL GEORGI.

I.

Bonn in den ersten zwei Jahrhunderten seines Bestehens.

Von

Professor Ritter.

§. 1. Die Rheinbrücke des Julius Cäsar bei Bonn im Jahre 55 vor Chr.

Die ersten Römer, welche als Eroberer die Umgebung von Bonn betraten, waren die von Julius Cäsar gegen das heutige Frankreich und Belgien geführten Römischen Legionen. Als diese im Jahre 55 vor Christi Geburt die über den Unterrhein in das Belgische Gallien aus Germanien eingedrungenen Usipeten und Tenkterer geschlagen und auf das rechte Ufer des Rheins zurückgeworfen hatten[1]), rückte Cäsar mit seinem Heere auf der linken Rheinseite eine Strecke hinauf und beschloss, um die Germanen jenseits des Rheins zu schrecken und ihre Lust, diesen Strom zu überschreiten und in Gallien Beute zu machen oder Wohnsitze zu gewinnen, gründlich zu dämpfen, eine Pfahlbrücke über den Rhein zu schlagen[2]) und auf dieser sein Heer auf die rechte Rheinseite zu führen. Diese Brücke an der Nordseite der heutigen Stadt Bonn in der Nähe des Wichelhofes anzunehmen, dazu bestimmen mich folgende Gründe. Jener Bau wurde dem Gebiete der am rechten Rheinufer wohnenden *Ubier* gegenüber unternommen[3]) und das hier über den Rhein von Cäsar geführte Heer sollte durch das Gebiet der Ubier in das Land der *Sugambrer* vorrücken, um diese für ihre den Usipeten und Tenkteren gewährte Aufnahme zu züchtigen, zuletzt aber in die Wohnsitze der *Sueben* einfallen[4]). Auf welchem Wege konnte Cäsar dieses Ziel erreichen? Um diese Frage zu beantworten, haben wir die Wohnsitze der eben genannten Völker zu bestimmen.

Die Wohnsitze der Ubier, ehe sie M. *Agrippa* im Jahre 39 vor Chr. auf das *linke* Rheinufer in die Ebene von Köln versetzte, haben wir *Köln* gegenüber zu suchen, wo sie nördlich ungefähr bis an die *Wupper* bei Opladen bis zu den *Tencteri*, südlich bis an die *Wied* unterhalb Neuwied bis zum Gebiet der *Usipi* oder *Usipeten* reichten. Danach werden wir für die Anlage der Brücke einen Punkt zwischen *Worringen* und *Neuwied* auf einer Strecke von 14 bis 15 Wegstunden aufzusuchen haben. Auf dieser Strecke aber haben wir uns für einen Punkt an der Nordseite der Stadt Bonn in der Nähe des jetzigen Wichelhofes zu entscheiden[5]). Denn sobald Cäsar seine Brücke vollendet hatte, rückte er *in das Gebiet der*

1) Cäsar Bell. Gall. IIII 1—15.   2) Cäsar B. G. IIII 16.
3) Cäsar B. G. IIII 16 und 19.   4) Cäsar a. a. O. a. 19.
5) Eine zu Paris im Jahre 1861 erschienene *Carte de la Gaule sous le proconsulat de César* etc., welche eine Commission auf Anordnung des Kaisers Napoleon III entworfen hat, lässt die Rheinbrücke bei Köln aufschlagen und Cäsars Heer zuerst östlich, dann in nördlicher Richtung so vorrücken, dass es die Berge, welche die Flüsse Dühn und Wupper einschliessen, überschritten und bis in die Nähe der westfälischen Ruhr vorgedrungen wäre. Diese Auffassung kann nicht richtig sein; denn auf diesem Wege hätte das Heer mit grossen Terrainschwierigkeiten zu kämpfen gehabt, hätte über enge Thalschluchten und schroffe Gebirgswände steigen müssen, wovon bei Cäsar auch nicht die geringste Andeutung zu finden ist. Auch wäre Cäsar auf diesem Wege

Sugambri vor [1]). Die kampflustigen Sugambrer aber haben wir als die Bewohner des Siegthals, jedoch mit Ausnahme der von den Ubiern bewohnten Siegebene im Thale des Rheins,
genauer also als die kräftigen und kriegerischen Gebirgsbewohner des oberen von Bergen
umgebenen Siegthals anzusehen, mögen sie nun von der *Sieg* (Suga [2]) den ersten Theil ihres
Namens empfangen haben, was das Wahrscheinlichste ist, oder nach einer andern Eigenschaft
also genannt sein und die *Sieg* ihren Namen von ihnen erhalten haben. Dass sie im Siegthale und dessen Umgebung wohnten, lässt sich auch daraus erkennen, dass Drusus, der
Gründer des Lagers und der Flotte bei Bonn, von diesem Punkte aus ihre Bekämpfung
unternommen hat [3]), und dass sie bald nachher (im Jahre 8 vor Chr., 746 nach Roms Erbauung)
durch Tiberius, nicht *unterhalb* der Stadt Köln, wo damals die Wohnsitze der Ubier waren,
sondern oberhalb derselben, also wohl in die Umgegend von Bonn versetzt worden sind [4]).
Dass die Sugambrer das Thal der Sieg und ihrer Nebenflüsse bewohnten, lässt sich ferner
aus folgender Begebenheit erkennen. Als Cäsar im Jahre 53 vor Christus, d. i. zwei
Jahre nach seinem ersten und unmittelbar nach seinem zweiten Brückenbau über den Rhein,
die beutegierigen Germanen zur Ausplünderung der Eburonen in Belgien aufforderte, da
machten sich 2000 Sugambrische Reiter diese ihnen willkommene Gelegenheit zu Nutze,
setzten über den Rhein, und drangen Beute suchend in das Land der Eburonen ein [5]). Die
Stelle ihres Rheinübergangs lag *dreissig Römische Milien* oder *sechs Deutsche Meilen* unterhalb der *zweiten* von Cäsar erbaueten Rheinbrücke [6]). Diese zweite Brücke aber war in der
Nähe von *Neuwied* aufgeführt [7]), und Neuwied liegt sechs Deutsche Meilen oberhalb der Stelle,
wo die Sieg in den Rhein mündet. Demnach sind die beutelustigen 2000 Sugambrischen
Reiter in der Nähe der *Siegmündung* über den Rhein gegangen, und daraus ist weiter zu
schliessen, dass sie auf ihrem Marsche nach Belgien aus dem *Siegthale* an diese Stelle herabgekommen waren. Wenn dieser Rheinübergang aber entweder genau an der Stelle geschah, wo Cäsar zwei Jahre früher seine erste Brücke aufgeschlagen hatte, oder doch in
nächster Nähe stattfand, warum ist jene Ortsbestimmung nicht nach der ersten sondern nach

---

den von ihm aufgesuchten *Sugambern* und *Sueben* nicht nur nicht nahe gekommen, sondern geradezu ausgewichen.
Der Kaiser selbst lässt in seiner „Geschichte Julius Cäsars" (Bd. II S. 377 der Deutschen Uebersetzung) die Rheinbrücke bei Bonn in Uebereinstimmung mit meiner in den Bonner Vereins-Jahrbüchern (Bd. XXXVII S. 20—24)
mitgetheilten Ansicht errichten, worüber Prof. Urlichs (Jahrb. XLII S. 226) sich so ausspricht: „seine" (Napoleons III) „eigene Commission hatte noch 1861 Cäsar bei Köln über den Rhein gehen lassen, seitdem ihm Ritter's
Behandlung bekannt geworden ist, setzt er den Uebergang nach Bonn." Herr v. Cohausen lässt die erste
Rheinbrücke am Niederrhein in der Nähe von Xanten aufrichten (Jahrb. XLIII S. 9—11), eine Meinung, welche
ich in den B. Jahrbüchern (Heft XLIV und XLV S. 46 fgg.) zu widerlegen gesucht habe.

1) B. Gall. IIII 16: Caesar ad utramque partem pontis firme praecidio relicto *in finos Sugambrorum contendit.*

2) So wird die Sieg zur Zeit Cäsars wohl geheissen haben, wenn ein Schluss von der bestbeglaubigten
Form *Sugambri* gestattet ist. In Urkunden des Mittelalters heisst sie *Siga* und *Seiga*; dieser Form entspricht
die ebenfalls vorkommende Namensform des Volkes *Sigambri.*

3) Dio Cassius LIIII 32, diese Jahrbücher XVII S. 20.

4) Sueton Tib. 9, Aug. 21. Tacit. Annal. II 26. Cassius Dio LV 6.

5) Cäsar B. G. VI 35.

6) Cäsar a. a. O. transeunt Rhenum navibus ratibusque *triginta milibus passuum* infra eum locum, ubi
pons erat perfectus praesidiumque ab Caesare relictum.

7) S. Bonner Jahrb. XXXVII S. 24—29. XLIII S. 11.

der zweiten Rheinbrücke gemacht? Cäsar wollte die Entfernung der Stelle, von welcher er
selbst mit seinem Heere nach dem Belgischen *Aduatuca* aufbrach, und derjenigen, von
welcher die 2000 Sugambrischen Reiter nach demselben Punkte ihre Richtung nahmen, an-
geben, um klar zu machen, wie jene Reiter, welche bei ihrem Einfalle in Belgien ein Rö-
misches Lager überfielen und plünderten, seinem Heere zwar sehr nahe kommen mussten, aber
doch nicht so nahe, dass sie für ihren Ueberfall des Römischen Lagers gezüchtigt werden konnten.

Danach ist Cäsar am linken Ufer der Sieg in der Richtung von Westen nach Osten
gezogen, ist aber nicht weit im Thale vorgedrungen[1]), und daraus erklärt sich, dass *keine
Terrainschwierigkeiten* von ihm erwähnt werden, sondern sein Heer ohne Aufenthalt vor-
geht und zurückkehrt. Cäsar wagte nämlich nicht, in die engen Schluchten des oberen Siegthals, in welche die Sugambrer sich zurückgezogen hatten[2]), vorzurücken. Noch weniger
wagte Cäsar seinen andern Plan in Ausführung zu bringen, nämlich über die Sugambrer hinaus zu kommen und bis zu den *Sueben* vorzudringen. Diese von ihm genannten *Suebi* sind
die *Chatti*, d. h. die Bewohner der beiden Hessischen Länder, wie neuere Gelehrte, namentlich Minola, Giefers und vor andern Jacob Grimm erkannt haben[3]). Um zu diesen zu kommen, hätte Cäsar im engen Siegthale bis zu den Quellen der Sieg vorgehen, das hohe Ge-
birge am *Ederkopf* überschreiten und so in das Thal der *Eder* oder *Lahn* hinabsteigen
müssen. Statt einen so gefährlichen Marsch zu wagen, hat Cäsar, sobald er im Gebiete der
Sugambri angelangt war, sein Heer Halt machen und ein Werk der Zerstörung ausführen
lassen, worauf er nach einem Aufenthalte von *achtzehn Tagen* auf dem rechten Rheinufer,
theils im Lande der Ubier, theils in den Wohnsitzen der Sugambrer, über den Rhein zurük-
kehrte und die Brücke hinter sich abbrechen liess[4]).

Dass Cäsar bei dem Baue seiner ersten Rheinbrücke in der Nähe von Bonn weder einer
Stadt noch eines Dorfs dieses Namens gedenkt, lässt uns mit Sicherheit voraussetzen, dass
zu seiner Zeit ein Anbau von einiger Bedeutung an dieser Stelle noch nicht vorhanden war.

Eine andere Begebenheit, welche in der Nähe von Bonn sich ereignet hat, ist folgende:
Im Jahre 16 v. Chr. (738 nach Rom's Erbauung) brachen die Sugambrer, aus dem Siegthale

---

1) Bell. G. IIII 19: Caesar paucos dies in eorum finibus moratus, omnibus vicis aedificiisque incensis fru-
mentisque succisis, se in fines Ubiorum (in die Siegebene des Rheinthals) recepit.

2) B. Gall. IIII 18: Sugambri — finibus suis excesserant suaque omnia exportaverant, seque in soli-
tudinem ac silvas abdiderant. In dieser Beschreibung liegt ohne Zweifel eine Uebertreibung. Nicht ihr *ganzes
Gebiet* (fines) gaben die Sugambri auf, sondern zogen sich in die engen Schluchten des Siegthals und in die
engen Thäler der Zuflüsse der Sieg, namentlich in die Thäler der *Broel* und *Nister* zurück, wohin, wie sie
richtig voraussetzten, ihnen Cäsar nicht folgen würde. Die Engen der Sieg beginnen bei *Blankenberg*, ziehen
sich noch weit mehr zusammen zwischen den Dörfern *Stromberg* und *Herchen*, weiter zwischen Thal *Windeck*
(Schloss oder Ruine *Windeck*) und *Schladern*, werden dann zwischen *Au* und *Wissen* so unzugänglich, dass noch
heute die Strasse über die rechts sich ziehenden Höhen ihre Richtung nehmen muss und nur der Spurweg der
Eisenbahn mit Hülfe von Tunneln im Thale am Flusse vorangehen kann. Daher wird Cäsar schwerlich weiter
als *Stromberg*, jedenfalls nicht über die heutige Station der Eisenbahn von *Au* (2½ Stunde unterhalb *Wissen*)
gekommen sein.

3) Vgl. diese Jahrb. XXXVI S. 19 fgg.

4) B. G. IIII 19: Caesar — diebus omnino decem et octo trans Rhenum consumptis — se in Galliam
(*Belgicam*) recepit pontemque rescidit.

wie nach der voraufgegangenen Nachweisung anzunehmen ist, in die Rheinebene hervor, setzten über den Rhein, lockten auf dem linken Rheinufer die ihnen entgegenrückende Römische Reiterei in einen Hinterhalt und überraschten bei Verfolgung derselben den Römischen Heerführer *Marcus Lollius*, brachten ihm selbst einen Verlust bei und eroberten den Adler der fünften Legion[1]. Auf diese Kunde ging der Kaiser *Augustus* selbst nach Gallien, fand aber gegen die Sugambrer nichts mehr zu thun, da diese, sobald Lollius Ernst gegen sie zeigte, sich über den Rhein zurückzogen und ihm Geiseln als Pfand des Friedens stellten[2]. Ob Augustus, als er im Jahre 16 v. Chr. nach Gallien kam und während seines mehrjährigen Aufenthaltes diesem Lande seine Verfassung gab und damals am Niederrhein das Winterlager an dem Südabhange des Fürstenberges bei *Birten* für zwei Legionen errichtete[3], nach Bonn gekommen ist, lässt sich weder behaupten noch verneinen: allein bald nach seiner im Jahre 13 v. Chr. erfolgten Rückkehr nach Rom tritt Bonn in die Geschichte ein, als Station einer Römischen Flotte und als Winterlager einer Römischen Legion.

§. 2. Der Kriegshafen und das Winterlager des Drusus bei Bonn im Jahre 12 vor Christus, 742 nach Rom's Erbauung.

Da eine bei Bonn aufgestellte Römische Kriegsflotte in alten Nachrichten theils ausdrücklich, theils so erwähnt wird, dass an diese zu denken ist, so wird es zweckmässig sein, zuerst die Stelle zu bestimmen, wo jene Flotte gestanden haben muss. Diese Stelle

---

1) Cassius Dio LIII 20. Sueton im Leben des Augustus c. 23.

2) Cassius Dio a. a. O.: Σύγαμβροί τε γὰρ καὶ Οὐσιπέται καὶ Τέγκηροι — τὸν Ῥῆνον διαβάντες τήν τε Γερμανίαν καὶ τὴν Γαλατίαν ἐληΐσαντο, τό τε ἱππικὸν τὸ τῶν Ῥωμαίων ἐπελθὸν σφισιν ἐνήδρευσαν, καὶ φεύγουσιν αὐτοῖς ἐπισπόμενοι τῷ τε Λολλίῳ ἄρχοντι αὐτῆς ἐνέτυχον ἀνέλπιστοι καὶ ἐνίκησαν καὶ ἐκεῖνον. μαθὼν οὖν ταῦτα ὁ Αὔγουστος ὥρμησε μὲν ἐπ᾽ αὐτοῖς, οἳ μέντοι καὶ ἔργον τι πολέμου ἔσχεν· οἱ γὰρ βάρβαροι τόν τε Λόλλιον παρασκευαζόμενον καὶ ἐκεῖνον στρατεύοντα (lies στρατεύσοντα) πυθόμενοι ἔς τε τὴν ἑαυτῶν (d. i. in das obere Siegthal) ἀνεχώρησαν καὶ σπονδὰς ἐποιήσαντο ὁμήρους δόντες. Ich habe die eigenen Worte des einzigen über diesen Vorfall Vertrauen verdienenden Zeugen hergesetzt, weil unter den Deutschen Manche aus falschem Patriotismus über diese „Niederlage der Römer durch die Germanen" ihren Mund etwas voll nehmen. Dass bei Tacitus (Annal. I 10) die *Lollianische Niederlage* mit der *Varianischen* auf gleiche Stufe gestellt wird, ist nicht dessen eigene Schuld, sondern eine Verläumdung von Leuten, die dem verstorbenen Augustus recht Vieles zur Last legen und ihn möglichst zu verunglimpfen suchen (Lollianas Varianasque clades (*memorabant*). Dem Tacitus aber hat Sueton unvorsichtig darüber so nachgeschrieben (Leben des Aug. 23): *graves ignominias cladesque duas* — in Germania accepit, *Lollianam et Varianam* u. s. w. Ein sehr verdächtiger Zeuge dafür ist Velleius Paterculus, welcher aus Kriecherei gegen Tiberius, den Gegner und Feind des Lollius (s. Tacitus Annal. III 48), sich über diesen Vorfall also auslässt (II 97): sed dum in hac parte imperii omnia geruntur prosperrime (d. h. da, wo *Tiberius* den Oberbefehl führte, in Pannonien und Dalmatien), accepta in Germania clades sub legato M. Lollio, homine in omnia pecuniae quam recte faciendi cupidiore, et inter summam vitiorum dissimulationem vitiosissimo, amissaque quintae legionis aquila vocavit ab urbe in Gallias Caesarem. Lollius, ein ebenso strebsamer und talentvoller als dem Kaiser Augustus unbedingt ergebener Mann, war schon in früher Jugend von demselben hervorgesucht und zu den höchsten Staatsämtern erhoben worden, Grund genug, dass auch ein Rom unbedeutender Verlust mit Neid und Schadenfreude aufgenommen und vergrössert wurde. Einen Trost gegen dergleiche Verunglimpfung und eine Erinnerung an die Verdienste des Lollius enthält die schöne Ode des Horaz Carm. IIII 9.

3) Tacitus Hist. IIII 23. Bonner Jahrb. XLIV u. XLV S. 51 fgg.

habe ich bereits im Jahre 1851 kurz angegeben [1]), ausführlich aber im Jahre 1864 nachgewiesen [2]), woher dasjenige, was zu der vorliegenden Erörterung gehört, hier zu wiederholen ist.

Eine halbe Stunde unterhalb der Stadt Bonn, zwischen den Dörfern Schwarzrheindorf und Bergheim mündet die Sieg in den Rhein auf der rechten Stromseite, in der Richtung von Osten nach Westen fliessend. Nachdem sie einen weiten Weg durch ein meist enges Gebirgsthal zurückgelegt hat, tritt sie drei Stunden vor ihrer Mündung in die Rheinebene, und lässt ihr Wasser in ruhigem und mitunter trägem Laufe dem Rheine zufliessen. Nur wenn anhaltende Regengüsse oder schnelles Schmelzen der Schneemassen im Frühjahr die zahlreichen Gebirgsbäche ihres Stromgebietes anschwellen, steigt sie über ihre Ufer und strömt in mehreren Betten dem Rheine zu, die Rheinebene in weiter Ausdehnung überschwemmend. Weil dieses Anschwellen der Sieg fast jährlich sich wiederholt, so haben ihre Fluthen in einiger Entfernung vom Rheine ausser ihrem gewöhnlichen Bette noch vier andere ausgegraben. Diese vier Bette enthalten bei gewöhnlichem Wasserstande der Sieg in einiger Entfernung vom Rheine kein Wasser: dagegen strömt in der Nähe des Rheins sein · Wasser in diese Einschnitte hinein und bildet dadurch vier Häfen, den einen etwa sieben Minuten vor der jetzigen Siegmündung, die *alte Sieg* genannt, den zweiten und dritten sieben Minuten nördlich von der jetzigen Siegmündung an der Südseite von *Bergheim*, den vierten fünf Minuten weiter bei *Mondorf*, welcher auch den Namen der *alten Sieg* führt. Von diesen Häfen ist derjenige, welcher vom Rheine bis nach Bergheim, an der Südseite des hohen Bergheimer Uferrandes, in einer Länge von beinah einer Viertelstunde sich hinzieht, ein so vortrefflicher Hafen, dass derselbe, wenn ihn die Natur auf die *linke* Seite des Rheins gelegt hätte, Bonn wohl zu einer grossen und reichen Handelsstadt erhoben haben würde [3]). Dieser Bergheimer Hafen, dessen Einfahrt durch enge Versandung jetzt sehr enge geworden ist, gehörte, ehe die Französische Revolution die Handelsverhältnisse am Rhein umgestaltete, zu den besuchtesten am Unterrhein, überhaupt zu den besten Stätten zwischen Rotterdam und Basel, wo Schiffe im Winter gegen Eis und Ueberschwemmung Schutz finden konnten. Noch erinnern sich die ältesten Bewohner Bonns und der Umgegend, namentlich der Hofrath *Oppenhoff*, Secretair der Universität zu Bonn, dass zwanzig bis dreissig grosse Holländische Kauffartheischiffe hier überwinterten. Nach diesem Hafen zogen noch vor fünfzehn Jahren zur Zeit des Winters die Nachen der Bonner Schiffbrücke und was sonst von Fahrzeugen bei Bonn vorhanden war: jetzt finden diese ihre Zuflucht in einem kleinen Hafen, den die Eigenthümer der Bonner Schiffbrücke näher bei Bonn an der gegenüberliegenden Rheinseite angelegt haben. Dagegen ziehen die Badehäuser von Bonn, die Nachen der benachbarten Dörfer, besonders aber Flüsse, noch jeden Winter in den sicheren Bergheimer Hafen ein. Die Anlage eines Sicherheitshafens am Nordende der Stadt Köln, wo bis dahin gar kein Hafen existirte, durch die Franzosen, als sie Herren des linken Rheinufers waren, dann die Errichtung anderer Häfen, namentlich zu Düsseldorf und Emmerich, hat den Hafen

---

1) Jahrb. XVII S. 85—86. 2) Jahrb. XXXVII S. 1 fgg.

3) Hätte dieser Hafen unmittelbar bei Bonn gelegen, so würden die Ubier wahrscheinlich in Bonn statt in Köln durch die Römer angesiedelt und der Altar zur Verehrung des Augustus würde dann in Bonn aufgestellt und unter dem Kaiser Claudius die Römische Militär-Kolonie hieher statt nach Köln verlegt worden sein, kurz Bonn würde dann zu der Bedeutung und zu dem Umfange gekommen sein, welche das minder günstig gelegene Köln erreicht hat.

von Bergheim allmählich fast in Vorgessenheit gerathen lassen, und Bergheim wie auch das ihm naheliegende Mondorf, welche vor achtzig Jahren nahe daran waren, Handelsplätze zu werden, sind wieder zu kleinen ländlichen Gemeinden von 1400 und 800 Einwohnern herabgekommen. Diese Gestaltung der Siegmündung wird die hier beigegebene der Generalstabskarte entnommene Zeichnung zur Anschauung bringen [1]).

In diesem Hafen, vielleicht auch in den daran stossenden Buchten, und in keinem andern, da die übrige Umgebung von Bonn keinen Hort für Schiffe bietet, muss jene Flotte gestanden haben, welche die Römer, als sie nicht lange vor Christigeburt das bereits durch Cäsar unterworfene linke Rheinufer nebst Belgien einrichteten, bei Bonn aufgestellt haben. Suchen wir jetzt die dunkeln und beinah verwischten Spuren dieser bei Bonn ehemals stehenden Römerflotte, so viele davon sich noch auffinden lassen, ans Tageslicht zu bringen!

Die erste Erwähnung dieses Kriegshafens und seines Urhebers finden wir in einer für die Urgeschichte der Rheinlande wichtigen und vielbesprochenen Stelle, welche durch *Julius Florus* aus dem Geschichtswerke des *Titus Livius* [2]) auf uns gekommen ist [3]). Diese lautet (IIII 12 26 = II 30) nach den beiden ältesten, von einander unabhängigen Handschriften des Florus, einer *Bamberger* aus dem neunten und einer *Heidelberger* aus demselben Jahrhundert, welche die neuesten Herausgeber des Florus bei ihrer Textesgestaltung als die zuverlässigsten Gewährstücke mit Recht zu Grunde gelegt haben, im Wesentlichen übereinstimmend, in Kleinigkeiten abweichend: denn in der erstern steht so: *bormam et oaesoria-*

---

1) Gegenwärtig (im J. 1868) hat sich die Gestalt der der dortigen Gewässer wieder etwas verändert, indem der Ausfluss der Sieg durch bedeutende und mehrere Jahre fortgesetzte Wasserbauten weiter nach Norden verlegt ist, so dass die Mündung der Bergheimer Bucht jetzt zugleich mit der Sieg in den Rhein ausläuft.

2) Ueber die Abhängigkeit des Florus von Livius im Ganzen, vorzüglich aber in seiner Beschreibung des Germanischen von Drusus geführten Krieges, vergl. meine Nachweisung in den Jahrbüchern H. XVII S. 1—8.

3) Vergl. Jahrbücher H. XVII S. 1—52, Doppelheft XXXIII u. XXXIV S. 1—56. In diesen beiden Abhandlungen, wovon die eine von mir, die andere von J. Becker verfasst ist, findet der Leser eine Kritik aller mit jenen Worten angestellten Versuche. In wieweit meine jetzige Auffassung der Sache von meiner früheren Behandlung derselben im 17. Hefte dieser Jahrbücher abweicht oder damit übereinstimmt, wird aus einer Vergleichung beider sich von selbst ergeben.

own pontibus iunxit classibusque firmavit, in der Heidelberger so: *bonnam et gesogiamcum pontibus iunxit classibusque firmavit (Drusus)*. Die Bamberger Handschrift, welche im Ganzen minder fehlerhaft als die Heidelberger geschrieben ist, nennt uns an der ersten Stelle eine Stadt *Borma*, die Heidelberger *Bonna*; welcher von beiden sollen wir folgen? Ich würde, wie ein gelehrter Mitarbeiter der Bonner Jahrbücher, Prof. *Becker*, und die beiden neuesten Herausgeber des Florus, *O. Jahn* und *C. Halm* gethan haben, mit Rücksicht auf die grössere Auctorität der Bamberger Handschrift *Borma* vorziehen, wenn ich eine Stadt dieses Namens am *Rhein* aufzufinden vermöchte, oder wenn sonst Jemand am Rhein oder in dessen Nähe ein *Borma* nachgewiesen hätte: denn an den *Rhein* weisen uns sowohl die Worte, welche diesen vorhergehen, als jene, welche ihnen folgen (in Rheni quidem ripa quinquaginta amplius castella direxit *(Drusus)*, und invisum atque inaccessum in id tempus Hercynium saltum patefecit), an den *Rhein* weist uns auch der Inhalt und die Ueberschrift des Abschnittes (Bellum Germanicum), worin Florus die Feldzüge des Drusus zwischen *Rhein und Elbe* beschrieben hat. Aber weder am Rhein noch sonst wo in Europa ist eine Stadt *Borma* zu finden, und wenn *Becker* irgend einen untergegangenen Flecken dieses Namens an der Nordküste Galliens nicht weit von Boulogne voraussetzt (Jahrb. II. XXXIII und XXXIV S. 49), so wird diese Vermuthung weder durch irgend eine alte Scherbe noch durch eine Spur von Nachricht bekräftigt, abgesehen davon, wie Drusus wohl dazu gekommen sei, zwei Flotten bei zwei nicht weit von einander entfernten Gallischen Küstenstädten, bei einem verschwundenen *Borma* und bei Boulogne (Gesoriacum) aufzustellen, und dass nicht minder räthselhaft bleiben würde, was diese Flotten zu der von Drusus beabsichtigten Sicherstellung des Rheinufers hätten beitragen können. Dagegen nennt uns die andere gleich alte Handschrift des Florus nicht nur eine wohlbekannte alte Römerstadt, sondern auch eine am Rhein gelegene Stadt, eine solche, welche der Zusammenhang und der Inhalt der Erzählung erwarten lassen. Daher dürfen wir in dieser Namensform unserm Heidelberger Zeugen trauen, von dem Bamberger aber annehmen, dass er hier einen leichten Schreibfehler begangen hat, indem er entweder in seiner Vorlage einen Zug am oberen Ende des ersten *n* in Bonna, ein *rn* statt *nn* zu finden vermeinte, oder durch das nächste caeso-riacum verleitet wurde, in einen Assimilations-Schreibfehler zu verfallen und so das nebelhafte Monstrum *Borma* in die Welt zu setzen.

Die nächste sich einstellende Frage ist, in wieweit die andere von Florus genannte Stadt zu *Bonna* passe oder dagegen streite. In der Benennung auch dieser Stadt gehen die beiden ältesten Documente wieder auseinander: denn im Bamberger steht *caesoriacum*, im Heidelberger *gesogiamcum*, allein auch hier kann über die richtige Namensform kein Zweifel bleiben, weil der Bamberger Schreiber im Anfange, der Heidelberger in der Mitte einen leicht zu erklärenden Schreibfehler begangen hat. Denn der Bamberger hat, wahrscheinlich durch unzeitige Erinnerung an *Caesar* verleitet, *caesoriacum* statt *Gesoriacum* geschrieben, der Heidelberger aber, weil die Anfangssylbe des Wortes sich zu stark seinem Ohre eingeprägt hatte, den ersten Buchstaben auch in die zweite Hälfte des Wortes und noch ein überflüssiges *m* hineingebracht, wodurch bei ihm ein *geso-giamcum* statt *Geso-riacum* zum Vorschein gekommen ist. Merkwürdiger Weise treffen wir den Schreibfehler *Geso-giaco* statt *Gesoriaco* auch auf der Tabula Peutingeriana, wo er durch dieselbe Veranlassung entstanden sein wird. Sobald wir aber die Fehler der beiden Florus-Handschriften meiden und, was sie Richtiges haben, aufnehmen, so bekommen wir den Namen jener Stadt im Belgischen Gallien, welche zuerst *Gesoriacum* (mit geschärfter Anfangssylbe auch *Gessoriacum*) hiess, dann *Bononia* genannt wurde, wovon, wie bekannt, der jetzige Name der Küsten- und Hafenstadt Boulogne seinen Ursprung hat. Demnach erfahren wir durch Florus oder durch dessen Gewährsmann Livius, dass *Claudius Drusus*, der Stiefsohn des Augustus, als er in den Jahren 12—9 v. Chr. Germanien bekämpfte, eine Flotte bei *Bonn* und eine zweite bei *Boulogne* aufgestellt hat.

Die in den Worten des Florus oder vielmehr des Livius enthaltene Erwähnung zweier Römischer Kriegsflotten, wovon die eine ihre Station bei Bonn, die andere bei Boulogne hatte, findet eine genügende Erklärung darin, dass die beiden Germanien (Germania inferior und G. superior) mit dem Belgischen Gallien von Augustus *zu einer Provinz*, *Belgica* genannt, verbunden [1]) und der Verwaltung des Drusus anheim gegeben waren. Die beiden Städte, wo die zwei Römischen Flotten ihre Stelle erhielten, lagen an den äussersten und entgegengesetzten Enden der grossen Belgischen Provinz, *Bonn* an dem *östlichen* Ende, *Boulogne* an der *westlichen* Seite derselben. Für diese Einfassung des Belgischen Gallien durch zwei an seinen gegenüberliegenden Enden aufgestellte Kriegsflotten bietet Italien eine ebenso treffende als belehrende Aufschluss gebende Analogie. Denn Italien wurde gemäss Anordnung des Augustus nach Westen an der Küste des Mittelmeeres durch eine Kriegsflotte im Hafen von *Misenum*, nach Osten am Adriatischen Meerbusen durch die Flotte von *Ravenna* beschützt [2]). In gleicher Weise waren die Flotten von Boulogne und Bonn, die letztere in Verbindung mit den am Rhein lagernden Legionen, dazu bestimmt, die ausgedehnten und reichen Provinzen von Gallien gegen Einfälle von Britannien und Germanien zu decken und sie selbst im Zaume zu halten. Wenn den Rheinischen Legionen ihre Lebensmittel aufgingen, konnten ihnen durch die Flotte am Rhein und nöthigenfalls auch durch die bei Boulogne durch Maas und Rhein Zufuhren gebracht, es konnten auch ihre Unternehmungen gegen Feinde durch beide Flotten unterstützt werden. Auf eine bessere, durch Drusus herbeigeführte Verbindung von Bonn und Boulogne *auf dem Landwege* scheinen die Worte des Florus *pontibus iunxit* (Bonnam et Gesoriacum) Bezug zu nehmen: da dieselben aber durch eine fehlerhafte Kürze und ein ungeschicktes Zusammenschnüren des ohne Zweifel klaren Livianischen Berichtes an auffälliger Dunkelheit leiden und die Geschichte Bonns nicht unmittelbar berühren, so darf

---

1) Plinius N. H. IIII 17 (31) § 105—106 Ptolemäus Geogr. II 9, Cassius Dio LIII 12. *Fechter* in Cer-Inels, Hottingers u. Wackernagels Schweiz. Museum für histor. Wissenschaft III S. 808—841. *Th. Mommsen* in den Berichten der K. Sächs. Gesellschaft zu Leipzig, phil. hist. Classe Bd. III S. 230—235. Auch *Germanicus*, als er in den Jahren 14 bis 16 nach Chr. Germanien bekämpfte, war nicht nur über die beiden Germanien sondern über das gesammte *Belgische Gallien* gesetzt; vgl. Tac. Ann. I 31 und 43, II 5. Nach dem Abzuge des Germanicus sind die drei Theile dieser grossen Provinz nicht mehr einem, sondern drei kaiserlichen Statthaltern zur Verwaltung übergeben worden, und dadurch ist auch der Sprachgebrauch aufgekommen, jeden dieser Theile (das untere und obere Germanien und Belgica) als eine für sich bestehende Provinz zu bezeichnen; vgl. Tacitus Ann. IIII 73: vexilla legionum e *superiore provincia* (aus dem oberen Germanien) accivit; H. I 51: exercitus finibus *provinciarum* (durch das Gebiet des oberen und unteren Germanien) discernebantur; Ann. XIII 53: invidit operi (Anlage eines Kanals zwischen Mosel und Saone durch *L. Vetus*, Legaten des oberen Germaniens) Aelius Gracilis, Belgicae legatus, deterrende Veterem ne legiones *alienae provinciae* inferret.

2) Tacitus Annal. IIII 5: Italiam utroque mari duae classes, Misenum aput et Ravennam — praesidebant. Suetom. Aug. 49: classem Miseni et alteram Ravennae ad tutelam Superi et Inferi maris conlocavit.

ich hier davon Umgang nehmen und meine Leser auf eine von mir anderswo [1]) versuchte Deutung verweisen. Uebrigens hat der Ausdruck, dass Drusus Bonn *durch eine Flotte gefestigt habe* (firmavit), noch seine besondere Bedeutung. Denn diese Flotte lag dem Lager von Bonn gegenüber an der Schwelle des feindlichen Landes, hatte also auch die Bestimmung, feindliche Angriffe, welche von der rechten Rheinseite gegen Bonn losbrechen würden, abzuhalten und gemeinschaftlich mit dem Landheere, welches hier im Lager stand, zu bekämpfen. Auf diese gefährliche Stellung der Römischen Flotte am Saume des feindlichen Landes musste Drusus Rücksicht nehmen. Denn auf derselben Rheinseite, wo die Flotte aufgestellt wurde, hat Drusus zwei *Castelle* errichten lassen, dass eine in einer Entfernung von anderthalb Stunden in südlicher Richtung, für dessen Dasein das heutige Dorf *Obercassel* (castellum superius) ein untrügliches Zeugniss gibt, das andere in gleicher Entfernung vom Bergheimer Hafen, dessen Namen sich in dem nach Norden gelegenen Dorfe *Niedercassel* (castellum inferius) erhalten hat. Ein Weg, welcher in der Richtung von Bergheim nach Niedercassel führt, heisst im Munde der Landleute noch jetzt der *Römerweg*. Beide Castelle gehörten zu jenen *fünfzig Vesten* (Castelle, Thürme, Lager), *welche Drusus zur Beschützung des Rheinlandes hat errichten lassen* [2]), und beide nebst der in ihrer Mitte liegenden Kriegsflotte waren die Schutzwehren, welche am rechten Rheinufer dem für eine Legion am *linken* Ufer bei Bonn errichteten Lager in der Art entsprachen, dass von vier Punkten her Hilfe dahin eilen konnte, wo Feindes Hände eins dieser Werke anzugreifen wagten. Danach werden wir auch das Winterlager einer Legion, welches im Batavischen Kriege bei Bonn mehrfach zur Sprache kommt [3]), ebenfalls als eine Anlage des *Drusus* anzusehen haben.

§ 3. Germanicus gedenkt vermittelst der Flotte bei Bonn die meutarischen Legionen im Lager bei Birten zu züchtigen im Jahre 14 nach Chr.

Was Drusus, durch seinen frühzeitigen Tod verhindert, nicht zu Ende führen konnte, die Unterwerfung der germanischen Völker bis zur Elbe, das gedachte sein Sohn *Germanicus* zu vollenden. Als dieser gerade mit den Vorbereitungen zu einem Kriegszuge gegen die Germanen beschäftigt war, langte die Nachricht von dem am 19. August des Jahres 14 nach Chr. (767 nach R. E.) erfolgten Ableben des Kaisers Augustus am Rhein an, und auf diese Nachricht brach unter den vier Legionen, welche im unteren Germanien lagen und zur Zeit in einem Sommerlager nicht weit von Köln vereinigt waren, eine gefährliche Empörung gegen den Nachfolger des Augustus, den Kaiser Tiberius aus, welche Germanicus nur mit Gefahr seines Lebens und mit Aufbietung aller ihm zu Gebote stehenden Mittel zu beschwichtigen vermochte [4]). Der Aufstand begann bei der fünften und einundzwanzigsten Legion und wurde von diesen, welche nach vorläufiger Stillung desselben aus der Nähe von Köln in das Winterlager bei *Birten* abzogen [5]), an dieser Stätte noch eifrig fortgesetzt, als die andern zwei Legionen bereits zufriedengestellt waren und die Urheber des Aufruhrs selbst

1) Verein-Jahrb. XXXVII S. 15—.9.
2) Florus IIII 12 26 oder II 30: in Rheni quidem ripa quinquaginta amplius castella dirosit.
3) Tacit. Hist. IIII 19. 20. 25 62. 70. 77. V. 22. Vgl. H. I 57.
4) Vergl. Tacit. Annal. I 31—49.   5) Tacitus a. a. O. I 37.

grausam bestraft hatten [1]). Da glaubte Germanicus, ihm bleibe nichts übrig, als jene zwei Legionen mit Hülfe der zum Gehorsam zurückgekehrten Legionen und mit den treu gebliebenen Bundesgenossen und *Flottensoldaten* zu bekriegen [2]). Erwägt man bei dem unten mitgetheilten Zeugnisse, dass Germanicus, als er diesen Plan fasste, in *Köln* war und bei Köln damals nicht eine Spur von Hafen sich vorfand [3]), so kann man unter der Flotte, worin Germanicus die zwei Legionen in Köln nebst den Hülfscohorten einschiffen und so den *Rhein herunter* nach Birten (bei Xanten) *fahren wollte (Rheno demittere)*, an keine anderen als an die bei Bonn im Hafen von Bergheim stehenden Kriegs- und Transportschiffe denken. Der Plan des Germanicus kam indessen nicht zur Ausführung, weil auch jene zwei Legionen zum Gehorsam zurückkehrten und die Anstifter der Meuterei zur Strafe zogen [4]).

§. 4. Benutzung der Flotte von Bonn und Boulogne im Jahre 16 nach Chr.

Als Germanicus im Jahre 16 nach Chr. seinen dritten und letzten Feldzug gegen die Germanen unternahm, entschloss er sich ein zahlreiches Heer von Legionen und Hülfscohorten, Reiterei und Fussvolk *auf tausend Schiffen* durch die Mündung der Ems rasch in das Herz von Germanien zu werfen [5]). Eine so grosse Anzahl von Schiffen war natürlich in den beiden Häfen von Bonn und Boulogne nicht vorhanden und daher mussten in aller Eile neue und zu diesem Zwecke passende gebaut werden [6]). Obgleich nun in der knapp gefassten Beschreibung des Tacitus der bei Bonn und Boulogne stehenden Schiffe nicht ausdrücklich gedacht ist, so folgt doch aus der Natur der Sache selbst, dass diese mitbenutzt wurden [7]). Besonders deutlich wird dieses aus dem gemeinsamen Sammelplatze jener Tausend Schiffe. Dies war die nördliche Spitze der Batavischen von Rhein und Maas umflossenen Insel, da wo Waal und Rhein an der heutigen *Schenkenschanz* sich scheiden (*insula Batavorum in quam convenirent praedicta, ob faciles adpulsus accipiendisque copiis et transmittendum ad bellum opportuna*, sagt Tacitus Annal. II 6). An diesen Einigungspunkt kamen die Fahrzeuge aus Bonn und die am Rheine neu gebauten rheinabwärts, während die Flotte von Boulogne zuerst in die Maasmündung einlief, dann auf der Maas bis zur heutigen *Andreas-Schanze*, dem ehemaligen Einigungspunkte von Maas und Waal, zuletzt die Waal hinauf bis

---

1) Tacitus I 44—45.

2) Tacitus Annal. I 45: Igitur Caesar arma (d. h. die beiden Legionen in Köln, die erste und zwanzigste, vgl. Annal. I 37 und 39—44), classem (die Flotte bei Bonn), socios (die nicht in den Aufstand hereingezogenen Hülfscohorten) *demittere Rheno* parat, si imperium detrectetur, bello certaturus. Auf diese Stelle, ebenso auf die bald zu behandelnde Annal. XI 18, bin ich durch den um Rheinische Alterthümer sehr verdienten Forscher *A. Eick* aufmerksam gemacht; vgl. Jahrb. XXXIX u. XL b. 356.

3) Vgl. S. 7 unten.　　4) Tacitus Annal. I 45, 48—49.　　5) Tacitus Annal. II 5.

6) Tacitus Annal. II 6: Silius et A. (dieses Pränomen oder ein anderes ist ausgefallen) Anteius fabricandas classi praeponuntur. Dieses fabricandas classi bedeutet nicht allein den Bau neuer Schiffe, sondern auch die Zurichtung schon vorhandener zu dem in der weiteren Beschreibung angegebenen Zwecke. Sonst hätten auch unmöglich in zwei bis drei Monaten 1000 Schiffe beschafft werden können.

7) Dasselbe folgt für die Bonner Flotte auch aus der im Jahre 14 von Germanicus beabsichtigten Benutzung.

zur Schenkenschanz führen. Von dieser Nordspitze der Batavischen Insel [1]), wo das grosse Heer des Germanicus nebst Vorräthen und Pferden eingeschifft wurde, zog die tausendwimpelige Flotte, die grösste, welche Rom bis jetzt aufgeboten hatte, eine kleine Strecke den Rhein hinab in nördlicher Richtung bis zu dem heutigen holländischen Flecken *Huissen*, wo sie durch den Drusus-Kanal in die *Yssel* und weiter in die Zuidersee, endlich in die Mündung der Ems einfuhr und im *Dollart* einen sichern Ankerplatz erreichte [2]).

§. 5. Gebrauch der Flotte von Bonn und Boulogne im Jahre 47 nach Chr.

Als *Domitius Corbulo* im J. 47 unter der Regierung des Kaisers Claudius als Consularlegat nach dem unteren Germanien kam, hatte er seine Provinz gegen die räuberischen Einfälle der *Chauken* zu schützen. Um diese in ihrem eigenen Lande zu züchtigen, unternahm er einen Feldzug in die nördlich zwischen Rhein und Weser gelegenen Wohnsitze der *Friesen und Chauken* und dazu bediente er sich der eben genannten Flotten, wie aus folgendem Berichte des Tacitus (Annal. XI 18) zu ersehen ist: at Corbulo provinciam ingressus magna cum cura, et mox gloria, cui principium illa militia fuit, triremes alveo Rheni, ceteras navium, ut quaeque habiles, per aestuaria et fossas adegit. Die *Schiffe mit drei Ruderreihen* (triremes), welche Corbulo, der seine Vorbereitungen zu diesem Unternehmen wahrscheinlich zu Köln, dem Hauptorte des unteren Germaniens, machte, auf dem Bette des Rheins zu den Friesen zwischen Rhein und Ems und weiter zu den Chauken zwischen Ems und Weser schwimmen liess, nahm er aus der bei Bonn stehenden Flotte, die übrigen wurden aus dem Hafen von Boulogne durch die Mündung der Maas *(per aestuaria)* auf dem vorher bezeichneten Wege nach der Schenkenschanz gebracht, und von hier nahmen beide Flottentheile ihre Richtung nach dem Drusus-Kanal (per fossas), der Zuidersee und Emsmündung. Als Corbulo eben im Begriffe stand, seinem Unternehmen eine weite Ausdehnung zu geben und bedeutende Eroberungen zwischen Ems und Elbe zu machen, kam ihm vom Kaiser die Weisung, er solle in seine Provinz zurückkehren [3]).

§. 6. Bonn in den Jahren 69 und 70 nach Chr.

In den bisher aufgeführten Bonn und dessen Umgebung betreffenden Begebenheiten tritt dasselbe nur einmal mit seinem Namen hervor [4]): dagegen wird Bonn in den Jahren 69 und 70 nach Chr. mehrfach genannt, indem sowohl die Bonner Flotte als auch das auf

---

1) Dass der Ausdruck des Tacitus *insula Batavorum* vom *Nordende* dieser Insel zu verstehen sei, folgt aus der Natur der Sache und aus der Fortsetzung seiner Erzählung (Annal. II 6 u. 8).

2) Tacitus a. a. O. II 8: fossam cui Drusianae nomen ingressus (Germanicus) — lacus inde et Oceanum usque ad Amisiam flumen secunda navigatione pervehitur. Classis Amisiae *in lacu* relicta, laevo amne (d. h. *im Dollart, auf der linken Flussseite; in lacu* ist Ergänzung von mir); erratumque in eo quod non subvexit *aut* (aut ist Ergänzung von Wurm) transposuit militem dextras in terras iturum. Wenn Germanicus, wie Tacitus für zweckmässiger hält, diese Flotte weiter nach Norden in das Land gebracht hätte, so musste er dieselbe im Bette der nicht besonders breiten Ems in einer meilenlangen Linie aufstellen und zu ihrem Schutze einen grossen Theil seines Heeres zurücklassen.

3) Tacitus Annal. XI 20.   4) Vergl. §. 2 dieser Abhandlung.

dem Terrain dieser Stadt für eine Legion errichtete Winterlager vor und während des Batavischen Krieges an den Ereignissen jener Zeit sich betheiligen. Diese Vorfälle, soweit sie Bonn betreffen, mögen hier eine Stelle finden.

Im Januar des Jahres 69 nach Christus, nicht lange vor Ermordung des Kaisers Servius Galba, langte die Nachricht in Rom an, dass *Fonteius Capito*, Statthalter im unteren Germanien, ermordet sei [1]). Einer seiner beiden Mörder war *Fabius Valens*, Commandant (legatus) der ersten Germanischen im *Bonner* Winterlager stehenden Legion [2]), und derjenige, welcher den Sturz des Capito durch Anschwärzung vorbereitet und bald darauf bei Tödtung desselben Dienste geleistet hatte, war *Julius Burdo*, Admiral (praefectus) *der Germanischen Flotte* [3]). Danach ist anzunehmen, dass Capito gegen Ende des Jahres 68 n. Chr. entweder in Bonn oder im Hafen von Bergheim seinen Tod gefunden hat. Als *Vitellius* am 2. Januar des Jahres 69 nach Chr. durch Fabius Valens, welcher an diesem Tage von Bonn nach Köln gekommen war, hier als römischer Kaiser ausgerufen war, verlangten die Soldaten den Kopf des Burdo, weil dieser ihnen als Anstifter des an Capito begangenen Mordes verhasst war. Auch würde Burdo ihrem Zorne nicht entkommen sein, wenn Vitellius ihn nicht durch List dem Grimme der Erzürnten entzogen hätte, indem er ihn gefangen nehmen liess und erst nach dem Siege über Otho wieder frei gab [4]). Zum Nachfolger des Burdo in dessen Stelle hatte Vitellius den *Julius Tutor aus Trier* erkoren, welcher später von den Römern abfiel und zur Partei des Civilis übertrat. Tacit. Hist. IIII. 55: Tutor *ripae Rheni a Vitellio praefectus*, d. h. classi Germanicae praefectus.

Ein bedeutendes und für die an Zahl auf die Hälfte reducirte erste Legion blutig endendes Gefecht ward derselben bald nach dem Ausbruch des Batavischen Aufstandes von heimkehrenden Batavischen Cohorten vor den Thoren des Bonner Lagers und bald darauf innerhalb desselben geliefert, dessen Hergang die unten mitgetheilte Erzählung des Tacitus in kurzen aber drastischen Zügen beschreibt [5]). Als die siegreichen Cohorten auf ihrem for-

---

1) Tacitus Histor. I 7.

2) Tacitus ebendaselbst. Das Bonner Lager der ersten Legion wird ausdrücklich erwähnt von Tacitus Hist. IIII 20, 25, 62, 70. 77; V 22, als nicht weit von Köln gelegen ohne Namen bezeichnet I 57.

3) Tacitus Histor. I 58

4) Tac. Hist. I 58: Iullum Burdonem, *Germanicae classis praefectum*, aestu subtraxit. Exarserat in eum iracundia exercitus, tamquam crimen ac mox insidias Fonteio Capitoni struxisset. Grata erat memoria Capitonis; et apud saevientes occidere palam, ignoscere non nisi fallendo licebat. Ita in custodia habitus et post victoriam demum, stratis iam militum odiis, dimissus est.

5) Tacit. Hist. IIII 20: tria millia legionariorum et tumultuarias Belgarum cohortes, simul paganorum (d. h. *Landleute* aus der Umgegend des Bonner Lagers, vielleicht aus einer Dorfgemeinde, welche sich neben dem Lager gebildet hatte) lixarumque ignava sed procax ante periculum manus, omnibus portis *prorumpunt* (so nach meiner Verbesserung statt des sprachwidrigen und verstümmelten rumpunt), ut Batavos numero impares circumfundant. IIII veteres militiae in cuneos congregantur, densi undique. et frontem, tergaque ac latus tuti; sic tenuem nostrorum aciem perfringunt (d. h. die Keile der Batavischen Cohorten dringen an verschiedenen Punkten mit ihren Spitzen in die ihnen entgegenstehende schwache Römische Linie ein und sprengen dieselbe durch unaufhaltsames Vordringen). Cedentibus Belgis pellitur legio, et vallum portasque trepidi petebant. Ibi plurimum cladis: cumulatae corporibus fossae, nec caede tantum et vulneribus, sed ruina et suis plerique telis interiere. Victores coloniam Agrippinensium vitata, nihil ceterum in itinere hostile ausi, Bonnense proelium excusabant, tamquam petita pace, postquam negabatur, sibimet ipsi consuluissent.

neren Marsche keinen Widerstand gefunden und ihre Vereinigung mit Civilis vor dem Lager bei Birten erreicht hatten, beschloss dieser das Lager von Vetera und die darin liegenden zwei schwachen Legionen durch einen Sturm zu nehmen, und, als ihm das nicht gelingen
wollte, durch Einschliessung und Hunger zur Uebergabe zu zwingen [1]. Auf diese Nachricht
kam der Statthalter Obergermaniens *Hordeonius Flaccus*, dem Vitellius bei seinem Abzuge
nach Italien auch die Obsorge für das untere Germanien übertragen hatte [2], mit seinen
Truppen dem bedrohten Waffenplatze in Untergermanien zu Hülfe, aus einem Lager, welches
nicht *Mainz*, sondern ein anderes nur eine Tagereise oberhalb Bonn gelegenes war [3], aufbre-
chend und auf diesem Wege nach dem ersten Tagemarsche in *Bonn*, dem *Winterlager der
ersten Legion* [4], übernachtend. Hier zeigten sich zuerst ganz unverhohlen bedenkliche Spuren
von Misstrauen und Meuterei der gemeinen Soldaten gegen ihre Heerführer, welche bald
einen hohen Grad erreichten und beiden Verderben bereiteten. Als die Legionen in Vetera
durch Hunger ganz erschöpft sich dem Civilis ergeben hatten und treulos ermordet waren,
wurden sämmtliche Waffenplätze in beiden Germanien mit Ausnahme von *Mainz* und *Windisch* (Vindonissa) in der Schweiz, ohne Zweifel also auch das Bonner Lager, zerstört und
verbrannt [5], und die hier liegende erste Legion musste sich den Feinden ergeben [6].
Während dieses harte Schicksal das Lager von Bonn und dessen Besatzung betraf, ist
die Römische Flotte in ihrem Versteck, dem Hafen von Bergheim auf der andern Rheinseite,
von gleich harten Bedrängnissen, während die Kriegsfackel am heftigsten loderte, verschont
geblieben, hat aber durch zu grosse Zuversicht eines tüchtigen und bereits siegreichen Römischen Heerführers noch am Ende des Krieges eine recht empfindliche Niederlage erlitten.
Damit verhält es sich so. Im Jahre 70 nach Christus, als die Empörung der Bataver schon
ihrem Ende zuneigte, machte der Römische Heerführer *Petilius Cerialis*, nachdem er den
Civilis und dessen Heere zuerst aus Gallien, dann auch aus dem unteren Germanien und der
Batavischen Insel vertrieben hatte, eine Reise *den Rhein hinauf bis nach Bonn*, um die
Winterlager, welche zu Neuss und Bonn für die Römischen Legionen nach deren Zerstörung
wieder errichtet wurden, zu besichtigen (profectus Novaesium Bonnamque ad visenda castra
quae hiematuris legionibus erigebantur). Die Rückreise des Cerialis mit seinem Heere,
oder wenigstens einem Theile desselben, *von Bonn bis Birten*, wurde nicht, wie die Hinreise,
zu Lande, sondern *auf einer Flotte*, und zwar mit Vernachlässigung der üblichen in der
Nähe eines Feindes sonst beobachteten Vorsichtsmaassregeln ausgeführt (navibus remeabat,
disiecto agmine, incuriosis vigiliis). Diese Sorglosigkeit hatte zur Folge, dass die Römer,
als sie im Lager *bei Birten* [7] übernachteten, durch die Germanen vom rechten Rhein-

---

1) Tacit. Hist. IIII 21 - 23.   2) Tacit. H. II 57: cura ripae Hordeonio Flacco permissa.

3) Vergl. Bonner Jahrb. XXXIX u. XL S. 55—56.

4) Tacitus Hist. IIII 25: sic Bonnam, hiberna primae legionis, ventum.

5) Tacitus Hist. IIII 61: cohortium, alarum, legionum hiberna subversa cremataque, iis tantum relictis, quae
Mogontiaci ac Vindonissae sita sunt.

6) Tacitus Hist. IIII 62: duplicatur flagitium, postquam desertis Bonnonibus castris altera se legio miscuerat.

7) Der Name von *Vetera* ist im Texte des Tacitus ausgefallen. Dass aber kein anderes Lager als dieses
zu verstehen und *Veterum* vallum statt vallum zu ergänzen sei, habe ich in d. Vereins-Jahrb. XXXII S. 10—16
gezeigt. Vergl. *Fiedler* B. Jahrb. XXXVII S. 35.

ufer her aus der Umgebung der heutigen Stadt *Wesel* überfallen wurden und sämmtliche Schiffe dem Feinde in die Hände fielen. Dass den Cerialis, als er aus der Batavischen Insel *nach Bonn* hinaufzog, keine Flotte begleitete, was ohnehin nicht allein schwierig sondern ganz unzweckmässig und zeitraubend gewesen wäre, ergibt eine Vergleichung dessen, was von Tacitus kurz darauf (c. 23) mitgetheilt wird. Dadurch erfahren wir, dass die Römerflotte, welche an der Westseite der Batavischen Insel auf der Maas kreuzte, nach dem Verluste der Fahrzeuge bei Birten ein Seegefecht gegen Civilis bestand, also nicht verloren gegangen war. Demnach können wir mit voller Sicherheit annehmen, dass Cerialis seine Reise von der Batavischen Insel nach *Bonn* zu Lande, seine Rückreise aber *durch Schiffe aus der Römerflotte bei Bonn* ins Werk setzte. Selbst die Ursache, warum Cerialis bei seinem Rückwege die Römische Flotte bei Bonn oder doch einen guten Theil derselben mitnahm, ist aus der Erzählung des Tacitus noch deutlich zu erkennen. Denn dieser berichtet kurz vorher (H. V 19), dass dem Cerialis bei seiner vor der Reise nach Bonn statt gefundenen Anwesenheit an der Westseite der Batavischen Insel *Schiffe gefehlt hätten, um eine Schiffbrücke über die Waal zu schlagen und auf derselben auf die Insel der Bataver vorzudringen* (deesse naves *efficiendo ponti*, neque exercitum Romanum aliter transmissurum). Dieser *Mangel an Schiffen* darf nicht so verstanden werden, als wäre Cerialis damals ohne eine Flotte an der Westseite der Batavischen Insel gewesen, da eine kurz vorher gehende Aeusserung des Tacitus (c. 18: debellatum eo die foret, *si Romana classis* sequi maturasset) das Gegentheil lehrt. Allein die hier bezeichnete Flotte enthielt, wie sich uns auch bald nachher noch zeigen wird, grössere Schiffe, welche zum Aufschlagen einer Schiffbrücke über die Waal nicht gebraucht werden konnten. Um also bei dem nächsten Angriffe, welchen Cerialis gegen die Bataver vorbereitete, für einen Uebergang auf die Batavische Insel besser gerüstet zu sein, nahm er eine gut Zahl kleiner Schiffe und Nachen aus der Bonner Flotte mit; denn dass diese mit solchen kleineren Fahrzeugen reichlich versehen war, lehrt uns die bald darauf folgende Erzählung des Tacitus (Hist. V 23), wie Civilis die dem Cerialis durch den nächtlichen Ueberfall bei Birten entrissenen kleinen Fahrzeuge für ein Seegefecht gegen die römische Flotte auf der Maas auszurüsten und zu benutzen versuchte.

Das war der einzige, aber ein bedeutender Verlust, den Cerialis bei seiner sonst erfolgreichen Bekämpfung der Bataver und Germanen erlitten hat. Er selbst spielte bei dem Ueberfalle eine unrühmliche Rolle und würde den Germanen in die Hände gerathen sein, wenn er in jener Nacht auf dem Admiralschiffe gewesen wäre, welches mit sämmtlichen übrigen Fahrzeugen von dem Feinde erbeutet und auf die rechte Seite des Rheins gebracht wurde. Cerialis nämlich brachte jene Nacht nicht an der Stelle zu, wo Pflicht und Vorsicht seine Gegenwart forderten, nicht auf dem Admiralschiffe, auch nicht im Lager am Lande, sondern ruhete in den Armen einer schönen *Kölnerin* (ob stuprum Claudiae Sacratae, mulieris Ubiae, sagt Tacitus H. V 22), und hatte sogar den Nachtwachen verboten, die vorgeschriebenen Zeichen und Parolen zu geben, wodurch auch diese in Schlaf fielen und dem Feinde den Eintritt ins Lager erleichterten. Diese Niederlage der Römer hatte zur Folge, dass die beiden an den Endpunkten des Belgischen Gallien liegenden Flotten, welche auf gegenseitige Hülfe angewiesen waren, jetzt sich feindlich bekämpfen mussten. Denn um den Römern *die Zufuhren aus Gallien*, d. h. durch die Schiffe aus der Flotte von Boulogne, dem nächsten dortigen Hafen der Römer, *abzuschneiden* (ut eo terrore commeatus Gallia adventantes intercciperentur,

Tacit. H. V 23), entschloss sich Civilis, der Römischen Flotte an der Mündung der Maas ein Treffen zu liefern. Selbst die hier erwähnte Römerflotte muss aus Gallien, d. h. aus Boulogne, herbeigeeilt sein, wie sich leicht zeigen lässt. Denn sämmtliche Fahrzeuge, welche die Römer bei der Batavischen Insel auf der Waal und der Maas unterhielten, waren bald nach dem Ausbruche des Batavischen Aufstandes im J. 69 nach Chr. von Civilis und dessen Anhängern gefangen genommen (Tacit. H. IIII 16). Von dieser Zeit bis zur Ankunft des Cerialis hatten die aufgestandenen Bataver in ihrem Lande und auf ihren Strömen eine unbedingte Herrschaft behauptet. Wenn nun dem Cerialis, als er mit seinen Legionen gegen die Insel der Bataver vordrang, eine Kriegs-Flotte zur Seite stand (Tac. H. V 18 u. 21 u. 23), welche von Bonn nicht gekommen sein konnte, weil diese erst später herangezogen wurde und bei Birten verloren ging, so kann dieselbe nur von der Gallischen Küste, d. h. aus dem Hafen von Boulogne gekommen sein. Der schon mehrfach von Cerialis geschlagene Civilis wurde durch die von seinen Verbündeten bei Birten erbeuteten Bonner Fahrzeuge mit neuem Muthe so erfüllt, dass er ein Seetreffen gegen die Römer zu wagen sich entschloss. Dieses Gefecht, welches ohne Erfolg an der Mündung der Maas geliefert wurde, das letzte im Batavischen Kriege, hat uns Tacitus (H. V 23) beschrieben, eine Beschreibung, bei der ich noch einen Augenblick verweilen will, weil sie uns über die Beschaffenheit der Römerflotte bei Bonn Aufschluss gibt. Seine Worte, welche leider nicht ohne Lücken und Verderbnisse auf uns gekommen sind, lauten nach meiner Ergänzung und Berichtigung so: Civilem cupido inde incessit [1]) navalem aciem ostentandi. Complet quod biremium quaeque simplici *remorum* [2]) ordine agebantur; adiecta ingens luntrium vis. Tricenos quadragenosque servos *illis* imposuit [3]), sed armamenta Liburnicis solita; et simul captae luntres *sagulis versicoloribus* haud indecore pro velis iuvabantur. Hier werden Schiffe *mit zwei* und *mit einer Reihe von Ruderbänken* aufgezählt, überdies *eine Unzahl von Nachen*, das heisst, kleinere Schiffe ohne Verdeck, von welchen bemerkt wird, dass sie *erbeutet* seien, d. h. erbeutet bei dem nächtlichen Angriffe zu Birten. Das bei diesem Ueberfalle weggenommene Admiralschiff, eine Trireme, hatten die Germanen an ihre Wahrsagerin *Veläda* geschenkt (Tacit. H. V 22), von den andern werden sie auch wohl noch einige der werthvolleren für sich behalten haben. Die übrigen und besonders die kleineren überliessen sie dem Civilis, der ihre Bewegung durch das Ausspannen von Purpurmänteln (*sagulis versicoloribus*) statt Segeltüchern erleichterte. Daraus ist zu ersehen, dass die Flotte bei Bonn eine grosse Zahl kleiner Fahrzeuge enthielt, welche zu jeder Jahreszeit und bei jedem Wasserstande den Rhein befahren konnten, besonders aber zum Aufschlagen einer Schiffbrücke über den Rhein, wenn ein Heer zum Einmarsche in Feindesland übersetzen sollte, geeignet waren.

Den beiden oben [4]) namhaft gemachten Admiralen der Germanischen [5]) Flotte, dem

---

1) Statt *inde incessit* gibt die Ueberlieferung *invasit incessit*, *inde* statt *invasit* ist von N. Heinsius verbessert.

2) Das von mir ergänzte und für den Ausdruck unentbehrliche *remorum* (Schiffe mit einer Reihe von Rudern) ist wahrscheinlich bei seiner Abkürzung *rōȝ̣* vor ordine übersehen worden.

3) Das cursiv gedruckte ist von mir ergänzt. Ein alter Abschreiber des Tacitus ist von *ser* zu dem ähnlich lautenden *sed* übergesprungen.

4) S. 14.

5) *Classis Germanica*, nicht *Bonnensis*, heisst dieselbe, weil sie zum Schutze und für die Bedürfnisse der beiden Germanien, vorzüglich das unteren dienen sollte.

von Vitellius abgesetzten *Julius Burdo* und seinem Nachfolger *Tutor* aus Trier, können noch zwei hinzugefügt werden, zuerst ein *M. Aemilius Crescens*, der in einer Inschrift aus unbestimmter Zeit auf einem dem *Juppiter Optimus Maximus* gewidmeten Kölner Steine (jetzt im Museum zu Köln) als PRAEF. CLASS. GERM. P. F. *(praefectus Classis Germanicae Piae Fidelis)* nebst seinem in Köln geborenen Sohne *Aemilius Macrinus* genannt wird [1]. Den ehrenden Beinamen *Pia Fidelis* hat diese Flotte wohl empfangen, als sie bei einem nicht sicher zu bestimmenden Empörungsversuche gegen einen Römischen Kaiser diesem ihre Treue bewahrte. Wenn von dem Sohne des Admirals angeführt wird, dass er in Köln, dem Fund-orte des Steins, geboren sei *(cum Aemilio Macrino filio hic suscepto)*, so könnte dies andeu-ten, dass Köln nicht der Stationsort des Vaters war, der in oder bei Bonn residirte, seine Gattin aber im benachbarten Köln niederkommen liess. Der andere Befehlshaber der Ger-manischen Flotte war der nachmalige Kaiser *Helvius Pertinax*, welcher unter dem Kaiser Marcus Aurelius [2] den Befehl über die Germanische Flotte führte. Von Unterbefehlshabern dieser Flotte wird ein *Schiffskapitän* (trierarchus) *Rufrius Calenus* erwähnt, der im Auftrage von *Vexillariern der Germanischen Flotte* im *Brohlthale*, dessen Bach 6½ Stunde oberhalb Bonn in den Rhein *mündet*, dem Juppiter (I O M) und dem Hercules Saxanus ein Denkmal gesetzt hat [3], ferner ein *Schiffshauptmann ausser Dienst* (veteranus trierarchus ex classe Germanica pia fideli) auf einem jetzt nicht mehr vorhandenen in der Eifel gefundenen Steine [4], ein zweiter *(extrierarch. class. Germ.)* auf einem Steine aus Arles [5]. Nachdem die Station der Germanischen Flotte in der Nähe von Bonn nachgewiesen ist, wird man leicht begreifen, warum die meisten darauf bezüglichen Monumente in der Nähe dieser Stadt sich gefunden haben; so ausser den schon erwähnten noch zwei bei Andernach entdeckte Votivsteine im Bonner Museum, worauf zwei Soldaten der Germanischen Flotte ein Gelübde lösen [6]. Man wird jetzt auch begreifen, warum die Soldaten der Germanischen Flotte gerade an mehreren im Brohlthale errichteten Römischen Monumenten sich betheiligt haben: denn dieses Thal liegt in der vorher angegebenen geringen Entfernung von Bonn. Dahin gehören ausser dem kurz vorher angeführten noch folgende. Eine aus dem Brohlthale stammende Ara auf dem Rath-hause zu Nymegen, deren Inschrift Kunde gibt, dass *vexillarii classis*, d. i. classis Germanicae, im Verein mit Vexillariern (Detachements) aus der ersten Minervischen, der sechsten und zehnten Legion, aus Cohorten und Alen dem Hercules Saxanus (also im Brohlthale) ein Denkmal haben setzen lassen [7]. Auf einem andern vor wenigen Jahren im Brohlthale ge-fundenen grossen Steinmonument [8], was im Museum zu Köln aufbewahrt wird, lassen die

---

1) Brambach Corp. Inscr. Rhen. n. 355.

2) Jul. Capitolinus im Leben des Pertinax c. 2: inde (nach einem Amte in Italien) *classem Germanicam* rexit. Mater eum usque in Germaniam prosecuta est ibique obiit (in Bonn oder Köln?), cujus etiam sepulchrum stare nunc dicitur. Auf diese Stelle wurde ich durch Prof. Freudenberg aufmerksam.

3) Brambach C. I. Rh. 665. Das Denkmal des Hercules Saxanus. Erl. von J. Freudenberg S. 6 u. 20.

4) Brambach 582.   5) Orelli 3600. Freudenberg S. 20.

6) Brambach 677. 684. Freudenberg a. a. O. und in seiner in diesem Buche enthaltenen Abhandlung.

7) Brambach C. I. Rh. 680. Freudenberg a. a. O. S. 4 n. 2. Bonner Jahrb. XXXVI S. 100. XXXVII Seite 7 Note 7.

8) Brambach 660. Freudenberg S. 16.

sechste, zehnte und zweiundzwanzigste Legion, ferner Alen, Cohorten und *Flottensoldaten
dem* (Juppiter?) *und Hercules* ein Denkmal setzen. Der jüngste Votivaltar dieser Art wurde
1863 im Brohlthale gefunden; seine Inschrift bekundet, dass Detachements (vexillarii) aus
der sechsten und zehnten Legion, aus Alen, Cohorten und aus der *Germanischen Flotte* dem
Juppiter Optimus Maximus (I O M) und dem Hercules Saxanus dieses Denkmal gesetzt haben[1]).

Die zuletzt genannten Werke fallen sicher nicht mehr in das erste Jahrhundert nach
Christus, wahrscheinlich zwischen 104 und 120[2]), d. h. mehr als dreissig Jahre nach dem
Batavischen Kriege. Daraus ergibt sich, was schon an sich wahrscheinlich ist, dass die Flotte
bei Bonn nach ihrem Verluste bei Birten ergänzt und erneuert ihre ehemalige Station wieder bezogen hat. Dass dieselbe auch unter der Regierung des Marcus Aurelius noch bestand,
haben wir kurz vorher gesehen: ihr Untergang aber wird wohl erst mit dem Aufhören der
Römischen Herrschaft erfolgt sein. Während Bonn noch in Quellen des dritten Jahrhunderts
nach Christus, im Itinerarium Antonini und in der Tabula Peutingeriana, aufgeführt und von
Ammianus Marcellinus im vierten Jahrhundert, wo er Julians Thaten am Rhein vom Jahre
359 beschreibt, nebst sechs andern von Julian eroberten Städten erwähnt wird[3]), sehen wir
uns seit der Zeit des Marcus Aurelius vergeblich nach einem Worte über die Germanische
Flotte um: ein solches würde vielleicht nicht fehlen, wenn den Verfasser der *Notitia dignitatum in partibus Occidentis* am Ende derselben nicht Eile und Arbeitsunlust befallen und
ihn bestimmt hätten, im 42sten Abschnitte, worin der Verwaltungskreis und das Amtspersonal
der *Consulares* von Germania prima und Secunda anzugeben waren, statt sorgfältig aus den
ihm zu Gebote stehenden amtlichen Verzeichnissen zu schöpfen, seine Leser mit den kahlen
Worten abzuspeisen: *Ceteri omnes consulares ad similitudinem consularis Campaniae officium
habent.* Denn in jenen zuerst von Augustus angelegten und dann von den folgenden Kaisern
erweiterten Verzeichnissen waren sämmtliche Heere und Kriegsflotten[4]) und unter diesen
ohne Zweifel auch die Germanische oder Bonner Flotte verzeichnet. Diejenigen aber, welche
von früher eingesogenen irrigen Vorstellungen sich noch nicht los sagen können und die
Station dieser Flotte nicht bei Bonn, sondern bei Köln suchen[5]), mögen aus dem, was über
Köln oben (S. 7) bemerkt ist, sich eines Besseren belehren, und solche, welche eine Stelle
in der Nähe des Lagers von Vetera dafür annehmen[6]), mögen erwägen, dass dort ebenso

---

1) Brambach 662. Freudenberg in d. B. Jahrb. XXXVIII 84.

2) S. Urlichs in d. B. Jahrb. XXXVI 100—104.

3) XVIII 2 §. 4: civitates occupatae sunt septem, Castra Herculis, Quadriburgium, Tricesimae, Novaesium,
Bonna, Antunnacum et Bingium.

4) Vergl. Tacit. Annal. I 11: opes publicae continebantur, quantum civium sociorumque in armis, quot
classes u. s. w. Von den Römischen Flotten stand eine zu Misenum, eine andere bei Ravenna, eine dritte bei
Alexandrien, eine vierte zu Trapezus, eine fünfte zu Forum Julii, eine sechste und siebente zu Bonn und
Boulogne.

5) Vergl. B. Jahrbücher XXXVIII S. 57.

6) R. Jahrb. a. a. O. Hier schreibt Freudenberg: „der Beiname G(ermanica), den hier die am Rhein und
zwar, wie dies aus Tacitus Darstellung" (?) „in den letzten Büchern der Historien erhellt, in Xanten" (also gar
in Xanten, wo in den Jahren des Batavischen Krieges noch nicht eine Hütte, geschweige ein Hafen sich fand)
„und in Köln, oder nach Ritters scharfsinniger Vermuthung vielmehr bei Bonn stationirte Rheinflotte führt" u. s. w.
Wenn aus Tacitus erhellen soll, dass die Germanische Flotte in Xanten und in Köln stand, so ist schwer zu
begreifen, wie dieselbe Flotte vielmehr bei Bonn stationiren konnte.

wie bei Köln keine Spur weder von einem natürlichen noch einem künstlichen Hafen aus alter Zeit aufzufinden ist, dass aber jene Flotte, welche im Jahre 70 nach Chr. in der Nähe des Lagers von Vetera (Birten) von den Germanen den Römern entrissen wurde, nach dem Zeugniss des Tacitus von *Bonn* gekommen war [1], auch während der einen Nacht, welche sie bei Vetera zubrachte, nicht etwa in einem Hafen ankerte, sondern am Rheinufer lag und daher von den Feinden mit Seilen vom Römischen Ufer an das Germanische fortgezogen und genommen werden konnte [2]

---

1) Vgl. oben S. 15 fg.   2) Tacitus H. V 22.

Urkundenbuch des Römischen Bonn.

Von

Johannes Freudenberg.

1 b

Zur Aufhellung der Geschichte der Rheinlande in römischer Zeit, welche durch die zerstreuten und dürftigen Nachrichten der Alten nur schwache Streiflichter erhält, dienen hauptsächlich die zahlreichen, durch neue Funde stets anwachsenden Alterthumsreste der mannigfaltigsten Art, vor allem aber die *inschriftlichen* Denkmäler, in welchen über die wichtigsten Verhältnisse des öffentlichen, religiösen und privaten Lebens, über Chronologie und Topographie und namentlich über militärische Organisation der beiden Germanien die schätzbarsten Zeugnisse überliefert werden. Der Verein von Alterthumsfreunden im Rheinlande hat sich das anerkannte Verdienst erworben, durch seine Anregung und fördernde Theilnahme die Herausgabe von W. Brambachs Corpus Inscriptionum Rhenanarum ermöglicht und so ein *epigraphisches Urkundenbuch* geschaffen zu haben, das, wie Ritschl treffend sagt, allen weitern Forschungen auf diesem Gebiete zur dauernden Grundlage zu dienen geeignet ist. Um aber den Ausbau einer dem jetzigen Standpunkte der wissenschaftlichen Forschung entsprechenden allgemeinen Geschichte der Rheinlande anzubahnen, gilt es be sonders die Urgeschichte der einzelnen Römerstädte am Rhein eingehend zu behandeln, in welcher Beziehung J. Becker in seiner den Annalen des Nassauischen Alterthumsvereins VII. B. H. 1 einverleibten Untersuchung über 'Castellum Mattiacorum' ein Muster gründlicher Forschung aufgestellt, welchem die Publication Prof. Stark's über Ladenburg (Lopodunum) am Neckar (B. J. XLIV—XLV) und die ein weiteres Gebiet umfassende schätzbare Monographie Brambachs 'Baden unter römischer Herrschaft' angereiht zu werden verdient. Wenn wir nach dem Vorgang dieser Alterthumsforscher die origines des alten Bonn darzustellen unternehmen, so macht dieser Versuch keinen Anspruch auf erschöpfende Vollständigkeit, sondern muss sich wegen wiederholter, durch Unwohlsein herbeigeführter Unterbrechung der Arbeit auf folgende drei wesentliche Punkte beschränken: zunächst auf die möglichst genaue Wiedergabe und kurze Erläuterung der sämmtlichen *in* und *bei* Bonn gefundenen römischen Inschriften, mit Ausschluss der aus einzelnen Buchstaben und nicht näher bestimmbaren Worten bestehenden Fragmente und der einzigen griechischen, aus drei Hexametern und einem Pentameter bestehenden Grabschrift einer *Hyle* (?) aus Thessalonike, mit dem Bilde eines Hundes, welche Friedrich Jacobs auf einen Lieblingshund beziehen wollte (Dünzer in B. J. I S. 93 fg., vergl. jedoch Welcker Syll. epigramm. Graec. Bonn. n. 101. Lersch C. M. II, 34). Mit wenigen Ausnahmen folgen wir dem Texte, wie denselben Brambach nach eigner Vergleichung in Verbindung mit Dr. Staender im Corpus I. Rh. gegeben hat, zumal wir uns von dessen Treue und Genauigkeit bis auf die Interpunktionszeichen mehrfach überzeugt haben. Mehrere in dem Umkreise von Bonn, zu Godesberg, Hersel, Lessenich und Wesselingen gefundene theils datirte, theils der Zeit nach bestimmbare Inschriftsteine finden ihre Erwähnung in dem zweiten Abschnitt, welcher die *Regesten* aller auf Bonn sich beziehenden *geschichtlichen Zeugnisse* enthält. Hierbei leitete uns der Grundsatz, mit Ausschluss aller Polemik gegen die bisher zum

Theil allgemein geltenden entgegengesetzten Meinungen, die aus den historischen Hauptzeugnissen durch einfache Interpretation sich ergebenden berechtigten Folgerungen in Bezug auf die Entstehung und Bedeutung der römischen Bonna zu ziehen und chronologisch festzustellen, wornach die Zustände des dem Standlager nahe liegenden Römerortes im Ganzen auf ein primitiveres Mass herabgesetzt werden müssen.

Das dritte zur eigentlichen Verwerthung des Urkundenbuchs wie der Regesten unerlässliche Moment bildet die Zugabe eines mit den nöthigsten Erläuterungen versehenen *Situationsplans der Stadt Bonn und ihrer Umgebung* von der nördlichen Grenze des römischen Castells dem Jesuitenhofe bis zur südlichen alten Mark Bonns, die durch das neue an der nach Coblenz führenden Chaussée erbaute Zollhaus abgeschlossen wird, auf welchem die Fundstellen der belangreichern römischen Spuren, als Mauerwerk, Figuren von Stein oder Erz, Steine mit Inschriften oder Bildwerk, Gräber, Münzen, durch besondere Zeichen angedeutet sind. Wenn es in Folge der vielfachen furchtbaren Zerstörungen, welche Bonn in alter wie in neuerer Zeit erlitten, unmöglich war, die Ausdehnung der alten und neuen Stadt genau zu bestimmen, so ist es mir andrerseits durch eine Andeutung eines der tüchtigsten Kenner römischer Strassen und Befestigungen, des verstorbenen Kön. Preuss. Oberstlieutenant F. W. Schmidt, gelungen, den Umfang und die Grenzen des alten Römercastells mit ziemlicher Sicherheit aufzufinden. Die angegebenen Masse beruhen auf amtlichen, den Flurkarten entnommenen Vermessungen, welche durch die Güte des Hrn. Oberbürgermeisters Kaufmann unserem Zeichner Hrn. Henry, der mit mir wiederholt das Lager am Wichelshofe messend durch- und umwandelt hat, zur Benutzung überlassen wurden.

Verzeichniss der am meisten angeführten Quellenschriften.

Acta academiae Theodoro-Palatinae s. Historia et Commentationes acad. Elect. scientiarum et elegantiorum literarum. I—VI. Mannheim. 1786—1789. 4.

Aldenbrück Augustinus e Soc. Jes. de religione antiquorum Ubiorum. Ed. altera Colon. 1749. 4.

Aldenbrück, Geschichte des Ursprungs und der Religion der alten Ubier. Aus d. Lat. übers. und mit Zus. verm. v. J. W. *Brewer.* Cöln 1819. 8.

Alfter, Inscriptiones, epitaphia, monumenta sepulcralia quae in locis et sacellis archidioecesis Colon. olim legebantur aut adhucdum extant. Das Manuscript befindet sich in der Bibliothek des Gymnasiums an Marcellen in Köln. T. XLVII fol. vom Ende des 18. Jahrh. Meist Copien aus gedruckten u. ungedruckten Büchern.

Brambach, W., Corpus inscriptionum Rhenanarum. Elberfeld (Friedrichssohn). 1867. 4.

Broelmann, Steph., commentarii historiae veteris...civitatis Ubiorum. Ms. 2 vol. 4. auf der städtischen Bibliothek zu Köln. Er benutzte die Sammlungen des Grafen *Hermann von Neuenaar* und der Grafen *Hermann von Manderscheidt* in Blankenheim.

Burmanni, Pet., Sylloge epistolarum a viris illustribus scriptarum. T. I—V. In ep. DXXXI befindet sich ein Brief des *Jacobus Campius,* Archidiacon des Cassiusstiftes zu Bonn unter dem Erzbischof Gebhard Truchsess (1577—1583) und später Protonotarius des Churfürsten zu Mainz an Justus Lipsius v. J. 1603, worin er dem gelehrten Herausgeber des Tacitus nebst mehrern Mainzer Inschriften Copien von zwei Bonner Votivaltären (n. 23. 24) mittheilte. Derselbe um die damals noch sehr vernachlässigte rheinische Epigraphik verdiente Bonner Canonicus stand unter andern mit *Franciscus Modius* und *Marquard Freher,* Professor in Heidelberg, in gelehrtem Verkehr. Den erstern (Franc. Modii) 'Novantiquae Lectiones' Francofurti 1584 enthalten einen ausführlichen Brief des Camplus, vom J. 1582 über die Ara Ubiorum nebst Copieen zweier Inschriften von Votivdenkmälern aus Bonn (n. 27) und Godesberg (Bramb. 516), an Mollus, welchen dieser dem Justus Lipsius mittheilte. Aber eine grössere Anzahl rheinischer Inschriften vom Nieder- und Oberrhein theilte Camplus dem Marq. Freher mit, welcher dieselben seinem Collegen Janus Gruterus überliess, um sie dem grossen in Heidelberg 1603 erschienenen Thesaurus Inscr. einzuverleiben. Daher die Bezeichnung: Camplus Frehero. Vergl. meine 'epigraphischen Analekten' S. J. XXIX u. XXX, S. 91 ff und XXXIX n. XL, S. 181 ff.

Crombach, Herm., Soc. Jes. Annalium metropolis Coloniae Agripp. a prima origine ad a. Ch. 900 deduct. L. I—II. 1 Vol. fol. Enthält Abschriften von Steinen aus Köln, Jülich, Xanten und besonders aus der Blankenheimer Sammlung.

Donatus ad nov. thesaurum veterum inscriptionum Muratorii supplementum. Luca 1765. fol.

Dorow, die Denkmale germanischer und römischer Zeit in den Rheinisch-Westfälischen Provinzen. I, Bd. 4, mit 36 Tafeln fol. Stuttg. (Cotta). 1823.

Eckhart dissert. de Apolline Granno Mogonus in Alsatia nuper detecto. Wirceburgi 4.

Oercken, Ph. W. Reisen durch Schwaben, Baiern, die angrenzende Schweiz, Franken und die rheinischen Provinzen in den Jahren 1779—1785. 4 Bde. Stendal 1788 ff. 8.

Gruter, inscriptionum Romanarum corpus absolutissimum. Heidelb. 1603. fol. — Ed. Graevius Amst. 1707. 4 Voll. fol.

Harsheim, inscriptionis Herseliensis Ubio-Romanae explanatio. Uebersetzt von Brower. Mit 2 Abb. Köln 1830.

Heinrich, C. F., inscriptiones Bonnenses duodecim, Ms. auf der Bonner Universitäts-Bibliothek, mit Zeichnungen von Dr. Schopen.

Höpsch, Epigrammatographia s collectio inscriptionum antiquioris, medii et recentioris aevi provinciarum Germaniae inferioris. Colon. ad. Rh. 1801. 4.

Jahrbücher des Vereins von Alterthumsfreunden im Rheinlande I—XLV. Bonn (Marcus) 1842—1868. 8. (= B. J.)

Jahrbuch der Preuss. Rhein-Universität. I. Bonn 1819. 8.

Lersch, Centralmuseum rheinländischer Inschriften. III Hefte. Bonn (Habicht) 1839—42. 8. (= C. M.)

Letterarie novelle, pubblicate in Firenze l'anno 1763. T. XXIV. Firenze. 4.

Materialien zur geistlichen u. weltlichen Statistik des niederrhein u. westfäl. Kreises ... nebst Nachrichten zum Behuf ihrer ältesten Geschichte. Erlangen 1781. Jahrg. I. Stück 8. S. 179—184 'Versuch einer Sammlung aller bisher in den verschiedenen Gegenden unseres Kreises entdeckten Steinschriften' — II. Jahrg. 2 Bd. Erl. 1783. 8. S. 341—359 'Bemerkungen über eine röm. Grabschrift aus der Zeit des Kaisers Tiberius, welche sich zu Bonn findet'. [Vom Churköln. Hofrath von Gerolt].

Müller, Kasp. Anton, Geschichte der Stadt Bonn. Bonn 1834. Beilage S. 263—275

Orelli, inscriptionum latinarum selectarum amplissima collectio. Turici I—II, 1828. 8. III. ed. Guil. Henzen. ib. 1856. 8. (= Or.)

Pighius ms. Reliquiae Ιτιγραφων και περγραφων Romanarum, quas collegit Romae et alibi in Italia Steph. Pighius Campensis ... ab interitu vindicatae per Herm. Ewichium Vesaliensem a. 1649. Der Codex ist in der Universitätsbibl. zu Berlin verwahrt. Die betreffenden Copieen hat für Brambachs Corp. I. Rh. Dr. Zippmann verglichen.

Schannat, Eiflia illustrata oder geogr. u. histor. Beschreibung der Eifel. Aus dem Lat. übers. mit Anmerk. u. Zusätzen bereichert von Georg Bärsch. I, 1 Köln 1824. II, 2 — III, 2 Aachen 1825—55. 8.

Steiner, Codex inscriptionum Rheni et Danubii. Theil I—III. Seligenstadt 1851—54. Th. IV. Grosssteinheim 1852. Thl. V. Darmstadt 1864 (Selbstverlag).

Transactions philosophical LIX for the year 1769. London 1770. 4.

de Wal, de moedergodinnen. Leyden 1846. 8.

— — mythologia septentrionalis monumenta epigraphica lat. Traiect. ad Rh. 1847.

Wiltheim, Luciliburgensia sive Luxemburgum Romanum ed. Dr. Aug. Neyen. Luxemb. 1842. 4.

I. Die römischen Inschriften aus Bonn.

a. Die Grabschriften von Soldaten.

1. Angeblich gefunden auf dem Remigiusplatze zu Bonn. Der Grabstein, welcher 5 F. 10 Z. hoch, 2 F. breit, 13 Z. dick ist und über der Inschrift einen geschmackvoll verzierten Fronton hat, war früher in dem Hofkammerrath Magbischen Hause zu Bonn, welches der kurfürstlichen Residenz gegenüberlag, auf dem Hinterhofe zwischen zwei Fenstern eingemauert. Jetzt im königlichen Museum zu Bonn.

```
    M · COMINIVS
    L · F · POL · ASTA
    MILES · LEC · T
    NA · AN · L · MIL
5   AN · XIIII · H · S · E
    H · EX · T · F · C
```

(von Gerolt) Material. II, 2 p. 249. Brewer vat. Chr. II, 5 S. 253. Gereken III. Th. S. 335. Altfer Ms. Hüpsch epigr. I, 15. Dorow Denkmale I, p. 50. Taf. XIX, 2. Or. 165. Lersch C.-M. II, 43. III p. 116. Overbeck Kat. 72. Steiner 1015. Bramb. C. I. R. 473.

Z. 2 ASTA. Marcus Cominius, Soldat der Leg. I (Germanica), welche v. Gerolt wegen des dem T ähnlichen Zahlzeichens Tiberiana erklärte, war aus Asta, einer Stadt Liguriens, die zur tribus Pallia gehörte, gebürtig. Grotefend Ztschr. f. Alterthumsw. 1836. S. 923 und Imper. rom. tributim descript. p. 33 f. Ueber die Leg. I, welche nicht mit der spätern Leg. I Minervia zu verwechseln ist, vergl. Jahrb. von Alterthumsfreunden im Rheinl. XLII, p. 139 f.

2. Im Mai 1755 beim Fundamentgraben in einem Seiner Durchlaucht dem zu Bonn residirenden Churfürsten von Köln gehörigen Garten mit andern römischen Grabsteinen gefunden, welche in die Mauer eines Hinterhofes eingesetzt wurden. John Strange. Höchst wahrscheinlich ist die an der linken Seite der Koblenzer Chaussée von dem Churfürsten Clemens als Lustort angelegte Vinea Domini als Fundort anzunehmen, da auch die übrigen Grabsteine von Soldaten der Leg. I sämmtlich vor dem Coblenzer Thor an der Hauptstrasse ausgegraben worden sind. — Nicht mehr vorhanden.

```
   ?\ CALVIVS · T · F
     ⊃ L · FRONTO
   mil LEG · I · ANN
   ???  stip  ?????????
```

John Strange Nov. lett. Fir. XXIV p. 55?. 666. Phil. transact. LIX, 196. T. VIII. Donat. 288, 1 aus John Strange. Hüpsch ep. I 21, aus den Phil. transact. Dorow Denkm. S. 45, 1 aus Hüpsch. Steiner 1028. Bramb. 476.

Z. 1. Der Vorname scheint A. gewesen zu sein. Z. 2. OL ergänzt Steiner VOLtinia. Klein B. J. XXV S. 80. Hüpsch, Dorow und Steiner haben unrichtig FON-TO.

3. Gefunden ebendaselbst. Nicht mehr vorhanden.

```
           D Brustbild der Verstorbenen M
       //// IVL·SIDVAE·OBI /
       //// V R·CABRIO /
       //// VILIFER·LEC /
       //     ICABRIO ////
       /   ///  HRM ///////
       /  //     I V///
```

Strange nov. lect. Flr. XXIV p. 532. Phil. transact. LIX 196 T. VIII. Donat. 290, 9 nach Strange. Hüpsch ep. L 21, 81; nach ihm: Dorow Denkm. S. 45, 2 und Steiner 1029. Bramb. 477.

Z. 2 vermuthet Brambach. aVR. Z, 3 Donat. vexILIFER, Steiner signIFER. Richtiger ergänzt Brambach aqVII.IFER. Steiner liest LEG. I, indem er den kleinen Strich in Z. 6 für ein Zahlzeichen hält, was Klein B. J. XXV S. 80, 6 gutheisst.

4. Im März 1837 nahe *der Koblenzer Strasse* der sog. Vinea Domini beinahe gegenüber gefunden. Rhein. Provinzialbl. Im königl. Museum zu Bonn. In der obern Hälfte befindet sich In einer Nische das Brustbild eines Mannes; auf jeder Seite des Steins ein Jüngling in Beinkleidern, einem kurzen Gewande und phrygischer Mütze, in nachdenkender Stellung, mit übereinandergeschlagenen Beinen, mit einer Hand das Kinn stützend. Sowohl Lersch (C. M. II, 40) als Urlichs (B. J. IX, Taf. VI, mit der Abbildung der Reliefs des Steines) verkannten die Bedeutung der zwei gleichen Figuren, indem ersterer sie für Freigelassene, letzterer für besiegte Germanen hielt. B. J. XXIII, S. 49 hat Urlichs richtig eingesehen, dass die zum phrygischen Cult der Cybele gehörenden Attisbrüder dargestellt sind, die sich auch auf Rottenburger Steinen (B. J. XVIII, 224 u. 229 und XIX S. 160 ff. finden. Vergl. v. Jaumann Col. Sumlocenne. Neuere zu Rottenburg gef. röm. Alterth. 1855. S. 21 f. T. II u. III. Ueber dem Kopf der Seitenfiguren sind kleine Schilde und zwei Muscheln nebst mehrern andern kleinern Gegenständen abgebildet. Die Muscheln sind wahrscheinlich Tympana, wie sie Cybele sowohl als Attis in bekannten Reliefs in der Hand haben, z. B. Grut. 27, 3. Urlichs B. J. XXIII, 49.

```
       ⌐·CLODIOPFVoL
       ALB·MIL·LEG·Ī
       AN·XLIIX·STIP·XXV
             H·S·E
```

Rhein. Provinzialbl. 1837 N. F. II, 4 S. 75, ebend. II, 5. 171 (Lersch); S. 3:4 (A. W. von Schlegel). Kunstblatt 1837. n. 60 S. 259. Lersch C. M. II, 40. Overbeck Kat. 12. Steiner 1026. Bramb. 4-6.

Z. 1. Düntzer hält CLODIO für den Nominativ von Clodio, onis, welchen die Formel Hic Situs Est fordere (Rhein. Prov. N. F. II, 6 S. 296 u. B. J. I, S. 94), ebenso Steiner; wogegen Lersch, Urlichs (B. J. IX 148 n. 1) und Brambach den Dativ, der auch sonst, z. B. in der Bonner Inschr. 17 (Br. 475) M. Aurelio Heracle...natione Trax mit dem Nominativ wechselt, mit Recht für nicht anstössig halten.

Z. 2. ALB. d. h. ALBA Augusta. Vergl. Grotefend Imp. rom. tributim descript. p. 116. Fast ganz Gallia Narbonensis scheint zur tribus 'Voltinia' gehört zu haben.

5. Bei dem Neubau eines dem Hrn. von Rigal zugehörigen Hauses an der Coblenzer Strasse, nahe an dem Godesberger Bache. Urlichs. Befindet sich mit andern zugleich gefundenen Gegenständen in einem besonders dazu im Garten erbauten kleinen Antiquarium aufgestellt.

C · ATILVS · Œ·F·
CAMIL A/G · ML
LEG · X̄X̄Ī · RAP · AN
XL · S↓ · IX · H · EX · T · F · C

Urlichs B. J. IX S. 13?, 135. Steiner 1021. Bramb. 402.

Z. 1. Die ungewöhnliche Verschlingung erklärt Lersch bei Urlichs treffend durch Quintus Cai, da der in der Verschlingung stehende Punkt das Q wie das C als ein besonderes Wort kennzeichnet. Z. 2. AVG ist Augusta (sc. Colonia) Bagiennorum (oder Vag.) in Ligurien, welche in zwei Inschriften ausdrücklich unter der Tribus Camilia vorkömmt. S. Grotefend Imper. rom. tributim descriptum S. 37. Z. 3. Ueber die Leg. XXI. rapax, welche nach der Varusschlacht von August zuerst im 1. Jahrh. p. Chr. zuerst in Xanten, zuletzt in Bonn und in der Zwischenzeit in Mainz stand, vergl. Urlichs B. J. IX S. 133—146.

6. Vor dem Coblenzer Thore an der Landstrasse bei der Anlage des Fabrikgebäudes des Hrn. Mehlem (Aug. 1839) gefunden. Lersch. Jetzt in der Sammlung des Vereins von Alterthumsfreunden im Rheinlande.

T · CARISIO · T · F · VOL
ALBA · VET · EX · LEG · T
H · EX · T · F · C · ET
MANERTAI · MVSICI · F

Lersch Rh. Provinzialbl. 1839. s. 73 S. 227. C.-M. II 30. Steiner 1027. Bramb. 4?3.

Z. 2. ALBA. ist wie N. 4 Alba Augusta in Gallia Narbonensis (j. Viviers) Z. 4. Die archaistische Form MANERTAI (von dem Sclavennamen Manertes) deutet auf ein hohes Alter der Inschrift, die ich mit Lersch in die Zeit des Claudius setzen möchte. Vgl. B. J. XLII, 141 f.

7. An der Coblenzer Chaussée im Herbst 1867 beim Fundamentgraben eines Neubaues, den Herr Frings neben der ehemaligen Mehlem'schen Porzellanfabrik errichten liess, gefunden. Grauer Sandstein 0,95 M. breit, 1,07 M. hoch. Nissen. Im Königl. Museum.

C · CORNELIVS · C · F · PAP · TIC
VETER · MISS · EXS · LEG · T
HER · EXS · TESTA · FECE · PIE
H · S · E

Zuerst edirt in den Jahrb. f. Alterthumsfr. im Rheinlande XLII. S. 138 ff. von Freudenberg, dann von Dr. Nissen im Rhein. Mus. 22. Jahrg. S. 434.

Z. 1. Unser Veteran stammt aus Ticinum (Pavia), welches zur tribus Papiria gehörte und auch auf einer Kölner Inschrift, Or. Henzen 6825, Bramb. 377, vorkommt. Z. 3. FECE halte ich für eine plebejische Form statt fecet = fecit; Nissen dagegen deutet HER(edes) FECErunt.

8. Wurde im J. 1729 (unter der Regierung des Churf. Clemens August), als bei Verlegung der Stiftskirche (*Dietkirchen*) *in die Stadt Bonn ohnweit dem Kölnthor*, die Fundamente dazu gegraben worden, entdeckt und der Mauer derselben eingesetzt. Nach den Materialien; ebenso Gercken. Die Inschrift war mit 8 andern, von denen Ruckstuhl (Jahrb. d. Preuss. Rhein.-Univ. I, 2—3, 212) 4 nennt, früher im Besitz des Dr. Crevelt, jetzt im königl. Museum. In einer Nische erblickt man das Bild des Verstorbenen auf einem Ruhebett, vor ihm ein dreifüssiger Tisch, ihm zur Seite zwei Knaben, von denen einer ihm etwas darreicht, der andere eine Frucht bereit hält.

```
      D        M
   IVL · PATERNO
   MIL · LEG · XXII · PR
   P · F · STIP · XXIII
5 OPPONIVS · IVSTVS
   ARCHIT · AMICO
      A  SE · FECIT
```

Materialien I. 8 p. 181. Gercken III, 136. Hüpsch Epigr. I, 14. Dorow Denkm. S. 50. Taf. XIX, 1. Müller G. G. S. 269. Lersch C.-M. II, 36. III S. 115. Overb. Kat. 42. Stein 1024. Bramb. 468.

Z. 1. A SE entspricht dem gewöhnlichen suo acre. Z. 2. LEG. XXII. PRimigenia Pia Fidelis. Die wahrscheinlich durch Kaiser Claudius vor seiner Expedition nach Britannien errichtete 22. Legion kam nach Obergermanien, wo sie sich nach Neros Tode gegen Galba empörte und dem Vitellius huldigte (Tac. II. I, 55). Ein Theil derselben zog unter Cäcina nach Italien; der in Germanien gebliebene Theil liess sich im Bataverkriege zur Meuterei verleiten. Jedoch erhielt sie nach Dämpfung des Aufstandes Verzeihung und stand mehrere Jahrhunderte in Obergermanien, ohne dass sie von Schriftstellern erwähnt wird, doch finden wir sie vor 106 in Niederdeutschland. Vergl. Bramb. Praef. zum C. I. Rh. p. XI und XIII**) und Grotefend, Pauly's Realencyclop. IV, 899 und in B. J. XXV, 94 fg.

9. Gefunden an derselben Stätte wie No. 2 1755 und nach Gercken im Schloss hinten hinaus, in der sogen. Katz, mit 3 andern Steinen eingemauert, 5' 3" hoch, 2' br. und 5½" dick. Jetzt im königl. Museum. Oben in einer Nische ist der Verstorbene, 3' 6" hoch in voller Gestalt als Leichtbewaffneter im Kriegsmantel und aufgegürtetem Untergewande dargestellt. Der Kopf ist ohne Helm. In der Rechten hält er eine Lanze, an der rechten Seite hängt ein kurzes Schwert, an der Linken ein Dolch. Von dem Doppelgurte hängen vier Reihen Perlen oder Steine herab.

```
Q P EILVS · Q F · GN
   SECVNDVS ·  EM
   ÆDIOMLES · LEG
   XV · PRIM · ANN · XXV
5 STIP · V · H · EX · T · F · C
```

John Strange nov. lect. Flr. XXIV p. 531. 665. Phil. transact. LIX, 196 T. IX. Acta Pal. III 57. Gercken III, p. 337, der den Stein verglichen. Hüpsch Ep. I 22. Dorow Denkm. S. 55 B. XX 3. Heinrich 12 Inschr. Ma.

2b

auf der Universitätsbibliothek mit Zeichnung von Sokopen. Lersch C.-M. II 41, III S. 115. Overb. Kat. 29 Stalner 1016. Orell. Henzen 6679 nach Lersch. Borghesi Annal. dell' Inst. arch. 18/9 p. 163. Bramb. 479.

Z. 1. ⑤ₑ d. h. Ofentina, eine dialektische Form für Oufentina, wozu Mediolanum in Gallia cisalpina gehörte. Z. 4. Der Beiname PRIMigenia für die XV. Leg. kömmt nur in dieser und der folgenden Inschrift vor; vergl. Borghesi a. a. O. u. Grotefend, Pauly's Real-encyclop. S. 895.

10. Gefunden im J. 1755 an derselben Stelle wie No. 9. Der Stein ist 2' 3" breit u. 0" dick. Im obersten Felde ist das Brustbild des Verstorbenen zwischen zwei Sphinxen dargestellt, das mittlere enthält die von Z. 3 bis 7 verstümmelte und (nach Gerckens Zeugniss) durch eine Gypsmasse ergänzte Inschrift; im untersten sieht man zwei mit einer Blumenguirlande verbundene Lorbeerbäume. Im königl. Museum.

```
    L · PIPERACIVS
    L · F · STELL · OPTA
   TVS · DOMO · TA
    VRINVS MILES
 5 LEG · XV · PRIM
   AN · XXIII · STIP · IV
    H · EX  ·  T · F · C
```

John Strange nov. lett. Flr. XXIV p. 551. 666. Phil. transact. LIX 196 T. IX. Donat. 299, 7. Act. Pal. III 57. Gercken III 334, der den Stein selbst verglichen. Hüpsch Ep. I 22. Dorow Denkm. S. 56. T. XX, 2. Or. Henzen 6679. Heinrich 12 Inschr. Lersch C.-M. II 47. III S. 116. Borghesi Annal dell' inst. arch. 1839 p. 163. Overb. Kat. 84. Stalner 1017. Or. Henzen 6679. Bramb. 490.

11. Gefunden 1755 an derselben Stelle. Der kunstvoll gearbeitete Stein ist 6' 1½" hoch, 1' 11½" breit und 6" dick. Der Signifer Pintaius (aus Asturien, das in das Gebiet der Transmontani und Augustani getheilt war; Plin. N. II. III, 4) erscheint über der Inschrift mit dem reich ornamentirten Cohortenzeichen, worin sich auch ein Adler befindet, in der Rechten. Sein Haupt bedeckt der Kopftheil eines Bärenfells, dessen Vorderklauen sich auf der Brust des Mannes kreuzen. Der Leib ist mit einem starken mehrfachen Gurt umgeben. Im Gegensatz zu No. 9 trägt er den Dolch an der rechten, das Schwert an der linken Seite, auf dessen Knopf er die linke Hand legt.

```
   PINTAIVS · PEDLIG ·
    F · ASTVRTRANS ·
   MONTANVS · CASELo
   INTER · CATIA · SIGNFER
 5 CHO · V · ASTVRVM
   ANNO · XXX · STIP · VII
    H  ·  EX ·  T · F · C
```

Aldenbr. rel. Üb. II p. 103. John Strange nov. lett. Flr. XXIV p. 552. 666. Phil. transact. LIX. 196 T. IX. Donat. 796. Act. Pal. III 57 mit Abbildung. Gercken Reisen III, 331 u. 333. Hüpsch Ep. I p. 15. Heinrich 12 alte Inschr. Ms. mit einer niedlichen Zeichnung Sokopens. Or. 154. Lersch C.-M. II, 42 mit einer Abbildung. III S. 115. Lindenschmit die Alterth. unserer heidnischen Vorzeit. II. 11, Taf. 6. Bramb. 478.

Z. 4. Intercatia Castelum statt Castellum, das heutige Errigoyta; s. Reichard fol. 23, 2 b. Or. Z. 5. Eine Coh. II Asturum kommt auch auf einem Brohler Stein Bramb. 666 vor.

12. Verstümmelter Grabstein, wie es scheint, eines Soldaten, gefunden auf dem Schänzchen und im Museum befindlich. Oberhalb der Schrift Zweige, welche aus dem Bilde eines Kopfes hervorsprossen.

```
D  B  M
C · IVLI O
 S E V er e
```

Brambach C. I. R. n. 456.

13. Gefunden an der Kölner Chaussée nicht weit vom Wichelshofe bei Bonn. Lersch. Befindet sich im hiesigen Museum. Oberhalb der Schrift eine Rosette.

```
    D · VAL · O · f
    VOLT · VA leri
    ANO VE nna
    ML · LEG I · m
5   > SAII /
        N
```

C.-M. II. 55. Overb. Kat. 117. Steiner 1018. Bramb. 457.

Z. 4. LEG. I M. Die von Lersch vorgeschlagene und von Brambach angenommene Ergänzung, welche den Raum der Zeile grade ausfüllt, ist wahrscheinlicher als die Meinung Klein's (B. J. XXV S. 80, 4), welcher an die ältere Leg. I (Germ.) denkt. Z. 5 supplirt Lersch > SAllV: centuria Salluti.

14. Grosser fragmentirter Grabstein von 8′ Länge, auf der nördlichen Seite von Bonn etwa 400 Schritte von der Stadtmauer entfernt, zur linken Seite des nach Grau-Rheindorf führenden Wegs im J. 1851 gefunden. Braun. Im Museum befindlich.

```
 . . .  . . . . . . . . . . . . .   . . . . . . . . . . . . . . . . . .M
 IV . . .  . . . . . . . . . . . .  . . . . . . . . . . . . . . . . . . CI
 OPTO SIT · MIHI TER A · LEVIS · s TI · XVI · FEC
                                              X
```

Braun in den B. J. XVII S. 105. Overbeck Kat. 104a. Steiner 2390. Brambach 459.

Z. 1. Steiner ergänzt [DIS]. M(anibus). Z. 3. Braun liest opto sit mihi terra levis, woraus erhellt, dass der Beigesetzte hier schon bei seinen Lebzeiten für sein Grabmal gesorgt hatte, während gewöhnlich die Ueberlebenden dem Verstorbenen die Formel Sit Tibi Terra Levis zuriefen. Das folgende ist mit kleinerer Schrift später, wohl erst nach dem Tode des Begrabenen hinzugefügt worden und heisst STipendia XXVI FECi. Es ist daher kein Grund an der Aechtheit der Inschrift mit Klein, Heidelb. Jahrb. 1852 S. 591 zu zweifeln.

15. Im Herbste 1859 bei Bonn vor dem Kölnthor (in der Miel) gefunden. C. Bellermann. Im hiesigen Museum.

C. Bellermann in den B. J. XXVIII, 109.   Bramb. 461.

Z. 1. Bellermann ergänzt CAeliO und Z. 3 SEPTIMIAnae, das er irriger Weise für
einen neuen Beinamen der I. Minervischen Legion hält. Wohl führt dieselbe auf zwei Bonner
Steinen n. 25 = (Bramb. 464), wo es indessen ausgemeißelt und von Lersch scharfsinnig ergänzt ist, und auf dem folgenden = 475 Br. das Beiwort SEVERIANAE, das vom Kaiser
Severus Alexander herrührt. Vergl. Lersch C.-M. II, 20) und B. J. II, S. 84. SEPTIMIA
scheint der Name der widmenden Person, vielleicht der Gattin des Verstorbenen zu sein.

16. Diese auf Trachyt vom Siebengebirge eingegrabene Inschrift ward im Sommer
1842 in Bonn *auf der Brücke* dicht an der alten Stadtmauer gefunden und befindet sich im
königl. Museum. Oben über den Buchstaben A und C findet sich in dem jetzt in zwei Stücke
zerbrochenen Stein eine Vertiefung, die wahrscheinlich zur Befestigung einer Statue diente.

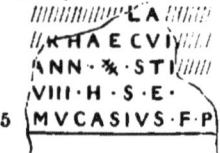

Lersch B. J. II, 83.   Or. Henzen 6682.   Overbeck Kat. 115.   Steiner 1023.   Brambach 475.

Z. 1. Lersch ergänzt HERacleonis filio? Z. 2. LEG. I M. SEVERIanae piae fidelis.
Z. 5. In der Schlussformel ist vielleicht zu ergänzen libERTI Scripserunt oder Sacraverunt.
Ueber die Form dupliciarius (nicht dupliciaris) und duplarius s. Henzen III zu 6813. Sie be-
zogen doppelte Löhnung. S. Lersch C.-M. III. n. 170. Veget. II, 7. Vergl. Zell Anl. zur
Kenntniss d. röm. Inschr. S. 177.

17. Den 12. August 1841 an der Coblenzer Strasse neben dem Gasthause zur Belle
Vue gefunden. Lersch. Befindet sich im königl. Museum. Unter der Inschrift ist ein
Zweig mit zwei Trauben und Blättern abgebildet.

```
//////////// L A ////
// R H A E C V i ////
A N N · ⅩⅩⅩ · S T I ////
VIII · H · S · E ·
5   M V C A S I V S · F · P
```

Lersch C.-M. III 149.   Overb. Kat. 2.   Steiner 1019.   Bramb. 489.

Z. 2 ergänzt Grotefend bei Lersch tRHAECVM statt Thraecum, welche Form
auch auf einem Mannheimer Stein N. 1290 Bramb. vorkömmt. Vergl. Becker Anz. von
Bramb. Corp. Inscr. in B. J. XLIV—XLV S. 254. Z. 3. ANN. ⅩⅩⅩ die Chiffre bedeutet
XXX. Vergl. N. 32. Bramb. 491.

18. Dieses mangelhaft überlieferte Fragment von der Grabschrift eines Reitersoldaten ist nach J. Campius zu Bonn am Rhein gefunden und nicht mehr vorhanden.

```
  BITVRIX · NA
  TIONIS · FAEDVS · EQV
  ALA · LONGINA
  ANN · XLII · STIP XX
5 HERES EXTESTA
```

Gruter 571, 4 (Camplus Frehero). Hüpsch Ep. I 24, 91. Dorow Denkm. S. 46. Steiner 1109. Bramb. 499.

Z. 1, 2 ist vielleicht zu lesen: NATIONE · AEDV(u)S. Nach Uckert, alte Geogr. II, 2 S. 270 waren die Bituriges mit den Aeduern verbündet und da Mela die Aeduer III. 2 clarissimi Celtarum nennt, so waren die Bituriges, das einzige Celtische Volk in Aquitanien, wohl stolz auf die Verbrüderung mit ihrem gleichsam weitern Vaterlande. Dass der Ausdruck natione auf eine ganz späte Zeit deutet, bemerkt Zell Anleit. S. 118 nach Murat 829, 10. 851, 9. Z. 3. LONGINA. Jedenfalls müsste es heissen LONGINI, wie ALA RVSONIS in einer Mainzer Inschr. Stein. 342 = Or. 5234.

b. Die Votivdenkmäler von Soldaten.

19. Die hier gefundene Altarinschrift war nach dem Zeugniss von Campius in einer Kirche (der Stiftskirche?) eingemauert und kam von hier in die Blankenheim'sche Sammlung, wo sie Schannat sah und vergleichen konnte.

```
  L · CORNELIVS
  VRBANVS · MILES
  LEG · XXI · RAP
  MERCVRIO
5   V · S · L · M
```

Gruter 51, 5 (Campius Frehero). Gelen. farr. X, 19. Cromb. mst. p. 59. Aldenbrück rel. Ub. I. 21 II, 61. Hüpsch ep. I 41, 14. Dorow Denkm. S. 46, 4. Steiner 1010. Bramb. 496. Bramb. cens. inscript in Germania rep. p. 11, 5.

Bemerkenswerth ist die Nachstellung des Namens der Gottheit, welcher die Ara geweiht ist. Vergl. Or. 1398. 1411. 1418 und 1421.

20. Die Inschrift des 6' 6" hohen und 1' 11" breiten in Bonn gefundenen Steines ist fast bis zur Unleserlichkeit erloschen. Aus den noch erhaltenen obern Theilen ist es den vereinten Bemühungen Overbecks, Zangemeisters und Brambachs gelungen die Inschrift der Hauptsache nach zu enträthseln. Sie befindet sich im königl. Museum und lautet nach der Herstellung also:

```
/////.//////////// // ////////
// /. I · O · M · E T
h e R C V L I · E T
ₛ i L V A N O · E T
5 g e N I O  D O M V S
M /// // / V S ℕℰ P OTI
A N ℣ S  PRΛEFCAST
C ᵥ M  MARCELLO · Eₜ
nepO † ANO † FESTO
10          FILIS
d e d I C  XIII KALOCT
/////.///// ////////// //////
S E P T I M I a n o · C o S     190 p. Chr.
```

Overbeck Kat. 6. Bramb. C. 1 lt. 485. Ebendesselben samsara Insor. in Germ. rep. p. 15 (mit Abbildung). Steiner 2431.

Z. 1. Overbeck und Brambach vermuthen mit Wahrscheinlichkeit, dass eine Zeile mit der Formel I · H · D · D (in honorem domus divinae) ausgefallen sei, und zwar ergänzt Brambach noch aram I · O · M oder wenn V. 4—5 nach DOMVS etwa divinae oder augustae ausgefallen ist: 'pro salute imp. caes.' vergl. Zarncke Centralbl. 1865 S. 84. Die 3 letzten Zeilen mit dem Datum und dem Namen des einen Consuls hat Zangemeister zuerst gedeutet: Rhein. Mus. f. Phil. N. F. XIX. Die Ara Fulviana N. 2 S. 50 ff. Die Inschrift fällt in das J. 190, das 11. der Regierung des Commodus. Z. 3—5. Eine Verbindung von Hercules und Silvanus und andern ländlichen Gottheiten ist nach Overbecks Bemerkung a. d. a. St. eben so häufig, als die Combination von Jupiter und dem Genius domus (divinae) selten. Vergl. O. Jahn, archäol. Beiträge S. 62.

21. Zwischen der Münsterkirche und dem kleinen Thörchen nahe der 1812 abgebrochenen Martinskirche im Frühjahr 1863 gefunden und von dem Eigenthümer Hrn. Wessel dem königl. Museum geschenkt.

```
    I      O      M
C O N S e r V A T O R I
C · M A X I M I V S · P A V L I
N V S · P R A E F · C A S
5 T R O R · L E g I M
V S · L · I M
DEDICATA · III K NOV
M V C I A N O  E T
F A B I A N O ·  C O S     201 p. Chr.
```

Freudenberg in B. J. XXXV. S. 61. Brambach com. inscript. p. 18. Bramb. C. I. 481.

Z. 2. CONSerVATORI. Dieses Beiwort des höchsten Gottes findet sich auch auf einer Xantener Ara im hiesigen Museum. Lersch C.-M. II, 8. Z. 4 f. Der Praefectus castrorum rangirt nach Veget. de re mil. II, 10 gleich nach dem Praefectus legionis. Die Ergänzung in Z. 5 LEg 1 ist sicher, da zu dieser Zeit keine andere Legionen in Niedergermanien standen, als die I Minervia und XXX Vlpia Victrix, welche letztere in Xanten ihr Standquartier hatte. Z. 7. K(alendas) NOV = 30. Oct. Z. 9. Das Consulat des Mucianus und Fabianus fällt ins J. 201 n. Chr., das 9. der Regierung des Septimius Severus.

22. Diese in vieler Hinsicht höchst interessante 95 Cm. hohe, 60 Cm. breite und 31 Cm. tiefe Votivara aus Drachenfelser Trachyt ward im Juni 1862 in einem Hintergebäude des ehemaligen Gasthauses 'zum alten Keller' am Rheinthor, ungefähr 50 Schritte vom Rheinufer entfernt, gefunden und dem königl. Museum einverleibt. Die Inschrift auf der 69 Cm. hohen Fläche, welche die Inschrift trägt, ist stark verwittert und sehr schwierig zu lesen. Dr. Zangemeister hat das Verdienst diese sprachlich und geschichtlich höchst interessante und wichtige Inschrift bis auf wenige Einzelheiten enträthselt und mit einem gelungenen lithographirten Facsimile im Rhein. Mus. f. Phil. Bd. XIX veröffentlicht zu haben.

```
      DIVVM · SODALIS · CNSvI
      VERNO · DIE · ET POST · SICANos
      POSTQVE · PICENTISV      S
      AC MOX · HIBEROS · CI      S
   5  VFNCTOS · D · IIATA          M
      NA · REGNA · POST · FEROS · IAIV
      DAS · GERMANIARVM · CON
      SVLARIS · MAXIMVS · PAREN
       DVLTAE PROLIS · GEMINA
  10  IBERVM · ARAM · DICAVIT
       OSIITI  CONCORDIAE
       RANIIOCAMENIS · MAR
      IIS · ETIACIS · LARIO · VI
       IDEORVM  STIRPE
  15 GENITO  CAESAR
       ·  FVLVIVS · G · F
       MAXIMVS · LEG
       VG · Ph · PR
```

Die Inschrift besteht aus 9 regelrechten jambischen Trimetern und lautet nach der wahrscheinlichsten Herstellung also:

Divum sodalis consul [et] verno die
ac mox Hiberos C[eltas], Venetos, Delmatas,
Germaniarum consularis maximus,
aram dicavit sospiti Concordiae,

et post Sicanos postque Picentis [viro]s
[Libur]na regna, post feros lapudas
parens adultae prolis geminae liberum
Granno, Camenis, Martis et Pacis Lari,

quin et deorum stirpe genito Caesari
C. Fulvius G. f. | Maximus . leg. | aug. pr. pr.

Zangemeister im Rhein. Mus. f. Phil. N. F. XIX S. 50, daraus mitgetheilt in B. J. XXXVI S. 117 von Freudenberg, mit einem Zusatz von F. Ritschl. — Bramb. 484.

In der 1. Zeile entschied sich Zangemeister, weil er den Strich über dem kleinen v für ein ligirtes I hielt, für CeNSvIt = censuit d. h. censum habuit, wodurch seine Erklärung auf Irrwege gerieth. Th. Mommsen empfahl Ritschl brieflich die Lesung CONSVL ET, welches mit VERNO DIE zu verbinden ist, d. h. Consul factus Kalendis Martiis. Ihm folgten Henzen in B. J. XXXVII S. 152 ff. und Hübner in Annali dell' insti. archeol. T. XXXVI, 227, von denen jener geltend macht, dass die legati ad census accipiendos nur den kaiserlichen Provinzen, aber nicht zugleich den Italischen Regionen, die hier vorkommen, zugeschrieben werden können. Bei dieser Erklärung Mommsens fügt sich Alles auf das Erwünschteste: Divum sodalis et consul verno die, (i. e. consul factus Kalendis Martiis) et post munera in Lucanis, Picentibus etc. administrata, Germaniarum consularis maximus, parens — liberum aram dicavit. Das Punkt v. 5 nach *Maximus* bei Brambach muss einem Comma weichen, weil die Inschrift durch diese Trennung in 2 Theile ihren epigrammatischen Charakter einbüsste. Z. 5 liest Brambach mit Zangemeister [Taur]ina, wogegen Henzen und Hübner die ebenfalls von Zangemeister vorgeschlagene Conjectur [Libur]na vorziehn, indem die Delmatae, Liburna regna und die feri Iapudes für eine poetische Bezeichnung der Provinz *Dalmatien* zu halten sind, die von Consularen verwaltet wurde. Z. 13. Die Zeichen hinter LARI deutet Zangemeister *Iovis*; Brambach hat die Conjectur Mommsens und Haupts *Quin* et, die auch Hübner billigt, aufgenommen. Ueber die Reihenfolge der Aemter unseres Fulvius vergleiche man die gelehrte Auseinandersetzung von Henzen B. J. XXXVII S. 152 ff., womit Hübner l. c. der Hauptsache nach übereinstimmt. Wir bemerken nur, dass an der Spitze des Ganzen das Consulat und daneben das hohe Priesterthum des Sodalis Augustalis oder wahrscheinlicher des Sod. Hadrianalis steht und dass mit Auslassung der niederigern Aemter vor der Prätur seine übrigen Ehrenstellen in aufsteigender Ordnung folgen und zwar zuerst das Proconsulat Siciliens. Nach der Statthalterschaft von Dalmatien wurde Fulvius endlich legatus Augusti propraetore der *beiden* Germanien, was bisher von keinem Statthalter bekannt war, nach Henzen jedoch nicht auffallender ist, als wenn die beiden Mösien (Orelli 2274), oder das obere Mösien mit Dacien nach Orelli 5478 in Einer Hand sich vereinigt finden. Hübner ist geneigt in dem Pluralis *Germaniarum* eine poetische Licens zu sehen. Was den Z. 16 f. genannten Dedicanten der Ara, C. Fulvius Maximus betrifft, so hält ihn Zangemeister für den bekannten vielnamigen Schwiegervater des Kaisers Commodus, welcher dessen Tochter Crispina zur Gemahlin hatte, und setzt durch Vergleichung mit noch erhaltenen Inschriften: der Ehrenbase von Volceii Orell. 5488 = I. N. 217, wo er ausser seinem eigentlichen Namen *Bruttius Praesens* den Namen *Fulvius Maximus* nebst mehrern andern führt, und mit I. N. 5751, unsre Ara zwischen die Jahre 177 und 183 n. Chr. Dieser Ansicht widerspricht Henzen a. d. a. St. S. 155 f. namentlich weil die Fasten ihn nie andere als *Bruttius Praesens* nennen und seine Kinder, die Kaiserin Crispina auf ihren Münzen und die Söhne in der Inschrift (I. N. 5751) nur diesen Gentilnamen führen, und endlich weil auf der oben genannten Ehrenbase mehre wichtige Aemter, die auf der Bonner Ara vorkommen, vermisst werden. Hübner Annali dell' inst. arch. l. c. ist mit dieser Argumentation ganz einverstanden und möchte in unserem Maximus einen etwas ältern Verwandten des Bruttius Praesens sehen, welcher seine Laufbahn als iuridicus der V. und X. italischen Region begonnen und nach dem Tode des Verus 169, ungefähr im J. 177, wo Commodus den Titel Augustus annahm, Legatus Augusti geworden, bei welcher Annahme die sospes Concordia, die durch den Tod des Verus gestört war, eine passende Beziehung erhalte. Doch entscheidet er sich

sich für eine bestimmte Person ebenso wenig als Henzen, welcher einräumt, dass Zangemeister die Inschrift richtig der zweiten Hälfte des zweiten Jahrhunderts zugewiesen habe, da sie schon wegen des Titels Consularis für legatus Augusti nicht höher hinauf gerückt werden könne.

23. Nach einem Briefe (in Burmanni sylloge I p. XM sq.), welchen J. Campius, damals Protonotarius zu Mainz am 1. Oct. 1603 an Lipsius schrieb, in der Mauer der damals ausserhalb Bonn nach Köln zu gelegenen Fräuleinstiftskirche S. Petri in Dietkirchen und zwar nach Pighius an der Südseite gefunden. Nicht mehr vorhanden.

```
    HERCVLI
    VCTORE
   EDISTvS·O
   PTO·VLET
  5 VDINARE
   NREL·PHIL
  ETVS·BF·LEg
  EX·STIPIBVS
```

Campius Lipsio in d. a. St. Pighius im Berl. l. Manuscript p. 202. Freudenberg in B. J. XXXIX—XL S. 179 ff. Bramb. 462.

Z. 3. Campius hat EDISTVS, wofür wohl richtiger Pighius EDISTVS (Ἥδιστος) bietet. Dieser war Lazarethbeamter (Optio Valetudinarii); vergl. Marquardt röm. Alterth. III. 2 S. 428. Der zweite Dedicator Philetus Z. 7. BF·LEg. bekleidete die Stelle eines Beneficiarius legati, eine häufig vorkommende Charge, z. B. Orell. 31x2. Steiner 1013 = Bramb. 500. Die Beneficiarii waren bei allen Truppengattungen einem höhern Officier zu besondern Dienstleistungen zugeordnet. Vergl. Becker und Marquardt III. 2 S. 419 Anm. 2437. Lersch C.-M. I, n. 4.

24. Gefunden an demselben Ort und zwar nach Pighius an der nördlichen Seite. Crombach sah noch im J. 1647 diese Inschrift an der hohlen Seite (ad cavum latus) nahe der Sakristei auf einem viereckigen Steine der Mauer. Nicht mehr vorhanden.

```
   APOLLINI·LIVICI·
    CN·CORNELIVS
   AQVILIVS·NIGER
   LEG·LEGT·M·P·F
  5 ITEM·PROCONSVL
   PROVINCIAE·GAL
  NARBONENSIS·ITEM
  SODALIS·HADRAML
```

Campius' Brief an Lipsius a. a. O. Pighius Ms. p. 60. Eckhart de Apolline Granno p. 8. Daraus Orelli 2021. Harsheim, Inscript. Harsell. Übers. von Brewer S. 53. Materialien I S. 180 Hüpsch Ep. I, 6. Daraus Dorow Denkm. S. 46. de Wal myth. septentrion. monum. lat. 164. Orelli 2021. Steiner 1046. Bramb. 463.

Z. 1. Camp. hat LIN · LIVICI. Pighius LINLIVIGI, Crombach LINI LIVIC · I, v. Gerolt in den Material. LIVIO, Hüpsch LIVIC, Dorow LVIC. Für das, wie es scheint unrichtig abgeschriebene LIVIC hat Eckhart zuerst LIVIO vorgeschlagen und eine topische Gottheit angenommen, deren Namen er von einem Ort bei Kaiserswerth, Linne, ableiten wollte. Ihm stimmen de Wal und J. Becker (Frankf. Archiv N. F. III 1865 bes. Abdr. S. 14) bei. Steiner vermuthet INVICTO und Th. III S. 414 [SO]LI [IN]VIC[TO], Dorow Lucifero. Ob nicht vielleicht LYCIO herzustellen ist? Z. 8 ist nach der richtigen Ueberlieferung des Campius zu lesen Sodalis Hadrianalis, nicht Hadriani, wie Dorow und Steiner haben. Ueber die den Sodales Augustales nachgebildete ehrenvolle Priesterwürde der Sodales Hadrianales verweise ich auf Henzen, Orelli III, S. 200, wo man einen sorgfältigen Auszug von Borghesi's Untersuchungen über diesen Gegenstand findet.

25. Nach Campius in Dietkirchen bei Bonn gefunden. Der Altar kam im J. 1690 am 26. Juni in die Sammlung der Grafen von Manderscheidt nach Blankenheim, und in neuerer Zeit in den Besitz Dorow's, welcher denselben mit mehrern andern Inschriftsteinen und Alterthümern dem königl. Museum käuflich überliess. Dorow Denkm. S. 98 und 52. Der Stein, aus Trachyt vom Siebengebirge, ist 3¾' hoch, 3½' breit und 11" dick.

```
      VICTORIAE · AVG ·
    G · PVBLICIVSC · FILIVS · SEPTIMA
   SISCIA · PRISCILLIANVS · P · P
     LEG · I · M ·              I · F
    5 D · D · DEDICANTE · FL · APRO
    COMODIANO · LEG · AVG · PR · PR
    ET · A FIDIO CORESNO MARCELI
    LEG · LEG · EIVSDE      ALNAIAS
     DN                      A    C
    10              COS           n. Chr. 222
```

Gruter (Campius Frehero) 193, 11. Aldenbrück rel. Ub. II p. 77. Crombach p. 63. Schaanat Eld. ed. Bärsch T. XIII. 59. Hüpsch I 8. Dorow Denkm. S. 51. Orelli 505. Lersch C.-M. II. 20. III S. 118. Steiner 1048. Overb. Kat. 115. Bramb. 461.

Z. 3. Auf dem Steine finden sich am Schluss die Buchstaben P · P, nicht P · R, wie Lersch und Overbeck annahmen. Henzen Or. III p. 85 f. bemerkt mit Recht, dass ein Praefectus kaum hier stehen könne, weil gleich der legatus legionis erwähnt werde; PP ist die gewöhnliche Sigle für primipilus oder Primipilaris. Z. 4 hinter M ist der Beiname SEVERIANAE oder Alexandrianae ausgemerzt, wie Lersch und Steiner richtig gesehen durch Vergleichung von Orell. 505 = Lersch C.-M. II, 14, wo derselbe Aper Commodianus als Leg. Aug. unter Severus Alexander im J. 223 vorkommt. Es ist daher auch in der vorletzten Zeile 'Severo Alexandro' zu ergänzen. Ueber die Tilgung der Namen des Severus Alexander vergl. Henzen zu Or. III 5517.

26. Der Fundort dieser Ara ist ungewiss; nach Overbeck soll sie gemäss einer Notiz des nicht ganz zuverlässigen Inventars in den Grundmauern eines Hauses in Bonn gefunden sein; auf Bonn weist schon die Erwähnung der 1. Minervischen Legion.

```
in H · D · D · I · O · M
   ET · GENIO · LOCI
   DIS · DEABVSQ
   VE · OMNIBVSAE
 5 VENCONVS · CR
   ESCENS · J · IVLIVS
   FELIX · BBFF · LEG
   LEG · T · M · P · F · PROSE
   et SVS · V · S · L · M · KA ·
10 EP · IMP · D · D · N · N · GA
   IIO · J · VOLVSIANO
    a AVG · G · COSS              n. Chr. 252.
```

Lersch C.-M. II. 10. Overb. 24. Steiner 1013. Bramb. 500.

V. 2. 3. GENIOLOCI · DIS · DEABVSQVE OMN. Diese Formel, in welcher die Widmung hauptsächlich 'dem Schutzgeiste des Ortes' zu gelten scheint, findet sich ebenso mit Jupiter Optimus Maximus verbunden in einer datirten Inschrift von Dottendorf bei Bonn vom J. 214, die sich jetzt im Museum zu Köln befindet (Lersch C.-M. I, 4. III, S. 111. Steiner 1007. Bramb. 513), und auf einer zweiten, jetzt verlorenen, von ebendaher, nur ohne DIS DEABVSQ—, vom J. 182 (Gruter 9, 3, Steiner 2392, Bramb. 512). Z. 7. Ueber Beneficiarii vergl. die Bemerkung zu No. 23. 10 ff. Die Inschrift fällt unter das Consulat der Kaiser L.Vibius Trebonianus Gallus und L. Vibius Volusianus.

27. Campius fand diese Votivara zu Bonn auf einer nicht näher bezeichneten Strasse nachlässig eingelegt, so dass die Charaktere schon durch Wagenräder abgerieben waren, und theilte eine Abschrift seinem Freunde Modius mit, von welchem dieselbe Justus Lipsius erhielt. Ueber den Fundort wechseln die Angaben; die Materialien und Gercken geben an 'bey dem Kölnthor'. Nach Schannat Bonn. p. 22 stand der Stein neben der Kirche des Cassiusstiftes (Münsterkirche), als ihn im J. 1690 der Graf Hermann von Manderscheidt von den Canonikern und dem Magistrat der Stadt Bonn zum Geschenk erhielt. Nach der Tradition einer alten Chronik des Klosters Engelthal habe ich in B. J. XXIX—XXX S. 102 die Vermuthung ausgesprochen, dass der Stein beim Neubau des durch Brand zerstörten genannten Frauenklosters im J. 1345 ausgegraben worden sei. Von Blankenheim ward der Stein in der französischen Zeit nach Köln gebracht und lag daselbst unbeachtet, bis ihn Düntzer auf dem Hofe des alten Museums entdeckte und B. J. XXXIII S. 179 besprach.

Die Inschrift ist jetzt so verwittert, dass kaum die Hälfte der Buchstaben sichtbar sind. Wir geben was noch zu lesen ist nach einem Papierabdruck Brambachs, indem wir das Fehlende nach Campius in kleiner Schrift hinzusetzen.

```
IN · H · D · O
PRO · SALVTE · IMPP ·
DIOClEtiani · eT · MAXIMI
ani · AVGG · ConstaNtii
5 et · MAXIMiani · NOBB
CaeSS · TEmplum · MARTIs
MiLiTARIS · VeTVState · co
nLAPSVm · AVR · sintVs · praef ·
leg · I · M · sA · SOLO · RESTI
10 tuit · die · XIII · KAlOCt ·
tusco · et · anulino · cos ·        n. Chr. 295.
```

Modius novantiq. lect. ap. 5 abgedruckt von Freudenberg in B. J. XXIX—XXX (S. 96 u. 28) S. 101 (Campius Modio). Von dieser ersten Edition geben alle spätere aus: Gruter 58, 4. Braun, urbium praecipuarum mundi theatrum (= Beschreibung und Contrafactur von den vornembsten Stetten der Welt) Praef. ad T. V. Vergl. B. J. XXIX—XXX S. 280. Broelmann Ms. II. 13. Crombach p. 58. 522. Materialien I, 8 p. 182. Gereken III, 336. Hüpsch Epigr. p. 38, 1. Dorow Denkm. I S. 43. Or. 1356. Steiner 1008. Nur Schannat hat den Stein in Blankenheim verglichen. Eid. Illustr. ed. Bärsch I, 1 S. 547. T. IX, 30. Vgl. Aldenbrück rel. Ub. I, 28, II. 85. Bramb. 467.

V. 4 hat Campius MARTI, wozu S zu suppliren. Z. 7 im Anfang fehlt bei Campius das M ohne Angabe der Lücke; am Schluss der Zeile hat Camp. ATECOL ‖ S LA, Cromb. CO ‖ L; wonach Bramb. CO ‖ nL vermuthet. SInTVS ist Conjectur des Campius, Broelmann las SEXTVS. Meiner Annahme, dass nach PRAE ein F ausgefallen und die drei ersten Buchstaben in Z. 9, wofür Gruter, Crombach, Schannat und Broelmann FEC lasen, LEG zu deuten seien, stimmt Brambach zu. Unmittelbar darauf hat Camp. IM·S·A, Cromb. IMP·A, Sch. IMP·S·A; da zwischen M, welches sich deutlich erhalten und A nur Raum für einen Buchstaben ist, so kann dieser, der schon zur Zeit der ersten Abschrift undeutlich gewesen zu sein scheint, mit Camp. durch S = Severianae, oder mit Bramb. durch P(iae) ergänzt werden, obgleich im letztern Falle das Fehlen von F(idelis) auffallend ist. Jedenfalls aber erscheint die Ergänzung LEG. I Minerviae richtig. Z. 11 hat Campius nVSCO, Crombach TVSCO. Die Zweifel, welche Lehne (bei Dorow Denkm. I, 43) in Bezug auf die Aechtheit unserer Ara theils wegen des sonst nicht bekannten Beinamens des Mars 'Militaris', theils aus sprachlichen Gründen erhoben hat, sind in B. J. XXIX—XXX S. 102 f. als nichtig nachgewiesen. Der Beiname des Mars Militaris ist mit 'Campester' Or. 1355 fg. zu vergleichen; durch beide Beinamen wird Mars als Schutzpatron des gesammten Waffenhandwerks, als eigentlicher Gott der römischen Lager und Legionen bezeichnet. Vgl. Preller, röm. Mythol. 1858. S. 310 mit Anm. 5.

28. Diese kolossale Ara wurde Anfangs der 50r Jahre beim Umlegen des Pflasters in der Brückenstrasse, nahe der Remigius- und Achterstrasse gefunden und auf Kosten des Vereins mit Anwendung von Winden nach dreitägiger Arbeit aus der Erde geschafft und auf dem Römerplatz aufgestellt. Da sich Niemand dazu verstand, den von dem Vereinsvorstand dem Museum der vaterländischen Alterthümer zugedachten Koloss dahin zu transportiren,

so ward er zuletzt als Stein des Anstosses einem Steinhauer zum Zersägen überlassen. Leider war die in schönen grossen Charakteren geschriebene zwölfzeilige Inschrift so schrecklich verstümmelt, dass sich nur in der 1. und in den 6 letzten Zeilen Reste erhalten hatten, wovon ich mir drei etwas abweichende Abschriften bewahrt habe.

```
        \  I  ∩              O
        .  .  .  .  .  .  .  .  .
        .  .  .  .  .  .  .  .  .
        .  .  .  .  .  .  .  .
   5 .  .  .  .  .  .  .  .  .  .
        .  .  .  .  .  .  .  .  .
        A .  .  .  .  .  .  .  .
        I E ∨   R .  .  .  .  .  .
        N I N O   C O S . . . \ . . .
  10 M O D E S T O . . Γ ' C
              C ∩ S
        A c R V M   P O S V E R V N ·
```

Bramb. 474. Z. 1 3. Abschr. Γ Γ O] 1. A. | C. Z. 8 3. Abschr. I E C R.   Z. 9 2. u. 3. Abschr. COSIA. Z. 10 3. Abschr. TO RO.   Z. 11 3. Abschr. COS※N?

Z. 1. Wie die noch erhaltenen dürftigen Züge zu deuten sind, ist durchaus unsicher und zweifelhaft. War das erste dieser Zeichen, wie es wahrscheinlich ist, ein V, so dürfte man an Victoriae denken, stünde nicht der dritte Buchstabe, welcher auf ein D hinweist, entgegen. Darnach könnte man I(n)II[onorem] D(omus) D(ivinae) annehmen, was aber nur bei der Deutung des ersten Buchstabens durch I anginge. Aus der Schlusszeile lässt sich errathen, dass eine Mehrheit, vielleicht mehre Truppentheile oder ihre Chefs die Ehrensäule geweiht haben. Welchem Kaiser sie gesetzt worden sei, lässt sich vielleicht aus Z. 9 u. 10 ermitteln. Der Rest NINO ist ohne Zweifel zu ergänzen AntoNINO, ein Name, der freilich sehr vieldeutig ist. Indessen führt der Name *Modestus* auf die Zeit des Heliogabal und Severus Alexander. Bekanntlich führte ein T. Manilius *Modestus* zum zweiten Mal das gewöhnliche Consulat mit Calpurnius Probus im J. 228. Dieses Consulat ist wegen des vorhergehenden Kaisernamens natürlich ausgeschlossen. Auch die Notiz, welche ich der Güte des um die römische Epigraphik sehr verdienten Prof. Aschbach in Wien verdanke, dass nach Marini Frat. Aral. p. 650 derselbe Modestus im J. 222, wo Elagabal und Severus Alexander das Consulat bekleideten, nach der Ermordung des erstern als Consul suffectus ins Amt trat, hilft uns nicht zum Ziele, weil bei dieser Annahme SEVERO ALEXANDRO vorhergehen müsste. Wir müssen daher die Enträthselung dieser für uns unübersteiglichen Schwierigkeiten dem Scharfsinne Anderer überlassen.

29. Dieses Familiendenkmal der Scaptischen Familie, 2' 1" hoch, 2' 10" breit und 5" dick, ist vom Med. Dr. Crevelt nahe bei seinem Hause *in der Hundsgasse* entdeckt worden, (Ruckstuhl Jahrb. d. Pr. Rhein. Univers. I, 2—3 S. 212) und befindet sich im hiesigen Museum.

```
C · S C A P T I O  Є///////////ДßΒ
A T̄ I C O S C A P T I A E  R¿
ĽDIC · SCAPTIONVCERı
NŒ TAVIAE · LIBERALI
5 SCAPTIAFICIⱹ///FVICCTΛVÓ
P I//////////////   VI ⌐VPÈR
CVS · II/ / /////////////P · F
```

Heinrich 12 alt. J. Ms. 7. Dorow Denkm. 3. 57 Taf. XX. 5. Grotefend in Seehode's krit. Bibl. 1028. S. 611. Lersch C.-M. II, 45. Overb. Kat. 111. Steiner 1025. Bramb. 487.

Die nach unten stark abgeschliffene und mit ungewöhnlichen Ligaturen versehene Inschrift hat zuerst Lersch dadurch richtiger gedeutet, dass er die Punkte in dem O als Interpunctionen erkannte, welche auch die Ligaturen zu trennen dienen. Er liest Caio Scaptio, Octavio(?) Attico, Scaptiae Phyllidi, Caio Scaptio Nucerino, Octaviae Liberali, Scaptiae..... OCTAVIO. Doch bleibt die Lesung von Z. 5, 6 und 7, welche bei Heinrich, Dorow und Lersch variirt, unsicher. Wir folgen der sorgfältigern Vergleichung Brambachs, Z. 6 und 7 scheint LVPER || CVS, was sonst nicht vorkommt, zu lesen.

c. Die Grabschriften von Privaten.

30. Die fragmentirte Inschrift ist nach Campius bei Bonn in Dietkirchen gefunden und nicht mehr vorhanden.

```
      AVR · SERRAN(ius)
      IMMVI........
      ANIONI · PRI(mae)..
      CONIVG (i) ........
    5 PIENTISSIM(ae) ..
      XVI ....VNI.....
```

Gruter (Campius Freherus) 582, 2. Steiner 1047. Bramb. 465.

Z. 2. IMMVNis. Dieser Name kommt auch auf einer Luxemburger Inschrift bei Wiltheim ed. Neyen p. 247, Stein. 1971 vor. Man könnte auch an IMMVNIS consularis, oder wie einmal vorkommt (Or. Henzen 6800), legionis denken. Becker, Castellum Mattiac. p. 80.

31. Nach Overbeck an den Franziskanern gefunden. Im königl. Museum.

```
| IVSANIIG ı
| CAT · IN · S · P |
```

Overbeck Kat. Steiner 2397. Bramb. 482.

Z. 2. IN.S.P möchte ich mit Steiner IN Suo Posuit erklären.

32. Bei dem Neubau des dem Herrn von Rigal aus Crefeld zugehörigen Hauses nahe dem Godesberger Bache gefunden. Der nach der dritten Zeile abgebrochene Stein befindet sich im Garten des Hauses in dem obengenannten Antiquarium aufgestellt. Der Grabstein ist oben mit einer Rosette verziert.

```
D  A  M  M  EV  S  ·
D  ·  L  ·  O L Y M RV S.
V I X I T  ·  AV  ·  X X X V
A N H V S  ·  A N  ·  X X
PRoSPECT IS  ·  AV  ·  ҹ II
5 D O N A T V S  ·  AV  ·  ҹⱯ
A S C A N I V S · A' · X I I
D  ·  A M M A E I  ·
S E R  ·  H  ·  S  ·  S  ·
I N  F  R  ·  P  ·  X X V
10 I N  A G R O  ·  P  ·  X V
```

Urlichs D. J. IX S. 129. Steiner 1022 Bramb. 491.

Z. 1. Ð bedeutet Decimus. Ammaeus Olympus war der Libertus des Ammaeus und wurde hier von seinen vier Sclaven Anthus, Prospectus, Donatus und Ascanius beigesetzt. Z. 9 u. 10 IN FR. = in Fronte Pedes (nicht Passus) XXV d. h. die nach der Strasse gekehrte Seite des Monuments betrug 25', die nach dem Felde (in agro) sich erstreckende 15'.

33. Ueber der Inschrift des vorlängst in Bonn gefundenen Grabsteins ist das Bild des mit Tunica und Mantel bekleideten Verstorbenen in einer Nische en relief dargestellt; er hält in den Händen zwei Rollen, vor ihm ein Tischchen. Unter der Inschrift drei Störche, einer im Neste sitzend, die beiden andern diesen fütternd. Endlich fand sich noch über dem Bilde in dem Giebelfelde des Verstorbenen ein Meerungeheuer. Nicht mehr vorhanden.

S V L L A E · S E N N I · F ·
R E M O · A R G E N T A R I O

Janssen in R. J. X S. 104 f. dazu Taf. II nach einem Ms. des Gisbert Cuper in Leyden. Steiner 1020. Bramb. 497.

Z. 2. REMO. Cuper nimmt das Wort für einen Beinamen. Richtiger erklärt es Janssen und nach ihm Steiner für einen Volksnamen = natione Remus.

34. In dem Grabsteine, dessen Fundort nicht näher bekannt ist, befanden sich zwei jetzt verschwundene Medaillons der Verstorbenen. Die Buchstaben sind deutlich und regelmässig.

P · V A L E R O · L VF
I · N E G O T I A T Ọ ·
I N A D L

Dorow Denkm. S. 106 n. 630). Overbeck Kat. 58. Steiner 3432. Bramb. 501.

Z. 1. Overbeck ergänzt LVpo . NEGOTIATOri.

35.

Overbeck Kat. 55. Bramb. 471 m.

Z. 1. SPERatus. Z. 2. 3. VIVus oder VIVO SIBI posuit ist stehende Formel auf

Grabmälern, welche sich einer selbst bei Lebzeiten errichten liess. Vergl. Braun in B. J. XXVII S. 108. Orelli 4503.

d. Votivaltäre von Privaten.

36. Dieser kleine unten abgebrochene Votivstein ist 6″ hoch und c. 3″ breit. An beiden Seiten eine Verzierung von Baumzweigen und Blättern mit Dolden. Zu Bonn in der *Wilhelmstrasse* gefunden, früher im Besitze des verst. Rentmeisters Drimborn, jetzt in meiner Sammlung.

$$N F A N A^B$$
$$L \cdot M S S O N^{VB}$$
$$////////////////////$$

Lersch C.-M. II, 31. Steiner 1011. de Wal Moedergodinnen 128. Bramb. 466.

Z. 1. Die Aufaniae (Matronae), von denen wir jetzt 9 Inschriften kennen, gehören zu den Feld und Haus schirmenden Muttergöttinnen, welche den Penaten der Römer zu vergleichen sind, und besonders im Jülicher Lande von Einheimischen wie Römern eifrig verehrt wurden. Vergl. über den Namen, welcher von *Hoven* (aufan) bei Zülpich herzuleiten sein möchte, Jahrb. XIX S. 89, XXII, 133 und XXIII S. 77 ff. Z. 3. Die Widmungsformel V·S·L·M ist durch den Bruch ausgefallen.

37. Dieser Votivstein wurde 1848 *beim hiesigen Theaterbau* nahe am Kölnthor gefunden und befindet sich im Museum. An der erhaltenen rechten Seite Verzierungen.

$$do(m) \; \diagdown E S \dagger C I S$$
$$V I B V S$$
$$com \; E D O N I B$$
$$F L A'V S$$
$$5 \quad L \quad O \quad D \quad O$$
$$1 \cdot A V R$$

Overbeck Kat. 133. Becker B. J. XVIII, 131. Steiner 33MM. Bramb. 469.

Vor Z. 1 ist eine Zeile mit MATRIBVS ausgefallen. Overbeck ergänzt domesticis[et Quadru]vibus [et com]edonibus. Becker's Ergänzung [Lugo]vibus hat schon wegen des Raumes mehr Wahrscheinlichkeit. Der Dativ heisst Quadrubiis cf. Bramb. 550 (Stein aus Zülpich). Z. 5. Becker deutet LO durch —LO DO‖MO. Ueber die Quadruviae oder Quadriviae vergl. Zeitschr. d. Mainz. A.-V. 4. H. S. 484 ff.

38. Fragment ebendaselbst wie No. 36 gefunden und im hiesigen Museum befindlich.

$$M A T R I B V S$$
$$D O M E S T I C I S$$
$$\cdot \; \cdot \; \cdot \; \cdot \; \cdot \; \cdot \; \cdot$$
$$5 \quad \cdot \; \cdot \; \cdot \; \cdot \; \cdot \; \cdot \; \cdot$$
$$\cdot \; \cdot \; \cdot \; \cdot \; \cdot \; \cdot \; \cdot$$
$$\cdot \; \cdot \; \cdot \; \cdot \; \cdot \; \cdot \; \cdot$$
$$\cdot \; \cdot \; \cdot \; \cdot \; \cdot \; \cdot \; \cdot$$

Overbeck Kat. 135. Steiner 2389. Or. Henzen 5984.

Die kleine Ara ist ursprünglich unvollendet geblieben; die Buchstaben sind oberflächlich und nicht tiefer eingeritzt als die für die letzten sechs Zeilen bestimmten Linien.

Von den dreizehn ebenfalls im J. 1848 beim Theaterbau ausgegrabenen Bruchstücken von Inschriftsteinen, welche theilweise nur einzelne Buchstaben von verschiedener Grösse enthalten, theilen wir zwei mit, welche eine nähere Bestimmung zulassen. Overbeck Kat. 45—56. Bramb. 471 a bis n.

38.

TVSSVS
FECIT
O C e

Overbeck Kat. 44. Bramb. 471 a.

Ueber dem O eine gewundene Verzierung. Die Formel ex IVSSV (ipsius oder ipsarum) FECIT weist auf eine Votivara für mütterliche Gottheiten hin.

39. An der *Coblenzer Strasse* unweit des Steuerempfanghauses im J. 1855 in einem ausgemauerten Grabe gefunden.

L· CANDIDINIVS
VERVS·V·S·L·M

Auf dem Sockel eines dieser Steine findet sich unter der Figur die Inschrift: C·F·A, welche vielleicht Cybeles Filius Attis zu deuten sein möchte.

Stempel auf Ziegeln (laterculi).

1. Die Inschrift, welche sich am häufigsten auf Ziegeln findet, ist die der ersten Legion: Legio Prima Minervia, oder Legio Prima Minervia Pia Fidelis, die mit den verschiedenartigsten Variationen vorkömmt.

L   T   M und umgekehrt M T J, auch L M · T ·

LEG·TM

LEG·TM

LEGTMPF

LEGMPF oder LEG·T·MPF

L E G T

L I M P F oder L · T · MPF

LEGTMP

LEGTMq

LEGTMqF

L·P·M

In dem Antiquarium des Hrn. v. Rigal findet sich noch der verzierte Stempel LITIMI.

4 b

Bisweilen findet sich auch der Stempel (LEGIMPF₁) in einem Kreise und einmal LIIЄIOMi d. h. LIIG1OMInervia.

Die meisten dieser Stempel sind am Wichelshofe und in dessen Nähe gefunden, wo sie noch häufig zu Tage treten, jedoch kommen dieselben auch innerhalb der Stadt Bonn und zwar sowohl an der Südseite, besonders an der Coblenzer Strasse, wie an der Westseite nach Endenich zu, und selbst im Rheinbett vor. Zu den angegebenen Formen, welche bei Brambach n. 511 mit Angabe der Fundstellen möglichst genau angegeben sind, ist noch folgender einzelnstehender Stempel hinzuzufügen, welcher von mir erst ganz kürzlich auf zwei Ziegeln entdeckt worden ist, von denen der eine sich in dem Antiquarium des verst. Hrn. v. Rigal befindet, der andere im Garten des Hrn. Heinrich nahe dem Wichelshofe in diesem Frühling ausgegraben worden ist:

LEGTFM

d. h. Legio Prima Felix Minervia. Hier ist also Pia ausgelassen und M nachgestellt. Diese doppelte Abweichung von der gewöhnlichen Form scheint nicht zufällig, sondern in einer Zeit entstanden zu sein, wo der Beiname Pia noch nicht aufgekommen war. Dass diess nicht vor Severus und Caracalla geschehen sei, weist Hübner in Bezug auf die Leg. VII Gemina Felix nach Annal. dell' instituto archeol. T. XXXVI p. 219 fg.

2. Legio XV (quintodecima).

Von dieser Legion hat sich nach Dorow Denkm. S. 35 (Lersch C.-M. II, 62, Stein. 1083, Bramb. n. 511 b, bei der grossen Ausgrabung am Wichelshof ein Stempel mit:

LEG · XV

gefunden. Ein zweiter befindet sich im königl. Museum, worauf das V der Form eines U ähnelt.

3. Legio XXI (unetvicesima).

Der Stempel dieser Legion ist nach Ruckstuhl (Jahrb. d. Pr. Rhein. Univ. 1, 2—3 S. 186) und nach Dorow in mehreren Exemplaren gefunden worden. Die Formen des Stempels sind

LEG XXI RAPax und LEG XXI RaPax

d. h. die 'reissende', 'stürmische'; auch

LEG XXI · RP.

Mit dem letztern Stempel sind im Herbste 1864 bei niedrigem Wasserstande einige Exemplare im Rhein gefunden und mir zugebracht worden.

4. Vexillationes.

Auf dem Wichelshofe hat man nach Ruckstuhls und Dorows Zeugniss auf einigen Ziegeln folgende Stempel gefunden:

VEX oder VEXIL

und in der Voigtsgasse (Lersch B. J. II, 86) den Stempel:

VEXIK

welcher mit Brambach VEXILL zu deuten sein möchte.

Unterwerfen wir die im Vorstehenden mitgetheilten und erläuterten Bonner Inschriftsteine einer nähern Betrachtung, so bemerken wir sogleich, dass das militärische Element
bei weitem vorherrschend ist, da von der gesammten Zahl *vierzig*, worunter *acht* nicht mehr
vorhandene Denkmäler sich befinden, bei weitem die Mehrzahl (28) Militärpersonen angehört
haben, während nur zwölf, theilweise unbedeutende Steine von Privaten herrühren. Die
Gesammtzahl der Grabsteine von Soldaten beträgt achtzehn und vertheilt sich so, dass sechs
davon auf die *Legio I* fallen, je einer auf die *Leg. XXI* und *Leg. XXII*, zwei auf die
Leg. XV Primigenia und fünf davon Soldaten der *Leg. I Minervia* gesetzt sind, sodann einer
einem Soldaten einer nicht näher bezeichneten *Cohors Thracum*, und endlich einer einem
Reiter der *ala Longini* angehört.

Ist diese Zahl von Grabsteinen von fünf Legionen, von welchen eine mehrere Jahrhunderte hindurch in Bonn ihr Standquartier hatte, eine verhältnissmässig geringe, so sind doch
die meisten von nicht zu unterschätzender Wichtigkeit für die römische Legionsgeschichte und
die Alterthumskunde überhaupt. Es wird daher eine gedrängte Uebersicht der Schicksale
der genannten Truppenkörper hier am Platze sein. Was die *Legio I* betrifft, welche auf
einer Inschrift den Beinamen *Germanica* führt, so lesen wir zwar bei Tacitus Ann. I, 37,
dass dieselbe beim Regierungsantritt des Tiberius zugleich mit der Leg. XX in Köln (civitas
Ubiorum), wofür er gleich darauf c. 39 Ara Ubiorum setzt, ihr Winterquartier gehabt habe.
Indessen wenn wir erwägen, dass von den *acht* Inschriftsteinen, welche überhaupt von dieser
Legion existiren, sechs in Bonn, ein siebenter in Lessenich nahe bei Bonn (Bramb. 452) und
nur einer im Kreise Mülheim (Bramb. 304) näher bei Köln gefunden worden ist, so sind
wir zu der Schlussfolgerung berechtigt, dass die Legio I nicht sehr lange in Köln geblieben,
sondern wahrscheinlich schon in der Regierungszeit des Claudius in Bonn ihr Standquartier
erhalten habe. In Bezug auf diesen Wechsel kann ich die Vermuthung nicht unterdrücken,
dass die Erhebung der Ubierstadt zu einer Colonie, welche zum Theil aus Veteranen bestand
und tief in alle Verhältnisse des Grundeigenthums und der Gemeindeverwaltung eingriff, in
näherer Beziehung gestanden habe. Hier lag sie bis zum Krieg des Civilis, in welchem sie
sich durch Meuterei und Verrath befleckte und bald darauf, nach Grotefend schon unter
Vespasian, aufgelöst wurde. Daher haben sich keine Legionsstempel von ihr in Bonn gefunden. — Die *Leg. XV* mit dem auf den beiden Bonner Steinen (No. 9 u. 10) allein vorkommenden Namen *Primigenia*, welche von Kaiser Claudius vor seiner Expedition nach Britannien
zugleich mit der Leg. XXII in einer bis jetzt noch nicht aufgeklärten Weise gebildet worden
ist, erhielt ihre Standquartiere in Untergermanien, wie denn auch gestempelte Ziegel ihre
Anwesenheit in Bonn, Köln und Xanten beurkunden. Beim Aufstande der Bataver zog ein
Theil derselben nach Italien, um für den Vitellius zu kämpfen, der andre blieb in Deutschland, wo er von Vespasian entlassen, oder von Trajan der Leg. XXX einverleibt wurde
(Bramb. praef. ad C. I. Rh. p. XIII). — Die *Leg. XXII Primigenia P. F.*, von welcher Bonn
nur *ein* Denkmal (No. 8) aufzuweisen hat, war von längerem Bestande, als die eben genannte;
sie hatte seit Claudius ihr Standquartier stets in Ober-Germanien, nur lag sie zur Zeit Trajans
eine Zeit lang (nach Brambach a. a. O. p. XI vom J. 106 bis 120) in Nieder-Germanien, in
welche Periode denn auch unser Grabstein, No. 8, fällt, der dem Verstorbenen von einem
ihm befreundeten Architecten gesetzt worden ist. — Mehr Denkmäler ihrer Anwesenheit am
Niederrhein, und namentlich in Bonn hat die *Leg. XXI Rapax* hinterlassen, welche nach

der Varusschlacht von Augustus errichtet in Niedergermanien (zu Xanten) ihr Standquartier hatte und von da wahrscheinlich unter Claudius nach Obergermanien kam, wo wir sie 69 finden. Nachdem sie unter Cerealis gegen die Treverer gekämpft, scheint sie nach der wahrscheinlichen Vermuthung Urlichs (B. J. IX. 141) in Bonn ihr Winterquartier aufgeschlagen zu haben und daselbst unter Vespasian und Titus geblieben zu sein. In diese Zeit fallen die zwei Denkmäler, ein Grabstein (Nr. 5) und eine Votivara (Nr. 19), wie auch eine Anzahl von Legionsstempeln, welche von der Bauthätigkeit der XXIer Zeugniss geben.

Wir gehen nunmehr zu der mit Bonn so eng verbundenen *Legio I Minervia Pia Fidelis* über. Diese Legion, welche Domitian gegründet und an den Niederrhein, und zwar wie Urlichs (B. J. XXXVI, 103) glaubt, an die Stelle der Leg. XXI gelegt hatte, nahm Theil an dem zweiten dacischen Krieg (104—106), wo sie Hadrian (Spartian. Hadrian. 3) commandirte und kam unter Hadrian wieder nach Untergermanien, wo sie die Leg. XXII ablöste. Von der Zeit an stand sie ununterbrochen bis zum 4. Jahrhundert am Niederrhein mit dem Hauptstandquartier in Bonn (Bramb. Praef. ad C. I. Rh. p. XIII). Bei diesem mehrere Jahrhunderte dauernden Aufenthalte können wir uns die geringe Zahl der Grabdenkmäler nicht anders als durch die Annahme erklären, dass die selben ursprünglich an solchen Strassen und Plätzen der alten Stadt aufgestellt waren, wo sie theils bei den wiederholten Stürmen der deutschen Völker im 3. u. 4. Jahrhundert, theils in der durch die vielfachen baulichen Veränderungen im Mittelalter seit dem 13. Jahrhundert und sodann seit dem 16. Jahrhundert, wo Bonn zu einer Festung gemacht wurde, ganz besonders der Zerstörung ausgesetzt waren. Daher möchten wir eine nicht geringe Anzahl von inschriftlosen, meist mit Sculpturen versehenen Theilen und Fragmenten von Grabsteinen, welche sich in dem hiesigen Museum vaterländischer Alterthümer finden, unbedenklich der Leg. I Min. vindiciren; so unter mehrern andern, welche Overbeck im Katalog anführt, No. 5, No. 9a und b und No. 85 mit je zwei männlichen und weiblichen Figuren. Ein andrer Erklärungsgrund ist darin zu suchen, dass von der 1. Legion, deren Hauptstandort Bonn war, verschiedene Abtheilungen abwechselnd in *Belgica* (Billig am Kaiserstein in der Voreifel), in *Köln* und *Zülpich* (Tolbiacum) lagen was durch mehrere an diesen Orten ausgegrabene Inschriftsteine bezeugt wird (B. J. XXII, S. 79). So gehören drei Grabsteine bei Brambach 319, 351 und 435 *Köln* an. Von *Iversheim* bei Münstereifel stammt der unter Jul. Castinus, einem Legaten der Leg. I. M., gesetzte Stein (Bramb. 520, Lersch in B. J. V—VI S. 321). Dazu kömmt, dass sich im Umkreise von Bonn, namentlich an dem durch seine gesunde und schöne Lage anziehenden Vorgebirge, z. B. in Godesberg, Friesdorf, Lessenich und Endenich, wohin sich die gewöhnlich in der nahen Koloniestadt residirenden höhern Officiere und selbst Statthalter der Provinz im Sommer auf ihre stattlichen, mit allen Bequemlichkeiten versehenen Villas zurückzogen, Inschriftsteine der Leg. I. M., besonders Votivaltäre, gefunden haben, die zum Theil von grosser historischer Wichtigkeit sind und deshalb in Abschnitt II ihre Stelle finden werden. Wir erwähnen hier nur die durch die Monographie des Jesuiten Harzheim berühmt gewordene Votivara von *Hersel* (1 Stunde unterhalb Bonn, Bramb. 453, Lersch C.-M. II, 2), welche drei Centurionen der Leg. I. M. einem legatus Aug. pro praetore Germaniae inferioris geweiht haben, dessen Namen leider ausgemerzt ist.

Auch von den oben unter Ib aufgeführten Votivaltären, zu deren Besprechung wir uns jetzt wenden, bietet der grössere Theil ein höheres Interesse, als die einförmigen Grabsteine von Soldaten, da sie uns einen Blick in den religiösen Cultus der Römer am Rhein, eröffnen und anderntheils durch die theilweise Datirung uns feste Anknüpfungspunkte gewähren, um die darauf genannten meistentheils höheren Militärbeamten chronologisch zu bestimmen. Unter den Gottheiten, welchen die Altäre geweiht sind, steht *Jupiter Optimus Maximus* dem Range wie der Zahl nach voran; er kömmt dreimal vor, einmal mit dem Beinamen *Conservator* (No. 21), einmal im Verein mit *Hercules* und *Silvanus* (No. 20) und einmal mit dem *Genius loci* und allen Göttern und Göttinnen (No. 26); dem *Apollo Lirici* (Lycius?) (No. 24), dem *Hercules Victor* (No. 23) und dem *Mercurius* (No. 19) ist je ein Altar gewidmet, der *Victoria Augusti* (No. 25) ebenfalls einer; ein Altar (No. 27) ist für das Wohl der Kaiser Diocletian und Maximian bei der Wiederherstellung eines Tempels des *Mars Militaris* errichtet; die Ara Fulviana mit ihrer metrischen und hochpoetischen Inschrift (No. 22) ist der *Concordia*, dem *Grannus*, den *Camenae*, den *Laren* des Kriegs und Friedens und dem göttlichen Cäsar geweiht, endlich die Widmung der letzten ist nicht mehr zu bestimmen. Wenn die meisten dieser Widmungen nichts besonders Bemerkenswerthes bieten, so erregt doch die Erwähnung eines Tempels des *Mars Militaris* in No. 27 auch insofern unser Interesse, als sie datirt (295) und geeignet ist, von den letzten Anstrengungen des sinkenden Heidenthums gegen den unaufhaltsamen Fortschritt des Christenthums durch Wiederherstellung eines vor Alter verfallenen Marstempels Zeugniss abzulegen (vgl. B. J. XXIX—XXX, S. 104 f.). In der Ara Fulviana, welche *L. Fulvius Maximus* als *Statthalter der beiden Germanien* geweiht hat, ist die Verehrung des *Apollo Grannus* beachtenswerth, da sie beweist, dass zur Zeit ihrer Errichtung, welche mit Wahrscheinlichkeit in die zweite Hälfte des zweiten Jahrhunderts zu setzen ist, die Römer schon gallische Gottheiten in den Kreis ihres Cultus gezogen hatten. Was die vier datirten Votivaltäre (20, 21, 25, 26 u. 27) betrifft, so ist nicht zu übersehen, dass der früheste (No. 20) in die Regierungszeit des Commodus (190 p. Chr.) fällt, also gerade in die Periode, wo eine erniedrigende Schmeichelei und grobe Vergötterung der Kaiser und ihrer Familie auf Inschriften Platz greift. Dieser zunächst folgt (21) die Ara des *Jupiter Conservator* von einem Praefectus castrorum der Leg. I M., alsdann die Ara (25), welche von einem Primipilaris Leg. I. M., Publicius Priscillianus, wobei ein *Legatus Augusti pro praetore Fl. Aper Comodianus* die Weihe verrichtete, der *Victoria Aug.* unter dem Consulat des Kaisers Severus Alexander im J. 222 gesetzt ist. Der vierte Votivaltar (26) ist im J. 252 unter dem Consulat des Trebonianus Gallus und des Volusianus errichtet. In Bezug auf die verstümmelte grosse Ara (No. 28) haben wir unsere Vermuthung dahin ausgesprochen, dass ihre Errichtung wahrscheinlich in das Todesjahr des Heliogabal, 222 p. Chr. fällt. Hier verdient noch Erwähnung ein fragmentirter Gelübdestein aus *Friesdorf* nahe bei Bonn (Lersch C.-M. II, 57, Overb. 105) für das Wohl des Kaisers Gordian III. und seiner Gemahlin Sabinia Tranquillina, der von einem [Sace]rdos geweiht ist, vielleicht ein Sevir Augustalis, eine Priesterwürde, die auf dem wichtigen Denkmal aus Zülpich vom J. 352 (Stein. 1226, Bramb. 649) unter dem Beiworte Sacerdotalis zu verstehen ist. Vergl. Becker Castell. Mattiac. S. 137. Als das älteste dieser Denkmäler ist No. 19, das von einem Soldaten der Leg. XXI Rapax dem *Mercurius* gesetzte, anzusehen, da diese Legion, wie wir oben gesehen haben, nicht länger als bis zur Zeit des Domitian am Niederrhein gestanden hat. — Von der Verehrung des *Mercurius*, mit welchem bekanntlich die Römer den Hauptgott der Gallier identificirt haben, zeugen mehrere Bronzestatuetten von ihm, die in Bonn und dem Umkreise der Stadt gefunden worden; vergl. Dorow's

Denkm. I. S. 24 No. 2 und 3 und ein dritter in Overbeck Katalog S. 101. Auch von *Jupiter* ist eine kleine sitzende Statue aus Sandstein (Overbeck Kat. 101) und mehrere Bronzen in und bei Bonn gefunden worden: Dorow Denkm. I. Taf. IX u. X fig. 4, vergl. Overb. Kat. S. 99 No. 5. Mit Uebergehung der schönen Bronzefigur des *Jupiter Lykaios*, die 1849 am Wichelshofe entdeckt wurde und von Overbeck in B. J. XVII Taf. II abgebildet und S. 69 ff. erklärt ist, einer am Jesuitenhofe 1850 gefundenen *Fortuna* in Bronze, so wie einer Statue des *Hercules* von Stein (B. J. XXV S. 206), führen wir noch zwei Steinbilder der *Minerva*, einen römischen Altar mit den Reliefbildern dieser Göttin und einer andern nicht mehr erkennbaren, zur Seite Hercules und wie es scheint Mercur, in der Gegend der Stifts- kirche gefunden (vergl. Overbeck Kat. S. 5), und eine am Jesuitenhof (Hundeshagen Stadt u. Universität Bonn S. 44) gefundene *steinerne Nische mit der Figur der Minerva* zum Be- weise an, dass die Minerva als Schutzgöttin der 1. Legion von den Soldaten eifrig verehrt wurde. Was endlich die mit Ausnahme von zweien noch erhaltenen zwölf *Grab-* und *Votiodenkmäler von Privatpersonen* betrifft, so erscheinen sie wenig geeignet, um uns über den Zustand und die Entwicklung des bürgerlichen wie religiösen Lebens in der römisch- gallischen Ansiedlung, welche sich neben und aus dem Standlager allmählich gebildet hat, irgend belangreiche Folgerungen zu gestatten. Von einer bürgerlichen Gemeindeorganisation mit ihren Beamten, den *duoviri iuri dicundo* und *aediles*, von einem *Ordo decurionum*, von *cives* oder *municipes*, wie sie Prof. Becker in Bezug auf das Castellum Mattiacorum (Castel bei Mainz) S. 85 ff. nachgewiesen hat, findet sich auf den freilich sehr dürftigen Ueberbleibseln kaum eine einzige inschriftliche Spur. Wir sind daher wohl zu dem Schlusse berechtigt, dass eben so wie das römische Wiesbaden (Mattiacum) gegenüber Castellum Mattiacum, dem Hauptorte der Mattiaker, in der Entwicklung des bürgerlichen Lebens zurückblieb, so auch Bonn zur Ausbildung eigentlicher Municipaleinrichtungen nicht gelangt sei, weil die nahe, von Claudius mit grossen Rechten begabte Colonia Agrippinensis, auch schon wegen ihrer begünstigten Lage sich schnell zum politischen wie religiösen Mittelpunkte der Römerherr- schaft am Rhein erhob. Diesem Hauptorte als *civitas* war das celtisch-römische Bonn we- nigstens bis zur Zeit Trajans, wie wir weiter unten (Abschn. II) sehen werden, als der Hauptflecken eines *pagus* untergeordnet, ohne dass es eigene Beamten hatte. Sind freilich auch in Bezug auf städtische Verfassung von der blühenden Rheincolonie, deren Ubische Bevölkerung mit den ersten römischen Colonisten durch Conubium verbunden waren (Tac. H. IV, 65), nur trümmerhafte und vereinzelte inschriftliche Spuren auf uns gekommen, so bietet doch schon ein vollgültiges Zeugniss hierfür der oben (S. 29) berührte Zülpicher Grab- stein (Orelli 1108) eines DEC[urio] C[oloniae] A[grippinensis] Namens Masclinius Maternus, der als gewesener Aedilis, Duumvir, Curator, Sacerdos (Sacerdotalis), wahrscheinlich als Sevir Augustalis an der dem Augustus geheiligten ara Ubiorum, und endlich als Comes bezeich- net wird.

Von dem lebhaften Handelsverkehr, welcher theils durch die günstige Lage am Rhein wie an der durchgehenden Hauptstrasse, die von Basel nach Lugdunum Batavorum führte, theils aber auch durch die ständige Anwesenheit des grössten Theils einer Legion mit ihrem Stabe begünstigt wurde, gibt uns wenigstens die fragmentarische Grabschrift eines *Negotiator* (Engros- händler) (No. 34), der sich aber vielleicht nur zeitweilig in Bonn aufhielt, eine Andeutung, so wie uns das so reich verzierte Grabdenkmal eines Banquiers (*argentarius*) Sulla, Lenni filius, (No. 33)

Remus zeigt, dass das Wechsel- und Mäklergeschäft in der schon wegen seiner herrlichen Lage auch von Fremden besuchten Stadt einen goldenen Boden fand. Was endlich das *religiöse* Leben in dem alten Bonn betrifft, so sehen wir aus mehrern innerhalb der Stadt gefundenen Votivaltärchen der *matres domesticae* und der *Aufanischen Matronen*, dass die einheimische Bevölkerung der Verehrung der am Niederrhein, besonders im Jülicher Land sehr verbreiteten, gewöhnlich eine Trias bildenden Muttergottheiten fortwährend treu blieb. Dieser gallische Cult fand denn auch bei den Römern, besonders bei den Soldaten der 1. Legion um so leichter Eingang, wenn man mit Grotefend (in Lersch C.-M. II S. 70) annehmen darf, dass die Legio I Min. im südlichen Frankreich und namentlich in der Hauptstadt Lyon, wo sich ziemlich viele Inschriften derselben finden, recrutirt wurde. Dies beweisen ausser einem Matronenstein aus dem nahen Endenich (Bramb. 454), Gelübdesteine aus Vettweis (Bramb. 584), aus Roevenich (bei Zülpich Br. 560), aus Kirchheim (Br. 519) und besonders aus Köln (vgl. Bramb. 329, 382, 405 und 408). — Nach dieser kurzen Umschau in Bezug auf die Tragweite und Bedeutung der noch erhaltenen inschriftlichen Denkmäler Bonns gehen wir zu Abschnitt II über, welcher mehrfache Anhaltspunkte bieten wird, das bis jetzt gewonnene Bild von dem römischen Castell wie dem gallisch-römischen Bonn zu vervollständigen.

II. Geschichtliche Zeugnisse,
welche sich unmittelbar oder mittelbar auf das römische Bonn beziehen.

Als Julius Cäsar die römische Provinz in Gallia transalpina betrat, stellte er sich die v. Chr. 58. doppelte Aufgabe: ganz Gallien der römischen Herrschaft zu unterwerfen und die wiederholt nach Gallien eingedrungenen Germanen zu zwingen, den Rhein als Grenze anzuerkennen (Mommsen röm. Gesch. 3. Aufl. II. S. 232).

Auf die Einladung der *Ubier*, welche ungefähr im Norden, von der Wupper bis über 55. die Lahn im Süden hinauswohnten und von den Sueven (wahrscheinlich einem Chattengau) hart bedrängt wurden, ging er auf einer Pfahlbrücke über den Rhein (Bell. gall. IV, 17—19). Der von Ritter (§. 1 S. 3—5), Köchly und Rüstow und von Napoleon III. (Histoire de Jules César T. II. p. 167) angenommene Uebergangspunkt in der Nähe von *Bonn* entspricht sowohl den stratogischen Rücksichten als den wahrscheinlichen Wohnsitzen der Sygambrer am besten. Cäsars zweiter Rheinübergang, welcher den Chatten galt (B. G. VI, 9. 10) wird von Ritter 53. (oben S. 4) und von Hrn. v. Cohausen (B. J. XLIII, S. 11) mit guten Gründen in das Neuwieder Becken versetzt. Der von Cäsar zum Schutze der Brücke am linken Ufer aufgeführte Thurm möchte das einzige Bollwerk von ihm am Rhein gewesen sein.

Als Statthalter über ganz Gallien gesetzt, verpflanzt M. Agrippa die Ubier auf das linke 38—37. Rheinufer. Dio XLVIII, 49. Tac. Ann. XII, 27: *eo forte acciderat ut eam gentem (Ubiorum) Rhenum transgressam avus Agrippa in fidem receperet.* Strab. IV. c. 4 p. 194 Ἵκεαν δὲ (sc. Τεγουίεων) ᾤκουν Οὔβιοι κατὰ τοῦτον τὸν τόπον· οὓς μετήγαγεν Ἀγρίππας ἑκόντας εἰς τὴν ἐντὸς

v. Cur. τοῦ 'Ρήνου). Nach Tac. Germ. 28 *ne Ubii quidem — origine (Germanica) erubescunt, transgressi olim et experimento fidei super ipsam Rheni ripam collocati, ut arcerent, non ut custodirentur* — sollten sie als Bollwerk gegen die Einfälle der rechtsrheinischen Germanen dienen.

16. Die Germanen schlagen den Legaten *M. Lollius* auf dem linken Rheinufer und nehmen den Adler der V. Legion weg; Cass. Dio LIIII 20 Σύγαμβροί τε γὰρ καὶ Οὐσιπέται καὶ Τέγκτεροι — τὸν Ρῆνον διαβάντες τήν τε Γερμανίαν καὶ τὴν Γαλατίαν ἐληλάτησαν etc. vergl. Ritter S. 6 fg. besonders A. 2 und Brambach im B. Mus. f. Phil. N. F. XX. p. 607, Sueton Octav. 23: *ignominias cladesque duas in Germania accepit, Lollianam et Varianam.* Während seines fast dreijährigen Aufenthalts in Gallien errichtet Augustus die Vertheidigungslinie am Rhein gegen die Deutschen, welche durch 8 Legionen geschützt ward. Dio LIIII, 25. Ὁ γοῦν Αὔγουστος, ἐπειδὴ πάντα τά τε ἐν ταῖς Γαλατίαις καὶ τὰ ἐν Γερμανίαις ταῖς τ' Ἰβηρείαις — διῳκήσατο, τὸν μὲν Δροῦσον ἐν τῇ Γερμανίᾳ κατέλιπεν, αὐτὸς δὲ ἐς τὴν Ῥώμην ἐπί τε τοῦ Τιβερίου καὶ ἐπὶ Κυϊντιλίου Οὐάρον ὑπάτων ἀνεκομίσθη. Tac. Ann. II. 5. *Sed praecipuum robur Rhenum iuxta, commune in Germanos Gallosque subsidium, octo legiones.*

18—9. Der von August in Germanien zurückgelassene Drusus bezwang das linksrheinische Germanien von den Vogesen und den Ardennen bis zum Rhein, das nun zu Gallien geschlagen wurde, und befestigte es durch Anlage einer Reihe fester Standlager für Legionen längs dem Rheine. Livius perioch. lib. CXXXVII *civitates Germaniae cis Rhenum et trans Rhenum oppugnantur a Druso.* Vergl. Brambach Rhein. Mus. XX, p. 602 sq. und Becker in B. J. XLIV—XLV, S. 234 A. 3. Hierher gehört auch die bisher ausser Acht gelassene Stelle, welche ich der Güte des Prof. Becker verdanke, aus Plinius N. H. l. IV, 37, 122 vol. I pag. 329 sq. ed. Sillig: *Polybius latitudinem Europae ab Italia ad oceanum scripsit XI. L M p. esse, etiam tum incoeperta magnitudine. Est autem ipsius Italiae, ut diximus, XI. XX M ad Alpis, unde per Lugdunum ad portum Morinorum Britannicum, qua videtur mensuram agere Polybius, XI. LXVIIII. Sed certior mensura ac longior ad oceanum solis aestivi ostiumque Rheni per castra legionum Germaniae ab iisdem Alpibus dirigitur XV. XLIII M passuum.* In dieser wichtigen Stelle wird die Rheinlinie für die Mitte des 1. Jahrhunderts (60— 70 n. Chr.) ausdrücklich durch *castra legionum* (= hiberna) bezeichnet, welche Florus epit. II, 30 ed. Jahn (IV, 12, 26) vom Standpunkte seiner Zeit aus *castella* nennt: *praeterea in tutelam provinciae praesidia atque custodias ubique disposuit per Mosam flumen, per Albin, per Visurgin. in Rheni quidem ripa quinquaginta amplius castella direxit*[1]).

___

1) Der weitere Text der Florusstelle, welche vielfach Gegenstand des lebhaftesten Streites in den Bonner Jahrbüchern gewesen (vergl. H. I. S. 1 ff. III, S. 1 ff. VIII, S. 52 ff. IX, 78 u. 202. XVII, 1 ff. XVIII, S. 219 ff. XXVI, 49. XXXI, 79 ff.), lautet bei Jahn und Halm nach dem normirenden Codex Bamberg.: *Bormam et Caesoriacum pontibus iunxit classibusque firmavit*, während der Nazarianus *Bonam* bietet. Wenn man bisher kein Bedenken getragen hat, nach der Vulgata *Bonn* als Drususstadt und Flottenstation anzusehen. und das folgende Wort *Gesoriam* für *Gelsem*. eine kleine Ortschaft Bonn gegenüber zu erklären, oder dafür *Mogontiacum* oder *Novesium* anzunehmen, so ist diese von den besonnensten Forschern früher getheilte Ansicht zuerst von Prof. Osann (B. J. III, 1 ff.) welcher an die Stelle des in den Hdss. verderbten *Bonam* oder *Bonnam* mit Gruter *Bononiam* setzte, und neuerdings in Folge des kritisch berichtigten Textes von J. Becker in den B. J. XXXIII u. IV stark angefochten worden. Vgl. Ritter S. 8 fg. Nachdem Becker durch scharfsinnige und eingehende Combination den Nachweis geführt, dass Drusus nicht bloss die *provincia*, d. h. sowohl das linksrheinische Germanien, wie

Doch wenn auch die Beziehung dieser Stelle auf Bonn überhaupt fraglich erscheint, so hat andrer Seits die Annahme grosse Wahrscheinlichkeit für sich, dass Bonn schon wegen seiner geeigneten Lage den 50 von Florus als Castelle bezeichneten Standlagern von Legionen am Rhein beizuzählen sei. Diese *Castella* muss man aber mit Hübner in B. J. XLII S. 50 für nicht mehr als kleinere, nach römischer Art befestigte Lagerplätze halten, welche man später wieder abbrechen konnte. Die Frage, ob sich das Standlager des Drusus, das noch mehr als 80 Jahre später Tacitus *castra Bonnensia* nennt, an einen keltischen Ort angelehnt habe, wird weiter unten besprochen werden.

Von der Niederlage des Statthalters P. *Quintilius Varus* im Teutoburger Walde, wobei drei p. Chr. 9. römische Legionen, die XVII., XVIII. und XIX. vernichtet wurden (Vell. II, 117. Dio LVI, 18—24. — 120. Suet. Oct. 23. Strab. VII, p. 291. Tac. Ann. I. 601. [L. *Stertinius*] *aquilam reperit undevicesimae legionis, cum Varo amissam*), zeugt der auf dem Bonner Museum vaterländischer Alterthümer befindliche in mehrfacher Hinsicht berühmte Grabstein des Centurio der XIIX Legion aus Xanten, M. *Caelius* (Bramb. 209, Lersch C. M. II, 1 'cecidit bello Variano'). Das mit Ordenszeichen gezierte Brustbild desselben ist genau abgebildet im Bonner Winckelmannsprogr. 1860. 'Die Lauersforter Phalerae von Otto Jahn'. T. II, 3.

Bei der Thronbesteigung des *Tiberius* erregen die vier Legionen in *Germania inferior* 14. eine gefährliche Meuterei, die *Germanicus* nur mit Mühe unterdrückt. S. Ritter S. 11. Tac. Ann. I, 31. 49. Der Stationsort der Leg. I und XX wird c. 37 *civitas Ubiorum* und c. 39 *ara Ubiorum* genannt (*Duae ibi legiones prima et vicesima veteranique nuper missa sub vexilla hiemabant*). Man wollte unter *ara Ubiorum*, ohne Zweifel so benannt von dem Altar, welcher von den Ubiern, gleichwie die *ara Lugdunensis*, dem Cult des vergötterten Augustus geweiht und zum religiösen und politischen Einigungspunkt für die einwohnenden deutschen Völkerschaften bestimmt war, bald Bonn, bald Godesberg verstehen, B. Jahrbb. XVII, S. 47 Not. XXIX u. XXX, S. 97 ff. Das Richtige hat schon Lipsius zu Tac. Ann. I, 57 gesehen, aber erst jüngst ist die Identität von *ara Ubiorum* und *oppidum* oder *civitas Ubiorum*, der spätern *colonia Agrippinensis*, inschriftlich nachgewiesen von Henzen Or. III, 6794 und Annal. Inst. arch. 1863 p. 76 und von Grotefend Imp. rom. trib. descr. p. 123, der zwölf Inschriften mit *Ara* und eine oder zwei mit *Ara Agrippinensis* anführt. Sie gehörte zur *tribus Claudia*.

Nach der Abberufung des Germanicus finden wir die beiden *Germaniae*, *superior* und 16 bis 17. das noch nicht unterworfene rechtsrheinische, das zunächst nur als Vorland Galliens galt, durch eine Vertheidigungslinie zu schützen, sondern auch das Hauptland Gallien gegen Westen durch Aufstellung einer Flotte und Befestigung der dortigen Seeplätze sicher zu stellen, wenn während seines germanischen Feldzuges von Britannien her eine etwa in Gallien ausbrechende Insurrection unterstützt werden sollte, versucht er das freilich sonst nicht genannte *Borma* mit dem im Itinerar. Anton. erwähnten Ortes *Pontes* im Lande der Morini zu identifiziren, wodurch die Erklärung der schwierigen Worte *pontibus* (d. h. Dämme zur Ueberbrückung von Sümpfen) *finxit* ein willkommenes Licht empfängt. Mag nun auch die schwierige Stelle hierdurch noch nicht ganz ausgedeutet sein, so hat doch diese Auffassung des Textes den Vorzug der Consequenz sowohl in sprachlicher als sachlicher Beziehung gegen jene, welche die Lesart *Bonnam* vertheidigt, in welcher nothwendig zusammengehörige Oertlichkeiten getrennt werden und in Folge dessen die *pontes* keine irgendwie zulässige Erklärung finden. Demnach muss es dahin gestellt bleiben, ob Bonn auf die Ehre Anspruch machen könne, einer römischen Flottenstation, welche auf dem rechten Rheinufer, also in Feindes Land, lag und von zwei bisher als römisch nicht nachgewiesenen Castellen gedeckt worden sein soll, als Stützpunkt gedient zu haben.

p. Chr. *inferior*, von *Belgica*, wozu sie bisher gehört, factisch getrennt und wenn auch nicht als besondere Provinsen, wie Zumpt annimmt, doch als abgesonderte *regiones* oder *dioeceses* je einem eignen *legatus Aug. pro praetore* übergeben. Mommsen Verh. d. k. Sächs. Ges. d. W. zu Leipz. phil. Kl. 1852 S. 230 ff. Zumpt Stud. Rom. p. 93 sqq. 129 sqq., Brambach Rhein. Mus. N. F. XX. B. p. 606. Die Gränze von Ober- und Untergermanien, wofür man die Nahe (*Nava*) oder Ahr annahm, lässt sich durch richtige Deutung des oberhalb der Burg Rheineck, am nördlichen Ufer des *Vinxtbachs* gefundenen Votivsteins, welcher dem Grenzgott (*Finibus*) und dem *Genius loci* von Soldaten der XXX. Legion geweiht ist (Or. 5806, Bramb. 649), genau bestimmen. Der Vinxtbach, aus *Fines* entstanden, war früher die Grenze der Trierer und Kölner Erzdiöcese und bildet noch heute die Grenzscheide in Bezug auf Sprache und Sitte zwischen Oberland und Niederland. Vergl. meine epigraph. Annal. in B. J. XXIX— XXX S. 85. Schmidt Pfahlgraben S. 73 = Nass. Annal. VI, 177. Von der Zeit des Cajus (*Caligula*) bis Vespasianus sind die *legati* von beiden Germanien bekannt. Zumpt l. c. p. 153 sq.

51.   Erhebung der *civitas Ubiorum* zu einer römischen Colonie durch Claudius Tac. Ann. XII, 27. *Sed Agrippina quo vim suam sociis quoque nationibus ostentaret, in oppidum Ubiorum, in quo genita erat, veteranos coloniamque deduci impetrat, cui nomen inditum e vocabulo ipsius.* Es dauerte nicht lange, so verschmolzen die Ubier durch *conubium* und gemeinsame Einrichtungen zu Einem Volke mit den Römern. Tac. H. IV, 65. Mit der in alle städtischen Verhältnisse tief eingreifenden Errichtung der neuen Colonie scheint die dauernde Verlegung der Leg. I in das Standlager bei Bonn in naher Verbindung zu stehen und so unsre Vermuthung zu der Grabschrift No. 6 gerechtfertigt, dass die Setzung dieses Grabsteins unter die Regierung des Claudius fällt.

69—70.   Der Bataver Julius Civilis erregt, während Otto und Vitellius um den Thron streiten, einen Aufstand, an dem nicht bloss die Canninefaten und Friesen, sondern auch gallische Völker, die Treverer unter Tutor, die Lingonen unter Sabinus, ja selbst rechtsrheinische Völker Theil nehmen. Tac. H. IV, 13—18.

    In diesem Aufstande ist das römische Winterlager bei Bonn, welches jetzt zum ersten Mal unter dem Namen *castra Bonnensia* und *Bonna* von Tacitus genannt wird, Tac. H. I, 57 *Proxima* (sc. *Coloniae Agrippinensi*) *legionis primae hiberna erant et promptissimus e legatis Fabius Valens, i. e. Bonnensia*, und IIII, 19 *Hordeonius — scripsit Herennio Gallo legionis primae legato, qui Bonnam obtinebat —*, wiederholt Schauplatz des Krieges, ja sogar einer förmlichen Schlacht (*proelium Bonnense*), welche Tacitus Hert. IIII, 20 sehr anschaulich beschrieben hat. Aus der von Ritter S. 14 N. 5 nicht ganz abgedruckten Stelle heben wir den Anfang und den Schluss hervor: *Batavi cum castris Bonnensibus propinquarent, praemisere qui Herennio Gallo mandata cohortium exponeret. — tria milia legionariorum et tumultuariae Belgarum cohortes, simul paganorum lixarumque ignava sed procax ante periculum manus omnibus portis prorumpunt. — victores colonia Agrippinensium vitata — Bonnense proelium excusabant, tanquam petita pace, postquam negabatur, sibimet ipsi consuluissent*, weil von der Erklärung der Worte *pagani* und *lixae* die Vorstellung, die wir uns von *Bonna* zu machen haben, abhängt. Das Wort *pagani* (nicht *vicani*; denn *vicus* ist eine römische Ansiedlung) bezeichnet, wie so oft *pagus* von den Römern für ein keltisch-germanisches Gemeinwesen (z. B. bei den Helvetiern) gebraucht wird, hier die Bewohner eines solchen *pagus* mit dem Hauptorte Bonn. An diese schlossen sich die *lixae*, d. h. die in der Nähe des Standlagers angesiedelten Gewerbsleute und Marketender an. Uebrigens mag auch die zweite Bedeutung, p. Chr. welche das Wort *pagani* in der Kaiserzeit angenommen hat: 'Civilisten' im Gegensatze von *milites*, z. B. Tac. II, 14, in unsrer Stelle mit hinüberspielen. Vergl. Völker, der Freiheitskampf der Bataver, H. II, S. 60. Was den Namen *Bonna* betrifft, so hat derselbe wie die römischen Rheinstädte Rigomagus, Antunnacum, Baudobrica, Bingium, Mogontiacum ein keltisches Gepräge, dessen Deutung bis jetzt noch nicht gelungen ist; es ist daher die bisherige Annahme gerechtfertigt, dass Drusus eine *vorrömische* Ansiedlung vorgefunden, bei der die *castra legionis* von ihm angelegt wurden. Der Umstand, dass Tacitus noch mehr als 80 Jahre später das Standlager *castra Bonnensia* gleichbedeutend mit *Bonna* bezeichnet, spricht für den dürftigen und primitiven Zustand dieser keltischen Ansiedlung, welcher mit den *canabae* der *Legio I*, den Baracken der Marketender, Schenkwirthe, Handwerker und des sonstigen dem Heere folgenden Trosses, in derselben Weise zusammengewachsen ist, wie es Mommsen für Dacien bis auf die successive Entwicklung selbst der Namen mit der municipalen Verfassung (in d. Sitz.-Ber. d. Berl. Akad. 1857 Nov. S. 10 ff.) vortrefflich nachgewiesen hat. Vergl. Brambach No. 1891, wo ein *vicus canabensium* im Elsass erwähnt ist. Darnach dürfen wir um so mehr jede Beziehung der oben berührten Florusstelle auf Bonn ausschliessen, als wir, auf Grund der eben erklärten Hauptstelle des Tacitus, zur Zeit des Bataverkriegs nicht einmal einen *vicus* anzunehmen berechtigt sind.

Kehren wir zum Batavischen Kriege zurück, dessen Gang von Ritter S. 15 der Hauptsache nach angegeben ist, so kömmt Bonn zunächst II. IIII, 25 vor: — *Bonnam hiberna primae legionis ventum* und in demselben Kapitel *motusque Bonna exercitus* (i. e. *legio XXII et I*) *in coloniam Agrippinensem.* Nach der Capitulation des von Civilis belagerten *Vetera* werden alle römischen Waffenplätze in beiden Germanien mit Ausnahme von Mainz und Windisch zerstört, und die Leg. XVI von Neuss, die Leg. I. von Bonn, nachdem sie auf das neue Reich Gallien hatten schwören müssen, unter Escorte ins Trevererland geführt. IIII, 62 *duplicatur flagitium, postquam desertis Bonnensibus castris altera se legio* (i. e. prima) *miscuerat.* Nach dem Umschwung, den die Ankunft des von Vespasianus geschickten Petilius Cerialis herbeiführte, kehren die verführten römischen Legionen zu ihrer Pflicht zurück: c. 70 *legiones a Novaesio Bonnaque in Treveros — traductae se ipsae in verba Vespasiani adigunt* — und nehmen an der blutigen Schlacht gegen Civilis Theil c. 77: *mox in castra reversus palantes captarum apud Novaesium Bonnamque legionum manipulos — videt* (sc. *Cerialis*). Die letzte Erwähnung bei Tacitus ist c. V, 22: (*Cerialis*) *profectus Novaesium Bonnamque ad visenda castra, quae hiematuris legionibus erigebantur, navibus remeabat*, wobei das von Ritter S. 15 berührte Abenteuer vorgefallen ist. Wir sehen aus der Stelle, dass das durch Feuer zerstörte Winterlager zu Bonn schnell wieder hergestellt und von dem siegreichen Oberbefehlshaber besichtigt wurde, um von der 1. Legion bezogen werden zu können.

Domitianus (81—94) errichtet die *Legio I Minervia* (Dio Cassius LV, 24 (Δομιτιανὸς τὸ 81—94. πρῶτον (στρατόπεδον) τὸ Ἀθηναῖον, τὸ ἐν Γερμανίᾳ κάτω (συνέταξεν). Wegen des Beinamens vergl. Dio LXVII, 1. Θεὸν μὲν γὰρ τὴν Ἀθηνᾶν ἐς τὰ μάλιστα ἤγαλλε —.

M. Ulpius Trajanus war Statthalter beider Germanien von 95—99 durch Nerva (in Folge (96—117). eines Sieges über die Sueven, wie Henzen Annal. dell' inst. di corr. arch. 1862 p. 139 scharfsinnig vermuthet) adoptirt, trat er die Herrschaft am Niederrhein bei Köln an (Eutrop. VIII, 2. Victor Ep. XIII, 8. Oros. VII, 12). Von grosser Wichtigkeit sind seine Bauten und Anlagen auf dem rechten Rheinufer. Vergl. Brambach, Trajan am Rheine S. 7 und Baden unter römischer Herrschaft, Freib. 1867. Voelcker, de imper. M. Ulpii Trajani vita S. I p. 13 sqq. Becker in B. J. XLIV—XLV S. 233. Für seine Bauthätigkeit am Niederrhein, wo er gegen das J. 97 weilte, geben die in den Tuffsteinbrüchen im Brohlthal gefundenen Inschriften, welche von der Leg. X gemina, VI Victrix, XXII Primigenia und Leg. I Min. dem Hercules Saxanus geweiht sind, meist aus dem Ende des 1. und dem Anfange des 2. Jahrhunderts ein sprechendes Zeugniss (Bramb. C. I. Rh. 651—680). Vergl. 'das Denkmal des Hercules Saxanus im Brohlthal'. Erl. von Joh. Freudenberg. Winckelmannsprogr. 1862 und B. J. XXXVIII, S. 95. Bei der Setzung dieser Votivaltäre waren auch Detachements der deutschen *Rheinflottille* (*Vexillarii classis* G(ermanicae) P(iae) Fi(delis)) betheiligt, welche aller Wahrscheinlichkeit nach den bei ihren Bauten besonders zum Fundamentiren gebrauchten Tuffstein den Rhein herunter nach Holland führte[1]). Es erleidet wohl keinen Zweifel, dass das Lager zu Bonn (Castra Bonnensia), welches im Batavischen Kriege zerstört und bald darauf nothdürftig hergestellt worden war, als vollständiges Castell in dem zum Theil jetzt noch erkennbaren Umfang unter Trajans Augen ausgebaut und durch Umfassungsmauern und Thürme dauernd gesichert wurde. Die Hypothese Minola's (Uebersicht des Merkwürdigen u. s. w. S. 41), dass das benachbarte Transdorf (= Trajansdorf) eine Villa des Kaisers Trajan gewesen, kann als Ausfluss eines wohlgemeinten Lokalpatriotismus vor der Kritik nicht bestehen. Uebrigens ist die Annahme gerechtfertigt, dass unter dem Schutze der römischen Gesetze und Waffen während der nun folgenden friedlichen Zeiten das römisch-keltische Bonn durch Handel und Gewerbe, so wie durch Bebauung der fruchtbaren Feldmark sich mehr und mehr zu ansehnlichem Wohlstande erhoben und in seinem Umfange so weit ausgedehnt habe, dass es das Aussehen eines Municipiums gewann, wie das Tacitus von zwei gleichfalls aus römischen Standlagern entstandenen und rasch emporgekommenen Vorstädten (procoatria), *Baden* bei Vindonissa (Windisch) im Aargau und *Birten*, später Xanten bei *Vetera* kurz und treffend andeutet: Hist. I, 67. *direptus longa pace in modum municipii exstructus locus, amoeno salubrium aquarum usu frequens* und H. IV, 22: *subversa longae pacis opera, haud procul castris in modum municipii exstructa.* Fügen wir hierzu die zahlreichen durch Auffindung von Gebäuderesten und Denkmälern bezeugten Landhäuser, welche die Umgegend nach allen Seiten schmückten, so erhalten wir immerhin ein freundliches und vortheilhaftes Bild unseres Bonn während des 2. und 3. Jahrhunderts, wenn auch daselbst die Entwicklung einer bürgerlichen Verfassung, wie sie sich nach *Kuhn*, städt. u. bürgerl. Verf. d. röm. Reichs II, 415 in andern Orten Galliens gebildet hat, wegen des Uebergewichts des militärischen Elements so wie auch wegen der Nähe Kölns keine Wurzel gefasst zu haben scheint.

---

1) Zu dem von Prof. Ritter I. S. 18 f. über 'die deutsche Flotte', welcher er die auf blosser, wenn auch scharfsinniger, Combination beruhende Bucht von Bergheim, e. eine Stunde von Bonn auf der rechten Rheinseite gelegen, als Stationsort anweist, Beigebrachten können wir zur Bestätigung seiner Vermuthung, dass sie wohl erst mit dem Aufhören der römischen Herrschaft untergegangen sei, zwei historische Zeugnisse hinzufügen: Vopiscus in Bonoso c. 15 p. 217, 17: *his idem (Bonosus) cum quodam tempore in Rheno romanas tusorias Germani incendissent, timore ne poenas daret sumpsit imperium,* cf. Boecking ad Not. Dign. occid. c. 37 p. 848*. und Ammian Marcell. XVII, 1, 4: *Caesar (Iulianus) noctis quiete navigiis modicis et velocibus octingentos imposuit milites ea re ut si ingenti rerum eorum decurso (in Rheno) egressi quidquid incautum potuerint, ferro violarent et flammis.*

An dem zweiten Dacischen Krieg nahm die Leg. I Minervia unter der Anführung Hadrians p. Chr. 104-6. Theil. Spartianus Hadr. 3 p. 5, 10 ed. Jordan: *secunda expeditione Dacia, Traianus cum primae* 139—161. *legioni Minerviae praeposuit secumque duxit.*

Der unter *Antoninus Pius* lebende Geograph Ptolemaeus erwähnt *Bonn* II, 9 : τῆς δὲ παρὰ τὸν Ῥῆνον χώρας ἡ μὲν ἀπὸ θαλάσσης μέχρι τοῦ Ὀβρίγκα ποταμοῦ καλεῖται Γερμανία ἡ κάτω, ἐν ᾗ πόλεις ἀπὸ δυσμῶν τοῦ Ῥήνου ποταμοῦ τῶν μὲν Βαταυῶν μεσόγειος Βαταυόδουρον, ὑφ᾽ ἣν Οὐέτερα λεγίων Ι᾽ Οὐλπία, Ἀγριππινσίς, εἶτα Βόννα λεγίων α᾽ Ἀθηναϊκή, εἶτα Τραϊανή λεγίων, εἶτα Μοκοντιακόν. Der Umstand, dass hier die Stadt mit der Leg. I Minervia geradezu identificirt wird, scheint anzudeuten, dass die Garnison die erste Rolle spielte. — *Salvius Julianus*, Oheim des Kaisers Didius Julianus, war im J. 179 *legatus Aug. pro praet.* in Niedergermanien nach 179. der scharfsinnigen Erklärung, welche Borghesi von der Wesselinger Grabschrift des Philosophen Emeretus (Bramb. 449, Lersch C.-M. II, 38) gegeben hat. — Unter *M. Aurelius Antoninus* (161—180) fällt wahrscheinlich auch die Ara Fulviana (No. 22, Bramb. 484). 161—180.

Der Regierungszeit des **L. Commodus Antoninus** (180—192) gehören zwei Votivaltäre an: der von einem Soldaten der Leg. XXX gesetzte aus Dottendorf (Bramb. 512) unter dem Consulat des Mamertinus und Rufus (182) und der des Praefectus castrorum Nepotianus (N. 20), 190. unter dem Consulat des Commodus VI und des Septimianus (190) geweiht.

Die Votivara des vielnamigen Legatus Aug. pro praet. von Untergermanien *Q. Venidius* 195 6. *Rufus Marius Maximus L. Calvinianus*, aus *Godesberg*, welcher für seine Genesung nach dem Gebrauche des Gesundbrunnens den Heilgöttern das schuldige Gelübde abtrug, Bramb. 516) ist wahrscheinlich in das Jahr 195/6 der Regierung von *Septimius Severus* (193—211) zu setzen. Votivara des *C. Maximius Paulinus*, Praefectus Castrorum der Leg. I M. aus dem 201. Jahre 201 (Consulat des Mucianus und Fabianus) No. 21. Br. 481.

M. Aurelius Antoninus Caracalla (211—217). Votivara des Aurelius Superinius Marcus, Beneficiarius Consulis, zu Dottendorf aus dem J. 214 (Consulat des Messala und Sabinus. Bramb. 513. Lersch C.-M. I, 4 (im Museum zu Cöln).

Auf dem *Lessenicher* Denkstein der Wiederherstellung eines Gebäudes, welcher dem Jupiter, der Fortuna, dem Genius loci des Antoninus Pius Aug. gewidmet ist, scheint nach Overbeck (Kat. 142) *Caracalla* bezeichnet zu sein, welchem bei seiner Anwesenheit am Rhein im J. 213 zahlreiche Devotionsdenkmäler errichtet wurden, so wie auch mehrere Legionen, darunter die I Min. und XXII sich aus Schmeichelei und Furcht wieb den Beinamen *Antoniana* beilegten. Vergl. Becker Castellum Matt. S. 48 ff., Bramb. 451, Lersch C.-M. II, 25.

Severus Alexander (222—235). Votivara des *O. Publicius Priscillianus* primipilaris 222. Leg. I M., gewidmet von *Flavius Aper Com(m)odianus*, *Legatus Aug. pro praetore* und Praefect der I. Legion, aus dem J. 222 (Consulat des Alexander Severus Aug.). No. 25, Br. 464.

In dasselbe Jahr möchte das verstümmelte kolossale Denkmal No. 26, Bramb. 474 zu setzen sein.

Gordianus III. (238—244). Votivstein für das Wohl des Kaisers Gordian III. und seine 238/244. Gemahlin Sabinia Tranquillina aus Friesdorf (Lersch C.-M. II, 57, Bramb. 514).

Das dem 3. Jahrh. n. Chr. angehörende *Itinerarium Antonini Aug.* et Hierosol. (ed. Parthey et Pinder. Ber. 1846) erwähnt *Bonn* zweimal; zuerst p. 117 sq. auf der Route von *Argentoratum* (Strassburg) nach *Colonia Agrippina* (Köln): Vingio (Bingen) mpm XVII. Antunnaco (Andernach). Baudobriga mpm XVIIII. (Die zwei letztern Orte stehen in ver-

p. Chr. kehrter Ordnung!). *Bonna* mpm XXII. Col. Agrippina leugas..? sodann p. 175 auf der Strecke *Lugduno* (Leiden) *Argentorato* mpm CCCXXV (sic). Colonia Agrippina XI. *Bonna*. XVII Antunnaco. VIIII Confluentibus. XXVI Vinco.

In der etwas spätern *Tabula Peutingeriana* kommt Bonna gleichfalls auf der Strecke zwischen Colonia Agr. und Argentorato vor: Agripina XI (= 3½ Meilen). *Bonna*. VIII (= 2⁴/₄ M.) Rigomagus (Remagen). Vgl. Boecking Annot. ad Not. occid. c. XXXIX. T. III. p. 960*.

Seit der Mitte des 3. Jahrhunderts treten die deutschen Völker am Niederrhein unter dem Namen *Franken* gegen die römische Herrschaft auf, zunächst unter *Valerianus* (253—260) und dessen Sohn *Gallienus* (254- 267). Vergl. *Kospatt*, krit. Beitr. zur ältesten Geschichte der Franken. Gymn.-Progr. Köln. Der kräftige *Postumus* von 258—268 (vergl. B. J. XXXIX—XL S. 10 ff. und Düntzer in B. J. XLIII S. 214), von Valerian als Dux transrhenani limitis und Galliae praeses eingesetzt, kämpft erfolgreich gegen die Deutschen: Treb. Poll. trig. tyr. c. 3: *si quidem nimius amor erga Postumum omnium erat in Gallicanorum mente populorum, quod summotis omnibus Germanicis gentibus Romanum in pristinam securitatem revocasset imperium.*

Aurelianus (270—275) [vergl. A. Becker 'Imperator, L. Domit. Aurelianus restitutor orbis'. Münster 1866 p. 39—42] und besonders **Probus** (276—282) setzen das Werk der Wiederherstellung der römischen Herrschaft am *Rhein* mit Erfolg fort. Vopisc. in Prob. c. XIII und Tacit. c. 3 Probus nimmt den Franken 60 Städte wieder ab und erweitert die Rhein- und Donaugrenze durch eine Mauer (die s. g. Teufelsmauer). Vopisc. in Prob. c. 13 T. II p. 184 ed. Jord. — *Ingenti exercitu Gallias petit, quae omnes occiso Postumo turbatae fuerant, interfecto Aureliano a Germanis possessae. Tanta autem illic proelia et feliciter gessit, ut a barbaris LX per Gallias nobilissimas reciperet civitates.*

Probus war es auch, der den Galliern den bisher untersagten *Weinbau erlaubte*; Vopisc. l. c. 18 p. 198. *Gallis omnibus et Hispaniis ac Britanniis hinc permisit, ut vites haberent vinumque conficerent.* Vergl. *Düntzer* B. J. II, S. 19 ff.

Die zwei Empörer *Bonosus* und *Proculus*, die sich am Niederrhein erhoben hatten, bekämpft er mit germanischen (fränkischen) Truppen. Ib. c. 18. — *Germani omnes, cum ad auxilium essent rogati a Proculo, Probo servire maluerunt, quam cum Bonoso et Proculo esse.* Eutrop. IV, 11. *Quosdam imperium usurpare conatos, Proculum et Bonosum Agrippinae, certaminibus oppressit.*

Diocletian (284—305). Der Votivstein des Aurelius Sintus, praefectus Leg. I M. (No. 27, 296. Br. 467) vom J. 295 (Consulat des Tuscus und Anulinus).

Die Verheerungen Galliens und der Rheingegenden durch die *Franken* erneuern sich. Eutrop. IX, 13. **Maximian** (285—305), **Constantius Chlorus** (305) und **Constantinus** (306—337) besiegen sie wiederholt, der letztere sucht sie vergebens durch unmenschliche Grausamkeit von neuen Einfällen abzuschrecken. Eutrop. X, 2. *Qui (Constantinus) in Galliis militum et provincialium ingenti iam fervore regnabat, captisque eorum regibus, quos etiam bestiis, cum magnificum spectaculum muneris parasset, obiecit.* Vergl. Eumen. paneg. X.

Nach Constantins Tod neuer Einbruch der Franken in Gallien; *Constans* (337—351) kämpft mit Erfolg gegen sie, Socrat. Hist. Eccl. II, 10. Idac. ad Ann. 341 und 342, kann aber nicht ver-355. hindern, dass sie im J. 355 *Köln und viele römische Castelle am Rhein* (darunter sicher auch Bonn) eroberten. In demselben Jahr wirft sich der Franke *Silvanus* in römischem Dienst zum

Imperator in Köln auf, wird aber nach 18 Tagen getödtet. Ammian. Marcell. XV, 5. Eutrop. p. Chr.
X, 7 *Silvanus quoque in Gallia res novas molitus ante diem tricesimum exstinctus est.* Düntzer
B. J. VIII, S. 76 ff. **Julianus Apostata,** 355 zum Cäsar ernannt, sieht an den Rhein und
erfiebt gegen die Franken glänzende Siege, welche Ammian. Marc. XVI, 1—XVIII, 2 ausführlich beschreibt. Von der schrecklichen Verödung der Gegenden am Rhein gibt die
Stelle XVI, 3 ein sprechendes Zeugniss: *Nullo—repugnante ad recuperandam ire placuit Agrip-*
pinam, ante Caesaris adventum in Galliam excisam; per quos tractus nec civitas ulla visitur
nec castellum, nisi quod apud Confluentes, locum ita cognominatum, ubi Mosella confunditur
Rheno, Rigomagum oppidum est, et una prope ipsam Coloniam turris —.

Die während seiner siegreichen Kämpfe gegen die Alemannen am Oberrhein aufs Neue
eingefallenen *Salischen* Franken, die im belgischen Gallien schon längst ansässig waren, schlägt
Julian so entschieden (Amm. Marc. XVII, 8), dass er sieben zerstörte Städte, darunter *Bonn,* 359.
wieder herzustellen begann, Amm. Marc. XVIII, 2: *Nam et horrea velooi opera surrexerunt*
alimentorumque in iis satias condita, et civitates occupatae sunt septem: castra Herculis,
(Malberg am l. Rheinufer bei Arnheim), *Quadriburgium* (Qualburg bei Cleve), *Tricesimae*
(früher Castra Ulpia oder Colonia Traiana, das Standquartier der XXX Legion), *Novesium*
(Neuss), *Bonna* (Bonn), *Antunacum* (Andernach), *Bingio* (Bingen).

Doch erst *Valentinianus I.* unternahm eine planmässige und durchgreifende Befestigung 364—375.
der fast gänzlich zerstörten und von Julian nur nothdürftig ausgebesserten Vertheidigungslinie am Rhein in ihrer ganzen Ausdehnung, Ammian. Marc. XVIII, 2, 1. *At Valentinianus*
magna animo concipiens et utilia Rhenum omnem — communiebat, castra extollens altius et
castella turresque adsiduas per habiles locos et opportunos, qua Galliarum extenditur longi-
tudo, nonnunquam etiam ultra flumen aedificiis positis subraders barbaros fines. Ib. XXX, 7, 6.
Valentinianus — utrobique Rhenum celsioribus castris munivit atque castellis, ne latere uspiam
hostis ad nostra se proripiens possit. Vergl. Hübner in B. J. XLII. S. 50 fg. Becker B. J. 44—45
S. 235 und J. A. Klein über d. altröm. Confluentes (Gymn.-Progr.) Cobl. 1826. S. 23 ff. Mit
Sicherheit darf angenommen werden, dass das Castell von Bonn durch Valentinian verstärkt
und mit weitern und höher ragenden Thürmen versehen worden ist. Was die von Ammian.
genannten *turres adsiduae,* d. h. Wartethürme betrifft, so lassen sich in der Nähe Bonns noch un-
zweideutige Spuren von zwei derselben nachweisen: einer stand oberhalb der ¼ Stunde von
Bonn gelegenen Porcher'schen Holzschneidemühle auf der Anhöhe, wo man grosse Ziegel
und Substructionen nebst Münzen gefunden, der andre an der S.-W.-Seite des Bahnhofs bei
Rolandseck auf einer vorspringenden Bergspitze in den Sölling'schen Anlagen. Vergl. Rein
in B. J. XXVII S. 145. Die Ruhe war von kurzer Dauer. Schon im J. 388 fallen unter 388.
Valentinian II. die drei fränkischen Anführer Genobald, Marcomer und Suno in die Gegend
von Köln ein. Sulpic. Alex. bei Gregor. Turon. II, 9. Arbogast, selbst ein Franke in römischen Diensten, ermordet 389 den Kaiser Valentinian II. und setzt Eugenius zum Kaiser 389.
ein. Dieser schliesst mit den Franken Frieden, wird aber von Theodosius besiegt und getödtet. Im J. 394 wird *Theodosius M.* Herr des ganzen römischen Reiches. 394.

Die aus der Zeit des Arcadius herrührende *Notitia Dignitatum imperii Romani,* das bekannte
Staatshandbuch des römischen Reichs, erwähnt p. 228 Annot. ad. not. orient. p. 35. Mag. mil. per
Illyric. ed. Boecking die *Minervii* unter den 'legiones comitatenses octo', worunter wahrscheinlich
Soldaten der *Leg. I Minervia* zu verstehen sind. Vergl. Grotefend in Lersch C.-M. II. S. 10. Ob der

p. Chr. Hauptstamm dieser Legion bis zum J. 403 am Niederrhein gelegen habe, oder ob Germania
inferior schon den Franken überlassen war, bleibt ungewiss, da die Not. dign. occid. c. XXXIX
Dux Mogantiacensis, nachdem alle Militärstationen von Strassburg bis Andernach (Antunacum) erwähnt sind, mit Uebergehung von Remagen, Bonn, Köln und Neuss, plötzlich ab-
bricht. Vergl. Ennen, Gesch. d. Stadt Köln I, S. 99.

403. Als Stilicho, Oberfeldherr unter Honorius (403). die römischen Legionen gegen den
Westgothenkönig Alarich aus Gallien und Britannien an sich zog, ward die Rheingrenze
von deutschen Stämmen, Vandalen, Sueven, Alanen und Burgundern, überschritten und Gallien entsetzlich verheert. Gregor. Turon. II, 9. Vergl. besonders Kospatt. krit. Beitr. S. 9.
Unter der darauf entstehenden Verwirrung setzten sich die Franken, welche bisher in römi-

451. schen Heeren gedient hatten, immer fester in Gallien. Bei dem Hunnensturm unter Attila,
welche bei ihrem Angriff auf Gallien den ganzen Rhein entlang, von Colmar bis Mastricht
standen und fast gleichzeitig übersetzten, wurden die Städte am Rhein und in den Niederlanden, die sich bis dahin gegen die Barbaren noch gehalten hatten, mit wenigen Ausnahmen
erstürmt und vernichtet. Trier ward zum vierten Mal zerstört; ein gleiches Schicksal wird
Bonn, wenn es auch nicht ausdrücklich genannt wird, getroffen haben, Jornand. de r. Get.
36—34. Gregor. Tur. II, 5—7. Die letzte Erwähnung Bonns findet sich im Geographus Ra-
vennas aus den 7. Jahrhundert: Ravenn. Anonymi cosmograph. et Guid. Geographica. Edd.
Pinder et Parthey. Ber. 1860) p. 227: In qua patria (Francia Rinensi) plurimas fuisse civitates legimus, ex quibus aliquantas nominare volumus, id est iuxta fluvium Renum civitatem
quae dicitur Maguntia | Bingum | Bodorecas | (nicht Bacharach, sondern = Baudobriga des
It. Anton. od. Bontobrice der Tab.) | Bosalvia (Oberwesel) | Confluentes | Anternacha (= An-
tunnaco Ant. u. Tab.) | Rigomagus | B o n n a e | Colonia Agripina.

Zum Schluss möge noch die nächste Erwähnung Bonns aus dem Ende des 9. Jahrh.
eine Stelle finden aus dem Chron. Reginonis ad a. 881. (Pertz Mon. Germ. T. I Scriptt.) Eodem
anno m. Novembrio reges Nordmannorum Godefridus et Sigifridus cum inaestimabili multitu-
dine peditum et equitum consederant — ad Mosam. Ac primo quidem impetu — Leodium
civitatem, Traiectum castrum, Tungrensem urbem incendio cremant, secunda incursione Ri-
buariorum finibus effusi caedibus, rapinis ac incendiis cuncta devastant. Coloniam Agrippinam,
Bunnam civitates cum adiacentibus castellis, soil. Tulpiacum, Iuliacum et Nivsa, igne com-
burunt —.

——— — — — -

III. Erläuterungen zu dem Situationsplan von Bonn und dem Römercastell.

Indem wir jetzt dazu übergehen, die auf dem beigegebenen Plan angedeuteten Fundstätten von römischen Alterthumsresten und Denkmälern von Erz und Stein zu erläutern,
müssen wir im Voraus bemerken, dass vor der Gründung des Vereins von Alterthumsfreunden
im Rheinlande im J. 1841, seit welcher Zeit man der Erhaltung und Erklärung der alten
Denkmäler besonderes Interesse zuzuwenden angefangen hat, die Mehrzahl der frühern Ent-
deckungen nur dem Zufall verdankt und oft nicht einmal nothdürftig aufgezeichnet, geschweige

denn planmässig weiter verfolgt wurde. Daher sind uns zu wenig Haltpunkte geboten, um daraus ein nur irgend genügendes Bild der alten Stadt zu gewinnen, welche im Laufe der Jahrhunderte sowohl in vorchristlicher als christlicher Zeit, wie keine andre am Rhein, wiederholt die furchtbarsten Zerstörungen und gewaltsamsten Veränderungen erlitten hat. In etwas vortheilhafterer Lage befinden wir uns in Bezug auf 'das römische Castell' bei Bonn. Wenn von dem alten Bonn, abgesehen von der Münsterkirche und dem innern Sternthor, kein Stein auf dem andern geblieben, haben die starken Mauern des Römercastells dem Zahne der Zeit länger widerstanden. Gegen Ende des 16. Jahrhunderts, aus welcher Zeit uns die älteste Aufzeichnung des oben genannten gelehrten Canonicus Jacobus Campius erhalten ist, stand nach der Nordseite Bonns noch unweit der zu Anfang des 18. Jahrh. gänzlich zerstörten Vorstadt, wo sich das Fräuleinstift Dietkirchen befand, bei dem sogen. Wichelshofe (Wigelshoven), ein uraltes thurmartiges Gebäude an dem erhöhten Ufer des Rheins aufrecht, unter dessen Grundmauern bei niedrigem Wasserstande häufig Münzen der römischen Kaiser von August in ununterbrochener Reihe bis zu Valentinianus, so wie auch Vasen, Lampen mit Inschriften und andre Antieaglien zu Tage kamen. Wenn Campius den Namen Wigelshoven (jetzt Wichelshof) mit dem lateinischen vigiliae (= Nachtwachen) in Verbindung bringt, so können wir ihm um so eher beistimmen, als sich kein Punkt besser zu einem Wachtposten eignet als das hier 36 Fuss über dem Spiegel des Rheins erhabene Ufer, von welchem man in freier Aussicht die rechte Flussseite abwärts bis über die Siegmündung, stromaufwärts bis zur Cementfabrik, die linke bis ans Ende der Gronau beherrscht, wo höchst wahrscheinlich ein Wachtthurm stand. Von nicht geringerer Bedeutung ist ferner die Erwähnung einer damals (im J. 1582, wo Campius diese Mittheilungen niederschrieb) noch sichtbaren Wasserleitung mit Bogenstellung (aquaeductus structilis), welche von Westen her über Endenich nach dem Rheine zu ging, um das Castell mit gutem Trinkwasser zu versorgen. Jetzt sind beide Römerreste, von deren letzterm vor 50 Jahren noch rudera übrig waren (Pl.), spurlos verschwunden (B. J. XXIX—XXX S. 96 A. 22). Erst nachdem die Rheinlande nach 20jähriger Fremdherrschaft unter den Scepter der Hohenzollern kamen, veranlasste der damalige Oberpräsident der Herzogthümer Jülich, Cleve, Berg und Curator der neu gegründeten rheinischen Hochschule, Graf von Solms-Laubach, im Herbste 1818 Nachgrabungen in der Nähe des Wichelshofes auf einem etwa 4 Morgen grossen rings von Wegen eingeschlossenen und stark mit Mauerwerk durchzogenen Terrain, von welchem damals noch einzelne grössere Trümmer aus der Erde ragten. Leider wurde diese Unternehmung mit mehr Eifer als Einsicht und Planmässigkeit betrieben, indem man hauptsächlich den Zweck verfolgte, das unter Mitwirkung des von dem Staatskanzler Fürsten von Hardenberg zur Direction aller Ausgrabungen in Rheinland und Westphalen berufenen Dr. Dorow neu zu gründende Museum vaterländischer Alterthümer mit möglichst vielen Antieaglien und Münzen zu bereichern, ohne auch nur zu versuchen, die Umfassungsmauern des Lagers mit ihren Thürmen aufzufinden. Doch waren die Ergebnisse der zwei Jahre hindurch (1818— 1819 unter der Leitung von Dr. Ruckstuhl und Baumeister Hundeshagen fortgesetzten Arbeiten immerhin recht erfreulich; das Wichtigste war ausser einer grossen Anzahl von römischen Münzen (c. 500 Stück), darunter 14 silberne und 10 sehr schöne aus den frühern Zeiten bis zu den Antoninen, zum Theil in Grosserz, die Auffindung von zwei römischen Gebäuden von eigenthümlicher Construction; das eine (Plan 1, a) bildete ein längliches Quadrat von grossem Umfang, die Länge desselben war von einer Gasse durchschnitten, und diese wieder durchkreuzt von einer andern. Es enthielt eine grosse Menge kleiner Kammern oder Cellen, 6—7 Fuss lang und fast eben so breit — einige waren sogar nur 5 Fuss lang — mit 1½ Fuss dicken Mauern meist aus Tuffstein. In dem andern Gebäude (Plan 1. b) fand man im Ganzen grössere Zimmer, als in dem erstern, die Mauern waren hier dicker als dort, auch zeigten sich Spuren von Badezimmern. Man stritt damals lebhaft über die Bestimmung der auffallend kleinen Räumlichkeiten, in welchen die einen Badekammern, andere Todtenkammern und ein berühmter Professor der Philologie sogar Schweineställe sehen wollte. Wir stehen nicht an, der Ansicht Ruckstuhls[1]), welche auch Dorow theilte[2]), dass die engern Räume als Schlafstellen gemeiner Soldaten, die grössern als Kammern für Officiere anzusehen seien, beizustimmen, da uns die vom verewigten Prof. Braun (B. J. XVII, 114) für die Deutung der Cellen als Columbarien beigebrachten Gründe nicht überzeugend scheinen und die geringen Dimensionen der Räume das Auffallende verlieren, wenn man damit die Enge und Kleinheit Pompeji's und seiner Häuser, welche Göthe beim ersten Anblick derselben in Verwunderung setzte, vergleicht. Der Kürze wegen übergehen wir hier die bei diesen Ausgrabungen gefundenen im Ganzen minder bedeutenden Gegenstände von Bronze und Stein, und verweisen auf Dorow a. a. O. S. 27, wo man auch die in frühern Jahren meist in dem Feldbezirk des Wichelshofs zu Tage gekommenen Fundstücke S. 23 ff. verzeichnet findet. Sowohl jene, als auch ein grosser Theil dieser Fundstücke sind in den Besitz des Königl. Museums gekommen. Noch verdient bemerkt zu werden, dass sich ausser Ziegeln mit den Stempeln der Leg. I M., der Leg. XV und der Leg. XXI Rapax und Gefässen mit den Namen der Töpfer oder Fabriken keine weitern inschriftlichen Denkmäler gefunden haben.

Zehn Jahre nach diesen Ausgrabungen unterwarf zum ersten Mal ein sachkundiger Militär, der Oberst-Lieutenant Fr. W. Schmidt, bekannt durch seine dem XXXI. Heft unserer Jahrbücher einverleibten werthvollen Forschungen über die Römerstrassen und Befestigungen im Rheinlande, das Bonner Castell einer nähern Untersuchung an Ort und Stelle. Mit geübtem Scharfblicke erkannte er bald auf dem durch seine 4 bis 5 Fuss über das anstossende Feld erhöhte Lage sich kennzeichnenden Terrain den Umfang und die Grenzen des Bollwerks und versuchte sogar die einzelnen Haupttheile eines Römerlagers, die Thore und Wege, (porta praetoria und decumana, via praetoria und principalis) genau zu bestimmen. Die Ergebnisse seiner Lokaluntersuchungen[3]) gehen dahin, dass das Castrum im Ganzen ein regelmässiges Viereck gebildet habe, welches östlich vom Rhein, westlich durch den rechts von der Kölner Chaussée von Bonn nach Grau-Rheindorf gehenden Weg und die Grenzen des Bollwerks südlich durch die einzelnen Haupttheile eines Römerlagers, die Thore und Wege, (porta praetoria und decumana, via praetoria und principalis) genau zu bestimmen. Die Ergebnisse seiner Lokaluntersuchungen[3]) gehen dahin, dass das Castrum im Ganzen ein regelmässiges Viereck gebildet habe, welches östlich vom Rhein, westlich durch den rechts von der Kölner Chaussée von Bonn nach Grau-Rheindorf gehenden Weg, südlich durch den sog. Heerweg, welcher vom Schänzchen nach Westen läuft und die Chaussée durchschneidend nach Endenich führt, endlich nach Norden durch eine Linie, welche von dem Rheindorfer Weg an dem Jesuitenhof vorbei nach dem Rhein führte, begrenzt wird. Mitten durch das Viereck ging von Süden nach Norden die Römerstrasse, jetzt die alte Strasse oder Steinstrasse genannt, welche durch Bonn über den Belderberg, die Hundsgasse und die Sandkaule durch das alte Wenzelthor (in der Nähe des jetzigen Theaters) ging, jetzt aber durch die alten Befestigungen

1) S. die anziehende Beschreibung Ruckstuhls im Jahrb. d. Pr. Rhein-Univers. I. B. 2. S. H S. 174.
2) Dorow, die Denkmale germ. u. röm. Zeit. I. S. 19. Vergl. die Abbild. dazu auf T. I—IV.
3) B. J. XXXI, S. 72—77.

von der Stadtmauer an zerstört ist und erst da, wo sie den Heerweg schneidet, wieder zum Vorschein kömmt. Mehrere andre Wege innerhalb des Vierecks, die sich fast alle rechtwinklich durchschneiden, führen noch jetzt den Namen *Heidewege*, so wie auch in dem Flurnamen *auf der alten Mauer* eine Erinnerung an das Alterthum sich erhalten hat. Längs der östlichen Seite des Vierecks, wo das Ufer vom Rhein abgespült ist, sah man, ehe der jetzige Besitzer des Wichelshofes an dem Leinpfade hin eine hohe Mauer setzen liess, bis zu 20 Fuss Tiefe Ziegel, Thonscherben, Fussböden und hier und da Mauerwerk und konnte darunter zwei horizontal laufende Schichten von Kohlen und Asche 7 bis 8 Fuss übereinander, in der ganzen Ausdehnung wahrnehmen. Jetzt liegt bloss ein kleines Stück des Uferdamms, da wo der Heerweg längs dem Schänzchen nach dem Rhein ausläuft, noch zu Tage und an dieser Stelle erblickt man noch die einzig der Zerstörung entgangenen Reste der alten Umfassungsmauern.

Wir sind im Stande, diese der Hauptsache nach auf den Lokalforschungen F. W. Schmidts beruhende Skizze des Römercastells in einigen Punkten noch zu vervollständigen. Was die von Schmidt als nördliche Grenze desselben bezeichnete Linie betrifft, so kann zum Beleg der Richtigkeit derselben angeführt werden, dass 9 Schritt nördlich von der Mauer des zum Jesuitenhofe gehörigen Gartens der westlich bis zum Rheindorfer Weg führende Ackerrain durchweg mehrere Fuss über das übrige Feld erhöht ist, wozu noch kömmt, dass jenseits desselben nach Norden zu keine Münzen oder Ziegelreste mehr gefunden werden. Die wichtigste Bestätigung erhält aber diese Annahme durch die von glaubwürdigen Feldarbeitern bezeugte Thatsache, dass mehrere Fuss von dem Ackerrain in der ganzen Erstreckung von dem Jesuitenhofe bis zu dem bezeichneten Wege eine 6 bis 8 Fuss breite Mauer aus Tuffstein unter der Erde hinziehe, woher es komme, dass in der ganzen Breite dieser nicht sehr tiefliegenden Mauer namentlich im Frühjahr die Saaten durch Farbe und weniger üppigen Wuchs sich markirten.

Abmessungen auf den im grossen Maassstabe ausgeführten Flurkarten, welche dem beigegebenen Plane zu Grunde liegen, ergaben für die Ausdehnung des Lagers von Norden nach Süden (entlang dem Rhein) 139 Ruthen 2 Fuss (1670 Fuss), für diejenige von Osten nach Westen 143 Ruthen 2 Fuss (1718 Fuss). Von der Richtigkeit dieser Daten zeugt, dass ich die nord-südliche Ausdehnung desselben längs der 'alten Strasse' (also gerade in der Mitte) zu 709 Schritt befand, welche, den Schritt zu 2 Fuss 5 Zoll gerechnet, 1704 Fuss entsprechen. Wäre das Lager ein vollkommenes Quadrat von 1700 Fuss Seitenlänge, so betrüge sein Flächeninhalt 2007 Quadratruthen.

Die im Vorstehenden nachgewiesenen Dimensionen des Bonner Castells, das ursprünglich zur Aufnahme einer ganzen Legion erbaut wurde, wird man nicht für übermässig gross halten dürfen, wenn man sie mit den Maassen vergleicht, welche zwei näher bekannte römische Castelle darbieten: das Castell auf der *Heidemauer bei Kreuznach* und die sogen. *Saalburg* bei Homburg vor der Höhe. Ersteres, für ein kleineres Truppencorps bestimmtes castrum, bildet mit geringen Abweichungen ein vollkommenes Viereck, wovon jede Seite 45 Ruthen = 540 Fuss lang ist [1]); bei der Saalburg, welche wohl eine ganze Cohorte einschloss, ist das Viereck 704 F. lang und 455 F. breit. Doch wir müssen weitere Betrachtungen über die Maassverhältnisse unseres Castells und

---

1) B. J. XXXI. S. 198 mit Anm. 186.

ihre Zweckmässigkeit kundigen Militärs überlassen, indem uns noch erübrigt aus den in dem beigegebenen Situationsplan des alten Bonn verzeichneten Fundstätten von Römerresten, wovon wir am Schlusse zur Erleichterung der Uebersicht ein Verzeichniss der wichtigsten beifügen, die sich ergebenden Folgerungen in Bezug auf Lage und Ausdehnung des alten Bonn zu ziehen. Hierbei dürfen wir zunächst als durch unsre bisherigen Untersuchungen gewonnenes Resultat hinstellen, dass neben den castra Bonnensia sich eine kleine römische Vorstadt (procestria) gebildet hat, die sich mit dem keltischen Orte Bonna vielleicht schon zu Anfang des 2. Jahrh. zu einem gemeinschaftlichen Flecken verbunden, welcher während der langen Friedenszeit emporblühte. Wir können daher nicht die Meinung Ruckstuhls theilen, der das alte Bonn auf das Castell am Wichelshof beschränkt aus dem Grunde wissen will, weil der Umstand, dass im heutigen Bonn wie im Umkreise der Stadt römische Gräber und Grabsteine gefunden worden seien, dem ausdrücklichen Zwölftafelgesetze[1]), die Todten nicht innerhalb der Stadt zu bestatten, widerstreitet. Denn wenn wir die Tragweite dieses Verbots nicht verkennen, so war es doch einestheils nicht ohne Ausnahmen, z. B. wenn Jemand sein Grab auf eignem Grundbesitz hatte und anderntheils sind die Berichte über mehrere angeblich in Bonn gefundene Grabsteine so unzuverlässig, dass wir keine sichern Folgerungen darauf basiren können. Diess gilt z. B. von den auf der Katze im Schlosse eingemauerten Grabsteinen No. 2, 3, 9, 10, 11, als deren Fundstätte oben von uns die Vinca Domini vermuthet worden ist. Da das jetzige Coblenzer (Michaels-) Thor mit den beiden Seitenflügeln ebenfalls von dem baulustigen Churfürst Clemens August herrührt, so muss ich hier nachträglich bemerken, dass die besagten Grabsteine möglicher Weise bei Fundamentlegung zu diesem Bau, welcher ebenfalls *an der Römerstrasse* liegt, ausgegraben worden sind. Auch von dem angeblich auf dem Remigiusplatz gefundenen Grabstein des Cominius (Pl. 14) ist der Fundort unverbürgt. Ueberschauen wir die übrigen auf dem Plan vermerkten Gräber und Grabsteine, so sehen wir zuerst die Sitte bestätigt, wornach die Römer ihre Todten an der Heerstrasse beisetzten, damit ihr Andenken durch die ausgestellten Monumente desto besser erhalten blieb. Die Coblenzer Strasse bietet uns von der Mark Bonns, dem neuen Zolleinnehmerhause, an bis zum Coblenzer Thor auf beiden Seiten Gräberreste und Grabsteine, besonders von Legionarsoldaten in Fülle dar; sie muss daher als *Gräberstrasse* ausserhalb der Stadt gelegen haben. Der in der Fortsetzung der Strasse in der Hundsgasse gefundene *Grabstein der Scaptischen Familie* (Pl. 12) dient uns als Merkzeichen, dass das alte Bonn, als dessen natürliche Ostgrenze man den Rhein betrachten muss, sich nach Westen bis zu der nach dem Wichelshofe führenden Hauptstrasse erstreckt habe. Was die Ausdehnung der Stadt nach Norden betrifft, so bildet etwa die Ausdehnung des Lagers vom Wichelshofe bis in die Nähe der Kölner Chaussée die Breite und nördliche Begrenzung, und endlich spricht das Vorhandensein von bedeutenden Substructionen im v. Droste'schen Garten dafür, dass wir hier wohl die Nordgrenze zu suchen haben. Zum ungefähren Anhaltspunkt, wie weit sich die Stadt vom Belderberg aus nach Südwesten ausgedehnt habe, können die auf der sog. *Brücke* (Pl. No. 13) gefundenen Grabsteine eines Duplicarius der I. Leg. und die in der Einleitung berührte griechische Grabschrift (Lersch C.-M. II, 34) dienen. Wir geben diese Bestimmungen, in welchen wir uns zu unsrer Befriedigung mit den Ansichten des um die rheinische Epigraphik so ver-

---

[1]) Marquardt, röm. Privat-Alterth. V. Th. 1, 362 f.

dienten verst. Prof. L. Lersch grossentheils in Uebereinstimmung finden (B. J. I, S. 22 fg.), nicht ohne Scheu nur als muthmaasliche, da die so oft von Grund aus zerstörte und chaotisch durcheinander gewürfelte Stadt keinerlei sichere Anknüpfungspunkte gewährt. Doch erlauben wir uns noch die Vermuthung zu wiederholen, dass ausserhalb dieser Grenzen in dem 1. Stadtviertel um die Münsterkirche herum wahrscheinlich ein Tempel des *Jupiter Conservator* (Pl. No. 15), und ein zweiter, der des *Mars militaris*, auf den Grundmauern des ältesten Klosters zum Engelthal (Pl. No. 9) gestanden habe. Aus der Vergleichung der in dem Plane vermerkten *Gräber* in der Wenzelgasse und in der Hospitalgasse ergiebt sich noch die Folgerung, dass von der Wenzelgasse aus durch die Gudenauer- und Hospitalgasse ein Römerweg bis zu dem sog. Heerweg geführt hat, an welchem ebenfalls noch jüngst bei dem Bau der neuen Häuser in der sog. Victoriastrasse zahlreiche Gräber mit Anticaglien aller Art zu Tage gekommen sind.

Um das Verständniss der im Plano eingezeichneten Nummern zu erleichtern, fügen wir schliesslich ein Verzeichniss derselben mit Angabe der nöthigen Belegstellen bei.

1. *Innerhalb des Castells*, a und b: Fundamente von römischen Gebäuden (Dorow, Denkm. I. Abbild. I—V).
2. *Am Schänzchen:* anstehender Mauerrest.
3. a Substructionen im *Heinrich'schen Garten* (B. J. XXXIII—XXXIV. S. 269,) b im *Recker'schen Garten* (B. J. XXXVIII. 108 f.).
4. *Dietkirchen am Johanniskreuz:* Votivaltäre, Grabsteine (No. 23, 24, 25, 30; Bramb. 462—465) und Bronzefigur (B. J. XXV. 207).
5. *Am Jesuitenhof:* Steinbild der Minerva in einer Nische und architektonisch bebauene Steine (vgl. Hundeshagen, Stadt u. Univers. Bonn S. 44).
6. *An der Steinstrasse:* Mehrere grosse fragmentirte Grabsteine (B. J. XVII. 108- 109).
7. *Beim Theaterbau:* Votivsteine (No. 57, 58) und viele Bruchstücke von Grabsteinen (Bramb. 469—471 a bis a).
8. *Dietkirchen in der Stadt:* Ein Grabstein (No. 8; Bramb. 468).
9. *Am Engelthaler Kloster:* Votivstein des Mars militaris (No. 27; Bramb. 467).
10. In der Nähe des Mars'schen Kelterhauses an der *Windmühle:* Reste einer Röhrenleitung.
11. *Wilhelmstrasse:* Votivstein der aufenischen Mütter (No. 26; Bramb. 466).
12. *Hundsgasse:* Grabstein der Sosptischen Familie (No. 29; Bramb. 458) und Amor-Statuette (B. J. I S. 58 ff Taf. III u. IV).
13. *Brückenstrasse:* Grosse verstümmelte Votivara (Modestus No. 28); Grabstein eines Duplicarius der Leg. I (No. 16; B. J II. 82).
14. *Remigiusplatz:* Grabstein des Cominius, Soldat der Leg. I (No. 1).
15. Zwischen *Kleinthürchen* und *Münsterkirche:* Votivara eines Praefectus Castrorum (No. 21; Bramb. 481).
16. Zwischen der *Münsterkirche* und dem *Kalt'schen Haus:* Ziegel-Grabtafel mit † und dem Namen Cajus, jüngst gefunden.
17. Neben dem *Knabengarten:* Hercules-Statue aus Sandstein (B. J. XXV. 206).
18. Zum Alten Keller am *Rheinthor:* Ara Fulviana (No. 22; Bramb. 484).
19. Im v. *Drosse'schen Garten:* Substructionen einer Mauer und Ueberreste eines grössern Gebäudes (B. J II. 41; IV. 115 ff.; V. 345, Taf. V).

20. Auf der sog. *Herrenmauer* vor dem *Koblenaer Thor*: Mauerreste (Mundschagen, Stadt u. Univ. B. S. 31).

21. Im *Ermekeischen Garten* an der Koblenzer Strasse: Reste einer Wasserleitung (B. J. IV. 203).

22. *Finca Domini* an der Koblenzer Strasse: Wahrscheinlicher Fundort der 5 Grabsteine No. 2, 3, 9, 10, 11 (Bramb. 476—480).

23. Beim Bau des c. *Rigaischen Hauses*: Zwei Grabsteine (No. 5 und 32) und mehrere ornamentirte Steine (B. J. IX, 129, Taf. VI).

24. *Fabrik von Mehlem*: Zwei Grabsteine der Leg. I (G.) (No. 6 u. 7).

25. Beim Neubau von *Krantz*: Grabsäule mit Relief der Minerva Berecynthia (B. J. XLIII. 221).

III.

Bonna Verona.

Von

K. Simrock.

Das erste Heft der Jahrbücher des Vereins von Alterthumsfreunden im Rheinlande beginnt sehr passend mit einer Abhandlung über *Verona*, den urkundlichen, dem Mittelalter geläufigen, jetzt gänzlich verschollenen zweiten Namen unserer Stadt oder vielleicht nur eines Theiles derselben. Der Verfasser, der für die Archäologie zu früh verstorbene Prof. L. Lersch, sammelt die Belege für diese auffallende Thatsache, bestimmt den Zeitraum, worin der Name Verona erscheint, auf die vier Jahrhunderte vom zehnten bis vierzehnten, versucht es dann S. 11 ff., obgleich mit geringem Erfolg, ihn noch höher hinaufzuführen, indem er einen von Verona datierten Erlass Valentinians im Cod. Theodos. I. 9 de veteran., auf unser Rheinisches Verona bezieht und in der fast zuviel besprochenen Stelle des Florus statt *Bonnam et Gesoniam* pontibus junxit classibusque firmavit zu lesen vorschlägt: *Bonnam et Veronam* u. s. w.; zuletzt wendet er sich einer zweiten, aber wohl verwandten Thatsache zu, dass nämlich ein Theil der Heldensage Dietrichs von Bern ursprünglich, und zum Theil noch in ihrer jüngsten Gestalt nicht in der Lombardei, sondern im Kölnischen Lande und zwar in unserer nächsten Nähe spielt, und vielleicht selbst das Wappen Bonns eine Anspielung hierauf enthält. In welchem ursächlichen Verhältniss aber diese beiden Thatsachen stehen, oder ob sie beide aus einer dritten hergeleitet werden können, darüber finden wir bei ihm nicht einmal eine Vermuthung. Nur in einem 2ten Aufsatze Jahrb. III liest man S. 29 die Worte: „Ein fränkischer Dietrich ist jedenfalls mit dem ostgothischen verschmolzen worden." Diese von mir herrührende Ansicht zu begründen und daraus eine sichere Grundlage zu gewinnen, um das noch immer räthselhafte Bonna Verona zu erläutern, soll unsere Aufgabe sein. Da wir aber auch die Zeugnisse für das Rheinische Verona zu mehren haben, so wird es gut sein, die schon von Lersch beigebrachten in der Kürze zu wiederholen und beide in chronologischer Ordnung aufzuführen. Wir bezeichnen mit einem Stern diejenigen, welche schon Lersch beigebracht hatte.

Zeugnisse.

*1. *2. *3. *4. Eine Münze des Erzbischofs Bruno I (953–965) mit der Umschrift auf dem Revers MONETA: CVS: IN: VERONA. und eine zweite desselben Bischofs mit der Inschrift VERONA P. P., was Lacomblet am anzuführenden Ort praepositura lesen will; eine dritte und vierte mit der Umschrift MONETA VERONENSIS zeigt ein Kuppelgebäude, das unsere 1812 frevelhaft abgerissene Martinskirche darstellt. Die nähere Beschreibung dieser vier Münzen Bruno's I giebt Lersch a. a. O., 10. Die Echtheit derselben hat zwar Lepsius (Neue Mittheilungen des Thüringisch-Sächsischen Vereins VII. 135 ff.) angefochten, aber Lacomblet Archiv II. 72 ausser Zweifel gestellt. Nach ihm knüpfte der Erzbischof sein Münzrecht an die Bonner Probstei, während Köln selbst damals noch als ausschliesslich kaiserliche Münzstätte galt. Auch Lersch selbst war Jahrbücher III. 19 auf diese Bedenken des Lepsius zu sprechen gekommen, jedoch ohne sie beseitigen zu können; er bemerkt nur, es sei so recht kein Grund abzusehen, warum die Kölner Münzen erdichtet haben sollten, die auf die Verherrlichung von Bonn zielten.

5. Pertz Mon. Germ. Scriptt. VII p. 201 (Anselmi gesta ep. Leod.) ad a. 859. Apr. 20.

Everacus cisalpinae *Veronae* praepositus, quae vulgo *Bunna* dicitur, nobis constitutus est episcopus, annuente Brunone archiepiscopo, eodemque ut aiunt duce, cuius providentiae tunc temporis intererat universa huius regni negotia dispensare. Otone imperatore primo circa alias regni partes occupato.

*6. Münze des Erzbischofs Pellegrinus (1022—1035) mit der Unterschrift VERONA. Lersch 11.

7. Pertz Scriptt. VII p. 209 (Anselmi gesta wie oben) ad a. 1025. Jan. 14: Huic defuncto et apud Sanctum Laurentium tumulato successit *Reginhardus*, qui coallitteralis archiepiscopo Heriberto, eximiae Sanctitatis viro, perfectionem in ecclesiasticis assecutus fuerat disciplinis, a quo et praelatus canonicae apud *Veronam*, quae usitatius *Bunna* vocitatur, institutae, eandem strenue pluribus annis rexerat.

*8. Lacomblet Urkundenbuch I, 179, wo Erzbischof Hermann II von Köln am 8. Sept. 1048 dem dortigen Severinsstifte unter Andern Zollgefälle zu Bonn (Verona) schenkt: de thelonio civitatis Veronae libram I. Lersch a. a. O. S. 6.

9. Pertz Scriptt. T. XI Vita Hannon. I p. 476, 15:

Duobus quoque peregrinis ex Graecia per idem tempus apud *Veronam*, quae et *Bunna*, hospitantibus, apparuit Scala in visu magnae claritatis a vertice montis in coelum usque erecta, cf. Lersch l. c. p. 14.

10. Ib. Vita Hannon. III, 23 ad a. 1066: fuit in *Verona*, quae dicitur et *Bonna*, homo praeter solam oculorum fidem nulli prorsus exponendae calamitatis, homo miserrimus.

11. Pertz Scriptt. t. VI. Annalista Saxo p. 742 l. 56 ad a. 1106: proterea Juliacum et *Bonna*, quae et *Verona*, cum eo conspiraverant, ceteraque parcium illarum oppida.

12. Ib. p. 235 ad a. 1106: patrem vero regis (Heinrici) non modica sibimet auxilia contra filium attraxisse, hoc est episcopum Leodiensem, Heinricum ducem Lothariensium, Coloniam, Iuliacam, *Bunnam*, quae et *Verona*, caeterasque partis illius oppida; haecque nonnichil titubationis religioni minabatur catholicae.

*13. Lacomblet Urkundenbuch No. 329 vom J. 1138, wo unter den Zeugen Gerardus prep. *veronensis* und Conradus comes *ueronensis* erscheinen, dieselben Personen, die sich sonst *bunnensis* praepositus und comes de *Bunna* unterzeichnen.

*14. 15. Gunther Codex dipl. rheno-Mosellanus T. I. Nr. 129, wo Roingus *Veronensis* concivis im Jahre 1142 dem St. Cassiusstift Schenkungen macht. „Acta et confirmata est haec mea dispositio *Bunne*", und von der Hand: Gerardi archidiaconi et praepositi Dunnensis. Derselbe Roingus hatte aber schon im J. 1139 unter No.—124 nebst seinem Sohne Gottfried Güter um Bonn geschenkt, und sich unterschrieben: ego Roingus et filius meus Godefridus, laici et cives Bunnenses.

*16. Münze des Bischof Arnold I. (1137—1148), auf dem Revers Verona P. P.

*17. Gunther C. D. No. 149, wo Erzbischof Arnold von Köln im J. 1149 zu Gunsten des St. Cassiusstiftes verfügt und mit den Worten schliesst: Acta sunt hoc civitate *Uerona*. Unterschrieben sind Gerhardus *Bunnensis* prepositus und Adalbertus comes de *Bunna* u. s. w.

*18. Das zuerst von Hundeshagen (Die Stadt und Universität Bonn am Rhein. 1832) bekannt gemachte, dann von Lersch Niederrheinisches Jahrbuch für Geschichte, Kunst und Poesie 1843 aus Lepsius sphragistt. Aphorismen II. wiederholte alte Bonner Stadtsiegel mit der Umschrift SIGILLVM. ANTIQVE. VERONAE. NVNC. OPIDI. BVNNENSIS. (St. Cassius mit der fünfthürmigen Münsterkirche.) Nach Hundeshagen kommt es an Urkunden aus den Jahren 1264—1351 vor.

*19. G. Hagens (kölner Stadtschreibers) Reimchronik v. 58—61:

Sus voren die boden zo dem her woder
ind dat her laichte sich neder
mit dem goeden sente Materno
by *Bunna*, dat heis man do *Berne* (Verona).

Wenn Lersch fragt: also zu G. Hagens Zeit 1250—1270 nannte man es nicht mehr so? so läge die Frage näher: also schon zu Maternus Zeiten, setze man ihn nun in das erste oder dritte Jahrhundert, nannte man es wo? Lersch selbst findet hierin eine Zurückführung des Namens in ältere Zeit, wie er sie selbst versucht hat. Nichts anderes ist es auch, wenn es bei Surius X p. 140 heisst: repererunt primarios milites Cassium et Florentium in ripa Rheni fluminis considentes, wobei bemerkt wird, Verona, summus memorati martyrii locus, liege 26 Meilen von Xanten. Lersch l. c. 15. Vgl. unten 26 und Mone III, 440.

*20. Die Grabschrift des 1275 verstorbenen Kölner Erzbischofs von Falkenburg, des ersten, der seine Residenz nach Bonn verlegte, im hiesigen Münster, jetzt rechts neben dem Eingang:

Engelbertus de Falkenburg Archiepc Col.

Floreat. in. celis. tua. laus. Verona. fidelis,

Filia. tu. matris. Engilberti. qua. patria.

Quae. tua. Metropolis. non. habet. ossa. colis.

*21. *22. *23. Münze des Erzbischofs Heinrich II (1305—1332) mit der Umschrift Beata Verona vinces; zwei andere mit gleicher Inschrift beschreibt Walraff. Lersch a. a. O. S. 9.

24. In einem Kirchenhymnus (Daniel Thesaurus II, 199 und Mone Lateinische Hymnen des Mittelalters III, 521) heisst es Str. 13:

In Verona, Agrippina

Et in Troia, loca trina

Consecrant Martyria.

wozu Mone bemerkt: „Verona ist der urkundliche Name für Bonn, Troja für Xanten und Agrippina bekanntlich für Köln. Jene Namen waren im 11. und 18. Jahrhundert gebräuchlich: daher scheint auch das Lied im 12. Jahrhundert gemacht zu sein." Aber sie waren es auch noch im 13. und 14. und ich glaube das Lied nicht zu spät anzusetzen, wenn ich ihm hier den Platz anweise.

25. Basler Handschrift des 14. Jahrh. bei Mone a. a. O. III, 439: — apud Veronam civitatem Cassium et Florentium cum aliis septem (septenis?) eiusdem constantiae viris simili sententia damnaverunt. cf. ib. 441. 443 und No. *18 oben.

*26. Ohne festes Datum ist bis jetzt die hist. translat. S. Apollinaris, wo es zu p. 879 heisst: vir quidam dives et habitans in Verona, quae nunc vocatur Bonna, Coloniensis dioecesis. Henricus Gratel. Lersch S. 14.

27. Ohne Datum, aber wahrscheinlich sehr alt, sind auch die räthselhaften Verse, welche Lacomblet Arch. II, 61 auf einem Pergamentcodex der von dem Erzbischof Bruno I gestifteten Abtei Pantaleon als Einleitung zu der Lebensbeschreibung dieses Heiligen fand:

Praesul Folcmarus. nulli pietate secundus.

Magni Brunonis. et commendatio dulcis.

Veronae tabulam. radianti scemate claram.

Fecit ut esset honor. cui tellus servit et aequor.

Zwei Orte?

Lersch war geneigt, zwei ursprünglich verschiedene Städte, Bonn und Verona, anzunehmen: „mit andern Worten, dass sich an das Münster eine Stadt oder eigene Bürgerschaft anschloss, die als Verona von jener (Bonn) wohl unterschieden ward," S. 7. „Was sich um die Münsterkirche befand, konnte nach seinem Verbande mit dem andern alten Bonn immer bunnensis genannt werden, nicht aber umgekehrt das eigentliche Bonner Gebiet veronensis." S. 8.

Ich selbst hatte diese Meinung getheilt, als ich Rheinland 1. Aufl. S. 436 schrieb: „Die schon von Andern ausgesprochene Vermuthung, dass Bonns mythischer Name Verona (Bern) zuerst nur einem Theile der heutigen Stadt zugekommen sei, der einst selbständig neben der römischen Bonna bestehend, hernach mit ihr zusammenwuchs, scheint die Bonngasse zu bestätigen, denn durch diese gelangte man wohl aus dem alten Bern nach dem unterhalb der heutigen Stadt am Wichelshof gelegenen Bonn. Die Verlängerung derselben, die Kölnstrasse, wurde erst hinzugebaut, als die aus Köln vertriebenen Erzbischöfe ihre Residenz nach Bonn verlegten. Vermuthlich war unser erstes Stadtviertel, der älteste Theil der heutigen Stadt, dieses Verona."

Aber wie man auch den Namen der Bonngasse erkläre, der Name Verona, der erst im 10ten Jahrh. anfaucht, scheint nichts als ein poetischer Beiname Bonns. Dass sich Verona auf einen Theil der jetzigen Stadt beschränke, dafür lässt sich nur geltend machen, dass die unter 3. und 4. angeführten Münzen ein Kuppelgebäude zeigen, in welchem Lersch die 1812 abgebrochene, neben dem St. Cassiusstift belegene Martinskirche erkennen wollte. Da wir auf spätern Münzen, so wie auf dem Siegel No. *17, unsere fünfthürmige, einst zum St. Cassiusstift gehörige Münsterkirche abgebildet finden, so hat Lersch wohl richtig gesehen. Gleichwohl bedingt die Abbildung der Martins- und später der Münsterkirche auf jenen Münzen noch keine Beschränkung des Namens Verona auf den zunächst um diese Kirchen belegenen Theil. Die St. Cassiuskirche erscheint zuerst auf einer Münze Erzbischofs Anno II (1056—1076) mit der Umschrift: Moneta Bonens. und Insig. civi. Bonn., wo also Bonna für das frühere, später noch wieder zurückkehrende Verona steht. Vgl. Lacomblet Archiv II, 71. Wie sich hier „Bonna" und „Verona" vertreten, so wird auch in den mitgetheilten Zeugnissen zwischen Bonn und Verona nirgend unterschieden: Verona hiess auch Bunna (quae et Bunna), es hiess vulgo, usitatius so, ja der gebräuchlichere Name Bonn, der auch als aus Römerzeiten herrührend der ältere war, scheint den in jenen Münzen von der Geistlichkeit aufgebrachten oder doch angenommenen jüngern Namen Verona bald wieder gänzlich verdrängt zu haben. Schon zu des Stadtschreibers Hagen Zeiten (oben *18) muss er nicht mehr sehr im Schwange gewesen sein: denn wenn er von Bunne sagt, „dat heis man do Berne", so liegt darin allerdings eine Andeutung, dass zu seiner Zeit (13. Jahrh.) dieser Name in Abnahme gekommen war. So ist auch wohl die Legende auf einer Münze Erzbischofs Anno II (1056—1076) mit der Umschrift: Moneta Bonens. So ist auch wohl die Legende des Stadtsiegels (*17), wo Bonna als der jetzt gangbare, Verona als ein veralteter Name der Stadt bezeichnet werden soll; keineswegs aber lassen sich die Worte: „Sigillum antiquae Veronae nunc oppidi Bunnensis" mit Hundeshagen übersetzen: „Siegel der alten Verona nun auch der Stadt Bonn", bei welcher Auffaszung wohl schon der Gedanke gewaltet hat, als seien Bonn und Verona verschiedene Städte gewesen. In der Grabschrift Engelberts (*20) Verona auf den Münsterbezirk zu beschränken, wie Lersch will, geht umsoweniger an als hier ein Gegensatz zwischen dem feindseligen Köln, das seinen Erzbischof vertrieben hat, und dem getreuen Bonn (Verona fidelis) beabsichtigt ist, das ihm und seinen Anhängern Aufnahme gewährt hat.

Am meisten Gewicht legt Lersch S. 7 und nach ihm Lacomblet Arch. II. 75. 297 darauf, dass sich nach *14 derselbe Roingus einmal civis Bunnensis und ein andermal concivis Veronensis unterzeichnet. Schriebe er sich in derselben Urkunde die Eigenschaften eines Bürgers von Bonn und Mitbürgers von Verona zu, so würde diesz allerdings wider die Einheit der beiden Ortschaften sprechen; da es aber in verschiedenen Urkunden geschieht, und civis Bunnensis ganz dasselbe besagen kann was concivis Veronensis, so ist daraus weiter kein Schluss zu ziehen. Die Annahme Lerschens, bei der sich auch Lacomblet beruhigt, derselbe Roingus, der in Bonn angesessener Bürger war, sei durch die Schenkungen, die er dem St. Cassiusstift gemacht, ehrenhalber Mitbürger Veronas geworden, schwebt also ganz in der Luft. Selbst dass derselbe Bonner Probst Gerhard sich einmal prepositus Veronensis nennt, das andermal Bunnensis, macht Lersch nicht irre. „Wären in diesen Urkunden," schreibt er S. 8, „Verona und Bonn gleichbedeutend, woher schriebe sich die Ungleichheit beider Bezeichnungen?" Warum Bonn auch Verona heiszt, haben wir weiterhin zu erörtern; in die Frage, ob Bonn und Verona eine und dieselbe oder zwei verschiedene Ortschaften bezeichnen, gehört diess nicht. Auch Herm. Müller schreibt Jahrb. XIII, 21: „Die Idee der zwei Orte habe ich längst aufgegeben. Was die Bonngasse betrifft, so bezweifle ich die Echtheit des Namens u. s. w." Bei Lerschens sonst unbegreiflicher Annahme hat ein Grund mitgewirkt, dessen in seinem Aufsatze S. 23 nicht deutlich gedacht ist. Ich kenne ihn, weil ich in jener Zeit täglich mit ihm verkehrte, ja zum Theil, wie es gegen den Schluss hervortritt, und er selbst S. 30 andeutet, diese Untersuchungen gemeinschaftlich mit ihm geführt habe. Was er sich als Verona dachte, fällt nämlich, wie auch ich a. o. S. 6 meinte, mit unserm ersten Stadtviertel zusammen, wenn man sich die drei Häuserinseln wegdenkt, welche durch die südliche Seite der Acherstrasse und ihre Fortsetzung bis zur ehemaligen Hofcapelle einerseits, andererseits durch die nördliche Seite von Sternstrasse, Markt und Stockenstrasse gebildet werden. Diese drei Häuserinseln schienen uns nämlich auf den Graben gebaut, welcher einst Verona und Bonn getrennt hatte. Eine Brücke führte über diesen Graben, deren Bogen in den Kellern der Häuser No. 31 und 231 auf der s. g. Brücke noch jetzt zu sehen sind. Mit diesem Grunde traute sich indes Lersch nicht hervor, weil uns der nun längst verstorbene Canonicus Bodifé die Grenzen der Immunität des St. Cassiusstiftes, dessen Mitglied er noch gewesen war, enger gezogen hatte; jedoch erwähnt er ihn Jahrb. III, 19. Seitdem ist aber auch dieser damals verschwiegene Grund weggefallen, indem Lacomblet Archiv II, 65 ff. nachgewiesen hat, dasz der Münsterbezirk vor dem Auftauchen des Namens Verona den Namen *Basilica*, oder da das damalige Bonn in lauter einzelne Höfe oder Villen zerfiel, *villa basilica* führte, vielleicht weil der ältere Bau der ehemaligen St. Cassius-, jetzt Münsterkirche, eine Basilica gebildet hatte, was auf die ganze Immunität des St. Cassiusstiftes übertragen wurde. Näher ausgeführt hat diess Lacomblet Arch. II, 295 ff., wo er noch andere Bonner Höfe oder Villen nachwies. Was sich Lersch als die Umwallung seines Verona gedacht hatte, erschien nun als äuszerster Abschlusz jener villa Basilica.

Ursprung des Namens Verona.

Fragt man nun, wie das alte Bonn zu dem Namen Verona kam, so ist die Annahme, dasz in römischer Zeit zwei gallische Städte, die eine in Oberitalien, die andere am Rhein den Namen Verona geführt hätten, an sich nicht unmöglich, wird aber durch das um ein Jahrtausend verspätete Auftreten des Namens Verona am Niederrhein so unwahrscheinlich, dasz es Lersch selbst nicht zu behaupten gewagt hat, obgleich er einige verschämte Versuche macht, ihn in die römische Zeit einzuschwärzen.

Eine Vermuthung Lacomblets Arch. II, 78 theilen wir mit dessen eigenen Worten mit: „Bruno's Erziehung und wissenschaftliche Ausbildung war, in seinem zarten Alter, dem Bischof Balduin von Utrecht, dann dem Bischof Israel von Irland und zuletzt, wenige Jahre vor seiner Beförderung auf den erzbischöflichen Stuhl von Köln, dem Bischof Rather von Verona (in Italien) anvertraut gewesen. Dieser, aus Lüttich gebürtig, und zuerst Conventual der Abtei Lobes, war, nachdem er sich zum zweiten Male genöthigt gesehen, Verona zu verlassen, nach Belgien zurückgekehrt, wo der Ruf seiner Wissenschaft ihm das Lehramt bei

dem Sohne eines Grossen in der Provence und bald nachher, etwa um 950, bei Bruno ver-
schaffte. Von Otto I an den Hof berufen, ist er gewiss nicht dem stets wechselnden Aufenthalt desselben gefolgt; eine geistliche Pfründe, seiner frühern Stellung in etwa angemessen,
war ihm sehr wahrscheinlich zu Theil geworden. Folcwin, in der Geschichte der Aebte von
Lobes (Pertz Script. IV), erzählt nun, dass Rather für den in der Provence ertheilten Unterricht ein Bisthum daselbst erhalten habe, zu welcher Angabe aber in der Ausgabe bei
Pertz bemerkt wird, dass davon nichts bekannt sei. Bedenken wir, dass Folcwin die Begeb-
nisse nicht streng nach der Zeitfolge anführt und oft Verwechslungen begeht; dass Rather,
welchen Bruno bald nach seiner Erhebung auf den Stuhl von Köln, zum Bischof von Lüttich beförderte, sehr wahrscheinlich in der Nähe von Köln verweilt, vielleicht auf Bruno's
Wahl einen Einfluss geübt habe; nehmen wir an, dass er der Episcopus Veronensis, damals
Probst des Cassiusstiftes gewesen: so würde ein Uebergang des Prädicats Veronensis auf die
praepositura, woran sich diese Bezeichnung zunächst geknüpft zu haben scheint, erklärlich
sein, ja wir dürften glauben, dass Bruno selbst, in dankbarem Andenken an seinen befreundeten Lehrer, derselben eine amtliche Geltung verschafft habe.

„Doch wir geben einer so schwach gestützten Vermuthung um so ungerner Raum, als
uns gleichsam eine geheime Ahnung treibt, den aus dem frühen Mittelalter wundersam her-
übertönenden Namen Verona oder Bern nicht aus einem bedeutungslosen Zufalle herzuleiten,
sondern an die Herrlichkeit des Orts selbst, den er bezeichnet, zu knüpfen, obgleich unsere
Forschung nach bestimmteren Zeugnissen über den Ursprung desselben unbelohnt geblieben ist."

Vielleicht wird diese so bescheiden geäusserte *historische* Hypothese noch jetzt ihre Anhänger finden, obgleich der Nachweis fehlt, dass jener einst Veronesische Bischof Probst in
Bonn gewesen sei, ja Folcwin ausdrücklich meldet, er habe in der Provence ein Bisthum
bekleidet. Wir stellen ihr aber eine *mythische* entgegen, zu deren Begründung wir erst
weiter ausholen müssen.

Heimat der Eckensage.

Ein Theil der Sage Dietrichs von Bern spielt im Kölnischen Lande. Es ist diess auffallend genug, da wir sonst am Rhein die fränkisch-burgundische Siegfriedsage heimisch finden, während die gotische Dietrichssage an der Etsch und um den Gartensee (Gardasee)
spielt, und sich dann nach Dietrichs Flucht an die Donau zieht. Die Thatsache ist gleichwohl
nicht zu läugnen, obwohl es Zingerle Germania I, 121 versucht hat, den Schauplatz der
Eckensage nach Südtyrol zu verrücken, worin ihm allerdings schon die letzten hochdeutschen Bearbeiter der Sage vorgearbeitet hatten, die zwischen dem Brenner und dem Gardasee
besser Bescheid wissen mochten als am Niederrhein und denen es ungewohnt sein musste,
Dietrich anderwärts als an der Etsch und Donau zu begegnen. Von der Ansicht ausgehend,
dass auch diess Jugendabenteuer Dietrichs gleich andern seiner Sage später aufgepfropften
Märchen, wie das K. Laurin, zwischen Trient und Inspruck spiele, haben sie denn auch
tyrolische Ortsnamen genug hineingebracht; sie wagten jedoch den alten Anfang des Liedes,
der im Gedächtniss der Zuhörer unverrückbar feststand, nicht zu beseitigen: dieser legte
aber den Schauplatz in allen drei Fassungen so wie in der alten Vorrede des Heldenbuchs,
ja auch in einer prosaischen Auflösung der Lieder, die sich in der im Norden aufgezeichneten

Wiltinasage findet, nach dem „Grippigenland" oder „Agrippian" genannten Kölnischen
Lande, und noch eine der drei Bearbeitungen, in welcher uns diess vielgestaltige Gedicht
vorliegt, der alte Strassburger Druck von 1559, welchen Oskar Schade 1859 in 150 Exemplaren wiederholt hat, kehrt auch am Schluss zu dem niederrheinischen Schauplatz zurück,
während für Tyrol am *Anfang und Ende* nirgendwo ein Zeugniss vorliegt, denn Caspar von
der Roens Bearbeitung legt den Schluss nach *Jochgrim*, nach Von der Hagens neuem Heldenbuch 1855 I, 41 „eine alte Stadt und Burg im Elsass" bei Rheinzabern, jetzt Jockrim,
Schöpflins Alsatia illustrata II, 173: „oppidum Jochgrim;" nach Stielers Karte von Deutschland
liegt es aber in dem jetzt Rheinpfalz genannten Bairischen Rheinkreiss, Sebröck oder Leo-
poldshafen schräg gegenüber, jedoch etwas oberhalb, während ihm *Eggenstein* oder *Eggenstadt*
auf der rechten Seite genauer entspricht. Wenn Zingerle in Tyrol einen Berg des Namens
Jochgrim anführt, so kann doch dort, auf dem Berge, Frau Seburg, eine der drei Königinnen,
die im Kölnischen Lande Herrn Eck gegen Dietrich aussandten, nicht Krone getragen haben.
Diese drei Königinnen hörten nach Str. 11 das Gespräch der drei Helden, Eck, Fasold und
Ebenrot, das in Agrippian Statt hatte, wie der alte Druck lautet:

EJn lant das hiess Agrippian
Das war den Helden vnderthan
Bey Heydnischen Zeiten
Manch nam hat sich verkert im lant
Zu Cöln am Rhein ist es yetz genant
Das lobt man also weitn
Du sassend edler Künigin drey
Das waren schöne meyde
Eck der wont jn mit Dienste bey
Das kam jm schier su leyde
Vnd wer das für ein lügen hat
Der frag die weisen Meyster
Vnd da es geschrieben staht.

Dieselbe Strophe lautet in dem s. g. Eggenlied ed. Laassberg:

Ain lant das hies sich Gripiar.
Das ich iv sag das ist war.
Bi haidenschen ziten.
Do wart verkeret sit das lant.
Dŭ harbstat drin was küln genant.
Des lobte man es witen.
Swer das für aine luge hat.
Der frag es wise lüte.
Won es wol geschriben stat.
Als ich ioch hie hetäte.
Dŭ stat dem Rine nahe lit
Vnd ist gar wol erbowen.
Des ist ir name wit.

Wir wollen auch Caspar von der Roen hören (v. d. Hagens Gedichte des Mittelalters II):

Ein lant hayesst Agrippiaan,
das was den haiden vnderthan,

wol pey den selben saiten;
seint han verkeret sich dy lant:
ein statt die ist Kollen genant,
der lop ist also weiten;
dar jnnen sassen helde starck.
die that man wol beraiten;
ru manheit waren sie nit arck,
in stürmen vnd in streiten.
vnd wer das far ein luge hot,
der frag die clugen laüte, pei den es noch geschriben stat.

Do sassen held in eynem sal,
die sagten wunder ane zal,
die auserwehlten rerken:
der ein der hyss sich ber Fassolt,
dem waren schone frawen holt;
der ein sein pruder Ecken:
der drit der wikle Ebenrot:
sie reten algeleiche,
es wer keyn küner in der not,
den Perner Dietereiche;
er wer mit manheit wol bekant:
mit listen wer keyn kuner, den der alt Hilleprant.

Wie hier über den Rheinischen Schauplatz kein Zweifel bleibt, so heisst es übereinstimmend in der alten Vorrede des Heldenbuchs (das deutsche Heldenb. ed. v. Keller 1867):
„Das lant zu Köln vnd Auche hiess etwen grippigen lant, in dem wonten vil held. Einer genant lugegast (ludegast). Einer Hug von menez. auch Ortwein von bunn vnd ander kiene held."
Ferner lesen wir in derselben Vorrede unter der Ueberschrift „Held in grippigen lant, das ist zu köln vnd da bey:"
„Ein heild hiess Ludegast, der ist von dem berner erschlagen. Hug von Menez ward auch von dem berner erslagen. Ortwein ward auch von dem von bern erschlagen. Helfferich von bunn." —
Ecke vnd Vassal vnd abentrot die warent mentigers sün auss Cecilien lant. Vnd mentigers weib hiess gudengart, die was der treier sün muter u. s. w.
Wenn wir bisher nur das Land Agrippinan mit seiner Hauptstadt Köln erwähnt fanden, so werden wir in der Wiltinssage, die auch Dietrichssage heisst, näher beschieden. Nach ihr (Von der Hagen I, 176, Rassmann II, 398) waren es nicht *drei* Küniginnen, welche den Eck gegen Dietrich schickten, sondern *neun*, deren Mutter, die zehnte, nach dem Tode König *Drusians* mit Eck verlobt war. Sie wohnten aber auf dem *Drachenfelsen*, und jenseits lag der Wald *Osning*, den ich schon 1842 bei Lersch 26 (vgl. Rheinl. 406) als den in seinen Ausläufern bei Andernach und Rolandseck an den Rhein stossenden Ardenner Wald (Oechsling) nachgewiesen habe. In der Mythologie II. Aufl. 106 bemerkte dann Grimm, dass dieser nach den Asen Osning benannten Wälder dreie seien, von welchen jener bei Osnabrück nach dem Vorbilde (ad similitudinem) des Rheinischen eingerichtet sei. Zingerle a. a. O. behauptet

nun auch einen Berg Osinigo am linken Etschufer, vergisst aber ihm gegenüber einen Drachenfels nachzuweisen. Er übergeht es auch, dass ich in der nächsten Nähe des Drachenfelsen zwischen Rhöndorf und Honnef, die nach Fasold, einem der Brüder des Eck, benannte *Faselskaule*, die jeder Bauer kennt, aufgezeigt habe, sowie noch andere nach Dietrich, Ecke und Ebenrot benannte Thäler und Ortschaften der nächsten Nähe, bei welchen der Bezug auf die Sage nicht ganz so einleuchtend ist. Denn wenn die obere Menzenberger Thalschlucht *Dederichsloch* oder jener Faselskaule entsprechend, *Dederichskaule* heisst, so kann das, obgleich das Eckenthal, jetzt Geekenthal, unmittelbar daneben liegt, auch auf einen andern Dietrich bezogen werden; auffallend sind aber die vielen mit Eck und seiner ältern Namensform Uecke (Gr. Heldens. 58) zusammengesetzten Ortsnamen der hiesigen Gegend wie Ueckerath, Ueckesdorf, Eckendorf, Eckenhagen, Eckenrod. Auch Ebenroth habe ich Lersch 28 als eine der Hunschaften von Egidienberg (Honnefer Rott) dargethan. Endlich nach K. *Drusian* war nach Fahnes diplomatischen Beitr. Köln 1843 S. 31 eine Strasse in Köln benannt, die Walraff in Drususgasse umgetauft hat.

Nachdem Frau Seburg oder wie sie im Alten Druck mehrfach heisst, Frau Segburg (Siegburg) Herrn Eck gegen Dietrich von Bern mit Harnisch, Schwert, Helm und Schild bewehrt hat, bietet sie ihm auch ein Ross, das er aber ausschlägt, weil es ihn bei der riesenmässigen Schwere seines Leibes nicht zu tragen vermöchte. Er tritt also seine Fahrt zu Fuss an, bringt die Nacht bei einem Einsiedel zu und gelangt am andern Morgen nach Bern. Ist da nicht deutlich das *Rheinische* Bern, Verona gemeint? Nach *Welschbern* hätte er zu Fusse mehrere Wochen gebraucht, wie wirklich die Wiltinassge den Dietrich vom Etschfluss ausreiten und in sieben Tagen und Nächten an den Osning gelangen lässt. Bald darauf trifft Eck einen von Dietrich verwundeten Ritter Namens Helferich, den die Vorrede des alten Heldenbuchs, wie wir sahen, von *Hunne* nennt; bei Caspar heisst er von *Lone*, was aus Bonn verschrieben sein könnte, Müllenhoff aber (Zeitschr. VI, 441) auf das neustrische Laudunum, das heutige Laon bezieht, das sonst nur in der fränkischen Heldensage und etwa noch in der Thiersage berühmt ist. In Helferich erkennt er den Merowing Chilperich, der als Hialprekr nach der Edda Sigurds (Siegfrids) Pflegevater ist. Im Eggenlied und im alten Druck und so auch in den Carmina Burana 71, vgl. Docens Miscellan. II, 195 finden wir ihn von Lothringen genannt. „Käme nicht auch in den „*Drachenkämpfen*", sagt W. Grimm Heldens. 222 „Helferich von Lune vor, so sollte man denken, bei Caspar sei statt von Lone zu lesen von Bunne, da Helferich selbst erzählt, er sei vom Rheine hergekommen, und in einer Strophe, die Caspar allein hat, von seinem Rosse sagt: „es hat mich manig Reste (Meile) getragen also kräftiglich zwischen Küllen und Speyer." Diess Bedenken wegen des auch sonst vorkommenden Lune schlage ich nicht zu hoch an, da die verderbte Lesart sich in jenes jüngere Gedicht fortgepflanzt haben kann; indes genügt mir, wenn die austrasische Herkunft des Helden anerkannt wird. Aber hören wir weiter (Alter Druck 56):

> Mein Bruder Ludgast starke
> Vnd von Mentz Ortwein der reich
> Vnd auch Haug von Denmarcke,
> Die drey hat er by mir erschlagen u. s. w.

Für Ortwein von *Mentz* ist wohl *Metz* zu lesen, da wir einen Ortwin von Metz schon aus den Nibelungen kennen und ein jüngerer gleichen Namens auch in andern Gedichten des deutschen Heldenkreises (Gr. Heldens. 202, 212, 239) begegnet. Die Unterscheidung zwischen einem ältern und jüngern Ortwin von Metz, die im Biterolf (Gr. 130) ausdrücklich gemacht wird, scheint uralt, da schon im *Waltharius* Gamelo (der alte) von Metz auftritt, und wenn der dritte jener Helden Hug von Denmark heiszt, so urtheilt darüber Müllenhoff Ztschr. VI, 441, es müsse damit ein Rheinisches Dänenland gemeint sein, wie es auch anderwärts vorkommt. Soviel leuchtet aber ein, dasz wir uns hier nicht auf tyrolischem Boden befinden.

Wenn der Schlusz des Gedichtes, der im „Eggenlied" fehlt, bei Caspar in Jochgrim spielt, das von drei Königen belagert wird, dem von Frankreich, dem von Kerlingen und einem dritten, der unbestimmt bleibt, soll diesz etwa dafür sprechen, dasz Jochgrim in Tyrol liege? Aber das Richtige ist uns in dem alten Druck erhalten, wo der Berner mit Fasold zu den drei Königinnen zurück gelangt, die in „Agrippa" Str. 238, 261, oder „Agrippia" Str. 212, also noch immer im Kölnischen Lande wohnen. Zu der Vertauschung Agrippias mit Jochgrim war Caspar wohl nur dadurch veranlaszt, dasz gleich anfangs gesagt worden war, was freilich bei ihm nicht vorkommt, Frau Seburg (Alter Druck Str. 14), die schönste der drei Königinnen, trage zu Jochgrim die Krone. Man sieht deutlich, der Rheinische Schauplatz ist das Ursprüngliche; die Wiltinssage weicht davon auch nicht ab: aber die hochdeutschen Bearbeiter des vielfach umgeschriebenen Gedichts, das in seiner ersten einfachen Gestalt, wo es wie alle unsere epischen Lieder noch in alliterierten Langzeilen verfaszt war, nicht auf uns gekommen ist, begnügten sich nicht es in eine künstliche dreitheilige Strophe, die s. g. Berner Weise, zu bringen, sie suchten es auch den herschenden Begriffen anzubequemen, wonach die Jugendkämpfe des ostgotischen Dietrich in Welschland oder Südtyrol spielen sollten; dasz sie aber gleichwohl bei Anfang und Ende den Rheinischen Schauplatz beibehalten musten, weil er zu fest im Gedächtnisz der Zuhörer haftete, das ist der stärkste Beweis für die wahre Heimat des Liedes.

Ich behaupte keine absichtliche Verfälschung der hochdeutschen vielleicht tyrolischen Dichter; es war aber natürlich, dasz sie bei Dietrich sogleich an Welschbern, das Verona an der Etsch dachten, das man im Gegensatz gegen das burgundische Bern (in der Schweiz) sogar *„Dietrichsbern"* Uhland Germ. I, 313 nannte. Einmal auf den gotischen Dietrich geleitet brachten sie dann auch seinen Pfleger, den alten Hildebrand, ja die ganze tyrolische Umgebung, „von der Klam unz hin zer Kluse" hinein wie übel sich das auch für uns mit den auf das Rheinland weisenden Anfang und Schlusz, ja noch in der Mitte mit dem austrasischen Helferich und seinen Gesellen Ludgast, Ortwin und Hug verträgt. Der niederrheinische Schauplatz, so stark er in den Anfangsstrophen angekündigt ist, blieb den hochdeutschen Ueberarbeitern unfaszlich: wer hätte auch denken sollen, dasz ein Theil der Dietrichssage am Niederrhein spiele? wie käme Saul unter die Propheten, der Gotenkönig an den fränkischen Rhein?

Was sich die hochdeutschen Ueberarbeiter der Eckensage nicht überreden lieszen, das Eckenlied, oder nennen wir es mit Caspar Ecken Ausfahrt, spielt im Kölnischen Lande, und uns bleibt nur die Pflicht übrig, diese allerdings befremdende Thatsache zu erklären.

Ein fränkischer Dietrich.

Am Oberrhein würde uns Dietrich nicht auffallen: da haben sich auszer Alemannen, Sueven und Burgunden auch gotische Völker angesiedelt, und wirklich finden wir dort das Heldengeschlecht der *Harlungen*, König Ermenrichs Brudersöhne, als mythische Nachklänge der Heruler, die den Goten so verwandt waren als die Harlungen dem Dietrich: sie waren ihm Geschwisterkinder. Am Niederrhein aber erwarten wir keine gotische Sage und wenn uns da Dietrich auf mythischem Gebiete begegnet, so ist es schwer zu glauben, dass er einen gotischen Dietrich zur historischen Grundlage habe: ein fränkischer Dietrich dürfte es gewesen sein. Hiermit ist das lösende Wort des Räthsels schon ausgesprochen: nicht auf einen *gotischen* Theodorich bezog sich ursprünglich die Heldensage von seinem Kampfe mit Eck und seinen Brüdern Fasold und Ebenrot, es war ein *fränkischer* Dietrich, der einst in der Sage unseres Landes hochberühmt war und von dem auch noch Anderes später in den Kreis des ostgotischen Dietrich hinübergezogen worden ist. Zwei Dietriche waren für die Heldensage zuviel, einer muste dem andern weichen und so traf durch das Uebergewicht, welches hochdeutsche Sprache und Literatur vollends unter den staufischen Kaisern erlangte, den fränkischen das Loos mit seiner Sage in den mächtigen Sagenstrom des ostgotischen zu münden.

Es ist Theuderich, Chlodewechs Sohn, der nach dem angelsächsischen Wandererslied (Vîdsîth oder travelers song) Z. 24 für den sagenberühmten König der Franken galt:

Þeódric veóld Francom, Þyle Rondingum.
Theodrik waltete der Franken, Thyle der Rondinge.

Man hätte erwartet, dass in diesem ältesten geographischen Gedichte, denn auch die Geographie ward einst wie die Geschichte und das Recht in Liedern vorgetragen, Dietrich *als König der Goten* aufgeführt wäre; aber der Ruhm des ostgotischen Dietrichs war bei den Angelsachsen so alt nicht, Vîdsîth der weitgereiste kennt als sagenberühmter König der Goten nur den Ermenrich, den die jüngere gotische Sage als Dietrichs Oheim fasste. Z. 18.

Aetla veóld Húnum, Eormunric Gotum.
Becca Baningum, Burgendum Gifica.

In spätern angelsächsischen Gedichten, wie in Deors Klage (hu Deor hinsilfne frefróde Heodeninga scop) erscheint neben Ermenrich, dem Mittelpunct der ältern gotischen Sage, auch schon Dietrich (Þeódríc), um den sich die jüngere bewegt; aber Vîdsîth weiss noch von keinem andern Dietrich als dem Frankenkönig. Seine Meldungen sind aber zuverlässig: schon die der beiden zuletzt angeführten Zeilen bestätigen sich uns aus dem was wir sonst wissen. Aetla (Atli oder Attila, hochdeutsch Etzel) kennen wir als den mächtigen Hunnenkönig der Geschichte und Sage; ebenso hochberühmt in beiden ist Eormunric (Ermenrich) als Gotenkönig, und Gifica (Gibich), der in der Heldensage stäts als der Vater der drei burgundischen Könige erscheint, welche die Lex Burgundionum zwar mit etwas anderm Namen nennt, aber wieder als Söhne Gibicas; nur in den Nibelungen und der Klage heisst der Vater Dankrat, obwohl letztere auch seinen Namen Gibeche kennt. Es stimmt mit der Geschichte, wenn Z. 70. 74 Eadvine als der Vater Aelfvines erscheint, denn leicht erkennen wir in ihm Audoin, den Vater Alboins, des historischen auch in der Sage hochberühmten Langobardenkönigs. So kennen wir auch aus andern Quellen (Matthäus Paris) Offa Z 35 als König der Angeln, Billing Z. 25 als König der Wernen, eines sächsischen Stammes, den die Lex Angliorum et Verinorum id est Thuringorum nennt. Hun, welchen Z. 33

Hûn Hätverum and Holen Vrösnum

erwähnt, werden wir als König der Hätweren (Chattuariorum) bald wieder begegnen; auch Hnäf Z. 79 kennen wir schon aus dem „Beowulf" als Fürsten der Hócinge, welche Müllenhoff

Zeitschr. XI, 282 als Huochinge in dem Geschlechte der Kaiserin Hildegard, der Gemahlin Karls des Gr., wieder aufgefunden hat; ebendaher ist uns auch Finn Folcvalding Z. 27 als Friesenkönig und Mittelpunct der Nordseesage bekannt sowie Z. 45 Hrôdhgar und Hrôdhwulf als Dänenkönige, wie uns auch Skeáfs Sage, den ich Handbuch der Myth. §90 dem nordischen Wali identisch erkannt habe, aus diesem reichhaltigen angelsächsischen Gedichte geläufig ist, das nur zufällig den Namen des fränkischen Dietrichs nicht nennt, obwohl es dazu Veranlassung gehabt hätte, da es Beowulfs Oheim, den Geatenkönig Hygelac, den Chochilaicus des Gregor von Tours, im Kampfe gegen Theuderich oder seinen gleich tapfern Sohn Theudebert im Geldrischen Lande fallen läszt. Wenn endlich im Wandererliede Z. 130 Vudga und Hâma nebeneinander genannt werden, so erkennen wir leicht in ihnen zwei bekannte Helden der Dietrichssage, Wittich und Heime, wie wir auch die Harlungen, Ermenrichs Brudenssöhne, als die Herelinge Emerca und Fridla Z. 113 wiederfinden. Da sich uns so überall die Angaben des Liedes bestätigen, so musz uns das Zutrauen erwecken zu denjenigen seiner Meldungen, die uns noch neu sind; für die auf Dietrich den Frankenkönig bezüglichen werden wir indes noch andere Zeugnisse finden. Es kommt hinzu, dasz Wîdsîth, dem diese Nachrichten in den Mund gelegt sind, seine Reise im Dienste eines *Merowingischen* Fürsten antrat, denn in Begleitung der jungen Königin Ealhhild, der Tochter Eadvins und Gemahlin Eadgilses, des Königs der Myrginge, besuchte er den Gotenkönig Eormanric, dessen Reich noch an der Ostsee gedacht ist. Ich unterdrücke die sich aufdrängende Vermuthung, dasz sonach das Wandererslied sogar aus dem Fränkischen übertragen sein möchte, und bemerke nur, dasz hier schon die Berührung fränkischer und gotischer Ueberlieferung beginnt, aus der die Verwechslung gotischer und fränkischer Sage entsprang, welcher Bonn den Namen Verona verdanken wird. Vielleicht war es Chlodowech, des fränkischen Theodorich Vater, der zu der Berührung gotischer und fränkischer Heldendichtung den ersten Anlasz gab, denn es geschah auf seinen Wunsch, dasz der gotische Genanne (Namensvetter) seines Sohnes, Theodorich der Grosze, ihm einen gotischen Sänger (liuthareis), Jahrb. XV, 42, zusandte, nicht als hätten die Franken nicht selber Sänger gehabt; ein solcher war ja wohl eben Vîdsîth, sondern weil er die gotischen Lieder wuste: der Sänger war ein lebendiges Buch in einer Zeit, wo die Schrift deutsche Lieder noch nicht aufzuzeichnen pflegte.

Für *Theuderich* als sagenberühmten König der Franken führt man wohl den Poeta Saxo an, Pertz Scriptt. I, 268:

> Est quoque iam notum: *vulgaria carmina magnis*
> Laudibus eius avos et proavos celebrant,
> Pippinos, Carolos, Hludovicos et *Theodricos*,
> Et Carlomannos Hlothariosque canunt.

Sind hier wirkliche Volksgedichte gemeint, nicht solche wie hier Saxo eins zu dichten im Sinne hat, so ist es unter den genannten Theodorich allein, der in der deutschen Heldensage, der rheinfränkischen und gotischen, Spuren hinterlassen hat; die übrigen lassen sich mehr oder weniger deutlich in der salisch-fränkischen s. g. kerlingischen Sage nachweisen.

Verwechslung der beiden Dietriche.

1. Zweimal bei Widukind.

Einen Theil der Sage des *fränkischen* Dietrichs lernen wir aus dem 1. Buche des Widukind, des Geschichtschreibers der Sachsen, (Pertz Scriptt. III, 416 ff.), kennen, denn was er hier von *Iring*, *Irminfrid* und *Dietrich* (Thiadricus) erzählt, ist aus Liedern geschöpft, wie der Herausgeber selber anerkennt, der mit den Worten S. 401: „nimirum carmina et ipse affort, et haud errare mihi videor, si magnam libri primi partem ad haec revocandam esse statuam", vornämlich auf diese Kämpfe des fränkischen Dietrich mit Thüringen und Sachsen zielt. Den Lesern werden sie aus Grimms Deutschen Sagen II, 322 bekannt sein; gleichwohl müssen wir in der Kürze das Nöthigste wiederholen, weil unsere weitere Ausführung darauf beruht.

Die Verwechslung der beiden Dietriche, des fränkischen und des gotischen, tritt uns hier schon darin entgegen, dass Irminfrid, der König der Thüringer, die Amalaberga, des Frankenkönigs Schwester, zur Gemahlin haben soll, die doch, worauf auch ihr Name deutet, des ostgotischen Theodorich Schwestertochter war. Weiteres wird sich uns später ergeben. Chlodoweeh heisst aber hier *Huga* und sein Sohn Dietrich (Thiadricus) wird als uneblich dargestellt: darum räth Iring, Irminfrids Rathgeber, nach Amalabergas Wunsch seinem Herrn, dem Frankenkönig Frieden und Freundschaft zu weigern, da vielmehr *ihm*, als dem Gemahl Amalabergas, der rechtmässigen Erbin, das Reich gebüre. Als ihm dieser Bescheid gebracht wird, erzürnt Dietrich und überzieht die Thüringer mit Krieg; bei *Sonneberg* kommt es zur Schlacht und am dritten Tage ist Irminfrid bezwungen und zieht sich in seine Burg Schiding (Scheidungen an der Unstrut) zurück. Aber auch die Franken haben so schwere Verluste erlitten, dass *Waldrich*, einer von Dietrichs Heerführern, räth, nachdem sie die Todten begraben und die Wunden gepflegt hätten, mit dem übrigen Heer die Heimkehr anzutreten. Dietrich zieht es aber vor, ein Bündniss mit den Sachsen, den alten Feinden der Thüringer, einzugehen. Ueberraschend schön ist die Schilderung der Mannheit und heldenhaften Erscheinung der Sachsen, welchen Dietrich Thüringen zu ewigem Besitz verheisst, wenn sie ihm den Feind bezwängen. Der nun folgende Kampf der Sachsen und Thüringer endigt mit der Niederlage der letztern. In dieser Noth schickt Irmenfrid den Iring zu Dietrich, ihm für den Frieden Unterwerfung anzubieten. Hierauf geht Dietrich ein hauptsächlich, weil er die Sachsen als gefährliche Nachbarn fürchtet, wenn sie sich noch durch den Besitz Thüringens verstärkten. Iring schickt nun seinem Herrn Nachricht, dass der Friede geschlossen sei, bleibt aber selbst im Lager der Franken, weil er besorgt, der wandelbare Dietrich möchte über Nacht seine Gesinnung wieder ändern.

Im Lager der Thüringer ist nun grosse Freude. Das neue Bündniss zwischen dem Frankenkönig wird aber den Sachsen verrathen durch einen jungen Thüringer, der mit seinem Falken den Fluss entlang auf die Jagd geritten war. Sein Falke nämlich flog jenseits einem Sachsen zu; der Thüringer fordert ihn zurück und verheisst dem Sachsen zu Lohn, ihm ein Geheimniss zu offenbaren, das für ihn und sein Volk von grosser Wichtigkeit sei. Der Sachse geht hierauf ein und erfährt so, dass die beiden Schwäger sich geeinigt haben und die Sachsen am andern Morgen von den verbündeten Thüringern und Franken überfallen und vernichtet werden sollten. Der Sachse hinterbringt das den Seinigen und auf eine herrliche Rede eines alten Sachsen Namens *Hadugast*, der das heilige Zeichen seines Volkes, einen Löwen und Drachen mit darüber fliegendem Adler, ergreift und ihnen voranträgt, kommen die Sachsen dem Verrathe zuvor und überfallen die Thüringer in ihrer Burg, die nun gänzlich zerstört wird. Dem treulosen Frankenkönig genügt aber die Niederlage seines Schwagers noch nicht: er lässt den Entronnenen trüglich zurückrufen und beredet endlich den Iring mit falscher Versprechung, seinen Herrn zu tödten. Als er diese aber nicht zu halten gedenkt, erschlägt Iring auch den Frankenkönig um seines Herrn Tod an ihm zu rächen Als das geschehen ist, bahnt er sich mit seinem Schwerte den Weg durch die Franken so. breit, dass seitdem die *Milchstrasse am Himmel* den Namen Iringstrasze empfangen hat. Abweichende schwäbische Berichte (Goldast scriptt. rer. Suevic.) zeigen uns den Iring seinem Herrn Irminfrid getreu; aber auch sie wissen von der Himmelstrasze, die von Iring den Namen habe, ja selbst die Nibelungensage, wie sie in der Wiltinasaga erzählt wird, weiz davon. In den Nibelungen selbst finden wir bekanntlich Iring und Irmenfrid wieder: *sie sind in die Sage des ostgotischen Dietrich hinüber gezogen*, wie wir auch schon sahen, dasz der Geschichte gemäz der thüringische Irmenfrid dem ostgotischen Theodorich verschwägert war.

Der mythische Zug, den wir so eben an Iring geknüpft sahen, erinnert daran, dasz wir in der Mythologie (Handb. 223. 305) Iring und Irmin am Himmel so verbunden finden, wie hier Iring und Irminfrid auf Erden. Ihre göttliche Natur können wir hier nicht erörtern; dasz sie aber auch als Helden (das angehängte = frid dient nur den Gott zum Menschen herabzusetzen), wenigstens mit dem was Widukind von ihnen erzählt, der Geschichte nicht angehören, zeigt Gregor von Tours, der III, 7 den thüringischen Krieg ganz anders erzählt, des Bündnisses mit den Sachsen geschweigt und von Iring nichts weiz, den Irminfrid aber zu Zülpich umkommen läszt, wohin er auf Theuderichs Einladung gekommen war, der ihn, wie er beschuldigt ward, bei einem Spaziergang auf der hohen Mauer der Stadt meuchlerisch hinab in den Graben stürzte. Es scheinen sich also hier Bruchstücke eines Mythus an den Namen Irmin(frid)s geheftet zu haben, indem er sich Iring zugesellte, die wir verbunden zu finden schon gewohnt sind. Die weitere Verbindung mit dem geschichtlichen Dietrich veranlaszte dann, dasz beide in den Kreisz des gleichnamigen Gotenkönigs übergiengen, wo wir sie in den Nibelungen wiederfinden.

Einen ähnlichen Hergang müste man bei Dietrichs Kampfe mit Eck und seinen Brüdern Fasold und Ebenrot annehmen, in welchen Grimm Myth. 602 die Riesen des Meeres, Sturmes und Feuers (Oegir, Kari und Logi) erkannte, wonach dann Dietrich an die Stelle Thors (Donars) getreten sein müste, dem unter den Göttern der Kampf mit den Riesen obliegt. Ganz demgemäz ist im Eggenlied Fasold gehalten, Ztschr. VII, 425, der als wilder Jäger ein s. g. wildes Fräulein verfolgt, vgl. Handbuch 223. Nach Grimm M. 603 soll der Name riesenhaften Uebermuth ausdrücken; ich möchte ihn mit visel (membrum virile) und Faselvieh zusammenbringen, und auf den Begriff die Befruchtung beziehen, wie ohne den Wind nach einem bekannten Hans Sachsischen Schwank die Bestäubung des Korns nicht vor sich gieng und die Obstbäume nicht tragbar werden sollten, wenn sie in den „Zwölften" der Sturm nicht geschüttelt hätte. Seltsam dasz in keiner der uns erhaltenen Bearbeitungen der Eckensage Ebenrot mehr auftritt, den doch die Vorrede zum Heldenbuch als den dritten der Brüder bezeichnet. Ueber den Namen vgl. Handb. 441. In der Wiltinasaga bleibt auch Fasold am Leben, den wir dann in den jüngsten Bearbeitungen des Gr. Rosengartens als Busold wiederfinden. So sehr war schon der alte Thorsmythus entartet ehe Konrad von Würzburg spotten durfte:

> Alaus kan ich liren,
> Sprach einer der von Ecken sane.

Ueber spätere Parodieen des Eckenliedes s. Uhland Germ. I, 328 ff.

17

2. Im »Hugdietrich« und »K. Rother.«

Kehren wir zu unserm geschichtlichen Dietrich zurück, so wird man sich erinnern, dasz ihn Widukind *Huga* nennt, welches die niederdeutsche Form für Hugo ist. Nun lesen wir in den Annales Quedlinburgenses, Pertz Script. III, 31: Eodem anno *Hugo Theodoricus* rex, Chlodovei regis ex concubina natus, cum patri successisset in regnum, ad electionem suam Irminfridum, regem Thuringorum, honorifice invitavit. Hier begegnet uns wiederum eine neue Gestaltung der Sage von Dietrich und Irmenfrid. Der Krieg mit den Thüringen fällt auch hier nicht aus, aber er ereignet sich, weil Irmenfrid die Einladung zu Dietrichs Erwählungsfest schnöde abgewiesen hat, dieselbe Einladung wohl, der er nach Gregor von Tours doch zuletzt zu seinem Verderben Folge leistete. Hier aber unterbricht sich der Annalist und bemerkt: Hugo Theodoricus iste dicitur, id est francus, quia olim omnes franci Hugones vocabantur a suo quodam duce Hugone. Nach Widukinds Darstellung sollte also wohl Theuderichs Vater Chlodowech als dieser unbekannte Hugo erscheinen, von dem die Franken, die austrasischen wie es scheint, Hugones heiszen. Ueber den Zusammenhang dieser Hugones mit den im Beowulfslied erscheinenden Hugas, die Ettmüller für die alten Chauci ausgab, mit Hôn, der im Wandererslied als der mythische Stammvater der Hätweren erscheint, Z. 33:

· Hûn Hätverum § und Holen Vrosnum

und dem Hunaland der Eddalieder, nach welchem noch Sigurd (Siegfried) der hunische hiesz, vgl. Edda 222. 229. 235. 248. 266. 267. verweise ich auf Müllenhoff Zeitschr. VI, 437 und W. Grimms Heldensage S. 345, musz aber bei den *Hugen* und *Beowulf* noch einen Augenblick verweilen, weil sie uns zu einer Stelle des Eckenliedes zurückführen. Jenes angelsächsische Gedicht nämlich gedenkt eines geschichtlichen Ereignisses in unsern Rheinlanden. Der Geatenkönig Hygelac, dessen Name selbst an die Hugen erinnert, unternahm (in den Jahren 512—520, nach Gregor von Tours III, 3 und Gesta franc. c. 19) einen Kriegs- und Raubzug nach dem Hätwerenlande (zu beiden Seiten des Niederrheins), erlitt eine Niederlage und fiel in der Schlacht gegen den fränkischen Theoderich oder dessen Sohn Theudebert, welche jedoch das Beowulfslied beide unerwähnt lässt. Die Völker, die ihm dabei gegenüber standen, waren Hugen und Hätweren (Chattuarier). Von diesem Geatenkönig Hygelac nun, den Gregor von Tours Chochilaichus nennt, meldet eine Handschrift des Phaedrus aus dem 10. Jahrb. (Haupts Zeitschr. V, 10): De Getarum rege *Huiglauco* mirae magnitudinis, qui imperavit Getis et a Francis occisus est, quem equus a duodecimo anno portare non potuit, cuius ossa in Rheni fluminis insula, ubi in Oceanum prorumpit, reservata sunt et de longinquo venientibus pro miraculo ostenduntur. — Diese Nachricht über seine Bestattung in den Rheinmündungen unweit des Oceans könnte, wie ich schon Beowulf 185 bemerkt habe, auf einer Verwechselung mit Hettel, dem König der *Hegelinge* (Heodeninge), beruhen, der nach der Gudrun auf dem Wulpensande bestattet war; sie erinnert aber zugleich an Beowulfs eigenes Todtenmal auf einem

Hügel am Hange, § der war hoch und breit
Und den Seeseglern § sichtbar von fern.

Wenn aber der Geatenkönig so riesengrosz geschildert wird, dass ihn vom zwölften Jahre kein Ross tragen wollte, so erinnert das an Eck, der so ungefüger Leibesschwere war, dass ihn kein Ross tragen mochte. Nun aber finden wir im Eggenliede (Str. 85) auch er-

3c

zählt, dasz mit dem Schwerte Eckesachs, ehe es noch Ecken zu Theil ward, Hugebald erschlagen wurde, der ein König war und dabei

> ein ris unmâzen grôz.
> er tet den Christen leide.
> es lebt niht sin genôz.

Die Entstellung Hugeleichs, wie er hochdeutsch heiszen müste, in Hugebald erklärt sich leicht, seit -leich in mittelhochdeutschen Namen ungebräuchlicher geworden war als -bald. Wir sehen also wieder die Eckensage in Verbindung mit fränkischer Urgeschichte, mit dem Merowingen, nicht mit dem Amelungen Dietrich.

In dem erwähnten Aufsatze Müllenhoffs ist aber auch schon ausgeführt, dasz *Hugdietrich*, der im Heldenbuch als Wolfdietrichs Vater erscheint, kein anderer ist als der fränkische Hugo Theodoricus des Quedlinburger Annalisten, auf dessen Zeugniss wir um so mehr vertrauen dürfen, als er auch den Gotischen Theodoricus kennt, den er kurz zuvor als einen Amelungen bezeichnet hat: „Amulunc Theodoricus dicitur, proavus suus Amul vocabatur, qui Gothorum potissimus censebatur. Et iste fuit Thideric de Berne, de quo cantabant rustici olim.“ Den austrasischen *Hugdietrich* aber machte schon das Gedicht von Dietrichs Flucht, dessen Verfasser Heinrich der Vogelære ein Oesterreicher oder Steirer war (Martin Heldenbuch LI), mit seinem Sohne Wolfdietrich (der nach Müllenhoff a. a. O. Theuderichs Sohne Theudebert entspräche), zu Ahnherrn des ostgotischen Dietrich. Wir sehen also hier wiederum einen Theil der ursprünglich fränkischen Dietrichssage in den Sagenkreis des ostgotischen Dietrich aufgenommen. Ja diesz geht noch weiter: da nämlich das „Rotherslied“ mit dem von Wolfdietrich durch den alten Berchtung (Berker) und die Gefangenschaft seiner Söhne zusammenhängt, auf deren Befreiung sowohl Rother als Wolfdietrich ausziehen, Rother aber sich für *Dietrich* ausgiebt, so war auch dieser Dietrich nicht wie man annimmt, der ostgotische, sondern der austrasische, wie er auch zuletzt im fränkischen Lande zu Achen Hof hält und für den Vater Pippins, Grossvater Karl des Groszen, gilt. Vgl. Müllenhoff a. a. O. S. 447. Wenn Wackernagel den „Rother“ und „Wolfdietrich“, mit seiner Einleitung von „Hugdietrich“, als *Byzantinisch-Palästinische Dichtung* bezeichnet, so entsteht ein solcher Schein allerdings schon durch die Gestalt, in die im zwölften Jahrhundert, als durch die Kreuzzüge Constantinopel bekannter geworden war, ein nicht talentloser Rheinischer Spielmann im *Rother* die Sage brachte, die in der Wiltinasage, wo Rother Osantrix wie im „Biterolf“ Oserich heiszt, noch in Hunland spielt, also nach dem Obigen in Austrasien. Im Wolfdietrich ist der Schauplatz noch entschiedener nach Constantinopel und Salonichi, ja gelegentlich nach der alten Troje gerückt und wenn mit byzantinisch-palästinischer Dichtung nur das Local bezeichnet werden soll, so ist nichts dagegen einzuwenden; nur würde man die Veränderungen, die diesz Local erfahren hat, in einer Geschichte der deutschen Dichtung angedeutet wünschen.

3. Im »Meerwunder.«

An der Spitze der merowingischen Stammsage steht bekanntlich die Erzählung von der Gemahlin des Clodio, die am Strande des Meeres wandelnd oder badend von einem Meerstier ergriffen und bewältigt wird und dann einen Sohn Meroveus zur Welt bringt, von dem die spätern Frankenkönige Merowinge hiessen. Auch diese Erzählung findet sich in dem Gedichte von dem „*Meerwunder*“ wieder, das Caspar von der Roen in seinem Heldenbuche mitten unter Lieder stellt, die von dem ostgotischen Dietrich handeln. Er gedachte es auch offenbar dessen Sagenkreis anzueignen, da er einen Fürsten von Lamparten darin auftreten läszt, womit er wohl an Ortnit, Wolfdietrichs Vorwirth, erinnern wollte. Näher ist von diesem Mythus in Haupts Ztschr. VI, 430 und in meinem Handb. d. d. Myth. 437. 469 gehandelt. Für den Uebergang aus fränkischer in gotische Heldensage bietet sich uns also hier ein neues Beispiel.

Ergebniss.

Hiemit glaube ich auch Zingerles Frage Germania, 120: Warum sollte man im Eckenlied einen fränkischen Theodorich annehmen? hinreichend beantwortet zu haben. Der Dietrich, von dessen Ruhm die drei Helden im Grippigenland oder Agrippinen, dessen Hauptstadt Köln ist, sich unterhalten, ist ebenso gut ein fränkischer als der Hugdietrich, den der Quedlinburger Annalist ausdrücklich einen Franken nennt, und von dem gotischen Dietrich unterscheidet; aber so wie Iring und Irminfrid, wie das Meerwunder, die beide zuerst in Verbindung mit fränkischer Sage erscheinen, ist auch Er mit seiner Sage dem ostgotischen Heldenkreise verschmolzen. Diess musz sich nicht erst begeben haben als die deutsche Heldensage durch die von Veldeke bei uns eingeführten welschen Aventüren vollends verdrängt wurde und zuletzt nur noch in den Alpengegenden eine Zuflucht fand: hochdeutsche Lieder von dem Gotischen Theodorich müssen schon früh am Niederrhein erschollen sein, wenn bereits zu Brunos Zeiten Bonn den Namen Verona führte, weil die hier spielenden Eckenlieder jetzt auf den ostgotischen Dietrich bezogen wurden, den man von *Bern*, welsch Verona, Dietrich von Bern zu nennen pflegte. Mit dem bekannten niederrheinischen Local des Eckenliedes liesz sich diesz nur durch die Annahme ausgleichen, Bonn habe vor Zeiten (antiqua) Verona geheissen. „Als der Ruhm des merowingischen Theodorich verblich", heisst es Rheinl. 246, „und der Kampf mit den drei Brüdern Ecke, Fasold und Ebenrot in den Sagenkreis des Amelungen über-gieng, den jetzt das Heldenlied noch allein kannte, empfieng Bonn den Namen Verona, weil der fränkische Theodorich, dem diese Länder vor Zeiten gehört hatten, und den man jetzt mit dem gotischen verwechselte, in Bonn oder doch in seiner Nähe gewohnt und gestritten hatte."

Deutschgesinnte Prälaten.

Vielleicht findet man es unwahrscheinlich, dasz ein Kirchenfürst, der Bischof von Köln, Kaiser Ottos Bruder, sich in einer Münze auf die deutsche Heldensage, die ihm heidnisch scheinen muste, bezogen, ja ihr sogar den Namen eines Orts in seinem Erzstifte entliehen habe. Zwar kann dieser Name schon vor seinen Münzen herkömmlich gewesen sein, wenn wir gleich kein früheres Zeugniss dafür finden; jedenfalls gilt aber dieser Einwand, wenn er für die spätere Zeit und schon für die der salischen Kaiser Kraft hätte, für die sächsische noch nicht, wo dem Widukind deutsche Heldenlieder als geschichtliche Quelle dienten, wo die *lateinische Klosterdichtung* in St. Gallen und Tegernsee ihre Stoffe *der deutschen Helden-sage* entnimmt, oder in süd- und nordflandrischen Klöstern der deutschen Thiersage; wo ein lateinisches Nibelungenlied auf Befehl Bischofs Pilgrim von Passau, von dessen Schreiber Konrad verfaszt wurde; wo Eckehard IV. († 1036) das von Eckehard I. († 973) gedichtete Lied von Walther dem starkgehenden (manu fortis) auf Befehl Bischofs Aribo von Mainz 1021—1031 durch-sah und verbesserte, und Gerald denselben Waltharius dem Bischof Erkenbald von Strassburg

(965—991) übersandte und mit lateinischer Widmung begleitete, wo auch die lateinische Hof-
dichtung sich gern mit deutschen Märchen beschäftigte, im modus Liebing mit dem von dem
Schneekinde, im modus florum mit einem Lügenmärchen, wobei sie sogar die Form ihrer
Darstellung dem deutschen Leich und dem Stabreim entlieh, einer Zeit, in deren Nachklängen
sich Erzbischof Siegfried von Mainz (1060—1081) bilden konnte, dem dann, dem Geiste der
salischen Zeit gemäss, seine Vorliebe für die deutsche Heldendichtung schon zum Vorwurf
gemacht ward: in dieser sächsischen Zeit durfte auch Bischof Bruno, dem wohl noch unsere
Heldenlieder an der Wiege gesungen waren, sein Bonn noch mit Anspielung auf die Heldensage Verona nennen.

Bonner Wappen.

Was bei Lersch a. a. O. S. 29 und III. 19 über den rothen Löwen im Bonner Wappen
und seine Uebereinstimmung mit den Wappen Dietrichs von Bern gesagt ist, halte ich für
hinreichend, so fern daraus hervorgeht, dass Dietrich in den Liedern den goldenen oder
rothen Löwen im weissen oder silbernen Felde trug, welchen auch das untere Feld des
Bonner Stadtwappens zeigt, wie es Lersch noch auf dem hiesigen Sternthor sah, wo es aber
seitdem durch einen Steinwurf fast unkennbar geworden ist, so dass wir uns nun auf sein
Zeugniss S. 31 berufen müssen. Den rothen Löwen im silbernen Feld bezeugt aber auch der
Rheinische Antiquarius vom J. 1739 mit den Worten: „Das Wappen der Stadt Bonn ist getheilt, in dessen unterem Theil ein rother Löwe im silbernen Felde, und im oberen Theil
ein schwarzes Kreutz im silbernen Feld stehet." Dass das untere Feld jetzt blau erscheint,
werden die baierischen Kurfürsten durchgesetzt haben.

Bonn im Juli 1868.

Nachträglich sei bemerkt, dass die unter No. 1° 2° 3° 4° aufgeführten brunonischen
Münzen von Hrn. Professor Hüffer (Annalen des hist. Vereins für den Niederrhein 13. u. 14. H.
S. 152) gegen Lacomblet wieder für unecht ausgegeben, von Hrn. Hauptmann Wuerst aber in
dieser Schrift unter *VIII Die Münzen und Medaillen Bonns* S. 7 nebst den unter *6 *16
gestellten für blosse Phantasiegebilde erklärt werden. Als erste Münze, worauf der Name Verona erscheint, führt dagegen Hr. Wuerst eine des Erzbischofs Siegfried von Westerburg (1275
—1297) mit der Revers-Inschrift Beata Verona vincos auf. Für unsere Untersuchung ist
dies nicht von Belang, da die Zeugnisse für Bonna Verona jedenfalls ins 10. Jahrh. zurückgeben.

Bonn im August 1868.

IV.

Die Grafen von Bonn
und die Vogtei des Cassiusstifts; der Frohnhof Mülheim;
Schöffen und Siegel von Bonn.

Von

Staats-Archivar Dr. Harless.

1 d

Die Grafen von Bonn und die Vogtei des Cassiusstifts.

Dass die Grenzen des alten Ahr-Decanats sich mit denjenigen des Ahr- oder Bonngaues deckten, darf nach der durchgängigen Analogie, die zwischen der Decanats- und der Gauverfassung des früheren Mittelalters bestand, im Allgemeinen als eine ausgemachte Sache gelten. Ursprünglich aber war der Ahr- oder Bonngau, richtiger Bonn- oder Ahrgau (pagus Bunnensis et Arensis [1]), wie auch der Doppelname andeutet, eine Combination zu Verwaltungszwecken, eine Vereinigung also von zwei Gauen unter einem Comitat, bei welcher kurzweg, vermuthlich je nach dem Wechsel des gräflichen Sitzes das Ganze bald als Bonngau, bald als Ahrgau bezeichnet wurde. Um die Mitte des neunten Jahrhunderts ist sogar der Bonn- und Ahrgau mit dem Zülpich- und dem Eifelgaue, welche beiden letzteren zusammen in der Regel den comitatus Tulpiacensis bildeten [2]), vorübergehend zu einer Grafschaft verbunden [3]). Ein Untergau des Bonnergaues scheint der pagus Tustensis gewesen zu sein, in welchem laut der Schenkung des Priesters Heriger an das Bonner Cassiusstift vom Jahre 854 [4]) u. A. die Villen Meckenheim (Mekkedenheim) und Ersdorf (Everestorp) lagen. An den Namen des Gaues und speciell an die Villa 'Tutehoven' innerhalb desselben [5]) gemahnt der Dütshof nordöstlich von Ollheim, vielleicht der nördliche Grenzpunkt des den östlichsten Theil des heutigen Kreises Rheinbach umfassenden Untergaues, zu welchem an der Westgrenze gegen den Eifelgau noch die Waldmark Hoenspalde (in der Gegend der Hospelterhöfe in der Bürgermeisterei Münstereifel) gehörte [6]).

In Urkunden des neunten bis zwölften Jahrhunderts, zwischen 812 und 1123, begegnet eine Reihe von Ortschaften mit der nähern Bestimmung ihrer Lage im Ahr- oder Bonngau: es sind in chronologischer Folge Mehlem (Molenheim im Jahre 812), Kessenich (Chestinaga 843, 844, 845), Adingahoven, Pissenheim (Pisnaim, Piscenheim, Pissunhem, 854, 856, 898), Insfeld (Enesvelt), Ludenesberge, Idengoven (Oedekoven 854), Unchabechi (Unkelbach 854), Gioldorf (Giuualdesthorp), Remagen (Regamaga), Körrighoven (Coruingona), Berg (Bergo 856), Lessenich (Lessinicha 864), Liessem (Lietheim 865), Raterestorp 866 [7]), Crachilnheim

---

1) *Lacomblet*, Niederrh. Urkundenbuch I. 209.

2) *Beyer* und *Eltester*, Mittelrh. Urkundenbuch I. p. 180. *Martene* et *Durand*, Coll. ampliss. II. p. 46.

3) Urk. K. Lothars II. vom 28. Juni 856 bei *Beyer* u. *Eltester*, Mittelrh. Urkundenb. I. 93, S. 97. Die Auslegung, welche *Eckerts*, 'das fränkische Ripuariand auf der linken Rheinseite', in den Annalen des histor. Vereins f. 4. Niederrh. I. S. 31 den Worten 'in comitatu tulpiacensi' geben will, wird durch diese selbst genügend widerlegt.

4) *Lacomblet*, Archiv II. S. 81—84.   5) Ebendas. S. 84.   6) Ebendas. S. 83.

7) Das Retaresdorpht des Registr. Prumiense und seines Commentators Cäsarius, vgl. *Beyer* und *Eltester* l. a. l. p 181, eine jetzt verschwundene Oertlichkeit zwischen dem Drachenfels und Unkel mit zugehörigen Mansen auf dem linken Rheinufer, an die vielleicht noch die 'Reutersmühle' bei Unkel erinnert. Dort lag ein Schloss gleichen Namens, das Johann Herr zu Löwenberg am 29. October 1288 dem Grafen von Jülich zu Lehen auftrug (*Kremer*, Beitr. zur Gülch- und Berg. Geschichte III, Urk. S. 183). S. die Anl. V. VI.

4

880, Gerolshova 882, Brenich (Brienich 951), Rheinbach (Reginbach 943), Bornheim (Brunheim 945), Burgsahr (Sarna 948), Gimmersdorf (Ingermaresthorp 970, Germerstorph um 1123), Muffendorf (Moffendorp 1020), Waldorf (Walathorp 1047), Wadenheim (Watenheim) und Weiler (Willer) 1051, Sinzig (Sinzig 1064—65[a]). Nimmt man diejenigen Orte hinzu, welche das Verzeichniss der Pfarrkirchen und Capellen des Ahrdecanats (decania Arkuensis) in dem sog. liber valoris aus dem letzten Drittel des 14. Jahrhunderts ausserdem aufführt[8]), nämlich Wesseling (Weislich), Urfel (Urver), Sechtem (Segteme), Grav-Rheindorf (Ryndorp), Witterschlick, Breisig (Bryseke), Königsfeld (Kunynchavelt), Kesseling (Keslich), Müdscheid, Kirchsahr (Sarne inferius), Vischel, Leimersdorf, Flertzheim mit Neunkirchen, Weilerswist (Wilro), Merten (ecclesia s. Martini), Rüngsdorf (Remstorp), Ringen (Ringhoven), Heimersheim auf der Schwist, Lüftelberg (Berge), Schwist (Zwist), Koldenich, Oberwinter, Roesberg (Rudensberg), Fritzdorf, Birgel, Miel, Ramershoven, Ersdorf, Oelsdorf, Holsweiler, Adendorf, Vilip (Vilepe), Berkum (Bergeim), Niederbachem, Oberbachem, Ahrweiler, Kirchdaun (Dune), Heimersheim a. d. Ahr, Metternich, Schwadorf, Widdig (Wedich), Carweiler, Bengen (Benghoven), Vehn (Vahene), Blasweiler, Dernau, Hilberath (Hilbuderoide), Rupperath (Ruboldoroide), Hönningen a. d. Ahr (Hoyngen), Cruft und Friesdorf (Cruft et Frytzdorp), Dottendorf, Ludendorf (Ludolstorp), Lind, Bodendorf, Vettelhoven (Weylhoven), Lengsdorf (Lenderstorp), Alfter, Franken, Endenich, Hersel, Saffenberg, Tomberg (Tonenburg), Westum (Westheim), Walberberg (Walburberge, mons s. Walburgis) — so ist es ein Leichtes, den Umkreis des alten Bonn- und Ahrgaues zu überblicken. Begränzt wurde derselbe nördlich von dem Kölngau und Zülpichgau, westlich vom letztern und vom Eifelgau, gen Norden vom Mayengau, im Osten vom Rheine, dessen gegenüberliegende Ufer zum Auelgaue zählten. Der bedeutendste Ort des ganzen Gaues aber war und blieb Bonn, zugleich civitas und villa, wo um den alten römischen Kern, die villa Basilica oder Verona, sich in bedeutsamer Verbindung das Netz der fränkischen Hofesverfassung gewoben hatte[10]). Dort war anscheinend auch der ständige Sitz des Gaugrafen, so lange dessen Functionen in den Händen der Pfalzgrafen von Aachen ruhten. Ob schon Graf Erenfrid, welcher 945 als Gaugraf von Bonn erwähnt wird[11]), diesem Geschlechte angehörte, ist nicht zu erweisen, wenngleich die Namensvetterschaft mit dem berühmtesten Gliede des Hauses, dem Gemahl der Ottonischen Kaisertochter Mathilde, allerdings eine dahin gehende Vermuthung begünstigt. Unzweifelhaft aber ist der Bonner Gaugraf Herimann, dessen eine Urkunde von 948 und eine andere Erzbischofs Gero von Cöln vom Jahro 970 gedenkt[12]), kein anderer als der Pfalzgraf Herimann, der Vater Ezzo's, zugleich Graf im Eifelgau (um 975 und 978) und früher (948) wahrscheinlich auch im Auelgaue[13]). Ezzo tritt 1015 im Auelgaue, 1020 im Bonngaue als

8) *Lacomblet*, Niederrhein. Urkundenb. I. 30, 81, 93, 111, 150, 175, 182, 185, 205, 209, IV. 604, 618. *Wilmans*, Kaiserurk. der Prov. Westfalen I. S. 83—93, *Martens-Durand*, coll. ampliss. I. 104. *Scheidt*, origg. Guelf. IV. p. 409. *Günther*, cod. dipl. Rhen. Mosell. I. p. 141. *Beyer* u. *Eltester*, Mittelrhein. Urkundenb. I, No. 97, 100, 104, 105, 180, 188. *Boehmer*, Acta Imper. select. I. p. 55.

9) *Binterim* u. *Mooren*, alte und neue Erzdiöcese Cöln, I. S. 130 u. ff.

10) *Lacomblet*, Archiv IV. S. 65 ff. 290 ff.

11) *Lacomblet*, Urkundenb. IV. 619.

12) *Beyer* u. *Eltester*, Urkundenb. I. 156. *Lacomblet*, Urkundenb. I. 111.

13) *Lacomblet*, l. s. I. 103.

Graf auf[14]). Nach Ezzo's Tode († 1034), jedenfalls vor der Katastrophe des pfalzgräflichen Hauses unter Heinrich II., dem Wüthenden, kam das Gaugrafenamt an *Sicco*, einen in der Mosel- und Eifelgegend vielfach begüterten Altfreien, der vielleicht auch Graf im Zülpich- und Eifelgaue war und den man nicht ohne Wahrscheinlichkeit für einen Ahnherrn der Grafen von Are hält[15]). Er wird als Graf des Bonner- und Ahrgaues 1047 und 1064 erwähnt; 1075 ist Bertold an seine Stelle getreten[16]).

Das war die Zeit, in welcher sich mitten unter den Wirren der Regierung Kaiser Heinrichs IV. die Auflösung der alten Gau- und Comitatsverfassung nach und nach vollzog. Seitdem erinnert keine urkundliche Spur weiter an die Grafen des Gaues. Indem derselbe in seine Elemente zerfällt, treten die Inhaber der uralten Gerichtsstätten wieder hervor mit Titel und Rechten der Gaugrafen: es sind in unserm Bezirke die Grafen von Saffenberg, Are und *Bonn*. Nur mit diesen letzteren haben wir uns hier zu beschäftigen.

Wie im Jahre 1107 zuerst ein Graf von Are, Theoderich[17]), so erscheint wenige Jahre später (1110 und 1112) ein Geveno, der zwar beide Male als 'advocatus Bonnensis' bezeichnet wird, den wir aber trotzdem nicht anstehen, an die Spitze der Grafen von Bonn zu stellen[18]). Denn dass sämmtliche Grafen von Bonn, die als solche urkundlich auftreten, Conrad von 1126 bis 1138, Gerhard um 1140 bis 1145, Albert 1145, Conrad 1148, Adalbert 1149[19]), gleichzeitig Vögte des Cassiusstiftes waren, geht aus späteren Zeugnissen klar hervor, die über das ganze Verhältniss einiges Licht verbreiten.

Balderich, der Biograph des Erzbischofs Albero von Trier, berichtet[20]) von diesem, er habe am Dreikönigentage 1152 zu Coblenz Hof gehalten und eine Waffenruhe zwischen den Grafen von Mollbach (Maubach) und von Sayn zu Stande gebracht. 'Hii — fährt der Chronist erläuternd fort — pro *Bunnensi comitatu* diu guerram ad inuicem habuerant quibus hinc inde fere omnes inferioris regionis nobiles fauebant terramque omnem vastaturi erant si ipse suo consilio non interuenisset'. Von einem langen und verheerenden Kampfe also erhalten wir hier Kunde, in dem fast alle Edeln des Niederrheins Partei ergriffen und dessen Object die Grafschaft Bonn bildete. Es war ohne Zweifel ein Erbfolgestreit unmittelbar nach dem Erlöschen des den beiderseitigen Prätendenten nahe verwandten Geschlechts, was zu erbitterter und langwieriger Fehde geführt hatte.

Die Gebrüder Grafen Eberhard II. und Heinrich I. von Sayn, welche noch in demselben

---

14) *Günther*, cod. dipl. Rhen. Mosell. I. 37, S. 104. *Lacomblet*, Urkundenb. I. 156. Auch in einer undatirten Urkunde, zwischen 1002 und 1021, bei *Lacomblet*, Archiv II. S. 302.

15) *Eltester*, Urkundenb. II. Einl. p. XIX.

16) *Lacomblet*, Urkundenb. I. 182. *Günther*, cod. dipl. Rhen. Mosell I, S. 141. Lacomblet a. a. O. I. 205.

17) *Beyer* u. *Eltester*, Urkundenb. I. 415. S. 476.

18) *Lacomblet*, Urkundenb. I. 275. *Günther*, cod. dipl. Rhen.-Mosell. I. p. 172. Auf Geveno deutet die Notiz des Necrologiums des Cölner Domstifts bei *Lacomblet*, Archiv II. S. 20: 'VIII. 14. Dec. O. Geueno comes'.

19) *Lacomblet*, Urkundenb. I. 301. 314. 329. 354. IV. 619. 621. *Günther*, cod. dipl. Rhen.-Mosell. I. S. 181. 220. 222. 298. 317. 325. Die von Günther l. c. S. 179—181 abgedruckte, von Lacomblet in berichtigtem Texte I. c. IV. 621 wiederholte Urkunde, unter deren Zeugen 'Cunradus comes de Bunna' vorkommt, gehört nicht, wie Günther annahm, dem Jahre 1112, vielmehr den Zeugen zufolge wahrscheinlich dem Jahre 1125 oder 1126 an.

20) *Gesta Alberonis* ap. Pertz Mon. Germ. hist. X. p. 257.

Jahre 1152 dem Nachfolger Albero's, Erzbischof Hillin von Trier ihr Schloss Sayn bei Coblenz
zu Lehen auftrugen, gewannen die Grafschaft. In zahlreichen Urkunden Cölnischer Erzbischöfe und geistlicher Corporationen, besonders des Cassiusstifts, begegnen sie seit dieser
Zeit als Zeugen unter den Edelherren an der Stelle, die sonst die comites de Bunna oder
Veronenses eingenommen und die Vogtei von Bonn ist der hinlänglich bezeugte Gegenstand
ihres Besitzes. Auf sie ist die Vogtei des Cassiusstifts gelangt, wie dieselbe zumal auf dem
rechten Rheinufer durch den Kreis der dortigen Besitzungen des Stifts erkennbar genug hervortritt; ihnen eignet die Vogtei auch über Dietkirchen und als Vögte derselben Kirche üben
sie zur Seite des Erzbischofs den Vogts- und Grafenbann[21]). Ihre Vogtei umfasste, die exi-
mirten Güter der Probstei und des Capitels ausgenommen, den ganzen Bezirk der Besitzungen
des erstern Stifts in den Decanaten sowohl des Ahr- als des Auelgaues, in letzterem auf den
Ursprung des Saynschen Hauses von den Grafen dieses Gaues hinweisend. Sind aber die
Grafen von Sayn zugleich Grafen und Vögte von Bonn gewesen, so gilt das Nämliche auch
von ihren Bonner Vorfahren, und der obenerwähnte Vogt Geveno, der Stiftsvogt Conrad in
der Urkunde des Roingus von 1139[22]), sowie der Vogt Adalbert, aus dessen Händen Erzbischof Arnold I. von Cöln für das Cassiusstift das Schloss Drachenfels um 1149 löste[23]) und
den Letzterer seinen Anverwandten (cognatus) nennt, müssen daher mit den Grafen gleiches
Namens identificirt werden. Nur in der Periode der pfalzgräflichen Verwaltung des Bonngaues gab es neben dem Grafenamte besondere Vögte von Bonn, so in den ersten Decennien
des 11. Jahrhunderts neben Ezzo einen Vogt Sigibert[24]), was bei der hervorragenden Stellung und den vielfachen Amtspflichten des Pfalzgrafen erklärlich genug ist. Aber nach dem
Zerfall der Gauverfassung hatte das Geschlecht der Stadt- und Burggrafen es verstanden,
durch Cumulirung der Vogteien zu Bonn, Bornheim und Ahrweiler einen ansehnlichen Theil
der Jurisdictionen des ehemaligen Gaubezirks sich zu sichern.

Unsere Nachrichten sind zu dürftig, als dass eine sichere Bestimmung der Personen,
geschweige der Familie der Bonner Grafen möglich wäre. So viel aber wird nicht ohne
Wahrscheinlichkeit vermuthet werden dürfen, dass mit Graf Gerhard, der in Jünglingsjahren
in der Abtei Siegburg starb und derselbe auf dem Todtenbette die Hälfte seines Allodiums
Eitorf schenkte[25]), oder mit Conrad (1148) der Mannsstamm der Familie erlosch und dass
in den Jahren 1145 und 1149 ein und derselbe Adalbert oder Albert das Grafenamt be-

---

21) *Lacomblet*, Archiv II. S. 304 sq. Niederrh. Urkundenb. I. 569 (die Grafen von Sayn als Vögte bei
Heisterbach), und die Anlage III. dieses Aufsatzes.

22) *Günther*, cod. dipl. Rheno-Mosell. I. p. 256. Der Vogt Conrad, der nebst dem Untervogt Sigibold 1142
zu Bonn die Schenkung des Roingus bezeugt, ist der gleichzeitige Cölnische Stadtvogt. S. Günther a. a. O. p. 264.

23) *Günther* a. a. O. S. 321.

24) *Lacomblet*, Archiv. II. S. 302.

25) S. die Urk. Erzbischofs Arnolds I. von 1145 in Lacombl. Urkundenb. I. 354. Dessen dort genannten
Stiefbruder Otto und den 'comes Otto', vor dessen Gericht 1143 zu Bonn drei Ketzer verbrannt wurden (Annal.
Brunwilar. b. Pertz, Mon. Germ. XVI. p. 727), halte ich für den ältern Otto von Rheineck, den Vogt von Rolandswerth. Dass der Zeuge der Urkunde bei *Lacombl*, Urkundenb. I. 342 'Gerardus comes de Bothna' unser
Gerhard von Bonn sei und daher statt 'bothna', wie das auch sonst und zumal in den Daten fehlerhafte Original
hat, 'Bonna' gelesen werden müsse, darin stimmen wir mit den Bemerkungen in den Annalen des histor. Vereins
für den Niederrhein, XVII, S. 278, unbedenklich überein.

kleidete, der wiederum kein Anderer gewesen, als Albert von Molbach, der Gegenprätendent der Grafen von Sayn. Auf Letztern und auf das Schloss Drachenfels, als zeitweiligen Sitz desselben, weisen die Güter und Rechte, die derselbe noch nach 1152 in der Gegend des Siebengebirges besass, wie das später (1210—18) von dem Grafen Arnold von Hückeswagen erbrechtlich beanspruchte Allodium zu Oberkassel [26]) und die Vogteischaft über Vilich, welche Adalbert durch Wahl des Stifts, gemäss den Privilegien desselben, erlangt und die nach dessen Tode († 21. Mai 1177) auf den Gemahl seiner Tochter Alveradis, Grafen Wilhelm von Jülich, überging, nachdem schon Erzbischof Reinald von Dassel die vogteilichen Befugnisse wegen der Bedrückungen, die sich Adalbert erlaubt, erheblich beschränkt hatte [27]).

Diese Vermuthung müsste freilich in sich zusammenfallen, wenn nach Kremer und Aschenbroich [28]) die Identität des Grafen Adalbert von Nörvenich, der in der Bestätigungsurkunde für das Oratorium zu Hersel von 1149 nach Graf Adalbert von Bonn als Zeuge genannt wird, mit Albert von Molbach zu statuiren wäre. Die Ausführung Aschenbroichs beweist indessen wohl die nahe Verwandtschaft der drei Dynastengeschlechter von Nörvenich, Saffenberg und Molbach, keineswegs aber für jene supponirte Identität. Es wäre doch in der That seltsam, wenn derselbe Mann willkürlich zu der gleichen Zeit sich bald mit dem einen, bald mit dem andern Geschlechtsnamen in die Urkunden hätte eintragen lassen, da aller Analogie zufolge ein solcher Wechsel, wenn er durch Erbübergang oder Besitzveränderung motivirt ist, ein constanter zu sein pflegt und ein bestimmter Anhaltspunkt, der zu jener Annahme nöthigte, überhaupt nicht vorliegt. Vermuthung gegen Vermuthung, halten wir daher, bis neuaufgefundene Daten etwa eines Bessern belehren, als das Wahrscheinlichere die aus dem Entwickelten sich ergebende Reihe der Grafen und Vögte von Bonn fest, wonach auf Geveno (1110—12) Conrad I. (1126—39), Gerhard um 1143, Conrad II. (1148) und, wahrscheinlich im Gegensatze zu Letzterm, Albert von Molbach (1145 und 1149) folgen. Von Graf Conrad I. meldet die Bestätigungsurkunde Erzbischofs Arnold I. für den Convent zu Rolandswerth von 1143, dass er diesem sein Allodium Hof Wöllstadt (Wollenstad) in der Wetterau verkauft habe. Die Abtei Siegburg feierte das Gedächtniss ihres Wohlthäters, des Grafen Gerhard von Bonn, unter dem 28. October [29]).

Seit dem Augenblicke, dass das Geschlecht der Saynschen Grafen die ‚Grafschaft Bonn‘ erlangt, ist von dieser nicht mehr die Rede, zum Zeichen, dass Name und Begriff derselben völlig in die Vogtei aufgegangen war. Graf Eberhard II. von Sayn, welcher in den Urkunden bis 1174 genannt wird, wogegen sein Bruder Heinrich 1166 schon verstorben ist, hatte vier Söhne, Gerlach, Bruno, der als Bruno III. 1205—1208 auf dem erzbischöflichen Stuhle von Cöln sass, Heinrich II. und Eberhard III., von denen der vorletzte, auch Graf von Dietz, 1174 als Vogt des Stifts Dietkirchen bei Bonn auftritt, mit ihm zum letzten Male der Vater Eberhard [30]). Beide Brüder lebten noch 1206, werden dagegen in der Bestätigungs-

---

26) Anl. I. II.

27) *Lacomblet*, Urkundenb. I. 462. 481.

28) *Kremer*, Beiträge zur Jülch- und Berg. Geschichte, III, S. 12. *Aschenbroich*, Gesch. Nideggens S. 14 u. f. *Günther*, I. a. I. S. 325.

29) Necrol. Siegeberg. in den Annal. des hist. Vereins f. d. Niederrhein VIII, S. 225.

30) *Lacomblet*, Urkundenb. I. 431, S. 292; Archiv II. S. 304 u. f. Vgl. *Lacomblet*, Urkundenb. I. 440. 442. 452. 454.

bulle Pabsts Innocenz III. für das Kloster Sayn vom 4. Mai 1208 als Verstorbene erwähnt[31]), so dass also Beider Tod zwischen 1206 und 1208 erfolgt sein muss. Heinrich II., an den, vermuthlich durch Heirat, auch Titel und Besitz der Grafen von Saffenberg gefallen war, hinterliess einen Sohn, Heinrich III., den Grossen, dessen Name in den Rheinischen Diplomataren seit 1202 oft wiederkehrt und der nach den zuverlässigsten Quellen am 1. Januar 1247 gestorben ist[32]). Als mit diesem berufensten der alten Sayn'schen Grafen, dem mächtigen ‚comes provinciae'[33]) und treuen Anhänger Kaiser Friedrichs II., durch dessen Verfolgung der Ketzerrichter Conrad von Marburg sich unsterblich machen sollte, das Geschlecht im Mannsstamme erloschen war, verbriefte dessen Wittwe Mathildis, Tochter des Grafen Tirrich und der Gräfin Jutta von Landsberg (als welche sie ihr Gatte in einer Urkunde von 1216 ausdrücklich bezeichnet[34], unter dem 29. August 1247 die bekannte Schenkung, die den Nachkommen ihrer Schwägerin, Adelheid Gräfin von Sponheim und Eberstein, u. A. das Schloss Saffenberg und die Vogtei von Bonn zubrachte. Zwei Tage vorher waren die Kölnischen Lehen Heinrichs auf Grund der Verzichtleistung seiner Wittwe auf ihre Leibzucht von Erzbischof Conrad an die Neffen des Verstorbenen, die Gebrüder Heinrich von Heinsberg und Simon von Sponheim, sowie deren Bruderssohn Godfrid von Sponheim verliehen worden, wogegen diese auf ihre Vogteigefälle (den dritten Pfenning von den Gerichten und 8 Mark von der Bede) im Bereiche der neuen städtischen Befestigung Bonns verzichteten, womit der Erzbischof die Stadt Bonn, ihre Stadtrechte bestätigend und erweiternd, laut Urkunde vom 18. März 1244 ausgestattet hatte[35]). Schenkung und Belehnung geschahen in demselben Jahre, in welchem Bonn, nachdem es schon 1225 am Städtetage zu Worms Theil genommen, sein Aufstreben und seine wachsende Bedeutung durch den Beitritt zu dem zwischen den Rheinischen Fürsten und Städten abgeschlossenen Landfrieden bekundete[36]).

Eine Theilung der vogteilichen Güter und Gerechtsame ward nicht lange darauf durch die Ehe der Tochter Heinrichs von Heinsberg, Alcidis, mit Dietrich VI., ältestem Sohne des Grafen Dietrich V. von Cleve, bewirkt, indem Erstere ihrem Gatten, wie derselbe am 22. September 1255 beurkundete, die ‚Bonner Vogtei' auf der linken Rheinseite als Mitgift zuführte, während der rechtsrheinische Bezirk um das Schloss Blankenberg, dessen Errichtung durch die Grafen Heinrich II. und Eberhard III. von Sayn einst (1182) dem heftigsten Einspruche der Abtei Siegburg begegnet war, dem Herrn von Heinsberg verblieb[37]). Nach dem Tode

31) *Eltester*, Urkundenb. II. S. 262. 272.

32) *Lacomblet*, Urkundenb. II. 310. (Urk. vom 31. Januar 1247, worin Erzbischof Conrad von Cöln seiner Verwandten Gräfin Mathilde Vertretung und Schutz gegen jeden rechtlosen Angriff verspricht). *Hennes*, Cod. dipl. ordinis B. M. Theutonicor. II. 76, und besonders das Necrolog. eccles. Colon. b. Ennen Urkundenb. II. S. 604. Dagegen setzen die Annales s. Pantaleonis bei *Boehmer*, fontes rer. Germanic. IV. S. 466 irrig Heinrichs Todesdatum auf den 14. August 1247 (in vigilia assumptionis). Die Angabe des Chronisten a. a. O., Erzbischof Conrad habe gleich nach dem Ableben des Grafen Heinrich III. die Vogtei von Bonn der bischöflichen Gewalt unterworfen, wird durch die obengedachte Urkunde vom 27. August 1247 berichtigt.

33) Lac. l. c. l. 550.

34) Urk. der Abtei Heisterbach. Vgl. *Lacomblet*, Urkundenb. I. 554.

35) *Lacomblet*, Urkdb. I. 316. 284. Archiv III. S. 56.

36) *Pertz*, Mon. Germ. IV. Legg. t. II. p. 374. Hermanni Altahensis Annal. ad a. 1247. M. G. XVII. p. 394.

37) *Lacomblet*, Urkdb. II. 419. I. 482. 483.

des Grafen Dietrich IV. von Cleve († 1274) fiel das Sayn-Heinsbergische Erbe mit den ab-
getheilten Vogteien von Bonn, Bornheim und Ahrweiler, den Schlössern Saffenberg, Tomberg u. A. m. an dessen jüngeren Sohn Dietrich Luf, Herrn von Hülchrath, bis Erzbischof
Wicbold von Cöln in dem Bestreben, die besorglich angewachsene Macht des Clevischen
Dynastenhauses herabzudrücken, mit Urkunde vom 28. Juli 1303 diese letztgenannten Güter
für die Summe von 1700 Mark Brabantisch in Pfandbesitz nahm. Die Wiederlöse der Pfand-
schaft, für welche eine sechsjährige Frist vorgesehen war, ist schwerlich erfolgt; doch gaben
die in Folge des Verkaufes der Grafschaft Hülchrath zwischen Dietrich Luf und Erzbischof
Heinrich II. von Cöln eingetretenen Weiterungen Veranlassung, dass in dem wiederholten
Verkaufe der letztern am 3. Januar 1323 auch der Bezirk von Vrechen aufwärts bis Ahrweiler, Bonn u. s. w. förmlich eingeschlossen wurde [38]).

So war also definitiv durch Erzbischof Heinrich II. die Bonner Vogtei dem Stuhle und
Stifte von Cöln erworben und nur einmal noch, mehr als ein Jahrhundert später, dringt aus
einer Urkunde Herzogs Adolf I. von Cleve vom Jahre 1430 [39]) gleichsam der letzte Nachhall
der Periode der Edelvögte Bonns zu uns herüber. Der Herzog quittirt dem Rathe und den
Schöffen der Stadt über 100 Mark Cölnisch, welche ihm von wegen der Vogtei (racione aduocacie Bunnensis) gezahlt worden, die seine Vorfahren, die Grafen von Cleve, ehedem daselbst besessen. Es sind offenbar alte Rückstände, welche von der Stadt durch jene Abfindungs-
summe ausgeglichen wurden; dass die Herbstbede, welche der Erzbischof jährlich aus Bonn
empfing [40]), gleichfalls 100 Mark betrug, kann nur als ein zufälliges Zusammentreffen gelten.
Nun hatte Erzbischof Conrad von Hochstaden, wie erwähnt, schon im Jahre 1247 die Vogteigefälle innerhalb der von ihm der Stadt verliehenen Umwallung, nämlich den dritten Pfenning von allen Brüchten bei den Gerichtssitzungen und 8 Mark von der Bede als erbliches
Geschenk aus den Händen der Herren von Heinsberg und Sponheim erhalten und damit
dauernd von der Vogtei abgelöst. Jene Forderungen des Herzogs Adolf von Cleve müssen
sich mithin auf Güter in der Stadt Bonn oder an Einkünfte bezogen haben, welche durch
die Verzichtleistung jener Edelherren nicht berührt worden, vielmehr zu den ausdrücklich
von ihnen reservirten Vogteirechten gehörten. Eines und zwar das hauptsächlichste der letzteren war jedenfalls die Erhebung der Zwangssteuer oder Schatzung von den abhängigen
und unfreien Leuten im Burg- und Vogtsbanne von Bonn (burgo Bonnensi), so weit sich
dieser ausserhalb der Stadtbefestigung erstreckte und nicht auch hier Exemtionen, wie die
der Hüfner des Hofes Mülheim, entgegenstanden. Ursprünglich in ganz Bonn, die Besitzungen
des Probstes und Capitels von St. Cassius ausgenommen, in Wirksamkeit, war die vogtei-
liche Schatzung (exactio burgi) um die Mitte des 13. Jahrhunderts auf den äussersten Umring
der Stadt beschränkt, seit das Privilegium Erzbischof Conrads der Bürgerschaft die Freiheit
von allen Schatzungen und Beden ausser der ihm gebührenden Herbstbede verbürgt hatte [41]).

38) *Lacomblet* a. a. O. III. 27. 154. 188. 192. Vgl. A. v. *Haeften*, die Grafschaft Hülchrath und die
Vogtei des Cölner Domstifts, in den Jahrbb. des Vereins von Alterthumsfreunden im Rheinlande, XXXIX—XL.
S. 218—245. *Ders.* in der Zeitschr. des Berg. Geschichtsv. II. S. 34.

39) S. Anl. VIII.

40) *Lacomblet*, Urkundenb. II. 264. 799.

41) *Lacomblet* a. a. O. 284. 816. *Günther*, cod. dipl. Rheno-Mosell. I. p. 280. 390.

Vogtfrei waren in Bonns nächster Umgebung die mit Ippendorf allmählich zu einer Herrlichkeit sich zusammenschliessenden probsteilichen Höfe zu Endenich und Poppelsdorf[42]).

Der Erzbischof selbst war nun Vogt zu Bonn und führte in der nächsten Folgezeit, wie aus manchen urkundlichen Spuren hervorleuchtet, den Vorsitz in seinem Hofe an den grossen Gerichtstagen theils persönlich, theils durch den von ihm dazu bestellten Beamten. Dieser ist der erzbischöfliche Vogt, der bald als 'advocatus noster Bunnensis', bald als 'vice-aduocatus Bunnensis' zuerst in Urkunden Heinrichs II. von 1321 und 1323 erscheint. Er steht an der Spitze der Schöffen des hohen weltlichen Gerichts, die gleich ihm vom Erzbischofe ernannt werden. Auf den ersten dieser Vögte Hemego oder Heymchin, der öfter 'der alte Vogt' heisst und bis um 1345 gelebt zu haben scheint[43]), folgte Gerlach, dessen im Immunitätsbezirke des Cassiusstifts vollstrecktes Bluturtheil das Interdict über Bonn herbeiführte, bis dasselbe auf die von Jenem verbürgte Geldbusse hin von Erzbischof Friedrich III. am 29. Juli 1383 wieder aufgehoben wurde[44]). Im Jahre 1454 wird Heinrich von Hoeningen, 1557 Gerhard Maass als Vogt des hohen Gerichts angeführt, das in seinen Wurzeln so alt wie die erzbischöfliche Jurisdiction über Bonn und unter Friedrich III. bereits in den Grundzügen seiner Organisation erkennbar, bis zur Auflösung des Cölnischen Kurstaates als Appellationsgericht für das obere Erzstift und als erste Instanz für Stadt und Amt Bonn bestand[45]). Auf dem Stiftshofe am Leopard wiesen die Schöffen des hohen weltlichen Gerichts dreimal jährlich vor versammelter Bürgerschaft auf die Aufforderung des Vogtes die hoheitlichen Rechte des Erzbischofs[46]). Die sehr dürftigen Nachrichten, welche aus neuerer Zeit über die Vogtstelle vorliegen, documentiren blos die Bestallungen des Franz Otto von Kempis, Sohn des Hofkammerraths Kempis, nach Caspar Clouth's Tode (vom 3. Januar 1703), des Johann Reiner Dambroich (d. d. 20. October 1706), des Hofraths Peter Steinmann (d. d. 8. Januar 1723), des Hofraths Franz Godfried Cocy (vom 2. Juli 1751) nach freiwilliger Resignation des Godfried Joseph Racsfeld, Hofraths und Conferenz-Secretairs, endlich, an Stelle des verstorbenen Geheimen- und Hofkammerraths Gabriel Bernhard Kügelgen unter dem 30. Juni 1786 des Hofkammerraths und Bonner Amtsverwalters Peter Joseph Boosfeld[47]). Man sieht schon hieraus, dass mit der Vogtstelle während des 18. Jahrh. in der Regel Rang und Titel eines kurfürstlichen Hofraths oder Hofkammerraths verknüpft war. Das Gehalt des Vogtes belief sich um die Mitte desselben Jahrhunderts auf vierteljährlich 30 Rthlr. 40 Albus[48]).

42) *Günther*, a. a. O. p. 218- 219. 389.

43) Sein gleichnamiger Sohn in Urk. Erzbischofs Friedrich III. vom 21. April 1379. Als des 'alten Vogts Sohn' begegnet 1365 auch Claes von Gielsdorf.

44) Anl. VII.

45) Vgl. hierüber *F. Walter*, das alte Erzstift und die Reichsstadt Cöln, S. 139 u. f.

46) S. das uralte Weisthum Anl. X u. die Fassung bei *F. E. v. Mering*, Gesch. d. Burgen u. s. w. XII, S. 75. Ueber den dem Erzbischofe und dem Cassiusstifte gemeinsamen Platz vgl. die Urk. Conrads von Hochstaden Anl. IV.

47) S. über diesen letzten Vogt *Höfer* in den Annalen des histor. Vereins für den Niederrh. XIII - XIV, S. 118. ff.

48) Eine undatirte, aber nach den Schriftzügen theils dem Ende des 15., theils dem Anfange des 16. Jahrh. angehörige Aufzeichnung über die Competenz des Officials gegenüber dem weltlichen Gericht und das Verfahren bei Schuldklagen und Pfändungen ist, als auch über die Stellung des Vogts belehrend, in Anl. XI beigegeben. Wohl eher an den kurfürstlichen Vogt, als an das Römische Prätorium, wie *Braun* in den Jahrbb. d. Vereins von Alterthumsfr. IV, S. 183 meint, möchte das enge 'Voigtsgässchen' erinnern.

Die seit 1256 abgetheilte rechtsrheinische Hälfte der Bonner Vogtei, deren Umfang durch die zahlreichen Besitzungen des Cassiusstifts im Siebengebirge und an der Sieg um und über Blankenberg bis Altenkirchen bedingt wurde[49]), blieb zunächst im Besitze der Herren von Heinsberg und Löwenberg. Das Weisthum des Hofes und der Herrlichkeit Rheidt, welches in derselben Form von 1455[50]) bis ins 18. Jahrhundert bei den Hofesgerichten verkündigt ward, nennt den Herrn von Löwenberg 'einen gekorenen Vogt zu Rheidt' und wir dürfen annehmen, dass diese Wahl, ein für alle Mal getroffen, eine Consequenz der Vogteitheilung war. In welch' bedeutendem Masse aber hier die vogteilichen Gerechtsame zur Verringerung des einst so ansehnlichen Güterbestandes und damit zugleich zur territorialen Abrundung der Herrschaften Löwenberg und Blankenberg beigetragen haben, mag der Umstand lehren, dass dem Capitel von St. Cassius im 16. bis 18. Jahrh. ausser dem Hofe Rheidt nur noch Güter zu Uckendorf, Obercassel und Beuel im Amte Löwenberg, die Frohnhöfe zu Lohmar und Rauschendorf, so wie die Höfe zu Stromberg und Wahlfeld im Amte Blankenberg und zu Dattenfeld im Amte Windeck nebst den anklebenden Hofesgerichten und dem Probste von Bonn Hof und Gericht zu Niederdollendorf gehörten. Die im Sayn'schen belegenen Höfe, Pächte und Zehnten waren seit den letzten Decennien des 16. Jahrh. den Grafen von Sayn-Wittgenstein für einen Canon von 276 Goldgulden in Erbpacht verliehen, also factisch entäussert. Nachdem die Lande Blankenberg und Löwenberg im Jahre 1363, beziehungsweise 1472 Bestandtheile des Bergischen Territoriums geworden[51]), war selbstverständlich der Bergische Landesfürst Schutz- und Schirmherr der dem Cassiusstifte dort verbliebenen Güter. Und zum letzten Male mahnt an die Stiftsvogtei der Vergleich, den Herzog Wilhelm II. von Jülich-Berg am 12. October 1477 mit Graf Gerhard zu Sayn zur Beseitigung eines langjährigen Streites abschloss, indem beide Paciscenten ihre herkömmlichen Rechte auf die ihrer Vogtei angehörigen, aber in des Andern Gebiete anlässigen Leute gegenseitig aufhoben[52]). Es sind die zu Altenkirchen, Friesenhagen und sonst belegenen Güter des Cassiusstifts, auf die von Seiten des Herzogs von Jülich-Berg, wenn auch stillschweigend, jener Vergleich zurückblickt.

---

49) Nach den Privilegien verschiedener Päbste und Cölnischer Erzbischöfe von den Jahren 1131 bis 1199 (u. a. bei Günther I. S. 210. 387) bestanden diese Güter in Höfen, Kirchen, Zehnten u. s. w. zu Rheidt, Oberdollendorf, Honnef, Lohmar, Wahlfeld, Wiehl, Uckendorf, Hausschendorf, Hamm a. d. Sieg, Heroslingen, Winterscheid, Ruppichteroth, Uckerath, Süeldorf, Geistingen, Königswinter, Stromberg, Schwarzrheindorf, Churscheldt, Halberg, Much, Morsbach, Waldbroel, Leuscheid, Dattenfeld, Hirnbach, Nümbrecht, Altenkirchen, Almersdorf, Friesenhagen (im Bereiche der späteren Bergischen Aemter Löwenberg, Blankenberg und Windeck, so wie der Grafschaft Sayn). Vgl. L. Lersch im Niederrh. Jahrbuch I. S. 222 u. f. Chr. v. Stramberg, Rhein. Antiquarius III. 14. S. 278—260. Für die Heinsbergisch-Löwenbergische Vogtei beweisen übrigens, abgesehen von Rheidt, auch die Güter und Jurisdiktionsbefugnisse der Herrn von Löwenberg zu Niedercassel und Beuel (Lacomblet, Urkdb. III. 266), zu Obercassel (ebendas. III. 634), u. A. m.

50) Anl. IX.

51) Lacomblet, Urkundenb. III, 642. 647. Archiv IV, 289.

52) Lacomblet, Urkundenb. IV. 393.

I.

Ein aus kölnischen Geistlichen gebildetes Schiedsgericht bestätigt der Abtei Heisterbach, gegen die selbst mit Waffengewalt behaupteten Erbansprüche des Edelherrn Arnold von Hückeswagen, den Besitz des ihr von der Gräfin Alveradis von Molbach geschenkten Allodiums zu Oberkassel. — 1210. [1]

C[onradus] dei gracia maior in Colonia decanus C. scolasticus H. canonicus s. Andree omnibus ad quos littere iste peruenerint, salutem in domino. Cum causa que vertebatur inter abbatem de valle s. Petri et dominum Arnoldum de Hukengiswage super allodio in Kasle constituto a domino papa nobis esset commissa appellacione remota fine canonico terminanda dictum A. sub induciis legitimis peremptorie citauimus qui nec venire nec procuratorem legittimum sed quendam nuncium insufficientem mittere curauit. Camque eum tamquam contumacem punire possemus, alium tamen diem illi de gracia prefiximus peremptorium, quem diem nec per se ipsum nec per procuratorem obseruauit. Unde cogente iusticia ad instanciam abbatis de consilio prudentum virorum eundem A. contumacem iudicantes in penam contumacie, abbatem in possessionem allodii pretaxati causa rei seruando misimus, cuius possessionem prefatus A. armata manu turbare et graues iniurias et dampna ei irrogare presumpsit. Quare a nobis vinculo fuit excommunicacionis innodatus et solempniter denunciatus. Consequenter cum in excommunicacione aliquamdiu stetisset, ad nos accessit petens absolucionem et offerens caucionem iuratoriam, quod nostro staret iudicio et mandato. Nos quoque accepta caucione ipsum absoluimus et alium diem ipsi et abbati prefiximus, quo die prefatus A. possessionem qua propter contumaciam privatus erat me Henrico absente et litteratorie excusato sibi postulauit restitui, asserens se post restitucionem velle parere iuri coram nobis. Quem post multos allegaciones in eum statum in quo fuerat ante contumaciam restituimus. Quo restituto idem abbas asserebat dictum allodium ad suum pertinere monasterium et hoc in continenti probare volebat. Econtra prefatus A. illud allodium dixit ad ipsum legittime deuolutum esse et abbatem nichil in eo iuris habere, eius quoque probaciones nullatenus debere admitti et ne admitteremus ad sedem apostolicam appellatione facta recessit. Nos autem videntes appellatum esse contra formam mandati apostolici et iuramenti sui et contra ius et sine omni grauamine, prudentum virorum consilia et consciencias nostras secuti appellationem illius iudicauimus non tenere et eum contumacem esse et quia per affirmacionem et negacionem partium lis erat contestata, sicut videbatur iuris peritis procedendum esse, in eam processimus sepedicto abbati et domino A. certum diem prefigentes quo probaciones ipsius abbatis super principali audire deberemus. Quo die exstante et me Henrico cum aliis presidente instrumenta et testes abbatis admisimus et diligenter examinauimus, factaque publicacione attestacionum et super illis disputacione solempniter habita, constabat nobis dictum allodium ad monasterium de valle s. Petri de iure pertinere racione legittime donacionis comitisse de Molbag cuius allodium illud fuerat, et ideo per sentenciam diffinitivam eidem monasterio illud adiudicauimus domino A. de Hukenzwage super eodem silencium imponentes. Acta sunt hec anno dominice incarnacionis M. CC. X. Huius rei testes sunt Herimannus maioris ecclesie secundus decanus, Herimannus choriepiscopus, Herimannus de Selzem, Ensfridus custos, Gerardus de Lutzheym, Heribertus, Fridericus, Cristianus, Anselmus plebanus s. Brigide, Cristianus plebanus s. Laurentii, magister Herimannus Seneca, de s. Andrea magister Theodoricus, magister Wilhelmus, Ulricus, Heinricus, de ss. Apostolis magister Lambertus, Gerardus, Gerardus, de s. Georgio Herimannus scolasticus, item Rutgerus Sibodo Arnoldus sacerdotes et alii quamplures.

---

1) Aus dem ältern Cartular der Abtei Heisterbach, p. 18.

II.

Erzbischof Engelbert I. von Cöln bekundet, dass der Edelherr Arnold von Hückeswagen mit seiner gesammten Familie nunmehr auf das widerrechtlich von ihm behauptete Allodium zu Oberkassel zu Gunsten der Abtei Heisterbach verzichtet habe. — 1218 [1]).

In nomine patris et filii et spiritus sancti. Engelbertus divina miseracione sancte Coloniensis ecclesie archiepiscopus cunctis Christi fidelibus in perpetuum. Ut pie deficientium voluntates debitum consequantur effectum et in eo iugiter conseruata tam ad bone operacionis exemplum aliis Christi fidelibus exhibendum quam ut in publicam perpetuamque noticiam perferantur ea que nostre amministracionis temporibus circa proprietatem et dominium allodii in Kassele acta sunt, super quo inter domum religiosam de valle s. Petri nostre diocesis Cisteriensis ordinis ex parte una et Arnoldum de Hukinswage virum nobilem ex altera gravis emerserat olim discordia, per presentis scripti continenciam declaramus. Notum igitur publice fieri volumus, cum nobilis mulier Alueradis comitissa de Moilbach in extremis agens supradictum suum predium in Kassele cum omni integritate omnibusque pertinenciis suis vineis arbustis terris cultis et incultis siluis aquis piscationibus pratis mancipiis, prout ab eius progenitoribus et [per] ipsam personaliter fuerat possessum predicte domui pia ac prouida deliberacione absolute ac libere tradidisset, idem Arnoldus abbatem et fratres suos ipsius allodii possessionem ingredi cupientes ab' eius ingressu prohibuit] violenter et in eadem permanens violencia predictam domum fructibus et prouentibus per plurium annorum spacium spoliauit iniuste, alias dampna et iniurias grauissimas contra salutem suam predictis religiosis in aliis ipsorum rebus et personis non formidans inferre. Unde licet quidam nostrorum predecessorum quamuis sepius a predictis religiosis commoniti finem eidem controuersie non fecissent, ut prout a iudicibus super eodem negocio delegatis sentenciatum fuerat, predicta bona eadem domus pacifice obtineret, nos tamen diuina cooperante clemencia diligentiam omnem quam potuimus et operam adhibentes eo rem perduximus ut dictus Arnoldus possessionem quam habuit violentam et ipsum predium, ins quoque uniuersum, si quod haberet uel habere videretur, in nostra constitutus presencia et aliorum nobilium tam ipse quam uxor eius Adala et pueri eius Heinricus Euerardus, Adala, Aleidis, Agnes, qui adhuc omnes sub eius degebant tutela, renunciarent omnino. Affuit eciam eidem refutationi Henricus de Mollinberg eius ut sperabatur gener futurus, qui pro se et iuri et spei quam ex eisdem bonis posset habere renunciauit in totum. Sicque nobis mediantibus ad laudem et gloriam Jhesu Christi et gloriose virginis matris eius abbati et domui sue possessionem liberam et quietam et absolutam tradidimus et eum inducentes in ipsam utpote verum ipsius rei dominum omni eius commodo et utilitate gaudere fecimus et libere exinde disponere prout ipse et domus sua sibi crederent expedire. Ut autem hec rata et inconuulsa permaneant et nullius improbitate valeant in posterum infirmari, presentem paginam sigillo b. Petri et nostro et comitis Seynensis et ipsius Arnoldi fecimus communiri. Testes eciam quibus presentibus hec acta sunt fecimus diligenter annotari quorum hec sunt nomina. Couradus maior decanus et archidiaconus, Arnoldus prepositus s. Gereonis, Gerardus prep. ss. Apostolorum, Godefridus abbas Sibergensis, Herimannus subdecanus, Heribertus de Linepe, Lambertus de Dollendorp, canonici s. Petri, Albertus de Hukinswage, Egidius canonici s. Gereonis, Lodowicus de Lullistorp canonicus s. Georgii, Gerlacus Bunnensis canonicus; Henricus comes Seynensis, Adolphus comes de Marcha, Euerardus de Arberg, Gerardus de Hurne, Johannes filius comitis de Spainhem, Theodoricus de Ysenburg, Henricus de Dorindorp, Roricus de nouo Castro, Cristianus de Blankinberg, Anselmus de Bikine, Wilhelmus de Mere; Ministeriales Cristianus et Winricus de Berge, Daniel de Bocheim, Theodericus de Munichusin dapifer, Godefridus camerarius, Herimannus aduocatus, Winricus de Beindorp, Warnerus de Rode, Roricus de Geuarsheim, Richolphus parfuse. Herimannus de Budelinberg, Theodericus de Herinportze et alii quamplures. Acta sunt hec Colonie sollempniter anno dominice incarnationis M. CC. XIII. indictione .. regnante domino nostro Jhesu Christo cuius potestas et imperium sine fine permanet in secula seculorum. Amen.

---

1) Aus dem ältern Cartular der Abtei Heisterbach, p. 25.

III.

Graf Heinrich und Gräfin Mathildis von Sayn befreien gewisse Güter des Conventes zu Merten, die ihnen von wegen der Bonner Vogtei pflichtig sind, von aller vogteilichen Schatzung unter alleinigem Vorbehalte der Herbstbede. — 1218.

Heinricus comes et Methildis comitissa de Seyne omnibus presens scriptum inspecturis salutem. Sepe solet facta mortalium obliuionis calumpnia perturbare, si non robur accipiant a voce testium aut scriptura. Sciant ergo tam presentes quam posteri nos retributionis eterne premium amplectentes potius quam lucrum aliquod temporale bona quedam cenobii b. Agnetis in Mertene quodammodo ratione aduocatie Bunnensis nobis astricta ab omni exactione tam debita quam iniusta quam solent facere aduocati libera omnino dimisimus et absoluta volentes ab eis sola petitione autumpnali quam consueuerunt reddere esse contenti. Quia ergo promotioni predicti cenobii modis omnibus intendere desideramus et eis super huiusmodi exactionibus nos sepe sollicitare sit difficile, hoc factum nostrum conscribi fecimus et sigillo nostro muniuimus, ne quis in posterum heredum nostrorum aut certe etiam officialium perturbare presumat. Acta sunt hec publica Blankenborg anno ab incarnatione domini Millesimo CC. XVIII. presentibus viris nobilibus domino Gerlaco de Seyne Arnoldo preposito Cioense et suis fratribus Everardo Ottone Arnoldo de Hukinswago; Henrico de Dorindorp Cristiano de Blankenberg Henrico de Hepenhefte Henrico dapifero et aliis quampluribus. [1]

IV.

Erzbischof Conrad von Cöln, welcher seinem Marschall Godfried von Büllesheim eine Hausstätte auf dem Hofe oder der Halle unmittelbar an der Grenze der Stiftsimmunität zu Bonn zu einem Hausbaue überwiesen hatte, annullirt diese Schenkung, da der Platz, wie sich herausgestellt, sowohl seine erzbischöfliche Gerichtstätte darstelle, als auch dem Capitel von Cassius zu Processionen und Gottestrachten diene, und verbietet zugleich jeden künftigen Hausbau daselbst. — 1256, 30. Mai.

Conradus dei gratia sancte Coloniensis ecclesie archiepiscopus sacri imperii per Italiam archicancellarius notum facimus uniuersis quod cum nos fideli nostro marschallo de Bulgensheim aream unam super atrium siue curiam versus murum immediate adiacentem immunitati ecclesie Bonnensis, ut domum in ipsa construeret, dedissemus, nos postmodum per dilectorum in Cristo prepositi decani et capituli eiusdem ecclesie et aliorum virorum bonorum testimonia fidedigna comperto, ipsum atrium non solum ad nos quantum ad hoc quod noster est locus presidendi iudiciis siue placitis obseruandis, verum etiam ad ipsius ecclesie capitulum, quantum ad hoc quod in processionibus festiuitatum maiorum et reliquiarum portatione solenni ipsa ecclesia appropriatum sibi semper habuit ipsum locum, cummaniter sic ad nos dictumque capitulum uno modo et alio pertinere ac propter hoc inedificatum et vacuum permanere debere atrium memoratum, factum nostrum quod nos insuli prediotorum fecimus per illius concessionem et dationem aree Godefrido predicto, duximus revocandum, ipsam Godefridum talem habendo, quod voluntarie ipsi renunciauit aree suisque que struxerat super eam edificiis pro ipsius atrii reoccupatione sublatis. Ita duximus et decreuimus statuendum ut nullo unquam tempore super atrium ipsum seu curiam aliqua edificia constituantur vel cuiquam hominum concedatur aut detur a nobis aut nostris successoribus in perpetuum alicuius aree mansionis. Nulli ergo hominum liceat hanc paginam nostre constitutionis infringere vel ei ausu temerario contraire. Si quis autem id fecerit, omnipotentis dei eiusque beatorum Petri et Pauli apostolorum indignationem se nouerit incursurum. Fecimusque in huius rei memoriam et testimonium sempiternum nostri capituli Coloniensis et capituli memorate ecclesie Bonnensis sigillis hanc presentem paginam communiri. Datum Colonie tertia Calendas Junii anno domini Millesimo ducentesimo quinquagesimo sexto [2].

---

[1] Mit dem Reitersiegel des Grafen, welches die Legende zeigt: + S. Henrici co[mitis] de [Seyne adu]ocati maioris ecclesie Col[oniensis].

[2] Aus dem Copiar des Cassiusstifts, S. 73 f.

V.

Graf Gerhard von Jülich verleiht auf Bitten seines Verwandten, des Edelherrn Johann von Löwenberg, dessen Gemahlin, der Edelfrau Mechtildis, Frau von Meisenburg die Leibzucht am Schlosse Reitersdorf nebst Zubehör, welches Ersterer von ihm zu Lehen trägt. — 1300, 19. October.

Uniuersis presentes litteras visuris et auditoris nos Gerardus comes Juliacensis notum facimus quod ad preces nobilis viri Johannis domini de Lewenberg consanguinei nostri porroximus et concessimus nobili domine Mechtildi domine de Meysenburg uxori sue usumfructum suum in castro de Retersdorp quod a nobis idem Johannes dominus de Lewenberg in feodo tenet cum bonis spectantibus ad ipsum castrum. Super hoc in testimonium atque fidem sigillum nostrum duximus presentibus appendendum.

Actum Colonie presentibus Radolfo de Riferscheit, Gerardo dicto Rost, Henrico dicto Stael militibus et aliis quam pluribus fidelibus nostris et amicis anno d. Millesimo trecentesimo in crastino b. Luce euangeliste.

VI.

Graf Wilhelm von Jülich bewilligt seinem Vasallen Johann von Löwenberg, genannt von Meisenburg, zur Ausgleichung seiner Verluste am Schlosse Reitersdorf eine Rente von 25 Mark auf seine Allodien als Geldlehen versichert, das sich auf 10 Mark ermässigen soll, sobald das genannte vom Grafen lehnrührige Schloss wieder aufgebaut worden. — 1329, 23. April [1]).

Nos Wilhelmus comes Juliacensis uniuersis presentes litteras visuris et auditoris notum facimus, quod cum dilectus noster dominus Johannes de Lewenborch dictus de Meisenburch miles aliquociens dampna sustinuerit videlicet in castro suo de Retersdorp, nos enim in recompensationem dampnorum eorundem et ob hoc, quod noster effectus est prestito nobis iuramento fidelitatis homagii fidelis et vasallus, promittimus eidem ducentas et quinquaginta marcas coloniensis pagamenti infra annum a data presentium continuo currentem soluere et assignare, pro quibus ipse nobis in suis bonis allodialibus viginti quinque marcarum eiusdem monete redditus demonstrabit et comparabit, quos ipse et sui heredes, quamdiu castrum de Retersdorp cuius area iam a nobis dependet, non fuerit reedificatum et reparatum, in perpetuum feodum a nobis et a nostris heredibus tenebunt, sed reedificato et reparato ipso castro ipse dominus Johannes et sui heredes de prefatis viginti et quinque marcarum redditibus erunt absoluti, sed demonstrabunt in suis allodialibus bonis decem marcarum redditus pagamenti predicti, quos una cum ipso castro et eius area de Retersdorp a nobis et a nostris heredibus similiter in perpetuum feodum tenebunt sine dolo. In quorum testimonium sigillum nostrum duximus presentibus apponendum.

D. anno d. Millesimo trecentesimo vicesimo nono ipso die Pasche.

VII.

Erzbischof Friedrich III. hebt das Interdict, welches in Folge der von seinem Bonner Vogte Gerlach im Immunitätsbezirke des Cassiusstifts vollstreckten Enthauptung über die dortigen Kirchen verhängt worden, wieder auf, nachdem ihm der Vogt hinsichtlich der Busse Bürgschaft geleistet. — 1383, 10. Juli [2]).

Fredericus dei gratia sancte Coloniensis ecclesie archiepiscopus sacri imperii per Italiam archicancellarius apostolice sedis legatus interdictum ecclesiasticum auctoritate statutorum ipsius ecclesie nostre in ecclesiis Bonnensibus obseruatum ex eo, quia Gerlacus aduocatus noster Bonnensis quendam Hilgerum infra immunitatem

---

1) Diese Urkunde ist das, so viel bekannt, letzte Zeugniss vom Schlosse Reitersdorf, das unter den Jülichschen Lehen der späteren Zeit nicht mehr figurirt und demnach, nachdem es zwischen 1300 und 1329 niedergelegt worden, nicht wieder aufgebaut sein wird.

2) Aus dem Cartular des Cassiusstiftes, p. 154.

ecclesie s. Cassii Bonnensis alias decollauit, quod nos recepta ad presens ab ipso Gerleco prestanda emenda congrua cautione sufficienti in his scriptis relaxamus, in totum teneri volumus inantea relaxatum. Datum Gudesberg anno domini Millesimo trecentesimo octuagesimo tertio die beatorum Felicis et Naboris martirum, vicesima nona mensis Julii.

VIII.

Herzog Adolph von Cleve quittirt dem Rathe von Bonn über die auf Grund der Vogtei, die seine Vorfahren in dieser Stadt besessen, ihm geleistete Zahlung von 100 Mark.
1430, 1. December [1]).

Nos Adolphus dux Cliuis et comes de Marka notam facimus universis, quod recepimus sub anno domini M.CCCCXXX° in crastino beati Andree apostoli a discretis uiris proconsulibus scabinis consiliariis opidi Bunnensis per reddituarium eorundem nobis gratanter traditas et solutas centum markas pagamenti Coloniensis racione aduocacie Bunnensis quam progenitores nostri olim comites Cliuenses in predicto opido habere consueuerant, de quibus centum marcis predictis ipsos proconsules scabinos consiliarios redditurium ac omnes quorum interest vel in futurum poterit interesse hoc anno et ceteris annis preteritis quytos proclamamus et solutos harum nostrarum nostro sigillo sigillatarum testimonio litterarum. Datum anno et die supradictis.

IX.

Weisthum des Frohnhofes und der Herrlichkeit des Cassiusstiftes zu Rheidt. —
1455, 26. August.

In dem namen unsers heren amen. Ouermytz dit offenbaer instrument alremallich kundich werde, dat in dem jare na gotz gebert dusent vierhundert vunffindvuntzich in der dritten indiction ader gebode up den dynsdagh, der da was der sessindzwentzichste dagh in dem maende Augusti zo vespertzyt, in pontificait dabere alreheiligsten in gode vaders ind heren heren Calisti van gotlicher vursichticheit syns namen des dritten paess in syme ersten jare as erbere Telo Schurgyn van Bercheym schultisse upp dem vroenhoue zo Reyde der erwerdiger ind ersamen heren heren proists dechens ind capittels sent Cassius kirchen zo Bonne ouermytz die gesworen des vurse: hoffs myt namen Sibel in der Butgassen, Wilhelm van Keren van Eschmar, Herman in heren Wynantz house, Gobel Bick, Arnd van Mundorpp, Jacob ymme Doemhouw, Hennes van Alke, Telo Kemmer. Costgin Bick van Eschmar, Tilgin Abelen, Heyno Hickeler, Herman Rouer, Herman Zanders, Jacob in der Clarenhoue, Hennes in der Clarenhoue, Herman Scroder, Christian ymme Houe, Johann Scheffer, Hennes Gerartzson van Bercheym, Ludewig Offerman, Gerhard Brand, Mouss Peter Vaitzson, Clnsemann van Bercheym ind Contzo Wyntz dat ungeboden hoffsgedynge beheffl, ban ind frede as gewenlichen is, geboden ind gedaen hatte, is erschenen der ersame her Wilhelm Zudendorpp van Bonne, preister vicarius in der vurse: kirchen sent Cassii bynnen Bonne syndicus ind procurator der egenanten heren proists dechens ind capittels ind gesan an dem vurg: Telen Schurgin schultissen, dat hey an die gesworen stellte so wat rechtz sy bekenten zo Reyde den vurg: heren proiste dechen ind capittell sent Cassii bynnen Bonne, dat der vurg: schultisse stalte an Jacob in der Clarenhoue ind vort an die gesworen alda gemeynlichen, dat sy oyssgiengen ind beriedon sich by yren eyden, so wat sy den vurg: erwerdigen heren proiste dechen ind capittel bynnen Bonne zo Reyde bekennten ind warvur man sy hielde ind vort, off dem houe in synre herlicheit ichtz verkurtz wurde ader des hoffsguede icht verloren verdeilt verplissen ader affhendlich gemacht wurde ader eynich gud up den hoff zo leene rorich were, unentfangen were ader bleue: darupp der vurg: Jacob in der Clarenhoue gesan gevolgnysse der gesworen sich darupp zo berieden ind gienok uyss myt alle den gesworen vurg: ind bereyden sich ind quamen wederumb in ind baint die vurg: gesworen ouermytz den egenanten Jacob in der Clarenhoue gewroicht ind gewyst, dat die mole zo Reyde hange in eygendoeme ind grunde der vurg: heren proists dechen ind capittels sent Cassii zo

_____   . . .

1) Aus einem Clevischen Copiar Sec. XV.

Bonne ind haent vort gewyst anermyts denselben Jacob in der Clarenhoue van gefolgnysse alle der gesworen vorg: den vorg: erwardigen heren proiste dechen ind capittell van Bonne yre recht ind herlichheit, sy zo Reyde hauen, in diesem worden off dergelichen, as herna gescreuen steyt: Wyr wysen ind bekennen der heren proiste dechen ind capitel sent Cassius kirchen bynnen Bonne zo grunt, eygenduem, herlicheit in wasser wayden ind selde van der erden biss in dem hemmel, as wyt die herlicheit ind ban van Reyde gelt. Ind wir wysen den heren van Lewenburgh vor eynen gekoren vaid zo Reyde ind darumb sullen die vorg: heren van Bonne halden eynen upgereckten galgen, einen sicheren stock up dem bone ind darzo eyne sichere vesaere; ind off sache were, dat synich versamelich man gefangen wurde bynnen der herlicheit zo Reyde upp synen lyff, den sal man in den stock doen ind der buwmeister sal deme die vessere umb die voisse legen ind sal die splinter inbieden. Dan sal der lantbode die splinter induggen ind der buwmeister sal den slussel bewaren myt dem gefangen upp dem bone biss upp den dritten dagh ind alsdan sal der buwmeister den slussel myt dem gefangen dem lantboden leueren. Upp wilche sachen ind punten vorg: der ersame her Wilhelm Zudendorpp syndicus ind procurator der vorg: heren proiste dechens ind capittels hiesch van myr notario herna gescreuen yme ind den vorg: heren eyn oder mee offenbare instrumente in der bester formen man die machen mochte, zo machen. Diese sachen ind punte synt allit geschiet angestalt ind gewyst up den vroynhoue ze Reyde der heren vorg: van Bonne in dem kelterhuys daselbs in bywesen der erberen heren Hinrichs van Graschaff priesters Johan von Iloy notarius des gerichtss zo Bonne Gerarts Roden van Blanckenberg, Telo meister van Cassel lantbode in dem nederlande van Lewenburgh, Arnold van Koren van Sibergh, Tulo Hunnenbergh van Mundorpp ind Hannes Pyfer van Rheyde getznych herzo geheisschen ind gebeden. Ind want ich Johan Belam van der Nuwenbergh e. q. s.[1])

X.

Weissthumb

so bey denen hohen Herrengedingen dahier zu Bonn ahm Leopart aufm Stiftshoeff der auf den glockenschlagh sich dabe versamblender burgerschafft jährlichs dreymahl abgelesen wirt, als Lunae post trium regum, post quasimodo geniti und post vincula Petri[2]).

Tenor:

Die Scheffen des hohen weldtlichen gerichts zu Bonn thuen auff ahnstellen des Vogttens dem Hochwürdigsten Churfürsten vnd Ertzbischoff zu Collen etc. vnserem gnädigsten Herrn zuerkennen vnd weisen alle hohe Obrigkeit, das gericht vndt glaidt, gebott vnd verbott, schirm vnd abugriff, glockenschlagh vnd nachfolgh, fort alle nasse, drucke vnd rotte Mass, den Marckh, strass vnd gass, fort stegh vnd wegh, waag vnd gewicht, vndt die Sumber zu rechtfertigen, wasser vndt wassergang vndt waiden, fort alle gewaltliche sachen, vbertrifft, vbertaw vndt alle vnrechtfertige Scheffereyen, vorbehaltlich dem Probsten zu Bonn St. Walburgis Messen die dreye täg seines rechtens vnd der Stadt Bonn der Roden, fort ihrer privilegien, alter herbrachter gewohnheit vnd gebreuche.

XI.

Kurkölnische Verordnung, betreffend die Competens des erzbischöflichen Officials und der geistlichen Gerichtsbarkeit gegenüber dem Vogte und den weltlichen Gerichten in Stadt und Amt Bonn in Contumacial- und Bannsachen, so wie insbesondere das Verfahren bei Schuldklagen und dadurch bedingten Pfändungen. — S. D. (Aus dem Ende des 15. und Anfange des 16. Jahrh.)

Als sich bissanher thusschen etlichen parthien, so unnsers guedigsten herrenn vnderthain der kirspelle hiena beschrieuen vur siner gnaden Official des hoiffs zeu Collen umb scholdt nund anders geuordiert hauen eins nund [anderseits] den wertlichen gerichten, dairinne die undersaissen guesaen sin, wilchermaissen sie

1) Folgt die gewöhnliche notarielle Exhibitionsformel.
2) Nach einer Niederschrift aus dem Anfange des 18. Jahrh.

mit penden zuolieneren ader den ungehorsamen an lyfe uund gude suhommen sich halden sullen, irrthum entstanden, bait unnser. guedigster herre den misseln diesz maise gegeuen: Zum ehirsten, wanne in der stadt und Ampt Bonne in den kirspelen sunt Mertin, Gangolß, Remigij nnd Diethkirchen, inn dem dinckstoele zu Dottendorff unnd einen kirspelen, nemlich Friessdorff, Dottendorf und Kestenich, auch im dinckstoele zu Widdig nnnd desselben ampts kirspeln nemlich Oruell, Widdig, Herssell unnd graen Ryndorff unnd in dem dinckstoel zu Duyesdorff unnd einen kirspeln, nemlich Lessenich unnd Lengestorff ymants ob contumaciam, dat ist umb ungehorsam in sit erschienen ader darumb dat der angeklagte nit hait willen uf des olegers anspraech antworten unnd den kriegh befestigen, ader umb ander verachtung des geistlichen gerichts mit einen zwoelff nabern zu banne gebracht unnd demna einer gnaden official ein mandat unnd gebott ussgaen lest gegen das wertliche gericht, darunder der benniger goessen ist, den bennigen anzuhalden, dem geistlichen richter uund rechten hinfurder gehorsam zusin, sich uss dem banne zu loessen inhalt des mandaits gemanet wirt; in dem falle sall solich monicio unnd gebot dem pastoir zu Bonne der kirspels, daerinn der voigt goessen ist, dorch den bodden unnd briefdreger gelieuert werden; sall alsdann vort der pastoir solich mandait dem vaigt behandigen uund imo des eine copy laissen und usslegen, dat de der vaigt verstain moge, off der benniger ob contumaciam ussblyuen uund umb verachtung des gerichts zu banne komen sie ader aber umb bekannte soholdt ader gewonnen ordeil unnd recht. Daruf alsdann des vaigt nyt suymen ader citacionem quare beiden, sonder anstontl, so ime dat mandait adir monicio wie vur verkundigt, sal er, wa der benniger ob contumaciam in nit erschienen, zum rechten ader umb dat hie uff des olegers anspraiche nit geantwort uund alsso dat gericht verachtet hette, zu banne kommen. So sall der vaigt dem pastoir einen nemlichen dag ernennen, bie den bennigen wille laissen angrieffenn unnd gefencklich halden unnd imo eine guder in kommer uund gebott legen, dat hie der nit gebruychen ader geniessen moge biss so lange, dat der benniger geloufen doe, dat hie dem gericht wille gehorsam sin, absolucion erlangen nnd den gerichts kosten bezaleen und vurhin antworten uf des olegers anspraiche; so er in dem falle were uff denselben dagh, sall der oleger erschinen ader sinen anwalt ader diener schicken, dem gefangen sin gewoinliche seerung und dem vaigt uund bodden ir gewoinlich recht dauon geuen; uund so der pastoir soliche antwordt van dem vaigt entfangen hait, uff dat mandait schryuen nachfolgender maissen ungeferlich 'Executum est presens mandatum per me N. rectorem ecclesie sancti Remigii oppidi Bonnensis. anno ut in mandato die N. contra aduocatum Bonnensem per tradicionem copie ad manus eius qui intellecto tenore mandati respondit se die N. incarcerraturam renm et bona eius arrestaturum quod protestatur etc. presentibus.' So auer der benniger umb gewonnen ordeil ader bekante scholt zu banne komen were, sall dar voigt auch einen nemlichen scemlichen dagh ernennen, uff denselben hie dem oleger uff sin ansuechen lut des mandaits pende gegen wille, uund sall alsdann der paistoir soliche sine verkundigung unnd des vaigts antwordt uund bescheit uff dat mandait schryuen, nemlich 'Executum est hoc mandatum die N. per me N. rectorem ecclesie sancti N. oppidi Bonnensis contra aduocatum Bonnensem per tradicionem copie ad manus eius qui intellecto tenore mandati respondit se die N. actori ad eius requisitionem in loco Iudicii sub quo iure habet domicilium, traditurum pignora quod protestatur cum protestatione etc. presentibus'; uff wilchen dagh der vaigt also des gerichts bodden den bennigen penden laissen sall, wie hirnach folgt. Zum eirsten, an den gereitsten gudern als nemlich swyn koehe perde ader ander vehe dat zoerende; ist des nit da, so sall man huyssrait nnnd ander ingedoeme nemen; ie des onch nit da, sondern erßzsoll, so sall man dauan pende geuen; ist des auch nit da, so sall man inen mit dem lyfe penden uund in die fesser in des bodden huys setzen, so fern als derselb inlendisch uund scobekomen sie und gaen mit yder pantschaft umb, wie herna volgt. Ehirstlich, wanne die pantschaft geschiet in den gereitstenn gudern nemlich soeruode pende als swyn koehe perde unnd schaefe etc., so sullen die gepante guder in der pantschaft gehalten werden biss uff den dritten dagh, mittler zyt mag der gepante den oleger zufrieden stellen; geschiet des nit unnd der oleger ader sin geschickter forder gerichts goeynnet, so sall man die gegeuen pende ouernmtz dieihene, des verstant hanen unnd mit eiden darzu verbodden sint, laissen uund verkauffen unnd dem oleger sine heuftscholdt mit ußgegangen costgelt dauon bezalen. Synt diess varg: pende nit besser, so sall man sie dem oleger ouerlieuern uund magh damit doin wat ime gelienet; synt die pende nu besser dan die scholdt uund costgelt, sall der oleger dem verclagten heruss geuen; weron ouch die pende nit gut genoich vur heufftgelt und costgelt, so sall man derseluer guder so vill nemen, dat der oleger vernoigt wirdet uund die guder haint geyne wiederbestondung. Mit huyssrait uund anderm ingedoeme, nemlich kisten poilhen kleider wagen ploege karren uund dergleichen, dat dazu gerechent wirdt, sal alsso gehalten werden, nemlich dat solich huyssrait sall stain an der pantschaft vierzeehin dage; mitler seyt mach auch der verclaigter die beschudden. So dat auer nit engeschiet uund forder gerichts vom oleger ader van denn sinen vam werntlichen richter gewonnen wirdt, so sullen auch die pende onermitz dieibene, daran mit eiden ader sust verbonden synt, gepennickschatzt werden unnd vur den geschatzten penninck uffgeroiffen werden; ist dan ymants, der sie gildt, sall man solich geldt dem cleger an siner schoidt unnd oostgeldt geuen. Gilt sie auer nymants unnd der gepante sie auch nit enloesset, so sall man sie dem cleger ouerantworten, sin best damit zodoin; ist der geschatzten pende nit genoich, so sall man forder tasten an dieselue ader dergliechen guder, bis zu volnkomener bezcalungen und hauen auch die pende geyn wiederbestondung. Wo aber der benniger der gereider guder geyne oder nit genoich zu bezcallung der schuldt unnd gerichtscost hette, so sall man der erffschaft souil, es sy wynggart huyss hoff landt busch broich etc. zur pantschafft nemen unnd datselue stuck erffschaft dem cleger in sin gewalt geuen unnd also bald ouermitz die darzu verordent synt, geschatzt unnd vur demselmen geschatzten penninck drye sontag na einanderen in der kirchen affroeffen, off ymants von den eruen oder ymants anders sie, der mehe darfur geuen wille; kumpt alsdann nymants der dat loessen ader mehe dafur geuen wille, so mag derselbige dem dat zugeschatzt unnd vur ein pant gegeuen ist, iair unnd dag, dat ist ein jar unnd seess wochen, solich pant in siner nutzungen halten. Queme aner imants von den uffgeruten vur usegang des jairs unnd daga der die pende loessen wulle, sall der ausgelaissen werden also, dat hie dem cleger sin heuftgelt, gerichtliche kost unnd allet dat vur dat pant dem cleger inngedain was, zusampt anlage unnd ploichrecht ouerliebere unnd vergnoege. Kumpt na nymants bynnen der zyt van den eruen ader andern nand gift dem cleger alle bekanliche schoidt mit allem uffgegangen unnd angeischtem gelde widder, so sall der cleger sich ouermitz den richter an solich guder laissen richten und weldigen als gewoinlich ist. Were auch sache, dat der beelagter der vurss: dryer geyn enhette unnd alsdaun der cleger gliechewol uesrichtung hauen wolde vam werntlichen richter, so sall man den beclagten am lyfe penden unnd in die fessern in des bodden huyss setzen unnd der bodde sall inn solang balden als dem gefesserten ydes daga vur cost ein schillinck unnd dem bodden vur slosagelt auch ein schillinck gegeuen wirdet; dan so dat nit gegeuen wurde inn dryen dagen nnnd dryen nachten, sall hie na alder gewoinheit mit recht uysegelaissen werden unnd ist damit den mandaten unnd dem clegern gnoich geschern. Inn andern werntlichen gerichten, da der vaigt von Bonn nit zuschaffen heit, sall der paistoir mit·der verkundigung nnd der vaigt, scholtess ader ander amptman des gerichts mit siner antwort unnd bescheide zusampt andern puncten vurgemelt sich in aller maissen halden, wie ouen geschriuen stelt [1]).

Wir wullen auch das unnser official kein weltliche sachen tusschen weltlichen personen vur weltlichen gerichten angefangen, die sich von irer natuyr vur weltlichen gerichten zuuisseren gehoeren, affheischen oder den weltlichen gerichten verbieden; wo aber durch unrechtferlich anbringen solich geschage, des sich doch unnser ofiziail alles fliess myden sal, sobald ime uss wairhaffligem schiene und bewyss solichs vurbracht unnd bewesen wurde, dat die sache vurhin an dem weltlichen gerichte angefangen, ehe sie vur dem officiail inbracht were, sal er anstundt sine geboider widderroiffen unnd den anbringer dem widderdeil in die gerichtskosten verloemen.

---

1) Bis hierher hatte eine Kanzleihand aus dem Ende des 15. Jahrhunderts geschrieben; das Folgende ist von anderer Hand ein paar Jahrzehende später, wahrscheinlich in den ersten Jahren der Regierung Erzbischofs Hermann V. (1515—47) hinzufügt worden. Auf dieser Verordnung bazirt übrigens in den bezüglichen Bestimmungen, theilweise sogar mit fast wörtlicher Wiederholung, die Reformation der geistlichen Gerichtsbarkeit von 1529, vgl. Scotti, Kurköln. Gesetze und Verordnungen I, S. 81—83. Wenn oben nur vom Official des Kölnischen Hofgerichts (official des boiffs zen Collenn) Erwähnung geschieht, nicht aber des Archidiakonal-Officialats zu Bonn, so erinnert dieses an langjährige Versuche, die Jurisdiction des Cassiusstifts zu beschränken, wie dieselben noch in der kurfürstlichen Verordnung vom 16. Februar 1790 'wegen verbesserter Einrichtung Unseres hiesigen Officialatgerichts' (Scotti, c. a. O. II, 915, S. 1177) Ausdruck gefunden haben. Der damalige Probst Frhr. von Weichs protestirte energisch, indes vergeblich gegen die Schmälerung des uralten stiftischen Gerechtsama, mit Berufung u. A. auf die vom Hofrathe erlassenen Urtheile, wonach 'das Archidiakonalische Officialat in den im Archidiakonalischen Bezirk gelegenen Landesortschafften in civilibus et iis quae mixt sunt fori, inrisdictionem ordinariam habe.'

Der Frohnhof Mülheim bei Bonn.

Lacomblet's schöne Untersuchung über die Hofesverfassung im Bezirke der Stadt Bonn [1] hat die Elemente aufgezeigt, aus denen sich das mittelalterliche Gemeinwesen daselbst entwickelte. Von den Villen und Höfen, in welche Bonn einst zerfiel, sind die Villen Bachheim und Stochen frühe untergegangen, die andern dagegen, die Höfe Mülheim, Dietkirchen, Wichelshof und der erzbischöfliche Haupthof Merhausen bis in die neuern Zeiten ansehnliche Gutscomplexe des städtischen Bannbereichs geblieben. Heutzutage hat aber auch die Erinnerung an die Höfe Mülheim und Merhausen nahezu aufgehört und der Wichelshof allein, anziehend durch seine römische Vergangenheit, dauert vor den Augen und im Bewusstsein des Bonners fort. Selbst der Zusammenhang des 'Mülheimer-Pförtchens' vor der Sürst (hinter dem Müller'schen Hause) mit dem alten Hofe des Cassiusstifts ist Wenigen mehr bekannt.

Wir wollen an der Hand der urkundlichen Zeugnisse versuchen, uns das Bild dieses Hofes zu vergegenwärtigen. Gleich dem Wichelshofe des Cölner Stifts Mariä im Capitol und dem Frohnhofe des Stifts Dietkirchen vor der Cölnerpforte lag der gedachte Frohn- oder Banhof des Archidiakonalstifts von St. Cassius und Florentius innerhalb des Bonner Burgbanns, aber ausserhalb der Conrad'schen Stadtumwallung [2]. Trat man aus dem Mülheimer Pförtchen oder Thürchen, unmittelbar an welches der Fischweiher des Stiftsdechanten mit ungefähr drei Morgen Grundfläche anstiess, so musste man die Ländereien und Gebäulichkeiten jenes Hofes erblicken, etwa in der Gegend der Baumschulerallee nahe dem Endenicher Wege und bis dahin, wo das Endenicher und Poppelsdorfer Feld sich scheiden. Nach einer Aufzeichnung vom Jahre 1575 gehörten unmittelbar zum Hofe 129 Morgen Ackerland und 8¼ Morgen Benden mit einem jährlichen Pachtertrage von zusammen 10 Malter Weizen und 50 Malter Roggen. In weitern Umkreise aber waren Häuser und zahlreiche Grundstücke zu und bei Bonn, zu Dransdorf, Hersel, Ippendorf, Lengsdorf, Endenich, Poppelsdorf, Kessenich, Friesdorf u. s. w. zu Geld- oder Naturalzinsen an denselben verpflichtet. Der vorbeifliessende Bonner Bach trieb die Mühlen, von welchen der Hof den Namen empfangen, zunächst die Mühle des Cassiusstifts, weiter unten die Mühle Steinbrück des Stifts Dietkirchen [3]. Mit ersterer Mühle, die um 1322 auch die Mühle zwischen Bonn und Poppelsdorf und in der Villa Mülheim (in villa Molenheim iuxta Bonnam) genannt wird, waren 30 Morgen Ackerland, 1½ Morgen Weinland und eine Behausung verbunden.

Schon Probst Gerhard von Are († 1169) hatte den ursprünglich probsteilichen Hof [4], der von fünf Mansen, d. h. bebauten Hufen des Capitels umgeben war, diesem mit einer Reihe anderer Besitzungen zu Obedienzen für die Canonichen, unter Vorbehalt jedoch seiner

---

1) Archiv f. d. Gesch. d. Niederrh. II. S. 296 ff. 2) Je nachdem der engere oder weitere Bezirk in's Auge gefasst wurde, pflegte man den Hof Mülheim ebenso wie den Wichelshof bald als innerhalb, bald als vor der Stadt liegend zu bezeichnen. Neben 'Mülheim in Bonn' in Urkunden von 1381 und 1436 begegnet noch bis tief in's 16. Jahrh. 'Mülheim vor Bonn', doch ist erstere Bezeichnung in den letzten drei Jahrhunderten die bei weitem häufigere. 3) Häfer, Zeitschrift f. Archivwissenschaft u. Diplomatik, I. S. 492. 495. Lacomblet, Archiv II. S. 304. 4) Günther, cod. dipl. Rheno-Mosell. I. 260.

21

besonderen Gefälle, übergeben und sein Nachfolger Lothar darauf diese Anordnung bestätigt. Erzbischof Philipp von Cöln ertheilte dazu im Jahre 1190 seine Genehmigung[5]). Seitdem ward der Hof Mülheim in der Regel an einen Canonichen und zwar lebenslänglich vergeben, bis Erzbischof Friedrich III. von Cöln mit Urkunde vom 25. October 1381 den dem Gesammtvermögen des Stifts schädlichen Usus der Obedienzen aufhob und statt dessen verfügte, dass die betreffenden Höfe, wie sie in der Urkunde Erzbischofs Philipp aufgeführt sind, inskünftige nur in Zeitpacht an den Meistbietenden, sei es an einen Stiftscanonich oder an einen sonstigen Cleriker oder Laien übertragen werden dürften. Die Verpachtung geschah auf 9 bis 12 Jahre. Am 31. Januar 1436 z. B. verlieh das Capitel seinen Hof Mülheim in Bonn (curtem nostram Molenheym intra opidum Bonnense situatam) mit allem Zubehör, Waldung, Weide, Zehnten, Renten, Zinsen u. s. w. seinem Mitcanonich Johann von Wipperfürth (Wippervurde) auf 9 Jahre gegen „die in den Stiftsregistern beschriebene jährliche Rente." Diese bestand laut den Rechnungen des Hofesamtes (officii curtium) bis in die letzten Decennien des vorigen Jahrhunderts hauptsächlich in 66 Malter Weizen, 41 Malter Roggen, 4 Malter Gerste, 20 Malter 1 Sümmer und 1 Viertel Hafer, sowie 2 Reichsthaler 52 Albus. Als letzter Verwalter erscheint gegen Ende des 18. Jahrh. Cassius Honecker.

Der canonicus pensonarius oder eventuell Laienadministrator war als solcher Hofesherr zu Mülheim und verpflichtet, über die ordentliche Lieferung der Gefälle und die Zusammenhaltung des Gutsbestandes zu wachen; unter seiner Aufsicht wurde vom Schultheiss und den sieben Geschworenen das Hofesgericht an den drei Dingtagen, Mittwoch nach Dreikönigen, am zweiten Mittwoch nach Ostern und am ersten Mittwoch nach Peter-Vinkelstag (Petri ad vincula, 1. August) abgehalten. Wie das in einer Fassung des Jahres 1621 erhaltene Weisthum[6]) und die Registernachrichten des Cassiusstifts lehren, waren die abhängigen Güter vornehmlich Behandigungsgüter, s. g. Lehen, von denen ausser den Jahresabgaben eine Kürmede in den Hof entrichtet wurde. Durch successive Theilungen hatten sich diese Lehen so vervielfältigt, dass Erzbischof Ernst von Cöln in einer Urkunde vom 26. April 1593 hervorheben konnte, wo einst höchstens 24 oder 25 Belehnte gewesen, da zähle man jetzt schon über 100 Aufsitzer. Das altherkömmliche Andreasessen war dadurch in eine kostspielige Schmauserei ausgeartet, zu welcher sich die geringsten wie die ansehnlichsten Zinsleute des Hofes drängten, weshalb der letztgenannte Erzbischof für gut fand, mit gleichzeitiger Hinweisung auf die kurz vorhergegangenen Drangsale des Truchsessischen Krieges und deren Nachwirkungen das Essen abzustellen und statt desselben zunächst auf sechs Jahre eine Semmelvertheilung anzuordnen. Die Hofesgeschworenen waren laut des Weisthums hiermit begreiflicher Weise sehr wenig zufrieden.

Im Jahre 1691 wurden 58 ganze, halbe und Viertel-Lehen des Hofes mit ihren Gefällen und Splissen verzeichnet, darunter zwei Lehen des Stifts Dietkirchen zu Widdig, 4 Kürmedialgüter der Abtei Heisterbach zu Dottendorf und Friesdorf, zwei Lehen des Klosters Wenau zu Bornheim, 2½ Lehen des Comthurs von Altenbiesen, zu Hersel, ein Lehen des Convents zu Alfter und fünf Lehen des Cölner Karthäuserconvents bei Endenich, z. B. im Burgfelde an der „Mordkaule", mehrere Lehen zu Ippendorf, Kessenich, Uedorf, ein Hof des Convents Marienforst zu Friesdorf, Haus und Hofreide des Stifts Dietkirchen zum Over-

5) Anlage I.   6) Anlage II.

stols am Bonner Walle naho bei der Cölnerpforte, mit welchem letzten das Reoht verbunden war, einen Hüfener auf das Hofesgericht zu stellen, der jedes achte Jahr das Amt eines Hunnen verwaltete und dabei gehalten war, am Osterdienstage das Hunnencassen zu geben. Einen Einblick in den Umfang der Güter und Gefälle des Hofes Mülheim gewährt ein Heberegister desselben, welches nach den darin erwähnten Personen um 1320 abgefasst ist[7]. Dasselbe beginnt mit einer von kleiner und zierlicher Hand vorgeschriebenen Liste der rückständigen Zinsen, an welche sich das fast bis zum Schlusse von einer und derselben grossen und deutlichen Hand herrührende Verzeichniss sämmtlicher Einkünfte reiht, zuerst der Zinsen und Renten in der Stadt Bonn, dann der Gefälle von Weinländereien in der Marvlacht, in der Aldervlacht und im Scherfgen, im Hag, der Zinsen vom Ackerlande bei Poppelsdorf, Endenich u. s. w., der Zinsen von Waldland, ferner der Weisenrenten der Hofesfamilie, vornehmlich aus Hersel, Bornheim, Uedorf, Widdig, Ippendorf, Dransdorf, Cardorf, Waldorf, Friesdorf, Endenich, Poppelsdorf, Dottendorf, der Hafer-, Hühner- und Geldabgaben aus Friesdorf, Dottendorf, Gielsdorf, Kessenich, Ippendorf, Endenich, Lengsdorf, Büschdorf, Dransdorf u. s. w. Wir fügen diesem Register als ergänzendes Seitenstück aus späterer Zeit[8]) die oben bezogene Aufzeichnung aus der 'descriptio bonorum cleri Bonnensis anni 1575' an, welche zugleich den gesammten Besitzstand des Cassiusstifts in und nächst Bonn darlegt.

I.

Erzbischof Philipp von Cöln genehmigt die Anordnung, wodurch Gerhard, weiland Probst von Bonn, dem Capitel die Besetzung der Höfe zu Wichl, Altenkirchen, Birnbach, Wahlfeld, Lohmar, Rheidt, Dattenfeld, Mülheim, Messdorf, Liemersdorf, Merkenheim und deren stete Verwaltung durch je einen der Stiftscanonichen eingeräumt, was der jetzige Probst Lothar unter Hinzufügung weiterer Güter bestätigt habe. — 1190.

In nomine sancte et indiuidue trinitatis. Ego Philippus sancte Coloniensis ecclesie humilis minister. Notum facio omnibus fidelibus. quod Gerardus bunnensis ecclesie et bone memorie prepositus. saluti sue et fratrum utilitati consulens omnes curias uidelicet. Wilc. Aldinkirchin. Berenbach. Waleuelt. Lomere. Reide. Dattenvelt. Mulinheim. Methesdorp. Limerstorp. Meedenhem. et earum amministrationes que ad stipendia fratrum pertinent. episcopali auctoritate. et priorum assensu. diuine remuneracionis. et fraterne dilectionis intuitu. sine diminutione tamen sui seruitii. quod ex ipsis curiis specialiter preposituro debetur. fratribus ecclesie quantum ius et uillicationis ratio exigit. perpetua stabilitate contradidit. tali ordinatione stabilita. quod cum prius prepositus libera donatione quascunque uellet personas institueret uillicos: de cetero non nisi ex fratribus quos ad hoc ydoneos prepositus. et decanus cum maioribus de capitulo iudicarent: uillici et amministratores a preposito instituerentur. Quorum si aliquis huius amministracionis per negligenciam minus utilis quantum ad honorem et utilitatem ecclesie quasi dissipator inuentus fuerit: consideta abiciatur. et alius ei secundum modum predictum substituatur. Hoc ergo tam laudabile factum a preposito predicto inciatum. dilectus filius noster. Lotharius successor eius simile meritum ad deum et fratres suos habere cupiens. motu bone uoluntatis ratum habuit. et nostra auctoritate prioremque nostrorum approbatione confirmauit. Insuper et specialem sui memoriam facere intendens. decimam in Kestenich. et alias quatuor adiacentes. videlicet Alftere. Dudinstorp. Dottindorp. Crufte. liberali uoluntatis sue arbitrio. et auctoritate nostra. cum prius etiam laicalibus personis pro beneplacito concederetur. simili ordinatione ut supradictum est de curiis. fratribus contradidit. ita tamen. quod id iuris quod antiqua institucione in eisdem habuit decimis et nova ordinatione que inter ipsum et fratres facta est. habere incepit. nostra auctoritate et priorum approbatione nostrorum stabiliter possideat. et ad omnes successores suos sine ulla contradictione transmittat. Quod si aliquis sic institutorum annuam pensionem absque inopinato casu suis temporibus non persolverit. inditio uillicorum aut decimatorum. a preposito decem solidorum pena mulctetur. Ut autem hec constitucio rata et inconvulsa permaneat. presentem cartam inde conscribi. et sigilli nostri inpressione muniri fecimus. statuentes. et sub districto anathemate precipientes. ne quis eam mutare vel infringere presumat. Quod si quis facere attemptauerit. omnipotentis dei et beati Petri offensam incurrat. et perpetuo anathemati nisi resipuerit subiaceat. Huius rei testes sunt. Bruno maior in colonia prepositus. Adolphus maior decanus. Cunradus xantensis prepositus. Lotharius bonnensis prepositus. Godefridus prepositus sancti Gereonis. Theodericus prepositus sanctorum apostolorum. Bruno prepositus de gradibus. Rudolphus subdecanus. Throdericus decanus de gradibus. Marcwardus decanus sanctorum apostolorum. Isfridus decanus sancti Georgii. Vlricus cappellarius. Rudolfus maioris ecclesie scolasticus. Gozwinus decanus bonnensis. Warnerus scolasticus. et omnes eiusdem capituli fratres. Acta sunt hec anno millesimo. centesimo. nonogesimo. Regnante Friderico glorioso Romanorum imperatore augusto. et filio eius rege Henrico. anno presulatus nostri vicesimo primo [1]).

II.

Copie des protocollo Gerichts Mülheim vom Jahr 1621 beschriebenen Weissthumbs.

Im Jahr Unseres Herren 1621 uff Gudestagh den 4ten tagh des Monats Augusti im das von uhralten Zeiten uff'm Mülheimer Hoff gewöhnliche Hoffsgericht durch den Hoffsschulteissen Herrn Johannem Georgium Kurtzrock des Churfürstl. hoben Gerichts Scheffen zu Bonn behegt vndt demselben bann vndt friedt ernstlich gebotten vndt alle Ungebür verbotten worden.

Demnach seint uff behegten Gericht in praesentia sämbtlicher Schulteiss vndt Höffner uff ahnstellen des Ehrwürdigen Herrn Philiberti Taxis zeitlichen Hoffsherren des ahnwesenden Hoffsgeschworenen die alte Weissthumben dieses Hoffgerichts auss einem alten protocollo durch Hubertum Hynen Hoffsschreibern mit harter Stimme uff- vndt abgelesen worden, wie dieselbe von worth zu worth folgen also lautteudt:

Weissthumben des Mülheimer Hoffs-Gerichts sc: Cassij et Florentij Stiffts-Kirchen zu Bonn.

Zum irsten weisen die Geschworen des Hoffs Mülheim alle diejenigen wettigh, welche ihr Zinss vndt Pacht uff den angesetzten gewöhnlichen sinsbaren tagh nitt bezahlt, vff 7½ schilling;

zum zweyten weisen auch bemelte Geschworen wettigh alle diejenigen, so nitt auff den dreyen vermelten dincklichen tägen, nemblich uff Gudestagh negst nach der heyligen drey Königen tagh, uff den zweyten Gudestagh nach Paschen vndt uff den irsten Gudestagh nach St. Peter Vinckels erscheinen vndt ungehorsamblich aussbleiben, vff 7½ schilling.

Zum dritten vrögen die Geschworen alle diejenige, so ihre Hoffsgüther verkaufft, vertauttet, übergeben, versplissen vndt sonst beschwertt hauen, baumen wissen vndt willen des Hoffs- vndt Lehnherren, vndt im pfall Jemantz herin brüchtigh befunden würde, soll alsdann der Hoffsherr solche verkauffte oder versplissene güther in Verbott legen, vnd dieselbige, wie die Hoffsgewohnheit, ahn sich diegen. —

Zum vierten anzeigung vndt beschreibungh der Lehngüther belangendt weisen wir Höffner, dass ein jeder geschworen soll beschrieuen bringen vndt darthun auff gesinnen des Hoffsherren, von welchen Güthern er geschworen ist, vndt für welche er vff diesen Hoff vurgeytt; soll auch ein jeder Höffner gleichfalls seine Lehngüther schrifftlich zuzubringen uff gesinnen des Hoffsherren schuldig sein. Vndt sollen die Herren vom Capital den Partheyen uff ihr gesinnen mit den Hoffsbüchern herin so viel ihnen müglich rue steur kommen. Were aber sach, dass die Höffner oder Geschworen ihre Lehn oder ahntheil derselbigen nitt mögten schrifft-

---

1) Das Siegel des Erzbischofs ist ab. Die obigen Massregeln der Pröbste Gerhard und Lothar leiteten gewissermassen die Abscheidung der Revenuen des Probstes und Capitels ein, welche später als bei manchen anderen Stiften, beim Cassiusstifte erst im Jahre 1384 durchgeführt wurde. Der Probst hatte zufolge dieser Separation jährlich 22 Malter Weizen, 6 Malter Roggen und 6 Malter Hafer aus dem Hofe Mülheim zu empfangen.

lich den Hoffaherren bringen, der ursach halb, dass sie es ein Theil vielleicht verkaufft, verbrutt vndt sonst
baussen wissen undt willen des Hoffs- oder Lehnsherren verbracht vndt verenssert halten, so sollen sie in
ihre frey eigene güther greiffen undt das Lehn alles nach antheil desselbigen dauon voll machen, damit der
Hoff bey seiner Gerechtigkeit und der Hoffsherr derhalb ahn seinen gütteren ungeletzt verbleiben möge.

Zum fünfften weisen die Höffner, der Vorgänger soll schuldig sein die Wette zu bezahlen vndt dem
Hoffsherren seinen Zins vndt Pacht vndt dem Schulteissen die wette zu verrichten.

Zum sechsten den Holtzhaw vnd vrögung desselben belangendt weisen wir obgemelte Höffner, so
Jemandt Holtz hawet in denen Büschen Hossenhoffen, soll der fürster schuldig seyn denselben auff dem Hoff
Mülheim dem Hoffsherren zu vrögen vndt abzuzeigen.

Zum Siebenten der alter Register weisthumb belangendt weisen die Höffner alle diejenige so au-
thentlich und nitt cancelliret noch suspect seyent, von werth, es wäre dann sach, dass sie Jemants wie recht
könte wiederlegen.

Zum achten belangendt Vertheilung oder Verspleisung der Lehn, vnd wiefern man ein gantz Lehn
möge vertheilen, weisen wir Höffner, dass man ein gantz Lehn in vier Theill mag verdeillen und nitt vurter;
so es aber vurter vertheilt würde, soll der Höffner das guth in Kummer lassen legen undt dingen dann druff
wie recht ist.

Zum Neunten so viel verthätigungb der Churmüdt thutt belangendt, weisen die Höffner nach alten
wohlbergebrachten dieses Hoffs weisthumben vndt gebrauch, dass, welcher sein landt mit seinen eigenen Pferden winnet vndt bawet, dass der soll von einem gantzen Lehn für Churmüdt geuen ein pferdt. Item vom
haluen Lehn ein balff pferdt. Item vom fiertel eines Lehns ein fiertel eines pferdts. Item wer sein landt
um halbscheidt thut winnen, der soll vom gantzen Lehn für ein Churmüdt geben ein half pferdt. Item van
einem halben Lehn ein fiertel eines pferdts. Item van einem fiertel eines Lehns das achte Theil eines pferdts.
Item wer sein Lehn um Lohn lässt winnen, der soll vom gantzen Lehn für eine Churmüdt geuen einen silbernen pflug mit fünff Marck zu verthätigung. Jedoch so ist herin obbgemelten unsern Herrn Deehandt vndt
Capitul zue St. Cassij anzubehalten, dass an welchen Enden vndt Örtheren sie in friedlicher vndt rewlicher
possession seindt pferdt Churmüdten von Lehngüthoren, so umb Pacht gewonnen werden, zu empfangen, soll
an den Örtheren unser ietz gegebener spruch vndt weisthumb ihnen nit nachtheilig sein, sondern sollen sy
an den örtheren bei ihrer rewlicher possession vnuerhindert bleiben. — Item vom halben Lehn einen haluen
silbernen Pflug, vndt so vortlahn nach antheil seines Lehns.

Zum zehnten, so viel übergifft eines Lehns oder eines theils dauon thut belangendt, sagen die
Höffner, sie können nit verwilligen, dass man etwas oder einen splissing auss einem Lehn solle weggeuen,
sondern bleiuen das bey einem fürgewelsten artheil im vorigen dritten Weissthumb eingerücket.

Nach öffentlicher Verlesung der vorschriebener Weissthumben seint die Geschworen gefragt: ob sie nit
alsolche Weissthumben der Vorfahren für werth vndt bündig erkennten?

Vff genohmmen abtritt erklehren sich die Geschworen, dass die Weissthumben fast alt, gleichwohl
wann vff seithen eines Ehrwürdigen Capituls inen den Geschworen gehalten würde, was von alters gebräuchlich, wissen alsdann der Vorfahren weissthumben nitt zu verendern, undt als nun der Hoffsherr gefragt,
worüber sie die Geschworen fürnemblich klagten, haben sich resolviret, dass inen das gewöhnlich essen nitt
mehr gehalten würdt, warauff inen vom Hoffsherren repliciret, dass solches Mandato serenissimi verpotten vndt
in dessen statt inen die semmeln gegeben würden; darauff die Geschworen forners geklagt: dass die semmeln,
so inen sontags post Andreae gegeben würden, kleiner als von alters gebacken, begehrendt dieselb zu verbessern.
Inmassen der Hoffsherr erpotten, uber diesen defect sich zu erkundigen und denselben zu verbessern.

Also verhandelt vff datum wie oben beyseins Johan Georgh Kurtzrock Schultissen vndt Höffners, Johan
Stern oder Goldschmidts, Arnolden Schollers, Mathoissen Cupers, Johann Prachtiz vndt Hendrichen Schroten
aller Höffner des Mülheimer Hoffs vndt der Mehrentheil der Geschworen daselben.

III.
Register der Gefälle des Hofes Mülheim (um 1320).

Isti sunt soluentes census curtis in Molinhem, qui non dederunt. In primo relicta
Alexandri dicti durrin IX. solidos. [Item eadem XV. den. Item dominus Abelo dictus durre miles. V. sol.] [1]

---

1) Diese hier eingeklammerten Positionen sind im Original durchstrichen, offenbar wegen erfolgter Zahlung.

Item de dote sancti Remigii. V. sol. Item Egidius sellator XVIII. den. Item Henricus Molindorp et dictus hewilbat miles IIII. sol. Item relicta domini Pawini militis. II. sol. Item de bonis in Krieschonen II. sol. Item Johannes de Dorne miles IIII. sol. Idem Henricus de Dollindorp miles. ex parte de bonis haifschillinx IIII. sol. Item Amilius de Dudistorp. II. sol. Item Pawinus iunior de Hemberch miles. II. sol. Item Wernerus de Burnhem IIII. sol. Item Johannes de Molindorp. II. sol. Item suror eius de Esch II. sol. Item domini de summo de curia in Reide. II. sol. Item domina de Santhulin in Reide. II. sol. Item relicta Cristiani carnificis XIIII. sol

Hii sunt census pensiones curtis in Mulenheim. in die beati Martini. Hermannus de Segteme soluit maldrum tritici de domo sua in weinstergassen. Item Dertolfus diues soluit sumbrinum tritici de domo sua. Item relicta Siberti soluit sumbrinum tritici de domo apud fratres minores. Item relicta Mengini Judei soluit sumbrinum tritici cum dimidio sumbrino. Item dictus Loysam judeus. sumbrinum cum dimidio de curia. Judeorum. Item relicta philippi carnificis. septem sumbrinos tritici de domo sua. Item Johannes dictus rempelin. tria sumbrina. cum dimidio sumbrino tritici. Item Godeschalcus filius Wilhelmi dicti rempelin maldrum tritici de domo sua. Item Gobelinus filius Methildis dicte waleplege. tria quartalia tritici de domo Mollingi. de domo domine de Draisstorp et domo brazatoris iuxta fratres minores. Item monachi de Hommenrode maldrum tritici de domo quoadam dicti bunghe. Item Henricus dictus cozzman. maldrum tritici de domo sua. Item Henricus dictus Yssermenker. tria sumbrina tritici de domo sua. Item Johannes filius dicti viselmau tria sumbrina tritici de domo sua. Item relicta Johannis de Segteme sumbrinum tritici de domo sua. Item Thilmaaus corduenarius VI. sumbrina cum dimidio sumbrino tritici de domo sua. Item Jacobus vicarius ecclesie bunnensis. quinque sumbrina tritici de domibus dicti bomeystore. Item Conradus dictus Raitgeue dimidium sumbrinum tritici de domo sua. Item Nicolaus scultetus dimidium sumbrinum de domo sua. Item Johannes de Santcule maldrum tritici de domo sua. Item Wenemarus dictus durre tria maldra tritici minus sumbrino quoram soluit de domo sua in bunegassen unam. Item de domo Cristiani carnificis unum maldrum. Item de censibus octo solidorum dimidium maldrum et de domo quadam in weinstergassen. sumbrinum. Item Wilhelmus dictus durre. tria maldra. cum dimidio maldro tritici. de quinque domibus in buudegassen. Item Henricus rufus pistor maldrum tritici de domo sua. Item relicta Johannis dicti de rore IIII. maldra tritici. cum dimidio maldro de domo et area in vico Judeorum. Item Gobelinus dictus Voys maldrum tritici. de bonis in bunegassen. Item monachi de Heysterbach quinque maldra tritici. cum sumbrino de curte vineis et agris sitis in Bunna. Item Henricus de Muodorp maldrum tritici de domo sua. Item relicta dicti spiczebart maldrum tritici de domo sua. Item relicta dicti humbenstoo. duo sumbrina de domibus eiusdem in weustergassen. Item dictus Campin et filia eiusdem. sumbrinum tritici. cum dimidio sumbrino. de domo et area in Weustergassen. Item Loretta de Mulenheym. maldrum tritici de curte sita in Mulenheym. Item Daniel de Leugstorp miles. maldrum tritici de quadam domo apud fratres minores. Item decanus ecclesie Bunnensis duo maldra tritici de piscinula apud Mulenheym. Item Gobelinus de Wisenburgh sumbrinum tritici. de quadam domo in bunegassen. Item Henricus dictus Molline. tria maldra tritici de quadam domo apud santcule. Item idem Henricus VI. sumbrina tritici de domo Johannis dicti Cozeman. Item Henricus maldrum tritici cum dimidio sumbrino de domo Aruoldi dicti belle. Item idem Henricus sumbrinum tritici cum dimidio de domo[2]... Item relicta dicti Zappeman. quinquo maldra. cum dimidio sumbrino de domo sua in weustergassen. Item eadem relicta VII. sumbrina de quadam domo in bunegassen. Item Jacobus dictus viselman dimidium maldrum tritici de domibus suis in weustergassen.

Item census vinearum sitarum in der Marvlaten.

Hermannus de Segteme maldrum tritici. de dimidio iurnali. Item relicta, Tutele. dimidium maldrum de dimidio iurnali. Item Mathias gener dicti Moreis, maldrum tritici de dimidio iurnali. Item Henricus cozeman maldrum tritici de dimidio iurnali. Item Anselmus in ponte. maldrum tritici de dimidio iurnali. Item Henricus pistor maldrum tritici de dimidio iurnali. Item Gerardus dictus ole. maldrum tritici de dimidio iurnali. Item Methildis filia Johannis carnificis maldrum tritici do dimidio iurnali. Item Jacobus dictus viselman. maldrum tritici de dimidio iurnali. Item relicta dicti sapmaus. III. maldra minus dimidio sumbrino de iurnali cum dimidio. Item Katherina pistrix maldrum tritici. de dimidio iurnali. Item Gerokinus apud portam coloniensem maldrum tritici de dimidio iurnali. Item Johannes dictus Clockart. maldrum tritici do dimidio iurnali. Item relicta Gernandi maldrum tritici de dimidio iurnali. Item Aleydis de polle. maldrum tritici de

2) Die nähere Bestimmung der Lage dieses Hauses ist vom Schreiber offen gelassen.

dimidio iurnali. Item Henricus de vileke. maldrum tritici de dimidio iurnali. Item Hermannus de Waledorp maldrum tritici de dimidio iurnali. Item Conradus dictus vogil. maldrum tritici de dimidio iurnali. Item Fredericus de Stoozeym. dimidium maldrum de quartali. Item Gobelinus de Stoozeim. maldrum tritici de dimidio iurnali. Item Hermannus de Rore mahlrum tritici de dimidio iurnali. Item Gobelinus filius Dithmari maldrum de dimidio iurnali. Item Beatrix dicta de muren maldrum tritici de dimidio iurnali. Item Johannes dictus bone. dimidium maldrum tritici de dimidio iurnali. Item Johannes dictus hoysse. maldrum tritici de dimidio iurnali. Item relicta Brunonis de Speculo. VI. sumbrina tritici de iurnali. Item Thomas apud Renum. maldrum tritici de dimidio iurnali. Item Gerardus filius Winrici de Segteme. VI. sumbrina cum dimidio sumbrino de tribus quartalibus.

[Aldervlacht et Schergin.]¹)

Item puella de dormitorio maldrum tritici de dimidio iurnali in der aldervlaten. Item Hermannus de Reinbach duo maldra tritici de iurnali vinee in der aldervlaten. Item brunstenne²) sacerdos IIII. maldra cum dimidio de vineis in der aldervlaten et in Schirfgin pertinentibus ad altare beate Marie Magdalene. Item Winricus sacerdos provisor altaris beate Marie maldrum de dimidio iurnali in der aldervlaten. Item capitulum ecclesie Carpensis IIII. maldra minus sumbrino de vineis in der alder- et in Marvlaten. Item Johannes dictus Cota. maldrum de dimidio iurnali. in der aldervlaten. Item Petrus de Mulenheym duo maldra de iurnali in der aldervlaten. Item idem Petrus unum maldrum de dimidio iurnali in bagvlaten. Item Hermannus dictus Molline ex parte Comitis Juliacensis XI. sumbrina de iurnali cum dimidio in der aldervlaten. Item Johannes filius Dithmari. duo maldra de iurnali in den aldervlaten. Item relicta Euerardi carrucarii maldrum de dimidio iurnali in Schirfgin. Item Mathias gener dicti Moreis. maldrum de dimidio iurnali in schirfgin. Item Jacobus dictus riselman dimidium maldrum de quartali. Item Thielmannus dictus Moreys. maldrum cum dimidio sumbrino. de iurnali cum dimidio. Item Hermannus de Beyene sumbrinum. de quartali vinee apud pusternen.

Item census pensiones vinearum sitarum in Hage. Johannes carnifex maldrum de dimidio iurnali vinee in Hage. Item Henricus filius Wilkini rasoris. maldrum de dimidio iurnali in Hage. Item Henricus de vppendorp dimidium maldrum. de quartali in Hage. Item dictus Kobis. duo sumbrina de dimidio iurnali in hage. Item Amilius sutor maldrum de dimidio iurnali in hage. Item Leo gener dicti doys. duo sumbrina de dimidio iurnali in Hage. Item thesaurarius in Ditkirgen. maldrum de dimidio iurnali in hage. Item de bonis in Puppilstorp. sumbrinum cum dimidio.

Item census de vineis in schudennest.

Item domina de Raitpucze et Jutta de Hersille dimidium maldrum de dimidio iurnali vinee ibidem.

Item census de terra arabili.

Henricus dictus morre. duo sumbrina cum dimidio de octo iurnalibus terre arabilis apud puppilstorp. Item Ludewicus de fouea arene. duo sumbrina de VII. iurnalibus. cum dimidio apud Entenich. Item domina de Bagheym. duo maldra cum dimidio. de duobus iurnalibus terre arabilis. cum dimidio iurnali. et de fluuio. Item pueri quondam Lamberti in bunegassen sumbrinum cum dimidio. de iurnali apud entenich. Item relicta dicti blomine. sumbrinum cum dimidio. de quinque iurnalibus apud pusternen.

Item census et pensiones de nemoribus.

Item Henricus pistor de Hemerszeym. VI. sumbrina de XII iurnalibus nemorum. Item Gobelinus filius braxatricis. quinque sumbrina. de decem iurnalibus. Item Henricus dictus brosege. VI. sumbrina de XII. iurnalibus. Item Gobelinus dictus schul. VII. sumbrina de XIII. iurnalibus nemoris. Item Gobelinus filius dicti druze. VII. sumbrina de XIIII. iurnalibus. Item Cunegundis. Johannes filius. Peter et Euerardus de yppendorp. sumbrinum de VI. iurnalibus. Item Th. de yppendorp dimidium sumbrinum de iurnali cum dimidio.

Item pensiones tritici familie.

Gorwinus de Roysdorp miles. VI. sumbrina de bonis in Hersille videlicet de manso. Item frater Franco de Hersille. duo maldra de manso ibidem. Item conuentus de Wenowa. III. sumbrina. de dimidio manso apud Burneym. Item Hermannus hepe de Odorp. III. sumbrina. de dimidio manso apud Odorp. Item Aleydis de Wedich. sumbrinum cum dimidio de quarta parte mansi ibidem. Item Johannes de Wedich. III. sumbrina de dimidia parte mansi ibidem. Item Theodericus buttelere de vppendorp. maldrum cum dimidio sumbrino de

---

1) Das Eingeklammerte ist von einer spätern Hand, gegen Ende des 14. Jahrh., übergeschrieben.
2) Das Wort 'brunstenne' ist durchstrichen und von derselben spätern Hand dafür „Gerlacus dictus zorn' übergeschrieben.

dimidio manso et de decem iurnalibus nemoris. Item Arnoldus de vppendorp. II. sumbriua de bonis ibidem. Item adnocains de Burneym. III. sambrina de dimidio manso ibidem. Item Theodericus de vppendorp. V. sumbrina cum dimidio sumbrino. de manso. ac de domo et area. Item Marsilius de Rabode. maldrum de manso ibidem. Item Selekinus de Drainstorp. maldrum de manso ibidem. Item Emundus de Drainstorp sumbrinum de bonis quondam Zerewini. Item domina de Creyzbouen. III. sumbrina. de bonis in Cardorp. Item domina de Rimenseym. quinque sumbrina de bonis in Drainstorp. Item Ocswinus et Rutgerus fratres de Drainstorp. V. sumbrina de bonis ibidem. Item dictus halfschilline de Burneym. III. sumbrina de manso ibidem. Item Johannes miles de Dorne. VI. sumbrina de manso in Hemberg. Item Lambertus de Loezingin. V. sumbrina. de manso apud Waledorp. Item conuentus de Ditkirgen. VI. sumbrina de manso in Wedich. Item Socuardus et eius frater. VI. sumbrina de manso apud Hersille. Item domini de Summo. sumbrinum. cum dimidio de bonis in Rede. Item domina de Santeule tantundem ibidem. Item Bruno de Vriestorp. VI. sumbrina de manso ibidem. Item Joannes de monasterio de bonis in Dottindorp. III. maldra de duobus mansis. Item parzeusle in eutenich. VI. sumbrina de duobus mansis in eutenich. Item Egidius de pomerio. III. sumbrina de manso in puppilstorp. Item Alexander dictus durre. III. quartalia tritici.

Census auene caponum et denariorum.[1]

Item Alexander dictus durre. XVI. denarios. sumbrinum auens. et dimidium caponem. Item Bruno de Vriestorp de bonis suis ibidem. IIII. sol. II. den. maldrum auene et II. capones. Item Johannes de Dottindorp canonicus Monasterii eftlie. IX. solidos. II. maldrum auene. et IIII capones. Item relicta Jacobi de dottindorp. XX. denarios de bonis ibidem. Item magister Wilhelmus. XXXIII. denarios de bonis Lamberti de Gilzstorp. Item Philippus et sui coheredes. VI. solidos et VI. denarios cum obulo de bonis ibidem. Item Wenemarus de Brole. VI. solidos. de bonis in Kestenich. Item thesaurarius in Ditkirgen de bonis in Puppilstorp. IIII. solidos minus quadrante. III. sumbrinos auene et caponem cum dimidio. Item Alexander dictus durre. XV. denarios. III. quadrantes et dimidium caponem. Item Egidius de Pomerio. VI. solidos. minus quinque obulis. Item in martio XII. denarios. Item petri et pauli VI. denarios. maldrum auene. II. capones et bantgerten. Item arnoldus de vppendorp. XXV. denarios. dimidium maldrum auene. caponem. VII. pondera cum dimidio que dicuntur gerten. Item heredes dinitis tantumdem. Item Henricus et Marsilius tantumdem. Item Arnoldus ibidem. XII. denarios cum obulo. sumbrinum auene. dimidium caponem. III. pondera gerten. Item archiepiscopus tantumdem. Item in Eutenich heredes relicte Reynoldi in bonegasse. VI. solidos. II. denarios. cum obulo minus. Item in marcio. XII. denarios. Item petri et pauli VI. denarios. Item in natiuitate beati Johannis VI. denarios. maldrum auene. et II. capones. Item dictus Creyez de eutenich de bonis bertrami. XXXII. denarios. in Martio XII. denarios. petri et pauli. VI. denarios. Johannes VI. maldra auene et II. capones. Item tantumdem de bonis parscheusle. Item pueri Lamberti quondam in bonegasse. XXII. denarios in marcio VI. petri et pauli III. denarios. in festo Johannis III. denarios. dimidium maldrum auene et caponem. Item Loretta tantumdem. Item Alexander filius dicti Rost. V. solidos. de bonis paruchie sancti Remigii quod pertinet ad feodum suum. Item filii franconis de burstorp. IIII. solidos de bonis ibidem. Item Arnoldus in Lengstorp relicta dicti puls. XXX. denarios. de bonis apud cimiterium. Item Eckebertus de Eutenich. XV. denarios de bonis in leogstorp. Item Hermannus dictus Scolere tantumdem. Item in Wilre. frater hermannus IIII. solidos de bonis ibidem. Item archiepiscopus Coloniensis de bonis berfredi in wlehem IIII. solidos de bonis ibidem. Item in Drainstorp heredes berfredi. II. solidos de bonis ibidem. Item relicta quondam Adolphi de Rimenseym. II. solidos. de bonis in drainstorp. Item relicta zerewini IIII. solidos. III. denariis minus. de bonis in drainstorp. Item Selekinus de bonis Goswini ibidem XV. denarios. Item aduocatus de Burnhem. XXX. denarios. in Martio. XII. denarios. Item petri et pauli IX. denarios. maldrum auene et II. capones. de bonis ibidem. Item dictus halfschilline tantumdem. Item conuentus de Wenowe. XXX. denarios. in martio. XII. denarios. petri et pauli IX. denarios maldrum auene et II. capones de bonis in Gordorp. Item in Waledorp relicta lamberti militis de Reinbagh. II. solidos de bonis in cardorp. Item heredes lamberti de loezingin. II. solidos de bonis in waledorp.[2]

---

1) Von der obenerwähnten Hand eingeschrieben.

2) Hiermit endet das ursprüngliche Verzeichniss; das Folgende ist von einer zweiten etwas spätern und sehr groben Hand zugesetzt bis auf die drei letzten Zeilen des unten abgeschnittenen und daher am Schlusse defecten Blattes, welche von einer dritten Hand herrühren.

Item soluit hospitale bunnense. III. maldra. Item dominus Filippus theolenarius[7]) III. sumbrina. Item in molindorp. III. maldra. Item in ditkirchin altare domini gerlaci. III. maldra. Item dominus Johannes de orde V. sumbrina. Item dominus docanus bunnensis. II. maldra de vinea in aldervlachten. Item Goblinus campanarius in ditkirchen tria quartalia tritici. Item henricus molindinarius in lenzstorp III. quartalia tritici. Item theodericus de sechtem senior. II. sumbrina de domo bunginstox. Item in entenich. V. maldra. Item III. maldra pro quibus recipit celerarius domini prepositi XVIII. solidos in die beati martini. Item Hildegundis de sacko. maldrum. pro quo maldro recipiuntur VIII. solidi. Item repkam. minnere et hermannus minscha. II. sumbrina. Item marta de sancto spiritu. II. sumbrina de vinea in walsachere. Item[8]) relicta gerlaci carnificis V. sumbrina de domo in hundegassin et de quartali vinee apud domum. Item Conradus III. sumbrina. quam hereditatem possidet Johannes visilman. . . . .[9]) de vinea in Walsachere.

IV.

Verzeichniss der Güter des Cassiusstifts in und nächst Bonn, aus der descriptio cleri Bonnensis v. J. 1575.

Capitull zu Bonn.

Hatt binnen Bonn einen bauhoff genant der Mölheimer oder Fronhoff darin gehorigh ahn Ackerlandt	129⎫ morgen
Und ahn benden	8½⎪
Thut Jarpachts ahn weitz	10⎪
Vnd ahn korn	50⎭ Malter
Doch wirdt dem halffman gemeinlich 10 malder korns jarligs nachgelassen vmb der Knein willen, so ahm Silberbergh vnd darumb her geheget werden	
Item hatt dieser boff jarlichs von villen geistlichen vnd weltlichen personen, irstlich in der Statt Bonn von Heusern ahn pacht und lehenweitz	17 malter 1 Sümber
Vnd ahn Pfenninggeldt von Heusern	2 Guld. 5 albus
Item von Weingarten, Benden, Ackerlandt, Buschen und Bongarten ahn weitz . .	110 malter 2 S. 1 fiert
ahn korn	2 malt. 1 Sümb.
ahn habern	22½ malt.
ahn Gersten	2 «
an Pfenninggeldt	1 Guld. 16 albus
an Capeunen	20½ «
an Churmuetten etwan jars	6 Guld.
Item hatt das Capitull den trucken zehenden an Mülheim, thuet jarlichs gemeinlich korn	72 malter
vnnd an erbsen	1 «
Item einen zehenden genant klein Mülheim, wilchen der Her Probst halb hatt, thuet dem Capitull Jars etwan ahn weitz	j malter
Item zwei andere kleine zehentgen genant Grosshäck vnd gross marflacht, thun jarligs ahn weitz	2 malter
Item ein klein zehentgen zu Dranstorf, thuet jarligs an korn	7 «
Noch hatt das Capitull ahn wiesen zwischen Bonn vnd Endenich, so von den officianten der Kirchen genutzt werden	13 morgen
Item hatt das Capitull vur der Stocker Portz an der Mahrflacht einen Weingart genant die bern Maur, helt vngeferlich	17½ morgen
Vnd einen Bongart, helt	8 morgen

7) Die dritte Hand durchstrich diesen Namen und schrieb darüber: Johannes de hueden.
8) Hier beginnt die dritte Hand.
9) Etwa zwei Drittel dieser letzten Zeile ist abgeschnitten.

Item etliche wein und baumgarten, so man manualia nennet vnd in der Burger-
schafft, auch zu Keesenich vnd Dottendorff gelegen, vngefehr zusamen . . . . 4 morgen
Item hatt das Capitell jarligs von irem Dechandt an weits . . . . 18 malter
Vnd ahn Geldt . . . . 6½ albus
Item von irem Scholaster ahn weits . . . . 6 Malter
Vnd von dem vicario Lamberti an Weits . . . . 4 Malter
Ferner hat das Capitell in Bonner gemark oder Burgerschafft zu gemeinen Jahren
ahn Weinzehendten . . . . 2 fuder 2 ahmen
Item etliche klein Weinzehendtgen umb Bonn, dern limites man nit woll distin-
guiren kan, thut zu gemeinen Jahren . . . . 1½ fuder
Item hatt gemelt Capitell in die presens auss der Burgerschafft einkommen von
allerley geistlichen vnd weltlichen beusern ahn weits . . . . 10 ⎫
Item von erbschafften an weits . . . . 17½ ⎬ Malter
vnd an korn . . . . 9½ ⎭
an Pfenninggeldt . . . . 200 Guld.
an Pachtwein . . . . 4 fiertel
Item hatt das Capitell in die Camerey auss vnd von gedachter Burgerschafft
jarligs einkommens ahn Pfenninggeldt . . . . 4 Guld. 4 albus
Vnd an Pachtwein . . . . 3½ ahmen
Somma valoris aller vurstehender Capittelsgutters zu Bonn ist . . . . 47,725 gulden.

Schöffen und Siegel von Bonn.

Als die Elemente, in welche die Bevölkerung Bonns zerfiel, unterscheidet das Privilegium
Erzbischofes Conrad vom 18. März 1244 Ritter, Schöffen und Volk. Die beiden ersteren, an
ihrer Spitze die Geschlechter der von Ossendorf, von dem Meinwege, v. Lengsdorf, Duis-
dorf, vamme Sacke, Rodekanne, von Bustorf, von Stocke, von Vischenich, von Gielsdorf,
v. Erstorp, von Meckenheim u. a. m. bildeten in und gegenüber der Gemeinde, deren Vor-
stehern und Notabeln (maiores et universitas oppidi Bunnensis) das städtische Patriciat. Die
bevorzugte Stellung, welche die Schöffen in der Stadt, die auf ihr Urtheil gefreit war, sich
beilegten, bekundet der Streit, in den sie mit der Gemeinde zur Zeit Erzbischof Siegfrieds
von Westerburg wegen der von ihnen behaupteten Freiheit von der erzbischöflichen Bede
gerathen waren. Indessen wies die von den Parteien angerufene Entscheidung des Erzbischofs vom 29. März 1285 (Lacomblet, Urk.-Buch II. 799.) diesen Anspruch zurück und
constatirte die gleiche Beitragspflicht aller Bewohner der Stadt und des städtischen Bannes.
Gleichzeitig erfolgte zur Handhabung der städtischen Gerechtsame die Anordnung eines
Rathes von Zwölfen, der durch die angesehensten Bürger gewählt werden sollte und welchem
obrigkeitliche Gewalt und in seinen Gliedern das Zeugniss der Wahrheit vor Gericht, mithin
nach dem alten Zusammenhange zwischen Zeugenschaft und Urtheilsfindung auch ein bedingtes
Urtheil zustand. Auf dieser Grundlage entwickelte sich die richterliche und polizeiliche Competenz des Rathes und der beiden Bürgermeister der Stadt, wie sie aus der Polizeiordnung
Erzbischofs Salentin vom 4. Februar 1569[1]) hervorleuchtet. Doch es ist nicht unsere Aufgabe, an dem Leitfaden dieser und anderer Urkunden hier ein Bild der städtischen Verfas-
sungsentwicklung im Allgemeinen zu zeichnen: unsere Aufmerksamkeit beschränkt sich auf

1) Vollständige Sammlung etc. Seite 347 ff.

die Genossen des Gerichts, die Schöffen von Bonn. Aelter als die erzbischöfliche Jurisdiction reicht der Schöffenstuhl hier offenbar in die Periode der Gau- und Grafengerichte zurück. Dafür zeugt einerseits die Zahl der Schöffen, welche höchst wahrscheinlich ursprünglich zwölf betrug und somit auf den 'mallus comitis' deutet[2]), andererseits die Eigenschaft des Bonner Schöffengerichts als Oberhaupt oder obere Instanz für den ganzen Gau- und Amtsbezirk und über denselben hinaus. Meistens sind es zwei oder drei Schöffen, welche die Urkunde über Besitzüberträge u. s. w. zugleich im Namen der Gesammtheit (der „scheffen gemeynlichen zu Bunne") ausstellen und nicht selten begegnen einzelne Schöffen als Schultheissen oder Geschworene der Höfe Merhausen, Wichelshof und Mülheim. Im Uebrigen werden die Beisitzer letzterer drei Hofesgerichte, was für den Vorrang der Schöffen des Hauptgerichts bezeichnend ist, stets nur Geschworene oder Hüfner genannt. Ob und wie fern jemals die Gesammtheit der Schöffen im Verhältniss zum „Hohen Gerichte" einen weiteren Kreis etwa unter Hinzunahme von Geschwornen jener Höfe gebildet, lässt sich schwer bestimmen; im Kerne aber war das hohe weltliche Gericht und der Schöffenstuhl zu Bonn unzweifelhaft ein und dasselbe. Auf das hohe Gericht, dem allein der Blutbann eigne, wird schon in dem Schiedsspruche des Cölnischen Officials zwischen der Stadt und dem Cassiusstifte bezüglich der Polizei über Maass, Gewicht und Victualien vom 18. Februar 1289[3]) verwiesen, und wie einst der Gaugraf die Schöffen unter Mitwirkung des Volkes wählte, so geschah später die Ergänzung des erzbischöflichen hohen Gerichts herkömmlich in der Weise, dass jedes Mal von Vogt und Schöffen zwei Candidaten, und zwar immer einer primo loco, dem Erzbischofe präsentirt wurden, worauf gewöhnlich die Ernennung des in erster Reihe Vorgeschlagenen erfolgte. Aus den Jahren 1379—1394 liegen noch theils von Erzbischof Friedrich III. vollzogene Bestallungen, theils Reverse der Bestallten vor. Der Usus der Präsentation, die im 18. Jahrhundert zunächst an den Hofrath ging, wird wiederholt als ein sehr alter geschildort; nur Kurfürst Joseph Clemens, heisst es, sei um 1715 einige Male durch autokratische Besetzung der Stellen davon abgewichen. Seit der Mitte des 16. Jahrhunderts ist die Bezeichnung „hohes Gericht" oder vollständiger: „Kurfürstliches weltliches hohes Gericht zu Bonn" die officielle und allein übliche[4]); die Zahl der Schöffen war auf sieben limitirt. Dem Schöffen-Collegium musste bekanntlich einer der beiden Bürgermeister, den Rathsverwandten der andere entnommen werden[5]). Bei dem hohen Herrengedinge am Leopard auf dem Stiftshof war es, wo der auf den Glockenschlag versammelten Bürgerschaft drei Mal jährlich und zwar an den Montagen nach Dreikönigen, nach Quasimodogeniti und nach

2) Vgl. die unten Anl. I. abgedruckte rechtsgeschichtlich interessante Urkunde, worin zehn Schöffen namentlich und 'vort die ander scheffen gemeynlichen zu Bonn' auftreten. In Anl. II. ist die bezügliche Bestätigung Erzbischofs Friedrich III. beigefügt.

3) F. E. v. Mering, Geschichte der Burgen u. s. w. XII. S. 84.

4) 1544 lautet es noch: «Paulus von Zons und Heinrich von Euskirchen und die Schöffen alda gemeinlichen:» 1555 dagegen: «Peter zum Rempell, Heinrich Euskirchen und Willem Kannengiesser, Schöffen des hohen Gerichts zu Bonn und die Schöffen daselbst gemeinlich»; auch nach dieser letzteren Zeit siegelte das hohe Gericht noch mit dem alten Siegel und erst in Urkunden der zweiten Hälfte des 16. Jahrhunderts begegnet ein nach der eingesetzten Jahreszahl im Jahre 1548 angefertigten Siegel mit dem gleichen Wappen, nur mit dem Unterschied, dass der Löwe jetzt gekrönt ist.

5) Bonner Polizeiordnung vom 15. December 1698 in der Vollständigen Sammlung II. S. 807.

Petri Kettenfeier von den Schöffen des hohen Gerichts auf Anstehen des Vogtes das Weisthum der erzbischöflichen Hoheit zu Bonn verkündigt wurde.

Nach den Urkunden des 14. bis 16. Jahrhunderts sind wir im Stande, wenigstens vom dritten Decennium des ersteren ab eine annähernde Uebersicht der Schöffen und Schöffengeschlechter Bonns zu gewinnen. Es treten in Bonner Urkunden auf die Schöffen Ritter Daniel von Lengsdorf (1318—21), Ritter Abelo Durre (1318), Franco von Poppelsdorf (1318), Hermann und Gerhard von Rambrechtshoven (1321), Johann v. Gracht (1321), Hermann Mollyne (1339—1344), Winrich in der Bunegassin (1339), dessen Bruder Gerlach (1339—44), Johann von Olmezheim (1339—46), Claes von Gielsdorf (1339—55), Nicolaus von Gielsdorf (1372), Heinrich von Gielsdorf (1392), Johann Rodekanne (1340), Hermann Rodekanne (1371—92), Hermann v. Urkinstorp (1344), Christian v. Aldindorf (1344—46), Gobel Roysgin (1348—71) und dessen Bruder der Vogt Heymchin (1358—72, auch Heymgin von Bonn genannt), Daniel von Molenheim (1348—1392), Johann Winomar (1349—92), Sander von Ympekoven (1358), Diedrich von dem Meinwege (1358—65), Johann von Dudenstorp (1359—92), Rudolf von Sechtem (1362—92), Johann Crainheim (1372), Tilmann von Rheindorf (1372), Heinrich de Alta domo (von Aldenhusen?) (1372), Tilman v. Oyckrode, Johann Suestgin, Gerlach von Nuwenkelre und ein jüngerer Johann v. Olmezheim (1392); im 15. und 16. Jahrhundert Costyn v. Arwilre (1452), Hermann v. Arwilre (1438—77), Arnold v. Laenstein (1438), Peter von Laenstein (140—62), Diedrich von Schinnenberg (1438), Ludwig Hacht von Unkel (1462), Heinrich zum Wolwe 1464—77), Reinhard Doesser (1464), Jacob von Polheim (1477—81), Eckart Scharpman (1477—82), Conrad Brenich (1481), Heinrich vamme Cuesyn (1482—86), Bernhard Grumpell, Hermann Meyerinck (1512), Bastian Wilne, Thonis von Bornheim, Wilhelm Rasseler (1537), Werner von Polheim (1538), Peter zum Rempell (1538—55), Heinrich Euskirchen (1544—55), Paulus von Zons (1544), Wilhelm Kannengiesser (1555—70), Johann von Polheim (1559—1570), Christoffel Eisenfelder (1559—63), Godfried Rasseler (1568), Huprecht Blankenheim (1575). Man ersieht hieraus leicht sowohl die Lebenslänglichkeit, als auch die Erblichkeit der Schöffenstellen in Familien wie die von Gielsdorf, Rodekanne, von Laenstein, Polheim. Von manchen dieser Schöffen, zumal von denen des 14. Jahrhunderts, haben sich Siegel erhalten, welche hin und wieder Abdrücke Römischer Gemmen erkennen lassen, deren man sich in Bonn wie an andern Orten Römischer Niederlassung gern bediente, da sie ungesucht in so reichlichem Maase durch Pflug und Grabscheit zu Tage kamen. Zumeist aber siegelte man mit dem „gemeinen Schöffenthums-Siegel," das mit der Legende „Dit is der scheffine segill van Bunne" seit der Mitte des 14. Jahrhunderts fast unverändert beibehalten wurde. Dasselbe zeigt bekanntlich in getheiltem Schilde oben das Cölnische Kreuz, unten einen linksschreitenden Löwen mit erhobenem Schweife. Es ist dieses das heutige Stadtsiegel, welches der Magistrat nach der auf demselben befindlichen Jahreszahl 1690 und der Umschrift „Sigillum civitatis Bonnensis" gegen Ausgang des 17. Jahrhunderts adoptirte. Hätte C. P. Lepsius als er seine Abhandlung über das alte Siegel der Stadt Bonn am Rhein schrieb, diesen Zusammenhang gekannt, er würde nicht auf die Vermuthung haben fallen können, dass erst Kurfürst Joseph Clemens das jetzige Stadtsiegel verliehen habe[6]). Der Löwe desselben aber ist keineswegs einem fürstlichen Wappen entlehnt, sondern das

6) Sphragistische Aphorismen II, S. 26.

uralte Wahrzeichen des Ortes, wie es auf den alten Schöffen- und Stadtsiegeln und in dem sogenannten Leopard oder steinernen Wölfchen bei der Münsterkirche sich darstellte. Denn schon das früheste grosse Stadtsiegel, dessen Umschrift „Sigillum antique Verone nunc opidi Bunnensis" die Zeit seiner Entstehung bekundet [7]), zeigt in dem Rück- oder Secretsiegel übereinstimmend mit dem Steinbilde einen Löwen, der auf einem hingestreckten Thiere tritt. Eine genaue Beobachtung dieses letzteren wird lehren, dass es weder ein Pardelweibchen, noch ein eberartiges Thier ist, und ebenso wenig an eine Bewältigung oder Bespringung in dem Sinne, wie Lorsch meint [8]), gedacht werden kann. Spätere Abdrücke des Secretsiegels, welches bis in das 17. Jahrhundert als Stadtsiegel in Gebrauch blieb, lassen die Situation deutlicher erkennen: das Thier streckt besiegt und verendend die Zunge weit aus dem Rachen, seine gewaltigen Klauen sind krampfhaft geballt, während der Löwe mit siegreicher Kraft seine Beute festhält. Da ist es nun merkwürdig und wie wir glauben, bisher noch nicht gehörig berücksichtigt, dass auch der h. Cassius auf dem grossen Stadtsiegel des 13. Jahrhunderts auf einem Ungethüme mit Hörnern und Klauen steht, das an den Satan, den höllischen Drachen erinnert. Alles zusammen genommen, drängt sich uns die Ueberzeugung auf, dass wir es hier wie dort nur mit verschiedenen Darstellungen einer und derselben Idee zu thun haben: es ist der Löwe aus dem Stamme Juda, es ist das in dem Patrone des Stifts repräsentirte Christenthum, welche dem Drachen, dem des Satans Herrschaft unterworfenen Heidenthume siegreich ein Ende machen. Und wie der triumphirende Wüstenkönig Afrikas an die Märtyrer gemahnt, die von dorther einst in die rheinischen Fluren gelangt hier mit ihrem Blute die Kirche begründen halfen, so vereinigen sich in dem Löwen als Zeichen Dietrichs von Berne und dem Lindwurm, den Siegfried erschlagen, gewiss nicht zufällig bedeutsame Momente deutscher Heldensage. Doch die geschichtliche Forschung steht an dieser Grenze still: sie bescheidet sich, auf Dinge und Gestaltungen hinzuweisen, in denen Thatsachen und dichtende Phantasie zu einem untrennbaren Ganzen verwoben sind, die sie deshalb aber doch nie in ihrem unvergänglichen Werthe verkennen darf. Denn, wie der Dichter sagt:

Es sind nicht Schatten, die der Wahn geboren,
Ich weiss es, sie sind ewig, denn sie sind.

An der Hand von Sage und Geschichte versinnbildlichen uns so die drei Siegel, das älteste Siegel mit der Cassiuskirche und dem h. Cassius, das Secretsiegel [9]) und das Schöffensiegel die drei Hauptperioden der städtischen Entwicklung: die Periode des Heidenthums, der Ausbreitung des Christenthums bis zur Heranbildung der villa basilica, Bern-Verona's unter der Aegide des Cassiusstifts und bis zu dem Privilegium Conrads von Hochstaden, dessen Adler dem Siegel einverleibt wurde; dann die Periode des Aufstrebens und der selbständigern Haltung der Stadt gegenüber dem Stifte; endlich die Zeit, in welcher die Stadt wesentlich nur noch als kurfürstliche Residenz ihre Bedeutung behauptete. Das grosse Siegel ist in der zweiten Hälfte des 14. Jahrhunderts während heftiger Jurisdictionsstreitigkeiten mit dem

7) S. dessen Abbildung bei Lepsius, a. a. O. Tafel III, und genauer bei Ennen, Quellen der Geschichte der Stadt Cöln, II, Tafel III. Siegelabdruck Nr. 14.

8) Jahrb. v. Alterthumsfr. im Rheinlande I. S. 30 u. f.

9) S. die Titelvignette, die nach Siegelabdrücken von 1425 u. 1491 hergestellt ist.

Stifte, welche wiederholt zu gewaltthätigon Ausschreitungen und in Folge dessen zur Ver-
hängung des Interdicts über die Stadt führten, wie es scheint, ausser Gebrauch gekommen.

I.

Die Schöffen zu Bonn weisen als Oberhaupt des Schöffengerichts zu Flerzheim auf
Anstehen des Abts Rutger von Heisterbach unter Verwerfung des von letztern Schöffen
gefällten Urtheils als Landrecht, dass ein abteiliches Erbpachtgut, wenn es fällig wird, mit
dem Betrage des Canons wieder geworben werden müsse. — 1392, 4. December.

Wir Daniel van Molenheim, Roilf van Sechtheym, Herman Roithanne, Heynrich van Gylstorp, Johan
Wenemar, Thielman van Oyckrode, Johan Snostgien, Giriach vam Nuwenkelre, Johan van Duestorp, Johan
van Olmisheym und vort die ander scheffen gemeynlichen zu Bunne doen kun allen luden, die desen brief
sehent of hoirent lesen und herzugen offenbayr in desen geschrifte. Want der geystliche irber vaeder in
Guide hor Ruotger van Goids verbenckonisse abt des meynsters ind cloisters zo Heysterbach ordins van Cycias
in dem gestifte van Colne van synen ind syns cloisters weegin van Heysterbach vurss: vur uns comen und
horschenen is und hait uns gezoent und kund gedaen oeuermyts eyn offenbair instrument gemacht und
geschreuen oeuermyts eynes gemeynen notarium und vooch myt syne gewoynlichen zeygen gezeyghent, so wie
hae seluer vur zyden comen is in dat dorp zo Vleyrtzheym, wilchs dorps hirlicheit in werhanclichen gerychte
und sachgen gruntlichen und geutzlichen zomale an den abt zoer zyt und an dat conuent van Heysterbach
zugehoyrt und an nyemanne anders, so as die scheffen van Vleyrtzheym dat offenbairlichen in gerychte bekant
haynt na innehalden des instrumentz vurg: Und is comen deselue abt vurss: vur die scheffen zo Vleyrtzheym,
da sy saissen inbynnen dynckboncken und hait gesunnen und die scheffen varg: gesuoet up iren eyt, dat
sy inne eyn recht oirdeyl woilden wysen herup, of cynich man were of here were, de syn eyghen erue, dat
syn eyghen were, da hee nyemanne yet af ingilt, zo erflicher hesytzinuegen ungeleient hette, as dat vellich
wirt, wamyt dat man dat wynnen und werwen sole. Ito antwerden ime die scheffen vurss: doch myt guden
vurrade den sy darup hatten, und spraghen dese wort: Up den eyt, den wir uch here her apt und dem
cloistere zo Heysterbach vurg: gedayn han, so saegen wir, so wu cynich gut van uch of van urms cloistere
bynnen deser banmylen zo Vleyrtzheym van uch zo erue hait, dat sal hes und macht wynnen und werven
intgeen uch of jetmanne van aren weegin myt zwen pennynogen und nyet me, und wysen dat vur recht.
Dat recht wedersprach der abt vurg: na innehalden des instrumentz vurss: und berief sich offenbairlichen
zuer stunt van dem oirdeyl und sprach dese wort: Dat oirdeyl wedersprechgin ich und wysuen vur syn
myrre recht, so we syn eyghen erue of guot hait zo erfnisse ungedayn, wanne dat vellich wirt, dat sal man
wynnen und weruen myt zienlichen pachte und cynse, as as dem eygenen verleient is, und beruiffen mych
des an ur heuft, da ir ur oirdeile pliet zo boylen, an die scheffen zo Bunne myt mensen, alda zo ueemen
und zo goeuen, wat die scheffen zo Bunne wysent vur recht'. Do antwerden die scheffen van Vleyrtzheym
algemeynlichen und sunderlichen, dat sy uyet bederfteu eynigher underwysynogen noch ouch darumbe ayet
inwolden vaerin noch wandelin anderswar umb eyaghe underwysynege zo boylen des sy seluer ander in anderen
volcomen wysynaghrit und kuntschaf hetten. Und versuchten und versmaiden an ire heuft zo veerin, umb
dat oyrdeil vurg: zo boylen, so as al dese punte genzlichen und clairlichen in dem instrument vurg:
geschreuen ayt. Herumbo na der hant is der abt vurss: vur uns scheffen zo Bunne vurg: comen, ast
vur geschreuen is, und hait gebeedin fleilichen und ernstlichen gesunnen an uns, dat wir umb goids willen
und umb des rechten willen, want hee uns berkeute vur dat heuft van aldera und alwege des werbenelichen
gerychts zo Vleyrtzheym, da sy ire oyrdeyl plient zo boylen, dat wir ime eyn recht oirdeil herup woilden
wysen. Doch umb waolstayn und alle vare zo verhoeden und dat wir die gude irbere lude die scheffen
van Vleirzheym vurg: myt gesaistgeide und bescheydengeide hervolehden, so schreuen wir und sauten an sy
anse brieue under unsen gemeynen scheffendums segille und warnden sy und maenden yn den brieuen umb
des besten willen, dat sy inbynneu eynre gerumer zyt und termyne by uns zo Bunne wolden cumen, myt
uns zo oeruruomen dat synolrechtich zo werden in dem hantrechte, so wie man dat recht und oirdeil dat der
abt vurss: an sy gesat und gestalt hatte, mochte rechtverligen und rechte wysynogen darup doyn. Und
want dieselue scheffen van Vleyrtzheym vurg: inbynnen der zyt und termyne vurss: nyet inquamen noch comen
aynt, noch ouch geyn redelich beschuttenisse, warumb sy nyet comen syn, uns geschreuen noch inboyden

hayut, und die zyt und termyu is oeuerganegon, so is der abt vurg: anderwerl by uns gemeynlichen und vur uns comen van synen und syntz connentz weegin und hait uns ernstlichen gebeedin as van irst bekort und an uns gesunnen, dat wir eyn recht oirdeil in der sachgen vurg. willen sprechgen und wysen und berumbe want wir demselnen abte vurss. noch ouch ayemanne anders, de des an uns gesynt, recht oirdeyl vorssegin insolen noch innogen, in as verre as uns dat antryft und geburt zo sprechgen und zo wysen, so sprechgen wir scheffen van Bunne vurg: algemeynlichen myt guden vuorrade und wysen dat vur lautrecht: so we eynch eygen gut of erue hait zo erfnisse uzgedayn, wanne dat vellich wirt, dat sal man wynnen und weruen myt alsulchen pachte und cynse ast us deme eygenen verlehent is. Und die zo gezughe und oyrkunde der wayrheyde al deser vurschreuenre dynege hayn wir scheffen van Bunne vurg. algemeynlichen myt unser alre willen und wyst unse gemeyne scheffendum ingesegil an desen brief doyn hangen. Datum anno demini M°. CCC°. nonagesimo secundo ipso die beale Barbare virginis et martiris gloriose. [1]

II.

Erzbischof Friedrich III. von Cöln, auf welchen in dem zwischen dem Abte von Heisterbach und den Schöffen zu Bonn einer- und den Schöffen zu Flerzheim andrerseits schwebenden Competenzstreite compromittirt worden, bestätigt die vorstehende landrechtliche Entscheidung des Bonner Gerichts mit der Massgabe, dass der Abt den Verpflichteten, welche dieser Sentenz gehorsam sind, auf ihre Bitte die Hälfte des Gewinngeldes erlassen solle: 1394, 28. März.

Wir Friderich van goitz genaden der heilger kirchen zu Colne ertzebusschoff, des heilgen Romisschen rychs in Italien ertzecanoelsler, hertzoge van Westfalen etc: doin kunt allen luden. Also as die erber broder Rutgher abt des cloisters van Heisterbach ordens van Cystas in nnsme gestichte gelegen vur sich ind syn connent an die eyne syte ind die scheffene gemeynlichen des dorpes zu Vlairtzheim an die ander syte sulcher zweyliger sachen tusschen yn guinde van eyns ordels wegen, van den vurg: scheffenon gewyst as van erffliehme reichte gewyns iod geweruen des vurss. abtz ind conuentz gude zu Vlairtzheim gelegen, de dat vellich wirt so wynnen ind zu weruen mit zwen penningen ind nyt me, ind dauan die vurss. apt sich beroiffen hatte an dem scheffenstoil zu Bunne as an dat heuft der vurss: scheffene, da sy yre ordels plegen zu hoilen; ind ouch as van volgingen derselver scheffenen an den scheffenstoil zu Bunne, as wir ergenckenisse der sachen in eyme offenbairen instruemnte cleirlichen hain gesien, as uns synt bleuen ind die in unse hant gesat haint, lautrecht of mynne darup zosprechen na inhalt des compromissbriefs ind ansprachen ind antwerden, uns daroyuer gegeuen, also hatten wir dieselue sachen ausiprachen ind antwerden unsen wysen reden ind vrunden beuolen, sich up die sachen eyne mit unsen scheffenen zo Bunne, na deme uns gelouft is, zu eruaren ind uns danan zu underwysen. Int want unse scheffeme van Bunne eyn lautreicht, as wir dat in yren besigelten brieuen gesien hain, bain gewyst van der vurss. zweyungen wegen in deser formen: „So wer eyuich eygen gut off erue hait zu erffinse uyssgedain, wanne dat vellich wirdt, dat sall man wynnen ind weruen mit alsulchne paichte ind zynse, ast uyss deme eygenen verleent ie: up wilch recht as ansprachen ind antwerden ind gelegenheit der sachen wir uns mit den vurg: ind anderen unser vrunden versunnen ind beuraget hain ind uns ouch nyt bessers versyunen, so vallen wir deme vnrg: reichte as ind besteligen ind confirmeren ind wysen dat vur lautreicht in den vurss: sachen ind sagen ouch, dat de scheffene van Vlairtzhem, wanne des noit mee gebort, dat vurg: reicht vur yre lautrecht solen wysen ind halden. Ouch sagen wir vur eyne mynne dat vurss: reicht zo meessigen: so wilch peichter zu Vlairtzheim die huerich is in dese sache ind zweydreechtigelt vurss., as eynigh eygen gilt off erue vellich wirt, wilt gehoirsam syn ind gesynnet genaden ind dat zu dancke wilt nemen, van deme sal der abt ind conuent van Heisterbach vurg: nemen zo gewynne ind zu gewerue haluen paicht; ind off ymau were van den peichteren vurss:, die darwider streuen wolden, da mogen der abt ind conuent vurss: wider den mit hartgheit ind strengheit diss rechts vort varen gautze paicht van deme zo nemen. Ind deser dinge zo urkunde hain wir unse ingesigel an desen brieff doin hangen, die gegenen is zu Poppilstorp in den jairen unss heren Duocent dru hundert vier ind nuyntzich des sntersdages na unser vrouwen dage Anunnciatin. [2]

1) Mit anhangendem Siegel.
2) Mit anhangendem erzbischöflichen Siegel.

V.

Die Belagerung von Bonn

durch Kurfürst Friedrich III. von Brandenburg

vom Juli bis October 1689.

Nach authentischen Quellen dargestellt

von

E. v. Schaumburg,
Oberst a. D.

Der am 25. August 1684 zu Regensburg abgeschlossene Waffenstillstand zwischen dem deutschen Kaiser und Reich und dem Könige Ludwig XIV. von Frankreich, hatte zwar für den Augenblick dem weiteren Fortgange der gewaltsamen Reunionen Frankreichs ein Ziel gesetzt, aber keineswegs die Gelüste des Königs nach neuen Erwerbungen auf Kosten Deutschlands befriedigt. Aufmerksam spähte er nach neuer Gelegenheit zum Kriege, sobald er sein Heer wieder gestärkt und Befestigungen zum Schutze des bereits eroberten deutschen Bodens angelegt hatte. Die Agenten Frankreichs an den kleinen deutschen Höfen sparten weder Ueberredungskünste noch Geld, um den französischen Einfluss auf die Angelegenheiten des deutschen Reiches mehr und mehr zu befestigen. Schon 1685, als Kurfürst Karl V. von der Pfalz ohne successionsfähige Nachkommenschaft gestorben war, zogen wiederum französische Kriegsschaaren über die deutsche Grenze, angeblich um die Ansprüche der Herzogin von Orleans, der Schwester des verstorbenen Kurfürsten, zu sichern, in der Wirklichkeit aber, um dem durch seinen Schwiegersohn, den Kaiser, unterstützten Herzog Philipp Wilhelm von Pfalz-Neuburg, wenn nicht die ganze, doch einen grossen Theil der Pfalz zu entreissen, und damit noch festeren Fuss auf deutschem Boden zu fassen.

Diese neue drohende Gefahr bewirkte auf dem mit leeren Ceremoniell-Streitigkeiten seine Zeit tödtenden Reichstage zu Regensburg endlich eine Wendung zum Besseren, so dass es dem Kaiser Leopold I. gelang, eine vom Kurfürsten Friedrich Wilhelm von Brandenburg schon früher angeregte engere Verbindung mehrerer Reichsfürsten zu gemeinsamer Vertheidigung Deutschlands zu Stande zu bringen und Ende Juni 1686 in dem Augsburger Bündnisse die Mittel zu finden, der drohenden Gefahr entgegen zu treten. Die Könige von Spanien und von Schweden, so wie die Generalstaaten der Vereinigten Niederlande schlossen sich bald diesem Bündnisse an. Nur die drei geistlichen Kurfürsten von Köln, Trier und Mainz hielten sich von demselben fern.

Maximilian Heinrich von Bayern, Kurfürst und Erzbischof von Köln, stand vollständig unter dem Einflusse seines vertrauten Rathgebers, des Dom-Dechanten Wilhelm Egon von Fürstenberg, Bischof von Strassburg, auf dessen Antrieb er den Trierer und Mainzer Kurfürsten zu überreden gewusst hatte, wie nothwendig es sei, sich enger aneinander zu schliessen, unter dem Vorgeben, dass das immer kräftiger werdende Auftreten der protestantischen Reichsfürsten den Katholicismus in Gefahr zu bringen drohe. Er war sogar so weit gegangen, unter dem 9. Juli 1687 ein zwischen seinem Bevollmächtigten und dem Gesandten Frankreichs zu Luxemburg abgeschlossenes Offensiv-Bündniss zu ratificiren. Vergebens hatte Ludwig XIV. es auch versucht, den alten Kurfürsten Friedrich Wilhelm von Brandenburg vom Kaiser abwendig zu machen. Die Verführungskünste scheiterten an der wahrhaft deutschen Gesinnung dieses Fürsten, der bei seinem am 9. Mai 1688 erfolgten Tode diese Gesinnungen auf seinen Sohn und Nachfolger Friedrich III. übertrug. Ohne sich direct dem Augsburger Bündnisse anzuschliessen trat dieser in engere Verbindung mit dem Statthalter der Niederlande, Wilhelm von Oranien, unterstützte dessen Bewerbungen um die Krone Englands, und stellte in seinen Clevischen Ländern ein ansehnliches Truppencorps auf, welches ebenfalls bereit war, den Uebergriffen der Franzosen Schranken zu setzen.

Ludwig XIV., aufs Höchste entrüstet über die Einigung der deutschen Reichsfürsten, besonders da die Erfolge der Kaiserlichen Heere gegen die Türken ihn befürchten liessen, dass die Pforte zum Frieden gezwungen und alsdann die Waffen gegen ihn gekehrt werden möchten, beschleunigte seine Rüstungen, um sich in die nöthige Kriegsverfassung zu setzen, denn schon stand ihm eine neue Veranlassung zum Kriege in naher Aussicht, — die streitige Bischofswahl in Köln.

Schon im Januar 1688 hatte der altersschwache und kränkliche Kurfürst Maximilian Heinrich von Köln den ihm von Ludwig XIV. empfohlenen Prinzen Wilhelm Egon von Fürstenberg, Bischof von Strassburg zum Coadjutor gewählt, einen dem französischen Interesse durchaus ergebenen Mann, der bereits mehrfach dieser Gesinnungen wegen mit Kaiser und Reich in Conflikt gerathen war. Die Majorität des Domcapitels hatte dazu ihre Zustimmung ertheilt, während die Minorität ihre Stimme dem jungen Prinzen Joseph Clemens von Bayern gegeben, und gegen die Wahl Fürstenbergs Protest eingelegt hatte, dem sich auch der Kaiser anschloss. Papst Innocenz versagte deshalb die Bestätigung Fürstenbergs zum Coadjutor und befahl eine neue Wahl, indem er zugleich dem jungen Prinzen Joseph Clemens ein Breve zur Wahlfähigkeit ertheilte. Unter den Vorbereitungen zu dieser Neuwahl, während die Gesandten des Kaisers einerseits und des Königs von Frankreichs andererseits alle Mittel anwendeten, durch Versprechungen und Geld die Mitglieder des Domcapitels auf ihre Seite zu bringen, starb Maximilian Heinrich den 3. Juli 1688. Sogleich nahm Fürstenberg, als Dechant des Domcapitels, im Namen desselben die Regierung des Erzstiftes in die Hand und traf alle Vorbereitungen zur Neuwahl, welche nun dem Erzstifte einen neuen Herrn geben sollte. Er hoffte, unzweifelhaft aus dieser Wahl als Sieger hervorzugehen, und wollte auf alle Fälle gerüstet sein.

Der 19. Juli 1688 war der entscheidende Wahltag. Das Scrutinium ergab, dass von 24 Stimmen 13 auf Wilhelm von Fürstenberg, 9 auf Joseph Clemens von Bayern und 2 auf andere Candidaten gefallen waren. Dadurch blieb die Sache vorläufig unentschieden, indem die erhaltene Stimmenzahl Fürstenberg nicht berechtigte sich als „Postulirten" zu betrachten, wozu drei Viertel Majorität nöthig war, und Joseph Clemens nicht einmal die einfache Majorität hatte. Fürstenberg setzte sich jedoch über diesen Zweifel fort, erklärte sich als rechtmässig „Postulirten", und seine Anhänger unterliessen es nicht, ihn als solchen anzuerkennen und als Erzbischof und Kurfürsten von Köln zu proclamiren. Ja er liess sogar dem Reichstage die Wahl förmlich anzeigen und verlangte Sitz und Stimme im Kurfürsten-Collegium. Mit den schon bereit gehaltenen, mittelst französischen Geldes geworbenen Truppen besetzte er sofort Bonn, Neuss, Kaiserswerth, Rheinberg und andere Plätze des Erzstiftes, liess alle Beamten in Eid und Pflicht nehmen und installirte sich im Kurfürstlichen Hofe zu Bonn als Herr und Meister. Der Papst verwarf indessen nicht allein die Wahl Fürstenbergs, sondern bestätigte unter dem 20. September 1688 die von der Congregation der Kardinäle als rechtsgültig erklärte Wahl des Prinzen Joseph Clemens zum Erzbischof von Köln, worauf auch am 11. Dezember das Kurfürsten-Collegium denselben als rechtmässigen Kurfürsten von Köln anerkannte.

Begierig hatte Ludwig XIV. diese ihm willkommene Gelegenheit ergriffen, um abermals gegen Deutschland loszubrechen. Er verband die Frage der Orleans'schen Erbschaft mit der Frage der Kölner Bischofswahl und erliess schon unter dem 25. September 1688 eine Proclamation, worin er, „als Garant des Westfälischen und Nymwegener Friedens" sich für verpflichtet erachtete, die durch den Kaiser angefochtene Wahlfreiheit der Domcapitel aufrecht zu erhalten und überhaupt „die Freiheit und Selbstständigkeit der deutschen Reichsfürsten in Schutz zu nehmen gegen die Unterdrückungen des Kaisers, in dessen Absichten es immer gelegen habe, alle Kurfürsten und Reichsstände unter Vormundschaft und in blindem Gehorsam zu erhalten." Als ein Hauptgrund zu der darauf erfolgenden Kriegserklärung an den Kaiser wurde auch noch angeführt, dass es in dessen Absicht liege, mit den Türken Frieden zu schliessen, dann den Waffenstillstand von 1684 zu brechen und Frankreich anzugreifen.

Bevor noch diese Proclamation bekannt geworden war, hatten die französischen Truppen in der Pfalz sich weiter ausgebreitet und ihren Weg mit den Trümmern verbrannter und geplünderter Städte und Dörfer bezeichnet. Ja über den Rhein hinaus, bis nach Schwaben und Franken zogen französische Schaaren plündernd und sengend und erhoben überall schwere Contributionen. Von Hüningen bis Rheinberg war der Rheinstrom bald in ihrer Gewalt, da Mainz auch französische Besatzung hatte einnehmen müssen, Bonn, Kaiserswerth und Rheinberg aber in Händen ihrer Verbündeten waren. Nur die Reichsstadt Köln war befreit geblieben, da trotz des Einflusses, den der französische Gesandte sich auf Bürgermeister, Rath und Bürgerschaft zu verschaffen strebte, die Stadt 2000 Mann Brandenburger und Neuburger als Westfälische Kreistruppen aufgenommen und ihnen die Festungswerke übergeben hatte. An den starken Befestigungen von Coblenz und Ehrenbreitstein waren aber alle Bemühungen der französischen Befehlshaber gescheitert.

Dieses rasche und gewaltsame Vorgehen Ludwig's XIV. spornte die Glieder des Augsburger Bündnisses zu reger Thätigkeit an. Noch bevor die Schwerfälligkeit des deutschen Reichstages einen Beschluss zu Tage gefördert hatte, standen schon auf mehreren Punkten des Reiches Truppen in Bereitschaft, um das weitere Vordringen der Franzosen abzuwehren. Sie hatten es jedoch nicht mehr verhindern können, dass in den schon besetzten Territorien die Franzosen ihre Verheerungen weiter verfolgten und durch die Generale Melac, Monclair, Feuquières u. A. den von Louvois gefassten Plan zur Ausführung zu bringen suchten: „die deutschen Grenzlande in eine Wüste zu verwandeln, um dadurch Frankreich gegen den Einfall eines deutschen Heeres zu schützen." Die rauchenden Trümmer unzähliger Ortschaften lieferten davon den traurigen Beweis.

Endlich war es den eifrigen Bemühungen des Kaisers gelungen den Reichstag dahin zu bringen, dass unter dem 14. Februar 1689 der König von Frankreich als ein Reichsfeind erklärt und unter dem 3. April der Reichskrieg gegen Frankreich ausgesprochen wurde. Unter dem 12. Mai wurde das Offensiv- und Defensiv-Bündniss mit den Generalstaaten erneuert und auf England ausgedehnt, wo unterdessen Wilhelm III. von Oranien sich die Krone aufgesetzt hatte. Auch die Krone Spanien wurde in das Bündniss mit hineingezogen wegen der von Frankreich bedrohten spanischen Niederlande. So glaubte man dem Könige von Frankreich, der auch Holland und Spanien den Krieg erklärte, vollständig gewachsen zu sein. Brandenburg, Sachsen, Würtemberg, Bayern, Hessen und die Braunschweig-Lüneburgischen Herzoge stellten ihre Contingente dem Kaiser zur Verfügung und auch der Fürst-bischof von Münster liess seine Truppen marschiren, jedoch vorläufig mehr zum Schein, denn er hatte sich durch die von Frankreich ihm in Aussicht gestellten reichen Subsidiengelder zu der heimlichen Verpflichtung hinreissen lassen, nichts zu thun, was dem französischen Interesse widerspreche [1]).

Nach dem vereinbarten Kriegsplane sollten in den Niederlanden die Holländer und Spanier, unter dem Befehle des Generals Prinzen Georg Friedrich von Waldeck - Pyrmont sich den in Flandern vorgehenden Franzosen entgegenstellen und drei getrennte Corps die Operationen in Deutschland beginnen. Das Erste, unter dem Kurfürsten von Bayern, sollte Schwaben und Franken schützen; das Zweite, welches unter den Befehl des eben von langer Krankheit genesenen Herzogs Karl von Lothringen, des Türkenbesiegers, gestellt war, erhielt die Aufgabe, Mainz den Franzosen wieder zu entreissen; das dritte Corps endlich, welches sich im Clevischen sammelte und wozu noch das Lüneburgische und Münstersche Contingent und holländische Regimenter stossen sollten, war dazu bestimmt, das Erzstift Köln und die angränzenden Gebiete von den Franzosen zu säubern. Dieses Corps, über welches Kurfürst Friedrich III. von Brandenburg im Juni 1689 den Oberbefehl übernahm, ist dasjenige, wel-chem auch die Belagerung von Bonn zufiel, weshalb wir auf dessen Zusammensetzung näher eingehen müssen.

Es wurde bereits angeführt, dass der Kurfürst von Brandenburg in seinen Clevischen Ländern Truppen aufgestellt habe, um auf die zu erwartenden Ereignisse gerüstet zu sein. Ein Theil dieser Truppen — 6000 Mann — war ursprünglich dazu bestimmt gewesen, unter Führung des im Jahre 1687 aus französischem Dienst in brandenburgischen Dienst übergetre-tenen Maréchal de France Friedrich Graf von Schomberg die Expedition Wilhelms von Oranien nach England zu unterstützen. Schomberg ging jedoch nur für seine Person mit wenigen Officieren nach England [2]), während die Truppen eine andere Bestimmung erhielten. Ein Theil derselben (2000 M.), war dazu verwendet worden, als Westfälische Kreistruppen die Besatzung von Köln zu verstärken, ein anderer Theil stiess, im Solde der Generalstaaten, zu dem Corps des Fürsten von Waldeck, und der Rest war im Clevischen stehen geblieben. Im September 1688 hatten auch die in den Marken und in Preussen stehenden Brandenbur-gischen Regimenter den Befehl erhalten, in Eilmärschen nach dem Rheine zu gehen, so dass im März 1689 hier ein Corps von 20,000 Mann Brandenburger bereit stand [3]).

Es waren darunter alte kriegsgewohnte Schaaren, welche erst vor kurzer Zeit dem Lor-beer, den die Brandenburger sich bei Fehrbellin, bei Warschau und im Elsass erkämpft, in dem Ungarischen Feldzuge und vor Ofen neue Blätter hinzugefügt hatten, wie z. B. von der Reiterei das Leibregiment, die Regimenter Kurprinz, Anhalt und Derfflinger, ferner das Leib-

---

1) Arch. du Minist. des affaires étrang. Col. reg. 43 zu Paris, citirt von Dr. Ennen in „Frankreich und der Niederrhein I. p. 506." Es dürfte hierbei zu erwägen sein, ob dieses Uebereinkommen nicht noch aus der Zeit des von Fürstenberg inspirirten Maximilian Heinrich herrühre, der zugleich Bischof von Münster war, und ob sein Nachfolger, Christoph von Plettenberg dasselbe aufrecht erhalten habe, was zu bezweifeln ist, da wir die Münster'schen Truppen an der Seite der Brandenburger vor Kaiserswerth und Bonn finden.

2) v. Schöning, die Generale der Kur-Brandenb. u. Königl. Preuss. Armee. Berlin 1840. pag. 20.

3) Näheres u. Ordre de Bataille in Anlage I.

regiment Dragoner, und von der Infanterie: die Kurfürstliche Leibgarde, die Regimenter Graf Dönhoff, von Barfuss, Kurprinz, Markgraf Philipp, von Anhalt, Derfflinger und Prinz von Kurland [4]. Auch die anderen Regimenter waren in der vortrefflichen Verfassung, worin der grosse Kurfürst bis an sein Lebensende die Armee erhalten hatte. Aus den in Folge der Aufhebung des Edikts von Nantes (1685) aus Frankreich vertriebenen reformirten Edelleuten waren Compagnieen Grands-Mousquetaires errichtet worden, denen bald andere Compagnieen, aus deutschen Edelleuten formirt, hinzutraten und ein in jeder Beziehung ausgezeichnetes Regiment bildeten, dessen besondere Vorrechte jedoch häufig den Neid der alten Brandenburgischen Truppen erregten und zu manchen Reibungen Veranlassung gaben. Auch in der Infanterie finden wir das 1687 aus französischen Refugiés formirte Regiment Varenne, und das Regiment Cornoaud, bei welchen eigene Compagnieen Cadetten (Compagnies de Cadets) bestanden, aus jungen Leuten formirt, welche den Soldatenstand als Beruf erwählt hatten und eine treffliche Pflanzschule für den Krieg bildeten. Die „Piemontesor" endlich scheinen ein besonderes Jäger- oder Scharfschützen-Corps gewesen zu sein, welches später wieder aufgelöst wurde.

Unter den Führern finden wir die oben mit neuem Kriegsruhm aus Ungarn heimgekehrten Generale Hans Adam von Schöning und von Barfuss, den alten Freiherrn von Spaen, schon 1668 General-Major und seit 1675 General-Lieutenant, ferner die Generale von Heyden, von Zieten, von Belling, Herzog Friedrich Ludwig von Holstein-Beck, die Franzosen du Hamel, seit 1679, und Briquemault de St. Loup seit 1681 im Brandenburgischen Dienst, endlich die Grafen Meinhard (Ménard) und Karl von Schomberg, beide mit ihrem Vater, dem oben genannten Marschall, aus dem Dienste Ludwigs XIV. herübergekommen. Auch unter den Officieren befand sich eine grosse Zahl ehemaliger französischer Officiere, durch die Religionsbedrückungen aus Frankreich vertrieben, welche theils bei den Regimentern fest angestellt waren, theils sich den Truppen als Volontairs angeschlossen hatten [5]. An der Spitze der Artillerie stand der Oberst Ernst von Weiler, der eigentliche Schöpfer der Brandenburgischen Artillerie, welcher vor Bonn zum General ernannt wurde.

Werfen wir nun einen Blick auf die von Ludwig XIV. getroffenen Vorbereitungen zum Kriege, so finden wir auch hier drei Armeen zu den Operationen bereit. Auf dem rechten Flügel, gestützt auf Mainz, commandirte der Marschall von Duras, der seine Streifcorps, wie wir gesehen, bis tief nach Franken und Schwaben und rheinabwärts entsendete, deren verheerende Thätigkeit schon berührt wurde. Ein in Lothringen sich bildendes Reserve-Corps unter dem Marquis von Bussy sollte die weiteren Operationen unterstützen. Im Centrum war der Oberbefehl dem Marschall von Boufflers zugedacht, der jedoch vorläufig noch weiter zurück an der Mosel und Maas stand, und mit seinen Vortruppen Luxemburg, Trier und die

---

4) Das heutige 1. Schlesische Leib-Kürassier-Regiment, das 2. Königin-Kürassier-Regiment, das 3. Kürassier-Regiment Graf Wrangel, das Brandenburgische Dragoner-Regiment No. 2, die Grenadier-Regimenter No. 1, 2, 3 etc. der jetzigen Preuss. Armee, führen ihren Ursprung auf diese Regimenter zurück in ununterbrochener Continuität.

5) Die Bezeichnung „Reformirte Officiere", welche wir in den Listen finden, bezieht sich keineswegs auf das Confessionelle; es sind vielmehr Officiere aufgelöster oder auf einen anderen Etat gesetzter Truppentheile, welche bis zu neuer, definitiver Anstellung als überzählig geführt wurden.

neu errichtete Festung Mont-Royal bei Trarbach besetzt hielt. Auf dem linken Flügel endlich, in Flandern, stand der Marschall von Humières dem Prinzen von Waldeck gegenüber.

In Bezug auf die Zusammensetzung und Beschaffenheit der Truppen sprechen sich die gleichzeitigen französischen Berichte nicht besonders lobend aus. „Fast die ganze Cavallerie war neu und die Truppen der Verbündeten waren den unsrigen sehr überlegen" — sagt Feuquières — „nur in Bonn und Mainz standen gute Garnisonen. Dadurch war der König genöthigt sich auf der Defensive zu halten, um den neu ausgehobenen Truppen Zeit zu geben sich zu formiren und sich an eine feste Zusammengehörigkeit zu gewöhnen"[6]). Von den durch Fürstenberg geworbenen neuen Truppen will Feuquières wenig Gutes wissen; „sie wurden bald auseinandergesprengt, sowohl durch die Avocatorien des Kaisers als durch ihre schlechte Verfassung. Wie es aber mit der Mannszucht in der französischen Armee überhaupt beschaffen gewesen sein muss, davon geben die Grausamkeiten und Excesse, welche von derselben überall ausgeführt wurden, einen sprechenden Beweis.

Der Oberbefehl über die im Clevischen stehenden Brandenburger war vorläufig dem mit dem Range eines Feldmarschall-Lieutenant bekleideten General von Schöning anvertraut. Durch die Verheerungen, welche die französischen Streifcorps im Jülich'schen und Bergischen anrichteten, fand derselbe sich veranlasst, die Operationen im Anfang des Monats März 1689 zu beginnen. Mit dem Gros überschritt er bei Wesel den Rhein und marschirte auf Alpen, wo der General von Barfuss bereits Ende Februar die Truppen aus den Garnisonen und Cantonnirungen des linken Rheinufers gesammelt hatte. Ein starkes Detachement verblieb auf dem rechten Rheinufer und zog auf Kaiserswerth, um die Festung einzuschliessen. Bei Alpen stiessen 2000 Mann Holländer unter General Ailva[7]) zu den Brandenburgern. Bis Mitte März waren durch die Gefechte bei Uerdingen, Kloster Meer und Neuss die Franzosen überall zurückgedrängt. Kempen, Hülchrath, Bedburg und Düren waren befreit und eiligst zogen sich die französischen Streifpartheien vor den Brandenburgischen Reitern zurück. Die Verbindung mit Köln war bald gesichert, so dass der dort commandirende Kaiserliche General Freiherr von der Beck nun auch durch wiederholte Ausfälle die Franzosen fern zu halten vermochte und im April einen Versuch zur Ueberrumpelung der Beuler Schanze, gegenüber von Bonn, unternehmen konnte, welcher jedoch misslang und wobei der Brandenburgische Oberst von Heyden den Tod fand, nachdem dreimal vergeblich angestürmt war.

Auch auf dem rechten Rheinufer hatten die französischen Streifpartheien dem Andrücken der Brandenburger und der zu ihnen stossenden 6000 Mann Münsterscher Truppen unter General Schwarz weichen und ihre vorgeschobenen Posten an der Ruhr, Wupper und Sieg räumen müssen. Bei ihrem Rückzuge brannten sie mehrere Ortschaften nieder, so wie auch auf dem linken Rheinufer die Einäscherung von Ahrweiler und vieler anderer Dörfer ihren Rückzug bezeichnet hatte. Nur die beiden Festungen Rheinberg und Kaiserswerth waren noch in ihren Händen. Rheinberg capitulirte am 16. Mai. Als dem Commandanten, Herrn

---

6) Mémoires de Mr. le Marq. de Feuquières, II. p 96 u. ff. (de s'accoutumer à être ensemble).

7) v. Schöning, des General-Feldmarschalls H. A. v. Schöning Leben u. Kriegsthaten. Berlin 1857. Nach anderen Quellen hiess er Avila. Später commandirt Gen. v. Dalwig die holländ. Hülfstruppen.

von Bernsau, die von ihm verlangten Sicherheiten für seine Person und seine Güter zugestanden worden, leistete derselbe mit der aus 12 Compagnieen Fürstenbergischer Söldner bestehenden Besatzung dem Kurfürsten Johann Clemens den Eid der Treue. Kaiserswerth, wo der französische General von Maleognet Commandant war, leistete längeren Widerstand und capitulirte erst am 27. Juni. Der Kurfürst Friedrich III. war den 24. Juni bei der Armee vor Kaiserswerth eingetroffen und hatte sein Hauptquartier auf dem Spee'schen Schlosse Heltorf aufgeschlagen. Er liess sofort die Laufgräben eröffnen, ordnete persönlich die Aufstellung der Brandenburgischen und Münsterschen Batterieen und zwang den Commandanten nach dreitägigem Bombardement zur Capitulation.

Die Einnahme von Kaiserswerth wurde sogleich dem Kaiser gemeldet und dieser dankte dem Kurfürsten in einem Schreiben d. d. Wien den 10. Juli 1689, dessen Mittheilung wir uns nicht versagen können. Es heisst darin: „Mir ist der Success umb so erfreulicher zu „vernehmen, je mehr Ew. Lbd. glorie dadurch vermehret wird. Wie Ich mich jedoch dabei „Ew. Lbd. Persohn halber in stether sorg und unruhe befinde, indem Ich berichtet werde, „welcher gestalt Ew. Lbd. sich selbsten zum öftern hazardiren und in die höchste gefahr „setzen, so kan Ich nicht umbhin, Ew. Lbd. wohl meinend zu ersuchen, dass Sie vor allen „auff die conservation Dero aigner Persohn, woran dem publico und ihren aigenen Landen „soviel gelegen, reflectiren und ohne die eusserste noth sich selbsten nicht solcher gestalt „exponiren wollen" etc.[6]

Nach der Einnahme von Rheinberg und Kaiserswerth wurde die Festung Bonn das nächste Operations-Object. Dorthin hatten sich zum grossen Theil die vom flachen Lande vertriebenen französischen Streifcorps zurückgezogen und nicht aufgehört, gelegentlich Expeditionen in die Umgegend zu machen und die Ortschaften in gewohnter Weise heimzusuchen, bis die Brandenburgischen und Münsterschen ihnen auch hier die Wege wiesen. Fürstenberg, dem der Aufenthalt in Bonn schon lange unsicher geworden, hatte schon Ende März und Anfangs April alles baare Geld zusammengerafft und nebst allem Silbergeschirr und sonstigen Kostbarkeiten nach Paris in Sicherheit gebracht. Am 6. April hatte er auch selbst Bonn verlassen, und war in Begleitung des französischen Gesandten Heron mit sechs Kutschen und einem Convoi von 1000 Reitern ebenfalls nach Paris geeilt, wohin ihm seine Freundin, die Gräfin von der Mark, bereits im März vorausgegangen war: Stadt und Festung waren nunmehr im unbeschränkten Besitz der französischen Garnison, welche dort in eigenmächtigster Weise schaltete und waltete.

Nachdem am 28. Juni im Lager vor Kaiserswerth in Gegenwart der von Duisburg herbeigeeilten Kurfürstin und des ganzen Hofes, ein feierlicher Dank-Gottesdienst gehalten und das Tedeum gesungen war, setzte sich die Armee wieder in Bewegung. Der Kurfürst ging mit dem grössten Theil derselben am 2. Juli bei Düsseldorf über den Rhein und bezog ein Lager bei Holzheim, unweit Neuss, in welchem die Truppen bis zum 6. Juli ausruhten. Dann wurde der Marsch bis Zons fortgesetzt und dort ein neues Lager aufgeschlagen, worin die Armee verblieb bis zum 16. Juli. Die Reiterei deckte die rechte Flanke des Marsches und breitete sich in der weiten Ebene an der Erft bis zur Niers und Roer aus, nachdem sie der Kurfürst am 7. Juli bei Neurath, unweit Frimersdorf, inspicirt hatte. Gesandte Englands

---

6) K. Pr. Geh. Staatsarchiv zu Berlin.

2e

und der Generalstaaten befanden sich im Hauptquartier zu Zons, und conferirten über die ferner zu unternehmenden Operationen. Kaiserliche Bevollmächtigte und auch Kurprinz Johann Wilhelm von der Pfalz, welcher seit 1679 von seinem Vater mit der Regierung der Herzogthümer Jülich und Berg betraut war, wohnten diesen Conferenzen bei.

Auf dem rechten Rheinufer waren die Generale von Barfuss und Schwarz mit neun Bataillonen Infanterie und vier Reiter-Regimentern (Brandenburger, Holländer und Münstersche) am 29. Juni von Kaiserswerth abmarschirt, mit dem Auftrage, die Beuler Schanze bei Bonn zu nehmen, und die Festung von dieser Seite einzuschliessen. Schon am 1. Juli hatte diese Colonne Lülsdorf erreicht und am 5. Juli meldete General Barfuss dem Kurfürsten im Lager bei Neuss, dass er bei Bergheim die Sieg passirt und Rheindorf und Vilich besetzt habe; er hoffe, dass der Feind die Schanze verlassen werde, weil es nur eine kleine Redoute sei, und nur 150 Mann darin stehen könnten. Am 6. Juli lief im Hauptquartier die Meldung vom General von Barfuss ein, „dass er 300 Schritt von der Schanze Posto gefasset und zur linken Seite ein gut Logement, zur rechten aber eine Batterie verfertigt habe, und diese Nacht die aus Köln ankommenden Kanonen darauf bringen wolle, um dadurch die Gierbrücke zu Grunde zu richten und morgen früh, am 7., mit dem Tage davon einen Anfang zu machen; der Feind habe seine Arbeiter auf 2000 Mann verstärkt, habe zwar einige Schüsse aus Kanonen auf die Wache gethan, aber noch keinen Mann davon beschädigt; an dem Fluss Siege stehe ein Kapitain mit 60 Mann, um den Schiffen, so von Bonn kommen, die Passage zu hemmen" [9]).

So waren nun die ersten Schritte geschehen zum Angriffe auf Bonn, und ehe wir zu den ferneren Ereignissen vor und in der Festung übergehen, ist es nöthig, einen kurzen Ueberblick über die Beschaffenheit der Festung und über die sonstigen Verhältnisse daselbst vorauszuschicken.

Die Stadt Bonn, in einem Halbkreise auf dem linken Rheinufer sich ausdehnend, war zunächst von einer festen Ringmauer mit vorspringenden Thürmen und Halbthürmen umgeben, welche noch aus der Mitte des 13. Jahrhunderts datirte, wo Bischof Conrad von Hochstaden in seinen Kämpfen mit der Stadt Köln sich in Bonn einen festen Stützpunkt für seine Unternehmungen gegen Köln gründen wollte. Die Bürgerschaft von Bonn hatte den Bischof und Landesherrn hierbei eifrig unterstützt, aus Dankbarkeit für die der Stadt verliehenen Privilegien. Im Verlauf der Zeit war diese Ringmauer immer noch verstärkt und mit Wall und Graben versehen worden. Vor den Thoren entstanden Halbmonde zur Deckung derselben, und auch an der Rheinseite waren mehrere Werke angelegt worden. Diese Befestigung genügte jedoch nicht mehr, als bei der fortschreitenden Ausbildung des Geschützwesens die Ringmauern der Städte mit ihren Thürmen der Vertheidigung keine hinlängliche Sicherheit mehr gewähren konnten. Dies hatte sich für Bonn besonders fühlbar gemacht im Truchsess'schen Kriege und bei der Ueberrumpelung und Eroberung der Stadt durch den bekannten kühnen Parteigänger Schenk von Nideggen (1587) und deren Wiedereroberung durch die Spanier (1588), wobei auch schon die Beuler Schanze eine grosse Rolle spielt. Wir sehen

---

9) Kur.-Brandenb. Diarium vom Feldzuge 1689. Aus dem Geh. Staatsarchiv mitgeth. in v. Schöning, des Gen.-Feldm. v. Schöning Leben und Kriegsthaten.

daher nach und nach v o r der Ringmauer einen zweiten Befestigungs-Gürtel entstehen, dessen Anfänge wir in die Regierung des Erzbischofs und Kurfürsten Ernst von Bayern setzen können. Als unter dessen Nachfolger, dem Kurfürsten Ferdinand von Bayern, zur Zeit des dreissigjährigen Krieges, das Erzstift Köln durch umherstreifende Schaaren der verschiedenen kriegführenden Mächte sehr belästigt wurde, hatte man diese Befestigungsarbeiten fortgesetzt. Es entstanden 1642 und 1644 die Bollwerke am alten Zoll, vor dem Stocken-Thor und Ferdinand, an der südwestlichen Ecke der Stadt, so wie die Befestigungen am Butterweck und am Mülheimer Thörlein, welche wir später unter der Bezeichnung des Bastion Cassius theilweise wiederfinden. [10])

Unter Kurfürst Maximilian Heinrich — seit 1650 — wurden diese Befestigungen noch vervollkommnet und erweitert. Zwischen dem Mülheimer Thörlein und der Naar wurde 1658 stark geschanzt und eine grosse Anzahl der dort gelegenen Weingärten zur Anlage von Festungswerken eingezogen. Es entstanden das Bastion Maximilian, das Bastion Heinrich und wahrscheinlich auch schon das Stern-Bastion vor dem Sternthor oder der Pisternen-Pforte; besonders im Jahre 1663 wurde stark gearbeitet. Als Maximilian Heinrich durch seinen politischen Leiter Fürstenberg ganz und gar in die Arme Ludwigs XIV. geführt worden war, wurde die bisherige Befestigung nicht nur auf allen Fronten noch verstärkt, sondern auch die Nordfront der Stadt wurde durch Anlage des Bastions Wilhelm, des Bastions Camus und des Halb-Bastions am Rheine den anderen Fronten gleichgestellt, um den zu erwartenden Angriffen der Kaiserlichen kräftigen Widerstand entgegenstellen zu können. Das Dörfchen Mülheim, vor der West-Front, fiel als Opfer dieser Ausdehnung der Festungswerke durch Anlage von Aussenwerken und wurde niedergebrannt. Ein gleiches Schicksal erlitt das Stift Dietkirchen, vor dem Köln-Thore, als 1674 die Kaiserlichen unter Montecuculi und die Holländer unter Wilhelm von Oranien zur Belagerung der Stadt sich anschickten; Kloster und Kirche wurden auf Befehl des französischen Commandanten Gevillon in Asche gelegt, weil der Feind dahinter hätte Deckung finden können. Nach der Eroberung am 13. November 1674 wurde der Marquis von Grana zum Gouverneur von Bonn ernannt, der sogleich die Arbeiten an der Verstärkung der Werke wieder aufnahm. Es entstanden mehrere Aussenwerke und auch das Hornwerk vor dem Zoll-Bastion. Die Rheinfront hatte in der Verstärkung der Kehlmauer durch angelegte Thürme und durch kleine Erdwerke ebenfalls grössere Festigkeit erhalten.

Als nun 1688 Fürstenberg sich in den Besitz der Stadt setzte, war es sein Erstes, die Verstärkung der Festung in Angriff zu nehmen. Ende 1688 und Anfangs 1689 finden wir viele Verordnungen und Aufgebote in dieser Beziehung, so u. A. ein Aufgebot an alle Amtmänner des Erzstifts, zur Gestellung von Arbeitern, Karren und Pferden, vom 20. Januar 1689, wonach sie „den vierten Theil aller Amtseingesessenen, arbeitsfähigen Leute und den sechsten Theil aller Karren des Amtes von 14 Tagen zu 14 Tagen nach Bonn zu senden haben; dieselben sollen sich auf 14 Tage mit aller Nothdurft versehen, Brod erhalten sie jedoch in Bonn; die Geringeren haben Hacken mitzubringen, die Anderen Hauen und Schau-

---

10) Der Plan in Merians Topographie zeigt uns die genannten Bollwerke als vollendete Bastions, während die übrigen Fronten nur die alte Ringmauer mit ihren Thürmen und die Halbmonde vor den Thoren haben.

feln, die Fuhrleute wohlbespannte Karren etc." [11]) Durch diese Arbeiten wurden die Graben noch erweitert, der gedeckte Weg und das Glacis vervollkommnet und überhaupt die Festung in den Stand gesetzt, wie wir sie zur Zeit der Belagerung finden und wie dieselbe aus dem beigegebenen Plan zu ersehen ist [12]).

Nach der im April erfolgten Abreise Fürstenborgs blieben die Franzosen, wie oben erwähnt, dort allein die Herren. Es commandirte daselbst der Baron von Asfeld [13]), ein sehr tüchtiger Officier, der mit grosser Umsicht und Energie alle Anstalten zur Vertheidigung leitete. Die Truppen der Garnison gehörten, nach den Angaben Feuquières, zu den besten der französischen Armee. Dadurch, dass sich die in den vorhergegangenen Gefechten zersprengten Schaaren in die Festung warfen, war die Garnison zwar auf 15000 Mann angewachsen, aber diese Streifcorps hatten zum grössten Theil aus Cavallerie bestanden, und die Unterbringung derselben in der Stadt, so wie die Verpflegung so vieler Pferde machte um so grössere Schwierigkeiten, als die Festung ohnedies schlecht proviantirt war und keine genügenden bombenfeste Räume hatte, um Proviant und Munition sicher aufzubewahren.

Kehren wir nun zu den Operationen zurück, so finden wir den unter speziellem Befehl des Kurfürsten stehenden Theil der Armee immer noch in dem Lager bei Zons, während General von Barfuss den Angriff auf die Beuler Schanze eröffnet hatte. Bei genauer Recognoscirung fand der General die Schanze grösser und stärker besetzt, als er vermuthet hatte. Die Franzosen hatten nämlich nach dem abgeschlagenen Angriff durch die Kölner Besatzung bedeutende Arbeiten zur Erweiterung und Verstärkung derselben vorgenommen und waren, nach der Meldung des Generals an den Kurfürsten, mit 2000 Mann immer noch an der Arbeit. Die Schanze bildete ein nach dem Rheine zu halb geöffnetes Rechteck, mit starken Brustwehren und breitem trockenen Graben. Gedeckter Weg und Graben waren mit Pallisaden gesichert, die Brustwehr mit Sturmpfählen gut versehen (frisé). Unweit der Schanze, stromaufwärts, befand sich ein massives Gebäude, — „das italienische Haus" — ebenfalls pallisadirt und stark besetzt. Die Verbindung mit der Stadt wurde durch eine Gierponte unterhalten, welche jedoch bei der Annäherung des Feindes abgefahren und durch eine grosse Kähne ersetzt worden war.

Mit Aufwendung aller disponiblen Kräfte etablirte General von Barfuss zwei Batterieen, nachdem er einen zur Störung der Arbeiten unternommenen Ausfall der Besatzung der Schanze zurückgewiesen. Die erste Batterie lag unterhalb der Schanze, nahe am Rheinufer, etwa 200 Schritte von derselben entfernt, und war mit zwei 12pfündigen Kanonen und zwei Haubitzen armirt. Die zweite Batterie, oberhalb der Schanze, aber wegen des italienischen Hauses etwas entfernter, enthielt eine gleiche Geschützzahl. Beide Batterieen sollten zunächst ihr Feuer auf den Rhein concentriren, um die Communica-

---

11) Diese Angaben über die Befestigung von Bonn sind denjenigen Akten entnommen, welche sich im Staats-Archiv zu Düsseldorf befinden und die Entschädigung der Eigenthümer wegen der zum Festungsbau vergrabenen Grundstücke betreffen. Das bedeutendste darunter ist betitelt: Kurtze Anzeig welchergestalt die Archidiaconal-Stifftskirch St. Cassii & Florentii zu Bonn durch ein und ander Zufall in grossen Schaden und Abgang gekommen.

12) Anlage II.

13) Er hiess eigentlich Claudius Frans Vidal und wurde Asfeld genannt von der Abtei Herssefeld. Im Bremenschen, welche Christine von Schweden ihrem General-Agenten Peter Vidal, geschenkt hatte. Eenen, Frankreich u. der Niederrhein. I. 511. Anm. 8.

tion zwischen Stadt und Schanze zu hindern; dann sollten sie die Schanze selbst beschiessen. Aus der Festung wurden diese Batterieen durch das Feuer von der unteren Rheinbastion und vom Zollbastion so sehr belästigt, dass Epaulements zur Deckung dagegen aufgeworfen werden mussten. Ausserdem gab der General der zweiten Batterie noch einige Mörser bei, um das Feuer des Zollbastions und der Rheinhorschanze zum Schweigen zu bringen. Eine dritte Batterie, hinter der Mitte der Schanze und durch diese gegen das directe Feuer aus der Stadt gedeckt, war zum eigentlichen Beschiessen der Schanze bestimmt. Der Oberstlieutenant von Natzmer, General-Adjutant des Kurfürsten, der beim Ausbruche des Krieges aus England zurückgekehrt war und sich schon vor Kaiserswerth ausgezeichnet hatte, machte den General von Barfuss darauf aufmerksam, dass eine Erstürmung des italienischen Hauses durchaus nothwendig sei, um näher an die Schanze herankommen zu können. Diese Erstürmung erfolgte im ersten Anlauf, ohne erheblichen Verlust. Nun konnte man auch hier die Laufgräben ohne zu grosse Störung weiter führen, so dass die Zeit gekommen war, um den Sturm der Schanze zu unternehmen, nachdem eine Aufforderung zur Uebergabe vom Commandanten abgelehnt war.

Am frühen Morgen des 11. Juli [14]) wurde aus den drei Batterieen ein heftiges Feuer auf die Schanze eröffnet und ohne Unterbrechung fortgesetzt. Nachmittags 3 Uhr fiel eine von einem Münsterschen Bombardier geworfene Bombe in das Pulvermagazin der Schanze und bewirkte eine Explosion, welche in dem engen Raume grosse Verwirrung anrichtete. Es entstand ein grosses Gedränge und Flüchten nach dem Ausgang der Schanze, um die Kähne zu erreichen und so der drohenden Gefahr zu entgehen. In richtiger Benutzung des Augenblicks gab jetzt General von Barfuss den Befehl zum Sturm. Die Brandenburger und Münsterschen sprangen aus den Laufgräben, und es gelang ihnen nicht nur in den Graben zu kommen, sondern auch an einzelnen Stellen die Brustwehr zu übersteigen. Eine Abtheilung unter dem Münsterschen Hauptmann Kramer hatte sich auf die Kehle der Schanze geworfen, um die fliehende Besatzung von den Kähnen abzuschneiden, auf welche das Feuer der beiden am Rheine gelegenen Batterieen concentrirte. Nur einer dieser Kähne erreichte glücklich die Stadt; ein Zweiter wurde in Grund gebohrt, der Dritte genommen und in demselben ein Hauptmann, zwei Lieutenants, drei Sergeanten und 64 Gemeine zu Kriegsgefangenen gemacht. Der Verlust der Stürmenden soll nur 16 Todte und 60 Verwundete betragen haben, scheint jedoch bedeutender gewesen zu sein, da der General von Barfuss in seinem Bericht an den Kurfürsten den Zweifel aufwirft: ob solche Liste zu communiciren ist? [15])

14) Hennert, in s. Beiträgen z. Brandenb. Kriegsgeschichte, giebt den 4. Juli als Datum des Sturmes an was schon dadurch widerlegt wird, dass am 6. Juli erst die Meldung im Lager vor Zons einging, dass Barfuss vor der Schanze Posto gefasst habe. Das Kur-Brandenb. Diarium hat unter dem 9/19. Juli die Notiz: Nachdem die Bonner Schanze gestern übergegangen etc. Eine auf der Univ.-Bibliothek zu Bonn befindliche Relation: „die Erzbischöfl. Churfürstl. Cölnische Residenz-Stadt Bonn, wie solche in diesem 1689st. Jahr v. Ihr. Churfl. Dchl. zu Brandenburg u. anderen hohen Alliirten hart belagert, ernstlich bombardiret u. beschossen, endlichen auch mit Zuziehung Ihr. Hochfürstl. Dchl. des Hrn. Herzogs von Lothringen den 11. October mit Accord glücklich erobert und genommen worden“ welche vermuthlich dem Berichterstatter des Theatr. europ. als Quelle gedient. — giebt auch den 11. Juli als Datum des Sturmes auf die Heuler Schanze an.

15) v. d. Oelsnitz, Geschichte des ersten Infant.-Regiments, wo der Bericht aus den Acten des Geh. Staats-Archivs zu Berlin excerpirt ist.

Der Kurfürst von Brandenburg erhielt die Meldung von der glücklichen Einnahme der Beuler Schanze noch im Lager bei Zons, wo die Berathungen über die ferneren Operationen noch immer nicht zu einem Abschluss gekommen waren. Nach vielem Hin- und Her-Reden, wobei — nach Natzmers Bericht — die Eifersucht zwischen den Generalen von Schöning, Meinhard Graf Schomberg und Barfuss den raschen Fortgang nicht wenig verzögerte, war man jetzt, nach Eroberung der Schanze, zu dem Entschluss gekommen, Bonn vom rechten Rheinufer aus zu bombardiren. Man ging dabei von der Voraussetzung aus, dass der Commandant, bei dem Mangel bombenfester Räume, auf diese Weise am schnellsten zur Capitulation gezwungen werden könne. Zu dem Ende sollten längs des rechten Rheinufers Verschanzungen aufgeworfen und Batterieen errichtet werden, wozu die dorthin gesendeten General - Feldzeugmeister von Spaen und Artillerie - Oberst von Weiler die nöthigen Anordnungen treffen sollten. Die zu Wasser den Rhein hinauf gehende Artillerie erhielt Befehl zur grösstmöglichsten Beschleunigung des Transports, wozu aus dem Jülich'schen und Bergischen eine grosse Anzahl Pferde zum Schiffsziehen requirirt wurden; aber am 14. Juli hatte der Transport erst theilweise Düsseldorf erreichen können. Unterdessen wurden die Verschanzungsarbeiten bei der Beuler Schanze mit grossem Eifer betrieben. Die Schanze selbst, deren Kehle am Rheine durch eine Brustwehr von 18 F. Dicke geschlossen, die entgegengesetzte Face nach dem Felde zu dagegen niedergelegt und geöffnet worden war, bildete den Mittelpunkt und Kern der hier angelegten Werke. Oberhalb und unterhalb schloss sich eine mit starker Brustwehr versehene Linie von etwa 1200 Schritt, parallel dem Rheinufer, daran an, in welcher die Batterieen angelegt wurden, die nur der Ankunft der Artillerie harrten, um armirt zu werden. Heftiger Regen und Sturmwetter erschwerten zwar die Arbeiten sehr, ohne sie jedoch zu unterbrechen.

Am 16. Juli befahl der Kurfürst das Abbrechen des Lagers bei Zons und liess die Armee bis Köln marschiren, wo zwischen Niel und Merheim ein neues Lager bezogen wurde. Friedrich III. campirte mit seinen Truppen, während die Kurfürstin, welche mit ihrem ganzen Hofstaate ihrem hohen Gemahl gefolgt war, ihren Aufenthalt in der Stadt Köln nahm. General Briquemault war mit 1200 Reitern und 300 Dragonern vorausgeschickt worden, und hatte Stellung genommen auf dem linken Rheinufer bei Urfeld, von wo aus er fortwährend Streifparteien nach Bonn und Umgegend entsendete, um der Festung die Zufuhr abzuschneiden. Die Hauptmasse der Cavallerie, welche noch an der Erft stand, sammelte sich bei Kerpen und erhielt ebenfalls Befehl zum Vorrücken, um die Gegend westlich von Bonn und die Pässe über das Vorgebirge zu sichern. Auf diese Weise wurde die Festung in weitem Kreise cernirt und ihre Communication mit dem flachen Lande auf die nächsten Umgebungen beschränkt. Die aus der Festung entsendeten Recognoscirungs- und Fouragirungs-Abtheilungen wurden überall, wo sie mit den Brandenburgischen Reitern zusammenstiessen, mit Verlust zurückgewiesen. Da der Transport der Artillerie auf dem Rheine indess immer noch zu langsam ging, liess der Kurfürst dieselbe am 17. Juli in Köln ausschiffen und über die dortige Rheinbrücke gehen, um den Marsch zu Lande fortzusetzen; nur die Munition blieb zum grössten Theil in den Schiffen und wurde zu Wasser weiter geschafft. Auch erhielten nun die Kurfürstliche Trabanten-Leibgarde und die Grands-Mousquetaires Marschbefehl, um zu dem Detachement des General Briquemault bei Urfeld zu stossen.

Inzwischen hatte aber auch Herr von Asfeld nicht versäumt, Alles anzuordnen, was zur

Abwendung der immer näher kommenden Gefahr dienen konnte. Mit unermüdlicher Emsigkeit wurde Tag und Nacht an der Vervollständigung der zum Theil noch unfertigen Werke gearbeitet. Es wurden Traversen errichtet, Pallisaden gesetzt und am Fusse des Glacis sowohl, als auch weiter hinaus Logements und Graben aufgeworfen, um die feindlichen Patrouillen zu verhindern, sich den Werken zu sehr zu nähern. Proviant und Munition waren schon früher, zur Sicherung gegen das Wurffeuer, in die zu diesem Zweck ausgeräumten Keller der Bürgerhäuser gebracht worden, wobei es an Excessen und an Plünderung der dort vorhandenen Vorräthe der Eigenthümer nicht gefehlt hatte. Jetzt, als Asfeld Kunde erhielt von der Herbeiführung des grossen Materials an schwerem Geschütz und Mörsern auf dem rechten Rheinufer, konnte er über die Absichten eines Bombardements von dorther kaum noch zweifelhaft sein, weshalb er die Keller in der Nähe des Rheines nicht sicher genug hielt und die darin untergebrachten Vorräthe in die Kirchen, grossen Gebäude und in die Aussenwerke an der Westseite der Stadt bringen liess, wo sie in dem zwischen der alten Ringmauer und dem davorliegenden Walle befindlichen Graben einigermassen gedeckt schienen. Die Rheinfronte war durch neue Erdwerke vor den Thoren noch mehr gesichert worden, und auf den Thürmen in der Kehlmauer, so wie auf den an den Rhein anschiessenden Bastionen unterhalb und am alten Zoll hatte der Commandant soviel Geschütz als möglich bringen lassen, und die Plateformen der Thürme mit Hakenschützen stark besetzt, deren Feuer die Arbeiten der Belagerer sehr belästigte.

Den 18. Juli traf ein aus Bonn geflüchteter Jesuit im Brandenburgischen Lager bei Köln ein und berichtete, dass das anhaltende Regenwetter auch in der Festung vielen Schaden angerichtet habe und dass an 1500 Malter Mehl in den Kellern verdorben seien. „Auch sprach er von allerhand gutem Effect unseres (des Brandenburgischen) Geschützes und dass der Franzosen bestes metallnes und drei eiserne Kanonen gesprungen." [16]) Um nun von der Sachlage bei Bonn gewissere Nachricht zu erhalten, schickte der Kurfürst den Feldmarschall-Lieutenant von Schöning dorthin, zum grossen Missvergnügen des General von Barfuss, da beide Herrn sehr feindlich zu einander standen. Auf den Bericht Schönings, der eine engere Einschliessung der Festung auf dem linken Rheinufer für durchaus geboten erachtete, erfolgte denn auch der Befehl zum Abbruch des Lagers bei Köln und zum Vormarsch in ein neues Lager bei Rodenkirchen. Die Nähe der grossen Stadt erleichterte die Verpflegung, da Proviant und andere Bedürfnisse zur Genüge ins Lager gebracht wurden und täglich viel hundert Leute aus Köln ins Lager kamen „um dasselbe zu beschen und davon nachauszusagen." [17])

Den 20. Juli blieb die Armee im Lager bei Rodenkirchen stehen. Es kamen viele Bürger aus Bonn dorthin, welche durch die Franzosen von Haus und Hof vertrieben und aus der Stadt ausgewiesen waren. Auch viele Deserteurs wurden eingebracht, nach deren Aussage die Garnison mit allem Nöthigen noch gut versehen sei und alle ersinnliche Anstalten zur Gegenwehr mache. Kleine Scharmützel zwischen den streifenden Brandenburgischen Reitern und den aus der Festung entsendeten Abtheilungen kamen täglich vor, worin die Ersteren zwar stets Sieger blieben, aber die errungenen Vortheile nicht verfolgen konnten, da Asfeld vor der Stadt, wahrscheinlich vor dem Sternthore, eine Schanze hatte anfwerfen

---

16) 17) Kur-Brandenb. Diarium 8/18. u. 9/18. Juli.

und mit Infanterie und Geschütz besetzen lassen, welche das weitere Vordringen der Brandenburger verhinderte. Den 21. Juli bezog die Armee ein neues Lager bei Ober-Wesslingen; der Kurfürst nahm mit seiner Gemahlin, welche ihn auch hier begleitete, und mit dem ganzen Hofstaate Quartier in dem adeligen Fräuleinstift Grav-Rheindorf. Die Cavallerie ging bis auf eine halbe Stunde an die Festung heran und schloss dieselbe enge ein, so dass kleine Abtheilungen des Feindes sich nur noch mit grosser Gefahr herauswagen konnten.

Die Arbeiten bei der Beuler Schanze waren trotz des schlechten Wetters und der Störung durch feindliches Geschütz endlich zu Stande gekommen, die Artillerie war eingetroffen, und man konnte damit beginnen die Batterieen zu armiren. Zunächst der Schanze, oberhalb und unterhalb, waren Emplacements eingerichtet für je 70 schwere Geschütze, 12-Pfünder und 24 Pfünder, welche theils aus Wesel mitgeführt waren, theils aus holländischen und neuburgischen, der Festung Düsseldorf entnommenen Stücken bestanden. Auf den Flügeln war je eine Mortier-Batterie mit 10 Mörsern aufgeworfen, eine dritte Batterie von 11 Mörsern lag verdeckt hinter der Schanze, so dass nun 140 schwere Geschütze und 31 Mörser zur Eröffnung des Feuers bereit standen. Fortwährend traf auf dem Wasserwege des Rheines und der Sieg Munition ein, wozu die Stadt Köln aus ihren Vorräthen leihweise 4000 Stück Kugeln hergegeben hatte. Als der Kurfürst im Lager bei Ober-Wessling die Meldung erhielt, dass Alles bereit sei, schickte er dem Obersten von Weiler den Befehl, nicht eher etwas vorzunehmen, bis sämmtliche Geschütze zugleich das Feuer beginnen könnten. Unweit des Lagers war eine Brücke über den Rhein gelegt worden zur besseren Verbindung zwischen beiden Ufern, wahrscheinlich die aus Wesel hinaufgebrachte fliegende Brücke.

Den 24. Juli, nach eingenommener Mahlzeit, begab sich der Kurfürst mit den meisten höheren Officieren über die erwähnte Brücke nach den Batterieen bei Beul, inspicirte die Aufstellung der Geschütze, und gab dem Obersten von Weiler den Münsterschen Artillerie-Obersten Corfey, der auch bei Anlage der Batterieen sehr thätig gewesen war, als Unterstützung bei. Gegen 9 Uhr Abends befahl er alsdann die Eröffnung des Feuers aus allen Batterieen. Die Wirkung war furchtbar. „Es ist so heftig aus Kanonen und Mortiers in die Stadt gespielet worden, dass es fast nicht zu beschreiben und gleichsam continuirliches Donnerwetter gewesen. Es hat auch das eingeworfene Feuer dergestalt seinen Effect gethan, dass in der ersten halben Stunde die Stadt an verschiedenen Orten in Brand gerathen, welcher je länger je mehr überhand genommen, und dieselbige ganze Nacht, wie auch den folgenden 15/25. Juli und die Nacht darauf fast alles rundumb in vollen Flammen gestanden." [16])

Nach vorhandenen Aufzeichnungen fiel die erste Bombe in den Waldpott-Gudenauer Hof, welcher zum Lazareth eingerichtet war. Das Haus brannte nieder und viele Kranke fanden dabei den Tod. Das Rheinthor, das Kurfürstliche Schloss, der Pferdestall, das Rathhaus, die Remigiuskirche, die Kirchen und Klöster der Minoriten und Franciscaner, das Jesuiten-Collegium, die im Bau begriffene Jesuitenkirche, von welcher man die vorräthigen Bausteine schon vorher zum Festungsbau verwendet hatte, das Kapuziner-Kloster, das Kloster Engelthal, mehrere Krankenhäuser und eine Menge Privathäuser lagen innerhalb der ersten vierundzwanzig Stunden in Asche. „Der Feuerschein erleuchtete die Nacht zur Tageshelle,

---

16) Kur-Brandenb. Diarium 14/24. u. 15/25. Juli.

so dass man" — nach Angabe eines Augenzeugen — „auf dem Drachenfels bequem lesen konnte." [18]) Nur die Münsterkirche war unversehrt geblieben, entweder, weil sie der Geschützwirkung am entferntesten lag, oder weil absichtlich dieselbe nicht als Zielpunkt genommen war, da die Stiftsherren beim Kurfürsten angelegentlichst um die Verschonung ihrer Kirche petitionirt hatten. Während der Nacht vom 25. zum 26. Juli wurde das Bombardement noch fortgesetzt, namentlich wurden die Geschütze auf die Brandstellen gerichtet, um das Löschen zu verhindern. Eine Brandenburgische Batterie, auf dem linken Rheinufer zum Schutz der Schiffe in der Siegmündung angelegt, richtete ebenfalls ihr Feuer auf die Stadt und vermehrte noch die allgemeine Verwirrung. Bald war die Stadt von der Rheinseite vollständig geöffnet, da die Kehlmauer grösstentheils in Trümmern lag, so dass man tief in die brennenden Strassen hineinsehen konnte.

Die Franzosen hatten beim Beginn des Bombardements noch in einigen festen Gebäuden und Kellern Schutz gesucht und gefunden. Als jedoch durch die Schwere der darauf fallenden Bomben viele Gewölbe einstürzten, war auch hier keine Rettung mehr. Bald war alle Disciplin aufgelöst. Unter wiederholter Plünderung der Keller zog sich die Besatzung in die Aussenwerke zurück, Alles dorthin schleppend, was an Munition und Proviant hatte gerettet werden können, um es dort zu vergraben. Kostbare Meubles wurden dabei zerschlagen, die Bilder der Kunstkammer auf die Strasse geschleppt und zertreten, und unter dem Vorwande der Rettung Alles mitgenommen, was zu transportiren war. Viele Bürger verliessen mit Weib und Kind die brennende Stadt, da Keinem der Ausgang verwehrt, vielmehr noch dazu angetrieben wurde, nur durfte Niemand von seiner Habe etwas mitnehmen. Die Jesuiten und andre Klostergeistlichen wurden aus der Stadt verwiesen, ihre Bücher vernichtet und die Ruinen ihrer Klöster zu Wachstuben und Kasernen eingerichtet; nur die Kapuziner durften in der Stadt zurückbleiben. Die Franzosen haben selbst zugestanden, dass sie solche schleunige und vernichtende Wirkung der Artillerie, besonders an den massiven Gebäuden, sich nimmer möglich gedacht hätten.

Da der Kurfürst durch die Flüchtlinge genaue Kunde von den in der Stadt angerichteten Verwüstungen erhalten und ausserdem erfahren hatte, dass die Besatzung besonders an Wassermangel leide, da die Soldaten sich nicht mehr an den Rhein hinauswagten und die vorhandenen Brunnen zum Theil durch die Feuersbrunst mit Trümmern und Asche verschüttet waren, wodurch viel Vieh und Pferde gefallen sein sollten, so befahl er für den 26., 27. und 28. Juli das Feuer auf die *Stadt* einzustellen und nur auf die *Festungswerke* zu richten, wo sich die Besatzung versteckt hielt. Während dessen war die Stadt auf der Westseite von den brandenburgischen Reitern beobachtet, welche zwar bis auf Pistolenschussweite an die Thore streiften, aber nicht verhindern konnten, dass die Franzosen in grösseren Abtheilungen ausfielen und die Zeit benutzten, um das Kloster Kreuzberg, Poppelsdorf und Kessenich auszufouragiren und sogar bis nach Oberwinter und anderen Orten zu streifen, von wo sie Vieh und Vorräthe in die Festung hineinschleppten. Die Voraussetzung, dass der Commandant sich nach dem Bombardement zur Uebergabe geneigt finden werde, hatte

18) Trips. Hist. sui temporis. Manuscript des damaligen Pastors zu Honnef. Original im Pfarr-Archiv zu Honnef. Abschrift auf der Wallraffschen Bibliothek zu Köln.

sich nicht verwirklicht. Herr von Asfeld suchte sich vielmehr in den Festungswerken bestens zu decken und sah dem weiteren Verlauf mit Resignation entgegen, denn was kümmerte
ihn das Schicksal einer fremden Stadt. Den 29. Juli befahl deshalb der Kurfürst das Einstellen des Feuers und kehrte in das Hauptquartier nach Grav-Rheindorf zurück.

Die Stadt war durch die fast gänzliche Zerstörung der Kehlmauer an der Rheinseite
geöffnet, und der Kurfürst soll die Absicht gehabt haben, unter Zuhülfenahme von zwei
fliegenden Brücken und mehrerer Schiffe hier einen Sturm zu wagen, doch die meisten
Generale erklärten sich dagegen.

Es entstand nun die grosse Frage: ob man durch eine förmliche Belagerung, wozu
der Augenblick günstig erschien, die Festung zur Uebergabe bringen sollte, oder ob man
durch eine Blocade dieselbe enge einschliessen und abwarten solle, bis die Garnison aus
Mangel an Subsistenzmitteln zur Capitulation gezwungen werde. Im ersteren Falle musste
man eine grössere Truppenzahl in Anspruch nehmen, um die Belagerungsarbeiten möglichst
schnell auszuführen und, nach gelegter Bresche, den Sturm zu unternehmen, während für
die Blocade ein kleineres Corps genügte, und der Rest der Armee zu anderweitigen Operationen verwendet werden konnte. Beide Ansichten hatten ihre eifrigen Vertreter in dem
deshalb abgehaltenen Kriegsrathe, so dass der Kurfürst, zur Erlangung eines bestimmten
Resultates, die zwölf ältesten Generale aufforderte, ihr Gutachten schriftlich abzugeben. Es
waren dies die brandenburgischen Generale von Schöning, von Spaen, von Barfuss, Herzog
Friedrich von Holstein, die Grafen Meinhard und Karl von Schomberg, du Hamel, Briquemault de St. Loup, von Zieten und von Heiden, dann der Münstersche General Schwarz und
der Niederländische General von Dalwig.

Während nun diese Herren mit der Abfassung ihrer gutachtlichen Berichte beschäftigt
waren, entschloss sich der Kurfürst zu einer persönlichen Recognoscirung der Festung, um
sich durch den Augenschein von den dortigen Verhältnissen zu überzeugen und dadurch eine
richtige Grundlage für seine eigene Ansicht zu gewinnen. Den 31. Juli früh Morgens ritt
er in Begleitung des Feldmarschall-Lieutnants von Schöning unter Escorte von 1400 Pferden
nach Bonn. Viele Officiere des Hauptquartiers waren in seinem Gefolge und auch der Minister Eberhard von Danckelmann hatte sich dem Zuge angeschlossen. Durch ein Versehen
fand sich die commandirte Escorte nicht auf dem Platze auf welchem sie stehen sollte, so
dass der Kurfürst nur mit einigen Compagnien Dragoner von den Feldwachen seinen Ritt
unternahm und den Befehl zum Nachrücken der Escorte zurückliess. Auf den sanften Höhen-
rücken, welche Bonn im grossen Halbkreise umgeben, ritt der Kurfürst mit seinem Gefolge
bis zum Poppelsdorfer Grunde, fast immer im Bereich der Kanonen der Festung, deren
Feuer jedoch die Fortsetzung der Recognoscirung nicht unterbrach. Hier war das Terrain
von Hecken und Gräben so durchschnitten, dass die Reiter an vielen Stellen nur einzeln
durchkommen konnten. Nachdem er die von Poppelsdorf nach Bonn sich hinziehende Ter-
rainwelle genau recognoscirt, ritt der Kurfürst weiter nach dem Rheine zu bis zur Coblenzer
Strasse, welche aus dem Stockenthor hinausführte und bis zur Herrnmauer, ziemlich verdeckt
durch die dort vorhandenen Weinberge. Die Franzosen, welche jedoch die Reiter im Poppelsdorfer Grunde bemerkt hatten und denen vielleicht die ganze Unternehmung verrathen
war, da sie sogar die Farbe des Pferdes und der Schabracke des Kurfürsten gekannt haben
sollen, schickten ein starkes Infanterie-Detachement nebst zwei bis drei Escadrons Reiter

hinaus, welche sich in Poppelsdorf festsetzten. Als nun der Kurfürst auf der Rückkehr vom Stockenthor den Poppelsdorfer Grund wieder passiren wollte, erhielt er plötzlich Feuer aus den Hecken und es zeigten sich feindliche Reitertrupps. Die Escorte war noch nicht herangekommen, und die Lage wurde sehr bedenklich. General von Schöning warf sich mit den wenigen Dragonern auf den Feind und liess einen Theil derselben absitzen um die Hecken anzugreifen. Diesem heftigen Angriff mussten die Franzosen weichen, und nur die Durchschnittenheit des Terrains, welche die Verfolgung erschwerte, gestattete ihnen mit nicht zu grossem Verlust sich unter die Kanonen der Festung zu retten. Auf brandenburgischer Seite waren auch mehrere Dragoner verwundet und ein Pferd durch eine Stückkugel vom Walle getödtet worden. Abends gelangte der Kurfürst, der keinen Augenblick seine Ruhe verloren hatte, unversehrt ins Hauptquartier zurück.

Inzwischen liefen bis zum 8. August die Gutachten der brandenburgischen Generale ein. Schöning sprach sich für die förmliche Belagerung aus, doch hielt er es für nöthig, die Truppen noch um 8 bis 10 Bataillone zu verstärken. Die Blocade durch ein Detachement, während die übrigen Truppen zu der Armee des Prinzen von Waldeck stossen sollten, glaubte er um so weniger anrathen zu können, da die Münsterschen Truppen für diesen Fall zurückgerufen werden sollten. General-Feldzeugmeister von Spaen war gleicher Ansicht, ebenso der General von Barfuss, der jedoch auch für eine Blocade eine grössere Truppenzahl verlangte. Der Herzog von Holstein stimmte für die Blocade, weil er durch die Anstrengungen einer förmlichen Belagerung in der schon vorgerückten Jahreszeit den Ruin der Infanterie befürchtete, „man sei zur Blocade stark genug, selbst nach Abgang der Münsterschen"; Graf Meinhard Schomberg, der im Begriff stand, mit Erlaubniss des Kurfürsten zu seinem Vater nach England zu gehen, hielt die Belagerung für sehr zweckmässig, obgleich er der Ansicht war, dass eine Verstärkung dem Prinzen von Waldeck sehr gelegen kommen würde, um den Franzosen in Flandern eine Schlacht zu liefern. Graf Carl Schomberg dagegen stimmte für die Blocade und wollte für das Weitere erst den Ausgang der Belagerung von Mainz abwarten, wo der Herzog von Lothringen am 22. Juli die Laufgraben eröffnet hatte. General du Hamel setzte weitläufig auseinander, wie man zu der Belagerung 27,000 Mann Infanterie und 10,000 Pferde haben müsse, dann sei es allerdings noch nicht zu spät. Auch für die Blocade hält er die ganze Armee für nothwendig und will drei verschanzte Lager, bei Poppelsdorf, bei Heimertsheim und bei Buschdorf anlegen, welche durch Linien unter sich verbunden sein müssten. Er hegt die Besorgniss, dass, wenn man mit der Armee weiter gehe, ohne vorher Bonn genommen zu haben, alsdann die Garnison ausfallen und das ganze Land verwüsten werde, „es sei denn, dass man alsdann beabsichtige derselben eine Schlacht zu liefern oder in Frankreich einzurücken;" hierfür stimme er sehr, sonst aber für die Blocade. Briquemault will, dass alle Anstalten zur Belagerung vorbereitet werden, dann solle man die Eroberung von Mainz abwarten. Zieten stimmt wegen der schon vorgerückten Jahreszeit für die Blocade. Heiden will die Belagerung, verlangt aber dazu ein Corps von 20,000 Mann. Die Aeusserungen der Generale von Dalwig und Schwarz verzögerten sich bis zum 26. August; wahrscheinlich hatten sie erst im Haag und in Münster Instruction einholen müssen. Dalwig hält die Belagerung bei dem sehr veränderlichen Wetterzustande zwar für bedenklich; er weiss nicht zu rathen, als „allein die willigsten und schuldigsten Dienste nach Dero gnädigstem Befehl zu versichern." Was der Kurfürst auch beschliessen möge, er werde sich „allezeit solches auszuführen zu helfen willig und bereit finden lassen." General Schwarz endlich war entschieden für die Belagerung, welche schon gleich nach dem Fall von Kaiserswerth hätte vorgenommen werden müssen, weil da die Jahreszeit vortheilhafter gewesen sei als jetzt, bei herannahendem Herbstwetter [20]).

Recapituliren wir diese verschiedenen gutachtlichen Aeusserungen, so hatten sich sechs Stimmen für die Belagerung, vier Stimmen für die Blocade ausgesprochen; zwei Stimmen liessen die eigentliche Frage unentschieden. In Folge seiner Recognoscirung hatte der Kurfürst jedoch die Umstände ganz geeignet gefunden zur Unternehmung einer förmlichen Belagerung und zu dem Ende gleich nach der Rückkehr ins Hauptquartier einige Bataillone Infanterie zur Unterstützung der vorpoussirten Cavallerie nach Bonn abrücken lassen, um bei Poppelsdorf Posto zu fassen, denn hier hatte er den geeignetsten Punkt zur Eröffnung der Laufgräben erkannt. Es wurden auch sogleich die nöthigen Requisitionsschreiben abgefertigt an den Kaiser und an die verbündeten Fürsten, worin der Entschluss mitgetheilt und Unterstützung an Truppen und Material verlangt wurde. Durch den Gesandten Baron von Frydag in Köln war der dort commandirende kaiserliche General von der Beck ersucht worden, bei dem Dom-Capitel dahin zu wirken, dass einige tausend Bauern zur Schanzarbeit und zur Fertigung von Faschinen aufgeboten würden. Der Kurkölnische Bevollmächtigte von Karg entsprach bereitwilligst diesem Antrage. Einen minder günstigen Erfolg hatte die an den Magistrat von Köln ergangene Requisition zur Hergabe der Rheinbrücke. Der Magistrat („welcher sonsten zu des gemeinen Wesen bestens bezeugte willführigkeit auch in dem geringsten nicht ermangelt") entschuldigte sich damit, dass er über die Brücke nicht verfügen könne, weil er dieselbe nicht aus eigenen Mitteln erbaut habe, und dem Bürger Pollmann, welcher die Mittel dazu vorgeschossen, die Versicherung habe geben müssen, die gemachten Auslagen aus dem anzusammelnden „nauto- oder Brücken-Geld" zu erstatten, um die Bürger, welche die Schiffe hergegeben, sammt dem Brückenmeister und Leuten zur Unterhaltung der Brücke „contentiren" zu können. Auch würden durch „dissolviren, transportiren, wiederzusammensetz- und unterhaltung solcher Brücke" viele Zeit und Unkosten erfordert werden. Da nun der Kurfürst schon eine fliegende Brücke aus Wesel mit nach Bonn genommen, so würde wohl eine zweite fliegende Brücke genügen, weshalb man sich bemühen wolle die bei Köln jetzt nicht benutzte fliegende Brücke von den Kurkölnischen „Fähr-vasallen" zu erhalten und nach Bonn führen zu lassen [21]).

In der Stadt Bonn hatten sich die Zustände trostlos gestaltet. Die Strassen lagen voller Schutt und Trümmer, die Schwierigkeiten zur Unterbringung und Verpflegung der Besatzung stiegen von Tag zu Tag, und die Zahl der Ueberläufer vermehrte sich fortwährend. Den 6. August kamen ein Lieutnant, ein Unterlieutnant und ein Wachtmeister im brandenburgischen Lager an, welche angaben, „dass sie sich mit einigen andern wegen des Essens querelliret und etliche davon niedergemacht und desshalb flüchtig geworden wären." Nach ihrer Aussage sollten die Vorräthe in der Stadt zwar noch ziemlich gross sein, aber die Officiere

20) Die Gutachten ausführlich in Hennert, Beiträge z. brandenb. Kriegsgeschichte u. in v. Schöning, Leben u. Thaten des Feldm.-Lt. v. Schöning, nach den Akten des geh. Staatsarchivs z. Berlin.

21) Bericht des Gen. Frhr. v. d. Beck an den Kaiser v. 7. August 1689 im Kaiserl. Staatsarchiv zu Wien.

wären nicht im Stande die Ordnung aufrecht zu erhalten, und die Soldaten fielen nicht allein den Bürgern sondern selbst den Officieren in die Häuser und Keller und nahmen alles, was sie fanden, „dass solcher gestalt mit der Zeit diese Confusion zunehmen und die Garnison in die Länge sich in sich selbst consumiren werde." Auch die Münster-Kirche, welche bisher auf Befehl des Kurfürsten verschont worden war, gerieth in Brand, da die Franzosen, bei der Entnahme von Proviant und Munition, womit sie dieselbe angefüllt hatten, nicht die nöthige Vorsicht beobachteten [22]). Dazu kamen noch ansteckende Krankheiten, herbeigeführt durch den Mangel an geeigneter Unterkunft und Verpflegung, so dass der Aufenthalt in der Stadt keineswegs angenehm war, und wer es möglich machen konnte, dieselbe verliess. „Ich glaubte bei diesem Ausgange in das Paradies zu kommen, weil ich eine gesundere Luft einathmete" schreibt P. Anton Wissingh, als er am 7. August die Erlaubniss erhalten hatte, die Stadt zu verlassen und zum Stockenthor hinausgeführt worden war [23]).

Während der Kurfürst mit den Vorbereitungen zur Belagerung eifrig beschäftigt war, erhielt er am 12. August drei Couriere vom Herzog von Lothringen, vom Kurfürsten von Bayern und vom Kurfürsten von Sachsen, welche mit vor Mainz standen. Ihre Depeschen enthielten die dringendsten Aufforderungen, einen Theil der Armee sogleich zum Succurs nach Mainz in Marsch zu setzen, da die Franzosen mit 10,000 Mann bei Heidelberg aufgetreten seien und Mainz entsetzen wollten. Die Sachlage wurde weit gefährlicher dargestellt als sie wirklich war. Ehe der Kurfürst einen bestimmten Entschluss fassen wollte, glaubte er sich näher von dem Stande der Angelegenheiten überzeugen zu müssen. Er schickte deshalb den Obersten von Schöning von der Garde und den Generalquartiermeister-Lieutenant Margas nach Mainz, um sich über die dortigen Zustände zu informiren. Gleichzeitig musste sich der Oberst Krusemark zum Prinzen von Waldeck nach Flandern begeben, um auch dort den augenblicklichen Stand der Angelegenheiten in Augenschein zu nehmen, da dorthin ebenfalls Succurs verlangt wurde. Im Lager von Ober-Wessling wurden indess alle Anordnungen getroffen zum schnellen Aufbruch, entweder zum Marsch nach Mainz, wenn dieser nothwendig erscheinen würde, oder zur Belagerung von Bonn, deren baldigste Ausführung dem Kurfürsten sehr am Herzen lag.

Vor Bonn hatte inzwischen schon ein scharfer Zusammenstoss zwischen Franzosen und Brandenburgern stattgefunden. Wir haben gesehen, dass der Kurfürst einige Bataillone Infanterie aus dem Lager von Wessling dorthin hatte abgehen lassen, um sich bei Poppelsdorf festzusetzen. Dieselben hatten begonnen zwischen diesem Orte und der Festung — an einer Stelle, welche in den Berichten die „Kningshecke" (Kaninchenhecke?) genannt wird —, eine kleine Schanze aufzuwerfen, um sich gegen Ueberfälle zu decken. Kaum hatten die Franzosen dieses wahrgenommen, als sie in der Nacht vom 12. zum 13. August mit 2000 Mann Infanterie und Cavallerie einen Ausfall machten, um den Feind von diesem Posten zu vertreiben und die begonnenen Arbeiten zu zerstören. Grenadiere an der Spitze schlich sich eine französische Abtheilung an dem Rande des dort liegenden Sumpfes heran, nahte

---

22) Kur-Brandenb. Diarium $\frac{29.\ Juli}{8.\ August}$. Nach anderen Berichten soll sie von einer Münsterschen Batterie eingeschossen worden sein, was schon dadurch widerlegt wird, dass zu dieser Zeit noch keine Münstersche Batterie hier etablirt war.

23) Manuscript im Archiv der Remigius-Pfarre zu Bonn. Bonner Wochenblatt v. 3. August 1850.

sich fast unbemerkt dem brandenburgischen Posten von 30 Mann, welche unter dem Befehl des Hauptmann von Fabian zum Schutz der Arbeiter vorgeschoben war und überfiel denselben. Fabian leistete mit seinen Leuten tapferen Wiederstand, als er aber tödtlich getroffen fiel, mussten die Brandenburger weichen. Durch das Gefecht war indess das bei Poppelsdorf stehende Piket allarmirt worden und eilte zum Succurs heran. Es gelang dem ungestümen Anlauf desselben die Franzosen wieder zurückzuwerfen und dadurch die Zerstörung der Schanze zu verhindern. Nur 10 Mann an Todten und 10 Gefangene hatten sie verloren, während der Verlust der Franzosen auf 40 Mann angegeben wird. Als diese den Ueberfall vereitelt sahen, zogen sie sich in die Festungswerke zurück, von den Brandenburgern bis an den Fuss des Glacis verfolgt. Der Kurfürst aber, die Wichtigkeit des Postens erkennend, liess denselben noch verstärken und beeilte die Vorbereitungen zur Heranziehung der ganzen Armee aus dem Lager von Wessling in das im grossen Halbkreise von Bonn abgesteckte Lager.

Den 14. August kehrten sowohl der nach Flandern zum Prinzen von Waldeck entsendete Oberst Krusemark, als auch die nach Mainz geschickten Officiere, Oberst von Schöning und Generalquartiermeister-Lieutenant Margas in das Hauptquartier zurück. Da aus ihren Meldungen hervorging, dass weder in Flandern noch vor Mainz zur Zeit das Bedürfniss einer Verstärkung der dort verwendeten Truppen vorliege, konnte nun der förmlichen Belagerung von Bonn näher getreten werden. Der Kurfürst befahl deshalb den Abbruch des Lagers bei Ober-Wessling und am 16. August marschirten die dort gestandenen Regimenter in das Lager von Bonn. Der rechte Flügel desselben lehnte sich oberhalb der Stadt bei der Herrenmauer an den Rhein an, von wo sich die Linie in grossem Bogen über das wellenförmige Terrain am Fusse der die Stadt umgebenden Höhenzüge hinzog bis unterhalb wiederum an den Rhein, wo auf dem linken Flügel die Münsterschen und Holländischen Regimenter ihren Platz erhielten. Der Kurfürst nahm sein Hauptquartier in dem Serviten-Kloster auf dem Kreuzberge. Die Besatzung von Bonn hatte nichts unternommen, um das Aufschlagen und das Beziehen des Lagers zu verhindern. Nur von Zeit zu Zeit fiel ein Kanonenschuss auf die inzwischen verstärkte und mit drei Geschützen armirte Schanze zwischen Poppelsdorf und der Festung. Zur Sicherung des Lagers befahl der Kurfürst die Anlage von geschlossenen Redouten vor der Stellung, welche besonders Nachts eine starke Besatzung erhielten. Aus Köln waren die daselbst noch als Besatzung zurückgebliebenen brandenburgischen Bataillone der Regimenter von Anhalt und Prinz Holstein, so wie zwei Compagnien des Regiments von Spaen zu dem Belagerungscorps gestossen.

Auf Requisition des Kurfürsten an den kaiserlichen General Freiherrn von der Beck, hatte dieser veranlasst, dass eine Deputation der Landstände des Erzstifts sich ins Hauptquartier begeben solle, um mit denselben wegen der Verpflegung der Truppen und Herbeischaffung der nöthigen Requisiten zu verhandeln. Die Anforderungen waren sehr hoch gestellt: „Es seien zur Fortsetzung der Belagerung von Bonn 36,000 Mann zu Fuss erforderlich" — hiess es in der betreffenden Proposition —, ferner 6,000 Bauern zur Arbeit, Schanzgeräth für 15,000 Mann und „ein Grosses an Stücken, Pulver, Kugeln, Granaten, Woll- und Sand-Säcken, Holzwerk, Faschinen, wie auch erfahrene Mineurs, viele Schmiede, Zimmer- und Mauer-Leute etc. etc., endlich noch eine grosse Geldvorlage, welche anfangs wenigstens 100,000 Thlr. erfordere, von welcher Summe ehestens aus dem Kurfürstenthum Köln ein namhafter Beitrag verlangt werde; auch sollte wegen Stellung von 1000 Mann Infanterie und einer ansehnlichen Zahl Bauern mit dem hohen Dom-Capitel und den Landständen sogleich Verabredung getroffen werden. Die Deputation begab sich nach dem Kreuzberge und am 19. August erklärten die Abgeordneten sich bereit: täglich 4000 Rationen herzugeben, so lange die Belagerung währe, „dagegen müsse sogleich, a memento conclusi tractatus die Fouragepländerung, Verderbung der Weinberge, Beraubung der Häuser, Ausreitung und Auslaufung aus dem Lager und alle Unordnung aufhören, und wenn gegen bessere Zuversicht sich dennoch einige zu Ross oder Fuss aus dem Lager wagen, und in Dörfern oder auf dem Feld Insolentien verüben möchten, denen Herrschaften, Bedienten, Inwohnern und Unterthanen unverwehret sein, sie gar wo man kann bei den Köpfen zu nehmen und zur hohen generalität zu liefern, auch sonst ihrer Pflichten halber damit frei und ungehindert zu disponiren.“ Ferner sollen täglich 1500 Bauern mit Schaufeln und Hacken zur Arbeit gestellt werden, für welche ein eigenes Lager oder nahe gelegenes Dorf auszuwählen sei, wo dieselben sich aufhalten; „sie sollen die Assistenz von gewissen Officieren haben, damit man sie nicht hin und wieder zu unanständigen Sachen ziehen oder sonst ungebührlich tractiren möge.“ Dann wolle man täglich 100 Karren und eben soviel ledige Pferde mit ihren Geschirren herbeischaffen, welche man alle sechs Tage oder nach Verordnung der Kur-Kölnischen Beamten wechseln und unaufgehalten zurückgeben lassen solle. Endlich „will man sich bemühen von 20 bis 30,000 Thlr. im Namen der Landstände aufzunehmen, um selbe längstens [wenn sobald credit aufzubringen] innerhalb vier Wochen zu liefern“ [24]).

Jetzt glaubte der Kurfürst die Belagerung beginnen zu können, allein das eingetretene schlechte Wetter verhinderte die sofortige Eröffnung der Laufgräben und erschwerte die Arbeiten sehr, welche zur Errichtung einer Mörser-Batterie neben dem Poppelsdorfer Garten in Angriff genommen hatte. Es wurde eifrig an der Herbeischaffung des Materials und an der Anfertigung von Faschinen und Schanzkörben gearbeitet, und die Vorpostenkette um die Festung enger gezogen und verstärkt. Vom rechten Rheinufer wurde ein Theil des dort zum Bombardement verwendeten schweren Geschützes herangeführt, so dass die endlich fertig gewordene Batterie bei Poppelsdorf mit sieben schweren Mörsern armirt werden konnte. Der Oberst von Weiler, den der Kurfürst zur Belohnung für seine bei dem Bombardement bewiesene Umsicht zum General befördert hatte, verblieb vorläufig auf dem rechten Ufer, um von dort aus den Angriff auf die Westfront mit den daselbst noch verbliebenen Batterien zu unterstützen, damit der Besatzung der Aufenthalt in der Stadt erschwert werde. Ueber die Zustände in der Festung berichteten die Ueberläufer, deren viele mit Pferden und voller Ausrüstung ins Lager kamen, dass zwar Mangel an Salz, Fourage und anderen Bedürfnissen herrsche, aber Brod und Wein noch zur Genüge vorhanden sei. Sie klagten sehr über die schweren und anstrengenden Arbeiten, welche die Truppen bei Tag und Nacht mit Aufräumen der Trümmer und Anlage neuer Verschanzungen verrichten müssten.

Als die Vorarbeiten so weit vorgeschritten waren, um die Laufgräben eröffnen zu können, betraute der Kurfürst den Feldmarschall-Lieutenant von Schöning mit dem Oberbefehl über die Belagerung. Die desshalb erlassene Ordre vom 15/25. August 1689 lautet:

---

24) Berichte v. d. Becks an den Kaiser vom 18. u. 21. August

„Sr. Churfürstl. Dchlcht., unser allergnädigster Herr, haben nunmehr gnädigst resolviret, dass, weil die gloire und reputation Dero Waffen vor diese Festung Bonn engagiret sein, und sie mit einer solchen unterhabenden Armee ohne Operation nicht stehen können, besagte Festung, ohngeachtet Sr. Churfstl. Dchlt. die Difficultäten, so dabei vorkommen, und schon von dem General-Feldmarschall-Lieutenant, dem von Schöning, vorgestellt worden, gar wohl begreifen, wirklich zu attakiren befohlen, auch hat gedachter Dero Feldmarschall-Lieutenant sich hiernach gehorsamst zu achten, und die Eroberung des Orts nach aller Möglichkeit zu beschleunigen. — Und gleichwohl S. Churfstl. Dchl. das gnädigste Vertrauen haben, er werde bei dieser ihrer Höchstangelegenen entreprise alles thun, was man von einem klugen und tapferen General erwarten kann, also wollen Sie auch dahingegen, dass er wegen des Ausschlages, so von Gott dependiret, nicht responsable sein, sondern deshalb ausser Verantwortung und blame bleiben soll.“

Signatum im Hauptquartier vor Bonn, 15/25. August 1689 ᵇ).　　　　　Friederich.

Während man nun täglich der Eröffnung der Laufgräben entgegen sah, trat ein neues Ereigniss ein, welches die Sache wieder auf längere Zeit hinausschob.

Der französische Marschall von Boufflcurs, welcher, wie wir früher gesehen, mit einem Corps an der oberen Mosel und Maas stand, hatte die lange Verzögerung der Operationen am Rheine für günstig erachtet, einen Schlag zu führen. Mit einem fliegenden Corps von angeblich 10,000 Mann hatte er bei Bernkastel die Mosel überschritten und einen gewaltsamen Angriff auf die Stadt Cochem gemacht. Nach viermaligem Anstürmen war es den Franzosen gelungen, unter allerdings grossen Verlusten Schloss und Stadt zu erobern. Die Besatzung, welche aus 9 Compagnieen Kaiserlicher Truppen bestand, deren Stärke von den Franzosen auf 1000 Mann, von anderen auf nur 800 Mann angegeben wird, hatte tapferen Widerstand geleistet, aber die Stadt nicht retten können, welche fast ganz zerstört wurde. Von Cochem zogen die Franzosen auf Mayon und legten auch diese Stadt in Asche, da der dortige kaiserliche Commandant Ariesage bei der Annäherung des Feindes sich auf Andernach zurückzog. Kaisersesch, Pyrmund, Elz, Kempenich, Monreal und andere benachbarte Orte erlitten gleiches Schicksal. Ein Detachement unter dem Maréchal-de-Camp Bertillac wendete sich nach der Eifel und brandschatzte Ulmen, Hillesheim und Kerpen. Der Kurfürst von Trier wurde durch diese Verheerungen in seinem Lande aufs äusserste besorgt für diejenigen Theile, welche noch in seinem Besitz geblieben waren. Er sendete Eilboten über Eilboten nach Bonn zum Brandenburger mit den inständigsten Bitten um Schutz und Unterstützung. Da dieses Näherkommen der Franzosen durch die Eifel nicht weniger die Stellung vor Bonn bedrohte, so gab der Kurfürst dem Feldmarschall-Lieutenant von Schöning den Befehl, die begonnenen Arbeiten zur Belagerung vorläufig liegen zu lassen, und mit einem Truppen-Corps dem Feinde entgegen zu gehen.

In der Nacht vom 27. zum 28. August brachen 5000 Mann Infanterie, bestehend aus 2 Bataillonen Garde, je einem Bataillon der Regimenter Anhalt, Dönhoff, Barfuss und einem combinirten Bataillon von Briquemault und Heyden, nebst zwei Holländischen und zwei Münsterschen Bataillonen — also im Ganzen 10 Bataillone — aus dem Lager von Bonn auf, und marschirten nach Andernach. In der Nacht vom 28. zum 29. August folgten denselben

25) v. Schöning, G.-F.-M. v. Schönings Leben und Kriegsthaten. 198

2400 Mann Reiterei, aus allen Regimentern combinirt und durch 600 Münstersche Reiter verstärkt nebst 2000 Dragonern. Schöning hatte den gemessenen Befehl, den Feind anzugreifen, wo er ihn fände, allein die Franzosen hielten nicht Stand, als die Brandenburgische Avantgarde sie an der Elz erreichte. Sie gingen eiligst nach der Festung Mont-Royal bei Traben zurück, und es gelang den brandenburgischen Reitern kaum, ihre Nachhut anzugreifen und viele Gefangene zu machen. Schöning, der seinen Zweck erreicht hatte, trat mit der Infanterie sogleich den Rückmarsch nach Bonn an, wo dieselbe den 9. September wieder ins Lager rückte, um das unterbrochene Werk fortzusetzen. Die Cavallerie blieb noch zurück, um die ferneren Unternehmungen des Feindes zu beobachten und die Eifel möglichst zu decken.

Vor Bonn, wo während Schönings Abwesenheit der General-Feldzeugmeister von Spaen das Commando übernommen hatte, war man unterdessen auch nicht müssig geblieben. Nachdem die Batterie bei Poppelsdorf vollendet war, hatte man am 29. August das Feuer aus mehreren Mörsern eröffnet, und die Contreescarpe, den Graben und die Bastione der Westfront lebhaft mit Bomben beworfen, unterstützt durch das Feuer der Batterien vom rechten Rheinufer unter General von Weiler. Der Feind musste die vor dem Glacis aufgeworfenen Abschnitte räumen, und nur von Zeit zu Zeit liessen sich kleinere Abtheilungen vor dem Glacis blicken. Um das fernere Austreiben und Weiden des Schlachtviehs und der Pferde auf der vor dem Stockenthore gelegenen Wiese zu verhindern, wurde in der Nacht vom 29. zum 30. August eine Batterie aufgeworfen auf dem Wege, der damals vom Stockenthore nach Poppelsdorf führte. Wegen der steinigen und festen Beschaffenheit dieses Weges oder Dammes konnte jedoch die Arbeit in der Nacht nicht vollendet werden, und man musste am 30. August bei hellem Tage weiter arbeiten, trotz des heftigen Feuers, welches aus der Festung auf die Arbeiter gerichtet wurde. Erst in der Nacht vom 30. zum 31. August konnte die Batterie mit einigen Geschützen armirt werden, welche das ganze vorliegende Terrain unter wirksames Feuer nahmen. Zur Deckung des Abganges, der durch den Abmarsch Schönings nach der Mosel in der Zahl der Truppen vor Bonn entstanden war, wurden auf Requisition des Kurfürsten noch münstersche Bataillone aus Köln herangezogen. Das gleichzeitige Verlangen um Verabfolgung von acht der Stadt Köln gehörigen halben Karthaunen und Mörsern nebst Zubehör stiess jedoch auf Schwierigkeiten durch das Bedenken, welches der Kaiserliche General Freiherr von der Beck dagegen erhob, der es nicht für räthlich hielt, Köln so sehr von Geschütz zu entblössen.

Die Verschleppung und Verzögerung der Operationen vor Bonn erregten das allgemeine Interesse, und es wurden vielfache Klagen darüber laut, dass dort eine so grosse Truppenzahl gewissermassen unthätig liege, während sie an anderen Punkten des Kriegsschauplatzes weit zweckmässiger verwendet werden könnte. Namentlich wurde von münsterscher Seite bemerkt, dass die Belagerung bereits vor sechs Wochen hätte beginnen können. Der Kurfürst fand sich dadurch veranlasst, in einem Manifest vom 30. August sich gewissermassen zu entschuldigen und die näheren Umstände auseinander zu setzen, warum er bis jetzt noch nicht habe die Laufgräben eröffnen lassen, und sich mit einer Blocade habe begnügen müssen; diese schliesse jedoch die förmliche Belagerung nicht aus, welche zur Eroberung der Stadt führen müsse, die er für durchaus nothwendig halte. Als Gründe dafür werden angeführt, „dass sowohl des Kurprinzen zu Pfalz Durchl. und des Bischofs zu Münster Fürstl.

Gnad. so wie andere Reichsstände zur Bedeckung ihrer Lande inständig darum angehalten", ferner, „damit der Rheinstrom bis Coblenz und Mainz wieder geöffnet, die Stadt Köln in völlige Sicherheit gesetzt und die vorhandenen Operationen gegen Maas und Mosel im Rücken frei gemacht würden", endlich „weil die im Luxemburgischen zu beziehenden Winterquartiere dadurch desto leichter zu behaupten seien" [26]).

Von den Poppelsdorfer Batterien war unterdessen das langsame Beschiessen der Werke fortgesetzt worden. Die Besatzung wurde dadurch nicht minder beunruhigt, als durch die enge Einschliessung, welche allen Verkehr nach Aussen abschnitt. Die Ueberläufer mehrten sich täglich und sagten aus, dass die Soldaten in der Stadt „malcontent" seien, da sie in langer Zeit kein Fleisch und Bier noch andere Victualien bekommen und sich mit blossem Brod und Wasser behelfen müssten, „und weil sie vor Augen sehen, dass der Mangel immer grösser wird, hätte keiner Lust, darin bis zum Ende auszuhalten, sondern würde einer nach dem andern die Gelegenheit ersehen, um der besorgenden Extremität zu entgehen und hinauszulaufen" [27]).

Den 1. September begab sich der Kurfürst mit einem kleinen Gefolge nach Schloss Argenfels, wo eine Zusammenkunft mit dem Kurfürsten von Trier verabredet war. „Die hohen Herren waren vier Stunden beieinander in höchster Vertraulichkeit und schieden mit grossem Vergnügen von beiden Seiten." Es scheinen dort ernste Berathungen über die augenblickliche Sachlage stattgefunden zu haben. Um 11 Uhr Nachts kehrte der Kurfürst nach dem Kreuzberge zurück und zwei Stunden später, gegen 1 Uhr Nachts, wurde das ganze Lager allarmirt durch einen Ausfall, den die Besatzung mit angeblich 1500 Mann unternahm, um eine vor dem Münsterschen Lager gelegene Redoute anzugreifen.

Diese Redoute war gemeinschaftlich von 200 Brandenburgern und 200 Münsterschen besetzt, über welche der Brandenburgische Oberstlieutenant von Below den Befehl führte. Grenadiere an der Spitze griffen die Franzosen mit 420 Mann die Redoute an, „wurden aber mit solcher Bravour und Vigeur empfangen, dass stracks im ersten Fall fast alle Grenadiere mit ihren Officieren, bis auf einen Capitain, de Grancé genannt, welcher gefangen worden, geblieben. Der Feind verstärkte nach dem ersten Anlauf die Attaquen, und liess zu drei verschiedenen Malen anlaufen, ward aber allemal mit grossem Verlust abgeschlagen, so dass er endlich, wie der Tag begann anzubrechen, retiriren musste. Die Action währte anderthalb Stunden und war ein sehr heftiges Feuer, von beiden Seiten. Die beiden Generallieutenants von Barfuss und Schwarz waren die Ersten bei der attaquirten Redoute und ordinirten alles tapfer und klüglich; der Gen.-Lieut. von Barfuss verblieb bei der Attaque, Gen.-Lieut. Schwarz aber wollte mit der Kavallerie den Feind abschneiden, konnte jedoch wegen der vielen aufgeworfenen Gräben nicht an ihn kommen, sonst hätte keiner echappiren sollen. Um die Redoute herum liegt es ganz dicke von Todten und man kann deren hin und wieder über Hundert zählen. Es hat aber der Feind viele wieder mit hineingeschleppt, und ist gewiss, dass er über 800 Mann verloren, ohne die Blessirten; unter den Todten hat man den Obersten Magny erkannt,

---

26) Theatr. Europ. XIII. 742. Das Brandenb. Diarium erwähnt dieses Manifest nicht.

27) Kurbrandenburger Diarium. $\frac{22.\ August}{1.\ September.}$

welcher den Ausfall commandirt hat[28]). Der Verlust der Brandenburger und Münsterschen soll sich nur auf 40 Mann belaufen haben. Der Münstersche Major von Schade wurde getödtet, der Oberst von Elverfeld nebst noch einem Hauptmann wurden tödtlich verwundet. Dieser verunglückte Ausfall schreckte die Franzosen von ferneren derartigen Unternehmungen ab. „Bis zum Mittag fiel kein Kanonenschuss aus der Festung, womit sie sonsten allezeit, insonderheit des Morgens, sehr liberal gewesen." Selbst zur Beerdigung der auf dem Platze liegen gebliebenen Todten machten sie keine Anstalten, „vermuthlich um ihren Soldaten in der Stadt die Niederlage um so viel mehr zu cachiren." Viele Todte und Verwundete hatten sie jedoch während des Gefechts auf bereit gehaltenen Wagen und Karren in die Festung zurückgebracht.

Den 2. September brachten die Brandenburgischen Streifpatrouillen einen Spion ein, der von dem französischen Commandanten von Luxemburg abgeschickt war. Als er sich entdeckt sah, warf er die in einem blauen Beutel befindlichen Briefe in einen Weinberg, wo man sie auffand. Es waren Depeschen des Kriegsministers Louvois, des Commandanten von Mont-Royal und andere ganz in Chiffern, ein Brief von Plessis und einer vom Marschall von Boufleurs, welche vortreffliche Aufklärungen über die Absichten der Franzosen gaben. Ein zweiter Spion wurde ergriffen in dem Augenblick, wo er sich in die Stadt werfen wollte. Ein aus der Stadt entsendeter Spion mit Briefen an Louvois und andere Grossen fiel ebenfalls den brandenburgischen Dragonern in die Hände. Von den Ueberläufern brachte man in Erfahrung, dass der Verlust bei dem neulichen Ausfalle noch weit grösser gewesen sei, als man vermuthet hatte.

Zu den Umständen, welche bisher auf die endliche Eröffnung der Laufgräben so hemmend eingewirkt hatten, kam jetzt noch ein neuer hinzu. Der Fürst von Waldeck sendete dem Kurfürsten die Meldung, dass der ihm gegenüberstehende Marschall d'Humières einen Theil der unter seinen Befehlen stehenden Truppen nach dem Rheine in Marsch gesetzt habe, um das noch fortwährend belagerte Mainz zu entsetzen; es erscheine deshalb rathsam, dass der Kurfürst entweder diesen Marsch zu verhindern oder durch Verstärkung des Belagerungs-Corps vor Mainz die Absicht des Entsatzes zu vereiteln suche. Auch der Kaiser legte ein sehr grosses Gewicht darauf, dass die Eroberung von Mainz möglichst beschleunigt werde, und hielt deshalb ebenfalls eine Verstärkung des Belagerungscorps für geboten. Da aber der Kaiser, obgleich er den Gang der Operationen im Allgemeinen überwachte und bei den getrennten Armeen auf den verschiedenen Kriegsschauplätzen seine Bevollmächtigten und Berichterstatter hatte, dennoch ohne allen directen Einfluss auf die Operationen war, so mussten gemeinsame, ineinandergreifende Bewegungen immer erst durch vorhergehende Berathungen vereinbart werden. Jeder der Hauptbefehlshaber, der Kurfürst von Brandenburg, der Herzog von Lothringen, der Kurfürst von Bayern, der Fürst von Waldeck hatte zunächst nur die Verfolgung des ihm unmittelbar vorliegenden Zieles vor Augen und handelte nach eigenem Ermessen ziemlich selbständig, wobei jedoch die Verwendung der Con-

---

28) Kur-Brandenb. Diarium. $\frac{8.\ Aug.}{2.\ Sept.}$ Nach einer spätern Notiz war Magny nur tödtlich verwundet; ein anderer Oberst, dessen Namen man nicht erfuhr, war geblieben und begraben worden, auch noch zwei andere Obersten blessirt, „darunter einer von grossem Geblüt sein soll."

tingente der betheiligten Reichsfürsten und Stände und der verbündeten Generalstaaten stets noch eine besondere Rücksichtnahme auf die Ansichten und Interessen der betreffenden Kriegsherren erforderte. Von einer einheitlichen Leitung der Kriegführung und von raschem Handeln zur Herbeiführung grosser Resultate konnte unter solchen Verhältnissen keine Rede sein. Vergebens war dem Kurfürsten von Brandenburg schon mehrmals zugemuthet worden, von seiner Armee vor Bonn Abtheilungen sowohl nach Flandern, als nach Mainz abgehen zu lassen. Er hatte sich immer damit entschuldigt, dass die Eroberung von Bonn in erster Linie stehe, und er deshalb nicht nur keine Truppen dort entbehren könne, sondern vielmehr selbst noch neuen Succurs verlangen müsse. Die grosse Besorgniss, dass diese seine erste Kriegsexpedition einen schlimmen Ausgang nehmen könne, liess ihn in jeder Beziehung nur mit grösster Vorsicht handeln, um sich einen günstigen Erfolg zu sichern.

Jetzt hatte nun auch der Kaiser den General Frhrn. von der Beck beauftragt, dem Kurfürsten nochmals die Absendung eines Detachements nach Mainz ans Herz zu legen. Der General war bei dem Herzoge von Lothringen vor Mainz gewesen und begab sich von dort ins Lager vor Bonn, wo er gerade an dem Tage eintraf, als der Kurfürst nach Argenfels gegangen war. Den 2. September, nachdem er in Köln mit dem Baron von Frydag „confidenter conferirot" — eilte er wiederum nach Bonn, und legte sowohl dem Kurfürsten als dem Minister von Dankelmann die „in seiner Instruction begriffenen Puncta" vor, über deren Inhalt wir jedoch aus dem Bericht nichts Näheres erfahren. — Erst am 6. September erhielt er „nach langen De- und Remonstrationen die Categoricam", dass der Kurfürst beschlossen habe, unter Hintansetzung aller Bedenken, deren gar viele gewesen, das äusserst Mögliche zu thun und „effective" 6000 Mann von seiner besten Infanterie unter Generallieutenant von Barfuss am 8. September nach Mainz abmarschiren zu lassen. Was die Bedenken betrifft, so will von der Beck dieselben dem Kaiser mündlich mittheilen; er hat sie also dem Papier nicht anvertrauen wollen. Als Gegenleistung verlangte aber der Kurfürst, dass von den kaiserlichen Truppen vor Mainz 3000 Mann Kavallerie nach Bonn in Marsch gesetzt werden sollten[29]).

In Folge dieser Verhandlungen erhielt nun General Barfuss den Befehl, mit 6000 Mann Infanterie den Marsch nach Mainz anzutreten. Der Kurfürst aber, der den so lange ersehnten Moment der Eröffnung der Laufgräben wieder hinausgeschoben und sich auf die Fortsetzung der Blokade beschränkt sah, beabsichtigte in den nächsten Tagen mit dem ganzen Hofstaate nach Cleve zu gehen, um dort die Huldigung einzunehmen. Zum Ersatz der abmarschirten Infanterie sollen am 8. September 600 Mann pfalz-neuburgische Truppen aus Köln, Düsseldorf und Jülich nach Bonn abgerückt sein[30]). Ehe jedoch General von Barfuss für seine Person den theilweise schon abmarschirten Bataillonen folgte, ereignete sich am 9. September im Hauptquartier auf dem Kreuzberge zwischen ihm und dem eben von seiner Expedition nach der Mosel zurückgekehrten General von Schöning ein heftiger Conflict, der für Beide von sehr unangenehmen Folgen war.

Wir haben schon früher gesehen, wie zwischen den Generalen der brandenburgischen

29) Bericht v. d. Becks an den Kaiser vom 6. September 1689.

30) Theatr. Europ. XIII. Weder die Berichte v. d. Becks, noch das Kurbrandenburger Diarium sagen etwas davon.

Armee grosser Streit und Zwiespalt herrschte, den besonders Schöning, seit er den Oberbefehl erhalten, noch durch ein hochfahrendes und rücksichtsloses Auftreten verschärft hatte. Als General von Barfuss sich bei dem Kurfürsten verabschiedete, fand er den General von Schöning, den er angeblich noch nicht zurückgekehrt glaubte, im Vorzimmer sitzend, und theilte ihm mit, dass er mit den Truppen nach Mainz abmarschire. Schöning nahm diese nur „en passant" angebrachte Meldung sehr übel, und ertheilte Barfuss deshalb einen Verweis, den dieser in einer aufbrausenden Replik zurückwies. Der hinzukommende Minister von Dankelmann trat beschwichtigend dazwischen und beredete Barfuss das Zimmer zu verlassen. Schöning folgte ihm jedoch nach, und auf dem Hofe, in der Nähe der Wache, geriethen die beiden Herren so heftig aneinander, dass sie zu den Degen griffen. Wiederum trat Dankelmann dazwischen, aber die Sache war zu auffallend und zu öffentlich gewesen, um dieselbe mit Stillschweigen zu übergehen. Der Kurfürst liess deshalb beiden Generalen den Befehl zugehen, sich in ihre Quartiere zu verfügen und dem Rittmeister von Syburg von der Trabanten-Garde ihre Degen zu übergeben. Beide Generale hatten somit Arrest, und mussten auch während der ganzen Dauer der Belagerung in ihren Quartieren verbleiben[31]. Den Oberbefehl übernahm an Schönings Stelle der General-Feldzeugmeister von Spaen.

Der Succurs nach Mainz war indessen unnöthig geworden, da die Festung am 8. September, nach Erstürmung der Contreescarpe, capitulirte. Die Nachricht dieses Ereignisses verursachte dem Kurfürsten die grösste Freude; sah er sich doch jetzt der Besorgniss um das Gelingen des unternommenen Werkes überhoben. „Ich war in grosser Unruhe und ich betete eines Abends an meinem Fenster zu Gott, dass er mich keinen Schimpf erdulden lassen möge, als man mir einen Eilboten des Herzogs von Lothringen anmeldete"; — erzählte Friedrich dem Obersten Grafen Dohna — „ich liess ihn eintreten, wagte aber kaum den Brief zu öffnen oder den Ueberbringer zu fragen, worum es sich handle? so sehr befürchtete ich, schlechte Nachrichten zu empfangen, er enthob mich jeder Sorge, indem er mir meldete, dass Mainz sich ergeben habe. Denken Sie sich meine Freude!"[32] Sogleich erhielten die nach Mainz bestimmten Bataillone Gegenbefehl und nun nahm der Kurfürst die Operationen vor Bonn um so eifriger in Angriff, als ihm von den vor Mainz jetzt disponibel gewordenen Truppen ein bedeutender Succurs in Aussicht stand. Jetzt konnte er auch den Wünschen des Fürsten von Waldeck entgegenkommen, und ertheilte dem mit der Kavallerie noch in der Eifel stehenden General Grafen von Flodorp den Befehl, mit 3000 Reitern nach Flandern zu marschiren.

Nachdem durch den jungen Grafen von Dünewald die officielle Meldung von der Uebergabe von Mainz eingegangen war, befahl der Kurfürst, am 10. September dieses Ereigniss durch allgemeines Victoria-Schiessen zu feiern. Alle bereits aufgefahrenen Geschütze und Mörser, und sämmtliche auf beiden Ufern stehende Infanterie sollten durch eine dreifache

---

31) Der Kurfürst liess später, durch Befehl aus Brain-la-Leuz, 10. August 1690, die Sache zur Beurtheilung an die Geheimen Räthe (das Staatsministerium) verweisen. Schöning nahm in Folge dessen den Abschied und trat 1691 in Kursächsische Dienste. Nach Angabe des Herrn v. Pöllnitz soll zwischen beiden Generalen dem nächst ein Pistolen-Duell stattgefunden haben, worin Barfuss verwundet worden. v. Schöning, des F. M. L. v. Schöning Leben und Kriegsthaten. p. 205 u. ff.

32) Mémoires origin. sur le règne et la cour de Frédéric I. p. Christofle, comte de Dohna. Berlin 1833.

Salve den Belagerten den Sieg verkünden. Das Signal zu jeder Salve wurde vom Kreuzberge durch Raketen gegeben, worauf aus etwa 20 Mörsern Bomben geworfen und dann die auf dem Kreuzberg postirten 50 und darnach die übrigen Kanonen, insgesammt an 120 Stück „scharf gelöset und zwar alles in die Stadt gerichtet" wurden. Zum Schluss wurden die Kleingewehr-Salven auf beiden Rheinufern gegeben und zugleich das auf allen Piken aufgebundene Stroh angezündet. „Die Stückkugeln und sonderlich die Bomben sollen dem Feind noch viel Fracas und Schaden verursacht haben" [33]).

Durch einen in die Festung geschickten Trompeter liess nun der Kurfürst den Commandanten zu einer Besprechung auffordern, indem er der Hoffnung Raum gab, Asfeld werde durch die Nachricht von der Eroberung von Mainz zur Capitulation geneigt sein. Es kamen auf diese Aufforderung der Marquis de Castres und der Oberstlieutenant de la Tour vom Regiment Thiange an den zur Besprechung bestimmten Platz hinaus, wo sie von dem General Grafen Carl Schomberg und dem Oberstlieutenant Grafen Dohna von den Grand-Mousquetaires im Auftrage des Kurfürsten empfangen wurden. Die Unterhaltung dauerte zwei Stunden, während welcher auf beiden Seiten alles Feuern eingestellt wurde. Die brandenburgischen Officiere stellten den Franzosen vor, dass nach der Eroberung von Mainz kein Entsatz zu hoffen sei und dass sie jetzt, wenn sie capituliren wollten, noch günstige Bedingungen erhalten könnten, während später nur eine Uebergabe auf Gnade und Ungnade zu gewärtigen sei; man wisse gar wohl, welcher Mangel in der Festung herrsche, und bei fortgesetzter Blocade würde der Hunger sie schon zur Uebergabe zwingen, ohne dass der Kurfürst einen Mann daran zu wagen brauche. Letztere Aeusserung ging den Franzosen sehr zu Herzen. Sie meinten, „so viel brave Leute drinnen wären ja noch wohl werth, dass man sie attaquirete und lieber mit dem Degen in der Faust, als durch Hunger sterben liesse." Sie wollten übrigens dem Commandanten berichten und am folgenden Tage Antwort bringen.

Am folgenden Tage, dem 12. September, fand die zweite Zusammenkunft statt, welche über drei Stunden dauerte. Die französischen Officiere erkannten sich zunächst „Sr. Churfürstl. Durchlaucht für Dero genereuse Offerte sehr verbunden, sie könnten jedoch selbige noch nicht annehmen, weil sie keinen Befehl vom Könige dazu hätten; wann sie denselben erhielten, wollten sie mit Freuden den verbrannten Ort aufgeben." Den Mangel und die Noth in der Stadt gaben sie zu, und begehrten, „dass man öfter so zusammenkommen und die Unterredung fortsetzen möge." — „Aus allem hat man soviel abnehmen können, dass sie sich nicht lange mehr opiniâtriren werden, wie Sr. Churfürstl. Durchlaucht denn gänzlich entschlossen sind, den Ort auf ein oder andere Manier zu haben, sey es durch Fortsetzung der Blocade, worauf etwas mehr Zeit gehen, oder durch eine vigoureuse Attaque, so mehr Menschen erfordern möchte, und dependiret der Schluss von der Antwort, so von Mainz erwartet wird." [34])

Es war nemlich noch keine bestimmte Antwort vom Herzog von Lothringen eingegangen, wie viele Truppen er zur Unterstützung der Belagerung nach Bonn werde marschiren lassen, und gerade hiervon machte der Kurfürst den Termin zur Eröffnung der Laufgräben abhängig. Aus der Festung erhielt man inzwischen durch die Ueberläufer immer kläglichere

---

33) Kur-Brandenb. Diarium 2/11. September.
34) Kur-Brandenb. Diarium 3/12. September.

Nachrichten. Es herrschte besonders auch grosser Mangel an Arzneien für die Kranken, deren Zahl schon auf 1500 gestiegen war. Fast alle Verwundeten starben und es sollten kaum noch 4000 Dienstfähige vorhanden sein. Pferdefleisch stand bereits in hohem Preise, und Brod, noch dazu sehr schlechtes, war kaum für Geld zu haben. Die Noth war so gross, dass die Soldaten truppweise aus der Festung kamen, um auf dem Acker Wurzeln zu suchen, um ihren Hunger zu stillen. Am 13. September wurden 20 von ihnen als Gefangene eingebracht, da sie sich bei dieser Arbeit den Schanzen der Belagerer zu nahe gewagt hatten. Deserteure zu Pferd und zu Fuss meldeten sich täglich bei den Vorposten des Lagers. Das Verhältniss zwischen den Officieren der Brandenburger und der Franzosen verlor indess nicht die ritterliche Courtoisie, wie man sie auch im Kriege da findet, wo ebenbürtige Gegner sich gegenüber stehen. Die Brandenburger schickten den Franzosen Rebhühner in die Stadt, welche Aufmerksamkeit diese durch eine Sendung Eis erwiederten. An der Beschaffenheit der Maulesel, welche es hinausbrachten, und an den ausgehungerten Pferden der Deserteure konnte man jedoch deutlich erkennen, wie spärlich die Fourage-Rationen bemessen sein mussten; auch erfuhr man, dass täglich viele Pferde geschlachtet würden, weil man für sie kein genügendes Futter hatte.

Endlich kam die lang ersehnte Antwort des Herzogs von Lothringen, dass er mit einigen tausend Mann Infanterie von Mainz aufgebrochen sei, um das Belagerungs-Corps vor Bonn zu verstärken. Jetzt glaubte der Kurfürst den Zeitpunkt gekommen, wo er die Laufgräben eröffnen lassen könne, und am 16. September erliess er die dazu nöthigen Befehle. [36]) — In der Nacht vom 16. zum 17. September wurde unter dem Befehl des Prinzen Friedrich von Holstein die erste Approche aufgeworfen, links vom Poppelsdorfer Wege in grader Richtung auf die Münsterkirche, und etwa 100 Schritt weit fortgeführt. In der Nacht vom 17. zum 18., wo der General Graf Carl Schomberg in dem Laufgraben commandirte, setzte man die Arbeiten 250 Schritt weit fort. Unter dem Commando des General von Heyden wurde alsdann in der dritten Nacht, vom 18. zum 19. September eine Linie rechts weiter geführt bis an den dort gelegenen Sumpf, den die Belagerten durch Stauung des Wasserabflusses überschwemmt hatten. Ausserdem wurden die bisherigen Arbeiten vervollkommnet, mit Epaulements und kleinen Redouten zur Aufnahme der Trancheewachen versehen und die Emplacements für die Batterien angelegt. Die Arbeiten waren bis auf etwa 200 Schritt von der Contreescarpe vorgetrieben worden, und man hoffte, den Feind bald aus den vor dem Glacis aufgeworfenen Logements vertreiben zu können. Die Franzosen hatten zwar versucht, durch anhaltendes Feuern von den Werken die Arbeiten zu stören, doch vergebens und ohne grossen Erfolg, denn in der ersten Nacht hatten die Brandenburger nur einen

---

36) Kur-Brandenb. Diarium. 16/16. September. Das Theatr. Europ. XIII. 744 erzählt, „dass am 12. Sept. acht der Stadt Köln gehörende halbe Karthaunen, die 12 Apostel genannt, im Lager angekommen seien. Die Franzosen wollten das Auffahren derselben in die Batterieen verhindern, da jedoch der Wind gegen die Stadt stand, habe man mit Dampfkugeln, Stinkpotten, Granaten und allerhand Rauchwerk ihnen entgegengespielt, unter welchem faveur des Rauchs die Stücke und Feuermörsel füglich gepflanzet und die ganze Nacht auf die Festung gefeuert worden." Da das Diarium und die Berichte v. d. Beck's davon nichts erwähnen, auch die Laufgräben an diesem Tage noch nicht eröffnet waren, so scheint diese Angabe des Theatr. Europ. auf einer falschen Nachricht zu beruhen. Jedenfalls bedürfte dieselbe einer näheren Untersuchung, ehe sie als wahr anzunehmen ist.

Verlust von 3 Tedten und 11 Verwundeten, in der zweiten Nacht 6 Todte und 30 Verwundete, darunter der Hauptmann Gessler vom Regiment des Markgrafen Philipp, in der dritten Nacht aber gar nur 2 Todte und 7 Verwundete. Einen Ausfall hatten die Belagerten nicht gewagt.

Gleichzeitig mit diesen Belagerungsarbeiten vor der Südwest-Front der Festung waren die Münsterschen und die Holländer vor der Nord-Front ebenfalls mit ihren Arbeiten vergegangen. In der ersten Nacht kamen sie etwa 150 Schritte vorwärts, ohne Verlust an Mannschaft, da sie dem feindlichen Feuer nicht so sehr ausgesetzt waren. Die zweite Nacht benutzten sie zur Verbesserung der Linie und rückten dann in der dritten Nacht um 100 Schritt weiter vor. An der Spitze der Linien wurden auch hier kleine Redouten angelegt, zur Aufnahme und zum Schutz der Tranchéewachen für den Fall eines feindlichen Ausfalls. Den 17. September traf der kaiserliche Feldmarschall Graf von Dünnewald im Lager vor Bonn ein, um wegen Aufstellung und Campirung der von Mainz im Anmarsch begriffenen Truppen das Nöthige anzuordnen. Die auf dem rechten Flügel in den Weinbergen am Rhein bei der Herrenmauer gestandenen brandenburgischen Abtheilungen mussten zu dem Ende den Platz räumen und rückten hinter das Lager bei Poppelsdorf, wo sie sich als zweites Treffen formirten. Den 18. September liess der Kurfürst zur Feier des Sieges, den der Markgraf von Baden über die Türken erfochten hatte, ein feierliches Tedeum halten und dann aus allen Batterien dreimal Victoria schiessen. Dann machte er mit seinen Brüdern einen Ausflug nach Siegburg, zur Begrüssung der jungen Königin von Spanien, der Schwester des Kurprinzen Johann Wilhelm von Pfalz-Neuburg — Maria-Anna — welche erst vor wenigen Wochen in Mannheim dem Könige Karl von Spanien durch Procuration angetraut worden war und jetzt, trotz der Kriegsunruhen, die Reise nach ihrer neuen Heimath fortsetzte, wo sie bald in in die Intriguen verwickelt wurde, die dem spanischen Erbfolgestreite vorhergingen und denselben herbeiführten.

In der Nacht vom 19. zum 20. September commandirte der General-Major von Zieten in den brandenburgischen Laufgräben. Er liess durch Grenadiere den Feind aus den vor dem Glacis aufgeworfenen äussersten Linien vertreiben und dann eine Communicationslinie zwischen den brandenburgischen und münsterschen Belagerungs-Arbeiten eröffnen, „welche an dem äussersten Ziegelofen vorbeiführte." In den folgenden Nächten ging man nicht weiter vor, sondern verbesserte die bisherigen Arbeiten, legte neue Logements an zur Sicherung gegen Ausfälle, „deren die Belagerten bis Dato nicht einigen hazardirct," und arbeitete mit allen Kräften an der Herstellung der Batterien zur Aufnahme der Geschütze. Die eine brandenburgische Batterie war schon so weit fertig, dass bereits am 19. September Abends zehn halbe Karthaunen darin aufgestellt werden konnten; auch eine Mörser-Batterie war bereits mit 13 Mörsern armirt. „Man würde mit Allem eher zu Stande gekommen sein, wenn nicht die Batterieen, wegen des Feindes hohen Werken von ungemeiner Höhe hätten gemacht werden müssen, um alles recht zu decouvriren und in des Feindes Schiessscharten zu sehen."[36])

Der Kurfürst war bei allen diesen Arbeiten persönlich thätig; er ging jeden Tag in die Laufgräben, nahm Alles genau in Augenschein und ermunterte die Arbeiter durch gelegentlich ausgetheilte Geldgeschenke. Den 23. September trafen der Herzog von Lothringen

---

36) Kur-Brandenb. Diarium ¹⁰/₃₀.—¹⁶/₃₀. September.

und der Deutschmeister Prinz Ludwig Anton von Pfalz-Neuburg im Lager ein, und nahmen ihr Quartier im Dorfe Kessenich. Am folgenden Tage speisten dieselben nebst noch vielen anderen hohen kaiserlichen Officieren beim Kurfürsten auf dem Kreuzberge, und besichtigten dann sämmtliche Belagerungsarbeiten. Nach und nach rückten auch die Truppen von Mainz ein, die Infanterie zu Wasser in 36 Schiffen, und bezogen das für sie abgesteckte Lager auf dem rechten Flügel, am Rhein. Die Ankunft Hessischer und Lüneburgischer Hülfstruppen, welche sich dem Lager der Kaiserlichen anschliessen sollten, stand ebenfalls täglich zu erwarten. Der Markgraf von Bayreuth, der Landgraf von Hessen-Homburg und mehrere andere Fürsten kamen ins Hauptquartier, um der Belagerung beizuwohnen; der Landgraf von Hessen-Darmstadt jedoch hatte sich durch seinen General-Adjutanten entschuldigen lassen, dass er wegen Unpässlichkeit selbst noch nicht kommen könne. Eine Meinungsverschiedenheit über die Berechtigung zur Parole-Ausgabe, welche der Herzog von Lothringen, als Befehlshaber *kaiserlicher* Truppen, beanspruchte, wurde zu Gunsten des Kurfürsten von Brandenburg erledigt.

In der Nacht vom 26. zum 27. September eröffneten nun auch die Kaiserlichen ihre Laufgräben. Als Angriffs-Object war ihnen das Hornwerk vor dem Zoll-Bastion angewiesen. Während sie nun etwa einen Musketenschuss weit vor dem Werke sich festsetzten, waren die Brandenburger und Münsterschen in den Laufgräben allarmirt worden, um die Aufmerksamkeit des Feindes von jener Front abzulenken. In der Nacht vom 27. zum 28. und in der darauf folgenden Nacht wurde nun hier mit solchem Eifer gearbeitet, dass die Laufgräben bis auf 150 Schritte das Hornwerk herangekommen waren; es hatte dies jedoch nicht ohne grosse Verluste zu Stande gebracht werden können, da in der ersten Nacht 16, in der zweiten Nacht 100 Mann getödet und verwundet wurden, darunter der kaiserl. Hauptmann Ferrara vom Regiment Jung-Lothringen. Da die Kaiserlichen nicht stark genug an Infanterie waren, um Alles allein ausführen zu können, hatte der Kurfürst ihnen jede Nacht 500 Mann Brandenburger zur Aushülfe beigegeben. Es wurde eine Batterie von 12 Geschützen hergestellt, um Bresche in das Hornwerk zu legen und am 29. September konnte das Feuer aus allen Batterien eröffnet werden, da die Münsterschen und Holländer inzwischen auch 26 Geschütze in Batterie gebracht hatten.

Nur zweimal erwiederten die Franzosen von allen Bastionen aus dieses gewaltige Feuer; darauf schwiegen ihre Geschütze, woraus man folgerte, dass die Wirkung des Feuers der Belagerer eine sehr grosse gewesen sein müsse. Dadurch wurde es möglich, in der Nacht vom 29. zum 30. September mit den Laufgräben noch um hundert Schritte weiter vorzugehen und den Feind gänzlich in den gedeckten Weg zurückzudrängen, wobei nur drei Mann getödet und drei verwundet wurden. Die Kaiserlichen vor dem Hornwerke verbesserten und verstärkten ihre Trancheen und setzten sie durch eine Communication mit den Brandenburgischen in Verbindung. Am Morgen des 30. September fiel ein so starker Nebel, dass das Feuer eingestellt werden musste; gegen Mittag klärte sich jedoch das Wetter auf, und sofort dröhnten von allen Seiten wieder die Geschütze, von denen jetzt 40 Brandenburgische, 26 Münster'sche und Holländische und 8 Kaiserliche in Thätigkeit waren, grösstentheils halbe und viertel Karthaunen. Die Mörser bewarfen den gedeckten Weg, den Graben und die Raveline mit Bomben und Steinen, so dass der Aufenthalt der Besatzung in diesen Werken sehr gefährdet war. Die Zahl der Ueberläufer wurde immer grösser. In der Nacht vom

30. September zum 1. October kamen ein Fähnrich, ein Sergeant und ein Corporal aus der Festung, welche mittheilten, dass die Contreescarpe mit Minen versehen sei, und dass der Commandant sich bis auf's Aeusserste vertheidigen wolle.

Die Nacht vom 1. zum 2. October förderte die Belagerungsarbeiten der Brandenburger abermals bis auf 50 Schritt von der Contreescarpe, wobei nur zwei Todte und Verwundete verloren wurden. Das Feuer hatte unausgesetzten Fortgang und die beschossenen Werke zeigten schon bedeutende Zerstörungen. Die Kaiserlichen gingen bis auf 50 Schritt vom Graben des Hornwerks vor, unterstützt durch 100 Brandenburger, erlitten jedoch einen Verlust von 30 Todten und Verwundeten, unter denen auch der brandenburgische Fähnrich von Borstel. Der 3. October wurde von den Brandenburgern und Münsterschen zur Verbesserung der Linien und Logements benutzt, nur die Kaiserlichen rückten noch weiter vor. Am Abend des 3. October trafen viele Ueberläufer im kaiserlichen Lager ein; sie sagten aus, dass in der Stadt nur noch etwa 2500 Gesunde und über 1500 Kranke wären; es wäre kein Fleisch mehr vorhanden, ausser im Hause des Commandanten, weshalb sich täglich über 100 Officiere dort „in der Kuchel" einfänden; auf Befehl des Königs sollte der Commandant die Festung unter allen Umständen zu halten suchen bis zum 2. November etc.[37]). Den 4. October waren die Brandenburger mit ihren Approchen so weit vorgerückt, dass sie eine neue Batterie zu 8 Geschützen nebst einer Mörser-Batterie (Kessel) für 3 Steinmörser am Fusse des Glacis etabliren konnten. Vergebens hatten die Belagerten die Arbeit durch heftiges Feuer zu verhindern gesucht. Das Feuer wurde unterdessen fortgesetzt. Den 6. October hatten die Kaiserlichen eine neue Batterie in Thätigkeit gesetzt, und sich durch eine Circumvallations-Linie und Epaulements gedeckt; dann gingen sie mit vier Sappen weiter vor. Am 7. October explodirte eine Pulvertonne im Hornwerk, und richtete grosse Verwirrung an. Der Commandant, dem die Gefahr immer näher trat, besonders da der Mangel an Lebensmitteln in der Festung so zunahm, dass am 8. October der Rest des Pferde- und anderen Fleisches und des Weines und Brodes vertheilt wurde, soll die Absicht gehabt haben, zu capituliren: der Tambour, den er als Parlamentair hinausschickte, wurde jedoch erschossen, und ein Trompeter, welcher ihm gefolgt war, kehrte um, da der Kurfürst jede Annahme von Parlamentairen verboten hatte, von der Ansicht ausgehend, dass alles dieses nur zum Schein geschehe, um Zeit zu gewinnen[38]).

Dieses mehrtägige Feuer aus allen Batterien hatte den Erfolg, dass fast sämmtliche Geschütze auf den angegriffenen Werken demontirt und zum Schweigen gebracht waren. Die Scharten waren theilweise ganz zerstört und die Brustwehren lagen in Trümmern, so dass der Kurfürst den Zeitpunkt gekommen glaubte, durch einen Sturm in den Besitz der Aussenwerke gelangen zu können. Zu dem Ende versammelte er sämmtliche Generale zu einem Kriegsrath, in welchem am 9. October der Sturm auf den gedeckten Weg und die Aussenwerke beschlossen und die näheren Anordnungen dazu festgestellt wurden. Darnach sollten die Kaiserlichen das Hornwerk, die Brandenburger das Ravelin St. Klara und die Contregarde des Cassiusbastions, die Holländer und Münsterschen aber die vor ihren Laufgräben gelegenen Werke am Kölnthor erstürmen. Schon früher waren durch den Feldzeug-

---

37) Die Erzb. Churf. Köln Residenzstadt Bonn etc. (S. Anm. 13).
38) Theatr. Europ. — Das Diarium erwähnt davon nichts.

meister von Spaen alle Vorbereitungen dazu gemacht worden durch Zusammenbringung eines grossen Materials von Schüppen, Hacken, Aexten, Schanzkörben, Woll- und Sandsäcken, nebst Blendungen und Holzwerk zu Ueberbrückungen, welche in verschiedenen Depots niedergelegt waren.

. Die sehr ausführliche Disposition, welche der Kurfürst für die brandenburgischen Truppen ausgab und welche, nach Natzmers Angabe, vom General von Barfuss entworfen war [39]), bestimmte Alles aufs genauste. Am Sonntag, den 10. October, zur gewöhnlichen Zeit, sollten die Truppen in die Laufgräben gehen. Zum Sturme sollten verwendet werden: 1500 Gemeine, nebst 240 Grenadieren und den dazu gehörigen Officieren und Unterofficieren (Prima-Planen); drei Obersten, vier Oberstlieutenants und vier Majore waren denselben zugetheilt. Zur Reserve waren bestimmt: zwei Obersten, zwei Oberstlieutenants, zwei Majore und 1200 Gemeine nebst Prima-Planen; zur Arbeit waren commandirt: 900 Mann nebst 12 Prima-Planen unter einem Oberstlieutenant und einem Major. Zu den Sturmcolonnen waren vorzugsweise die Elite-Truppen mit herangezogen, nämlich die Garde, die Compagnie Grenadiere zu Pferde und von jeder anderen Compagnie der Grands-Mousquetaires 40 Mann nebst allen reformirten Mousquetaires und der Hälfte der Officiere von jeder Compagnie mit zwei Oberstlieutenants. Diese Truppe, obgleich Cavallerie, hatte die Verpflichtung, eintretenden Falls auch zu Fuss zu fechten. Drei Compagnien Cadetten vom Regiment Courneaud, eine Compagnie Cadetten von Lottum und alle reformirten Officiere unter dem Befehl des Oberstlieutenant Courneaud, waren ebenfalls dazu designirt, so wie sämmtliche Ingenieure mit den Conducteuren und alle Jäger.

Zum Sturme sollten diese Truppen sich in drei Colonnen formiren, deren jeder ihre Aufgabe genau vorgeschrieben war. Die rechte Flügel-Colonne erhielt die Direction auf den ausspringenden Winkel des gedeckten Weges vor der Contre-Garde des Bastions Cassius, und ihre Aufgabe war die Erstürmung dieser Contre-Garde; die mittlere Colonne wurde auf die Capitale des Ravelins St. Clara [40]) dirigirt und hatte dieses Werk zu nehmen; die linke Flügel-Colonne endlich sollte sich auf den ausspringenden Winkel des gedeckten Weges vor dem Bastion St. Maximilian werfen. Jede Colonne formirte sich staffelförmig, so dass als erstes Echellon derselben je ein Lieutenant, ein Unterofficier und 20 deutsche Grenadiere marschirten. Dieser ersten Spitze sollten je 60 Grenadiere nebst Primaplan (bei der mittleren Colonne 60 Füsiliere) folgen, welche wiederum bei der rechten und linken Flügel-Colonne von den Grands-Mousquetaires, bei der mittleren Colonne von den 3 Compagnien französischer Cadetten und 10 Grenadieren des Regiments Varenne unterstützt werden sollten. Das vierte Echellon sollte bei der rechten Flügel-Colonne unter Anführung des Oberstlieutenants Grafen zu Dohna, 80 Grands-Mousquetaires mit 10 Officieren bilden; bei der linken Flügel-Colonne dieselbe Zahl dieser Elite-Truppe unter Oberstlieutenant von Natzmer, während der mittleren Colonne der Cadetten in den sämmtlichen reformirten Officieren unter Oberstlieutenant Courneaud eine Stütze zugewiesen war. Das fünfte und letzte Echellon einer jeden Colonne sollten endlich je drei Compagnien Garde mit ihren Primaplanen bilden.

---

39) v. Schöning, Debisiev Gnoemer v. Natzmers Leben und Kriegsthaten. p. 104.

40) In anderen Relationen ist das Ravelin St. Anne genannt; dieses lag jedoch zwischen den Bastionen Cassius und Ferdinand. Da nun der rechten Flügel-Colonne das Bastion Cassius, der linken Flügel-Colonne das Bastion Maximilian als Angriffsobject angewiesen war, so muss die mittlere Colonne auf das zwischen diesen beiden Bastionen gelegene Ravelin St. Clara dirigirt worden sein.

Die Reserve, unter dem Commando der Oberstlieutenants Grafen von Dönhoff und von Schlaberndorf, welche vorläufig bei Poppelsdorf stehen bleiben sollte, war ebenfalls in drei Colonnen formirt und hatte dorthin zu marschiren, wo ihre Hülfe etwa nöthig befunden würde. Eine Compagnie derselben war zum Krankenträgerdienst bestimmt, eine andere Compagnie hatte die Munition herbeizutragen. Die Arbeits-Commandos endlich hatten sich mit allem Nöthigen zu versehen und waren der Führung der Ingenieure und Conducteure unterstellt. Den sämmtlichen Feldscheerern der Truppentheile war der Platz auf der grossen Batterie bei Poppelsdorf angewiesen, wo die Verbandplätze etablirt werden sollten. Dort hatten auch der Baumeister mit seinen Zimmerleuten und alle Zimmerleute von der Artillerie sich aufzustellen, auch sollte dorthin Bier und Wein geschafft werden zur Erfrischung der Stürmenden und zur Erquickung der Verwundeten. Alle Officiere und Ingenieure hatten sich mit Brustharnischen (Wappens) zu versehen und jeder Musketier sollte mit 24 Schüssen ausgerüstet sein. Zur schnellen Beförderung der Befehle wurden dem General-Feldzeugmeister von Spaen zehn Ordonnanz-Officiere, dem commandirenden General-Major von Heiden ebenfalls zehn und dem General-Quartiermeister zwei Ordonnanz-Officiere beigegeben. Endlich war bestimmt, dass drei Signalschüsse von der grossen Batterie das Zeichen zum Beginn des Sturmes geben sollten[41]). Ueber die speciellen Anordnungen bei den Kaiserlichen, sowie bei den Münsterschen und Holländern liegen keine näheren Nachrichten vor.

So war nun Alles für den entscheidenden Schlag sorgfältig vorbereitet. Um die Truppen noch mehr anzufeuern, liess der Kurfürst noch bekannt machen, dass jeder am' Sturm betheiligte Gemeine eine Gratification von 4 Thlrn., der Unterofficier das Doppelte erhalten sollte. Auch den Officieren wurden Gratificationen in Aussicht gestellt, sämmtlichen verheiratheten Officieren und Soldaten aber die Versicherung gegeben, dass der Kurfürst für ihre Familien sorgen werde, wenn sie etwa beim Sturme fallen sollten.

Am 10. October 1689, Nachmittags, begab sich nun der Kurfürst mit seinem ganzen Gefolge in die grosse Batterie am Poppelsdorfer Garten. Die Truppen standen auf den ihnen angewiesenen Sammelplätzen und harrten in gespanntester Erwartung des Signals zum Aufbruch. Ein heftiges Feuer aus allen Batterien überschüttete die anzugreifenden Werke mit einem Hagel von Kugeln und Bomben, und aus den ersten Linien der Laufgräben wurde der Feind durch fortwährende Musketensalven beunruhigt. Endlich, gegen 5 Uhr, kurz vor Eintritt der Dämmerung, erschallten die drei Signalschüsse, die Brücken zum Uebersteigen der Brustwehr der Laufgräben wurden geworfen, und unaufhaltsam stürzten die Colonnen in der bestimmten Ordnung aus denselben hervor, auf die ihnen angewiesenen Angriffspunkte. Sämmtliche Batterien richteten nun ihr Feuer auf die Collateralwerke, welche die angegriffenen Punkte flankirten.

Die Colonne des linken Flügels, bei welcher der Oberstlieutenant von Natzmer vom Kurfürsten mit der Leitung beauftragt war, dirigirte sich, wie die Disposition es bestimmte, auf den ausspringenden Winkel des Bastions St. Maximilian. Die deutschen Grands-Mousquetaires dieser Colonne, unter dem Major von Tettau, sprangen über die Pallisaden in den

---

41) Die Disposition speciell in „Hennert, Beiträge zur Brandenburgischen Kriegsgeschichte" nach dem Original im Staats-Archiv.

gedeckten Weg und trieben die dort befindlichen Franzosen vor sich her. Tettau fiel von fünf Kugeln durchbohrt, vielleicht von seinen eigenen Leuten getroffen, denen er vorausgeeilt war und welche ihn in dem Getümmel für einen feindlichen Officier gehalten hatten. Vom gedeckten Wege sprangen die Stürmenden in den Graben, wo sie nur noch geringen Widerstand fanden, und blieben dort eine geraume Zeit stehen, wenig belästigt von dem Feuer des Hauptwalles. Natzmer wendete sich nun mit einigen Officieren rechts, um das Ravelin St. Clara zu recognosciren, auf welches der Angriff der mittleren Colonne sich dirigirte. Die Pallisaden am Fusse des Ravelins wurden durchbrochen, aber das Werk war stark besetzt, und Kopf an Kopf ragte über der Brustwehr hervor. Der darin commandirende Officier stiess mit einer Pike nach Natzmer, ohne ihn zu treffen, und dieser hatte eben die Pike erfasst, als er einen Schuss in den Arm erhielt. Auch der Oberst von St. Bonnet-Vignolles, ein sehr tüchtiger, schon in früheren Feldzügen in Candia und Ungarn ausgezeichneter Officier, der sich der Colonne als Volontair angeschlossen hatte, wurde tödtlich verwundet. Der Hauptmann von Dewitz, der Wachtmeister von Bergen und vier Grands-Mousquetaires blieben, und unter den Verwundeten befanden sich ausser Natzmer, der später im Graben noch einen Schuss in den Arm und einen Streifschuss in den Rücken erhalten hatte, der Hauptmann von Lüderitz, der Lieutenant von Bredow und die Corporale von Pirch und Treschow (Treskow?) nebst vielen Gemeinen.

Unterdessen hatte die mittlere Colonne mit gleicher Vehemenz angestürmt, den Feind aus dem gedeckten Wege vertrieben und den Angriff auf das Ravelin St. Clara ausgeführt. Mit ausgezeichneter Tapferkeit durchbrachen die Cadetten die Pallisaden und bald hatten sie das Ravelin erstiegen und sich darin festgesetzt, allerdings mit Verlust von 10 Todten und 35 Verwundeten, darunter 5 Officiere. Oberst von Courneaud verfolgte die errungenen Vortheile noch weiter, und drang vom Ravelin in dem Hauptgraben vor bis an den Fuss der Escarpe. Er verlangte 200 Mann Unterstützung, dann wollte er den Hauptwall ersteigen; aber der Kurfürst, dem die Meldung zuging, untersagte jedes weitere Vorgehen, welches ohnedies durch die inzwischen eingetretene Dunkelheit leicht zu Verwirrungen hätte Anlass geben können, und befahl, dass die Abtheilungen sich in den eroberten Posten festsetzen sollten. Von den französischen reformirten Officieren war der Capitain de Veze geblieben, und unter den Verwundeten finden wir 8 Capitains, 2 Lieutenants, den Reitpagen Bellete und auch „den Hofmeister des englischen Gesandten".

Gleichzeitig war die Colonne des rechten Flügels vorgebrochen, bei welcher dem Oberstlieutenant Grafen Dohna die Führung anvertraut war. In raschem Anlaufe erreichten die Stürmenden die Crete des Glacis, gaben dort eine Salve und stürzten sich dann in den gedeckten Weg vor der Contre-Garde des Cassius-Bastions. Der Major du Puys von den Grands-Mousquetaires, der sich, wie es befohlen war, nach der Salve platt auf die Erde geworfen hatte, wurde vom Grafen Dohna darauf aufmerksam gemacht, dass, nach Angabe der Ueberläufer, sich hier Minen befinden sollten; er sprang sofort auf, erhielt aber in demselben Augenblick einen Schuss, der ihn todt hinstreckte. Graf Dohna war einer der Ersten, welche über die Pallisaden in den gedeckten Weg sprangen, gefolgt von seinen Mousquetaires, den Cadetten und einigen Grenadieren; überall wurde der Feind zurückgedrängt. Dohna warf den ihm vom Kurfürsten aufgedrungenen Brustharnisch ab[42]), weil er ihn an der freien Bewegung hinderte, sprang an der Spitze seiner Leute in den Graben, wo es aufs Neue zum Einzelkampfe kam, der ebenso glücklich verlief und damit endete, dass der Feind auch hier aus dem Graben vertrieben wurde. Dann erstiegen die Stürmenden die Contre-Garde nicht ohne erneuten heftigen Kampf und setzten sich dort sogleich fest, indem sie ein Logement aufwarfen. Besonders ausgezeichnet hatte sich auch der Prinz Anton Günther von Anhalt-Zerbst, der sich der Colonne Dohnas als Freiwilliger angeschlossen hatte; Dohna selbst nahm vier feindliche Officiere gefangen. Aber auch bei dieser Colonne waren die Verluste nicht unerheblich, da die Franzosen auf der Contre-Garde hartnäckigen Widerstand leisteten. Die Liste der verwundeten Grands-Mousquetaires führt allein 17 Namen französischer Edelleute auf. Der Total-Verlust der Brandenburger berechnet sich auf 262 Todte und 719 Verwundete, darunter 12 todte und 38 verwundete Officiere.

Mit gleich günstigem Erfolge kämpften die münsterschen und holländischen Truppen auf der Nordfront der Festung. Auf das gegebene Signal waren sie aus ihren Laufgräben vorgebrochen, stiessen jedoch auf heftige Gegenwehr und mussten eine Zeit lang auf der Crete des Glacis im stärksten feindlichen Feuer ausharren, ehe es ihnen gelang, den gedeckten Weg zu erobern. Dann aber stürmten sie unaufhaltsam in den Graben, erstiegen das Ravelin St. Elisabeth vor der Köln-Pforte und setzten sich darin fest. Die Generallieutenants Schwarz und von Dalwig waren beide verwundet, die Obersten Krusemark und von Schwerin und der Hauptmann von Zanthier wurden getödtet. Die eintretende Dunkelheit hatte auch hier dem Kampfe ein Ende gemacht.

Die Kaiserlichen hatten bei ihrem Sturm auf das Hornwerk weniger Schwierigkeiten zu überwinden. Sie stürmten mit grosser Tapferkeit an, nahmen das Hornwerk im ersten Anlauf, und setzten sich nicht nur darin fest, sondern eroberten auch noch einen Theil des gedeckten Weges am Ravelin St. Maria, zwischen dem Stockenthor und dem Zoll-Bastion. Eine angezündete Mine im Hornwerk explodirte zu früh und that wenig Schaden. Da jedoch die Entfernung von den Laufgräben zu weit war, um den gedeckten Weg behaupten zu können, so befahl der Herzog von Lothringen am Abend den Rückzug und liess ein Logement im Hornwerk aufwerfen, das Weitere für den nächsten Tag versparend. Der Verlust hatte 1 Major und 40 Gemeine an Todten und 100 Verwundete betragen[43]).

---

42) Der Kurfürst hatte dem Grafen Dohna einen von seinen eigenen Brustharnischen geben lassen; da dieser sich jedoch als zu kurz erwies, wurde ein Harnisch des Markgrafen Philipp genommen. Dohna, durch dessen Schwere behindert, warf ihn ab, und man fand ihn am folgenden Tage im Graben, wo er an dem brandenburgischen Wappen sogleich erkannt wurde, worüber Dohna vom Kurfürsten zwar Vorwürfe erhielt, die jedoch für ihn sehr schmeichelhaft waren. Comte de Dohna. Mémoires etc. p. 113.

43) Von den verschiedenen Angriffspunkten des Sturmes ist heute nur derjenige der Brandenburger deutlich zu erkennen, da die Bastione Cassius und St. Maximilian in dem Graben in der Nähe des Bahnhofes theilweise noch unversehrt stehen, wenn auch hier und da durch Anbauten verdeckt. Die Contre-Garde und das Ravelin St. Clara dagegen sind verschwunden und haben dem Anbau weichen müssen. Das von den Münsterschen erstürmte Ravelin St. Elisabeth ist ebenfalls verschwunden, und nur an einzelnen Resten lässt sich das Tracé vor dem Kölnthore noch auffinden. Das Hornwerk, wo die Kaiserlichen stürmten, ist von den Prachtbauten der Coblenzer Strasse, fast bis zur ersten Fahrgasse, bedeckt, aber mächtig ragt noch das Bastion am alten Zoll hervor, wo Vater Arndts Denkmal eine würdige Stätte fand.

Der Commandant von Asfeld hatte — nach französischen Berichten[44]) — eine sehr gute Disposition zur Vertheidigung gemacht, und Alles vorgesehen, wodurch ein längeres Halten der Werke ermöglicht werden könnte. Der Angriff kam jedoch so überraschend und wurde mit solchem Ungestüm ausgeführt, gerade als die Wachen abgelöst werden sollten, dass die Aussenwerke bald verloren gingen. Vergebens bemühte sich Asfeld, die eingetretene Unordnung zu hemmen; auf dem Walle seine Befehle ertheilend, wurde er tödtlich verwundet, und die Verwirrung ward immer grösser, da es an der Einheit des Befehls mangelte. Diesem Umstande schreiben die französischen Berichterstatter hauptsächlich den schlimmen Ausgang zu; aber in anderen, mehr von National-Eitelkeit dictirten Berichten, werden die günstigen Erfolge der Brandenburger daraus hergeleitet, dass zum Sturme vorzugsweise Truppen französischer Nationalität, wie die Grands-Mousquetaires, die Cadetten von Cornaud und so viele höhere und niedere Officiere verwendet worden seien, welche in früheren Kriegen dem Könige Ludwig XIV. gedient hatten[45]). Allerdings war den Elite-Truppen ziemlich der schwierigste Theil der Aufgabe zugefallen, dass aber die anderen brandenburgischen Regimenter nicht minder dabei betheiligt gewesen sind, geht aus den Verlustlisten hervor. Die Franzosen sollen mehr als 200 Todte beim Sturme verloren haben.

Nur zwei Stunden hatte der Kampf gedauert, von 5 bis 7 Uhr, als bei einbrechender Dunkelheit der Befehl des Kurfürsten demselben ein Ende machte. „Es ist ein so schreckliches Feuer gewesen, als wenn Himmel und Erde hätten vergehen sollen, dass auch wohl viele von alten Soldaten bekennen, nie dergleichen gesehen zu haben"[46]). Es handelte sich nun darum, die errungenen Vortheile zu behaupten. Zu dem Ende liess der Kurfürst sogleich 1000 Mann commandiren, zur Unterstützung der Abtheilungen, welche sich in den eroberten Aussenwerken festgesetzt hatten und befahl, die dort eingerichteten Logements sogleich durch eine Sappe mit den Laufgräben zu verbinden. Während der ganzen Nacht sollte auf die nicht angegriffenen Raveline und Bastione stark gefeuert werden, um den Feind nicht zur Besinnung kommen zu lassen. Nachdem dies angeordnet war, kehrte der Kurfürst erst in später Nacht in das Hauptquartier auf dem Kreuzberge zurück, um in der Stille seines Zimmers in eifrigem Gebet Gott zu danken für den errungenen Sieg.

Am 11. October standen bereits um 4 Uhr Morgens die sämmtlichen nicht in den Laufgräben verwendeten Infanterie-Regimenter bei Poppelsdorf unter den Waffen, um etwaigen Versuchen des Feindes zur Wiedereroberung des verlorenen Terrains sogleich kräftig entgegentreten zu können. Sämmtliche Ingenieure und Artillerie-Officiere waren dorthin befohlen und erhielten die gemessene Weisung, sofort an die Arbeit zu gehen, um in den Logements die Bresche-Batterieen für den Hauptwall anzulegen. Die Belagerten, denen diese Vorbereitungen nicht verborgen blieben, wohl einsehend, dass unter den obwaltenden Verhältnissen eine Breschelegung und ein Sturm auf den Hauptwall schwer zu verhindern sein würde, hatten zwar in den angegriffenen Werken Abschnitte angelegt, doch liess der Commandant

44) Mémoires de Feuquières. IV, 285.

45) Dass in der franz. Armee eine solche Auffassung existirte, zeigt auch eine Aeusserung, welche Herr v. Rebbün dem Bruder des Grafen Dohna über die gelungenen Angriffe der Grands-Mousquetaires in den Gefechten von Uerdingen und Neuss machte: „Il fallait des Français pour combattre des Français." Dohna. Mémoires. 94.

46) Theatr. Europ. XIII.

um 7 Uhr Morgens Chamade schlagen, und schickte zwei Officiere aus der Festung, um
Unterhandlungen wegen einer Capitulation anzuknüpfen. Nachdem der Kurfürst zwei Officiere
als Geiseln in die Festung geschickt und das Einstellen des Feuers, aber die Fortsetzung
der Arbeiten an den Communicationen und Batterien befohlen hatte, liess er die Parlamen-
taire sich vorführen, um die Bedingungen zu vernehmen. Diese waren jedoch so übertrieben,
dass der Kurfürst sich sehr darüber erzürnte und auf Anrathen der Generale die Parlamen-
taire zurückschickte, mit der Forderung einer Uebergabe auf Gnade und Ungnade. Asfeld,
welcher daraus die feste Absicht erkannte, das begonnene Werk bis zum Ende durchzuführen,
sendete noch am Abend desselben Tages den Platzmajor hinaus, welcher über Nacht im
brandenburgischen Hauptquartier zurückbehalten wurde, und mit welchem nun, nach langen
Verhandlungen endlich die Capitulation zu Stande kam, die am 12. October unterzeichnet
wurde und deren 17 Artikel im wesentlichen Folgendes enthielten:

Zwei Tage nach Auswechselung der Capitulation sollte die Besatzung mit allen militai-
rischen Ehren ausziehen, „mit Gewehr und Bagage, Kugeln im Munde, Schalmeyen und
Trompeten, fliegenden Fahnen und Standarten, an beiden Seiten brennende Lunten, mit Blei
und Pulver versehenen Bandelieren, die Piken und Musketen auf der Schulter, Reiter und
Dragoner zu Pferde mit ganzem Gepäck," und unter Eskorte in Etappenmärschen nach Die-
denhofen (Thionville) geführt werden; die Fahnen und Standarten der nicht französischen
— (also fürstenbergischen) — Regimenter waren jedoch beim Auszuge abzuliefern. Eben-
mässig wurde auch allen französischen Beamten und Unterthanen freier Abzug mit ihrer
Bagage zugestanden, während die fürstenbergischen Beamten, namentlich der Intendant Heis
und die Einnehmer der ausgeschriebenen Contributionen als Kriegsgefangene zurückbleiben
mussten. Alles Geschütz, die noch vorhandene Munition und der Proviant fielen den Siegern
anheim. Ein besonderes Gewicht wurde darauf gelegt, dass von dem dem Kurstaate, dem
Kurfürsten von Köln oder den Bürgern zustehenden Eigenthum nichts entfremdet werde:
„was davon noch vorhanden ist, muss zurückgegeben, von dem abhanden gekommenen aber
angezeigt werden, wo es geblieben ist." Die Archive und die Güter und Mobilien Fürstenbergs und seiner Beamten („Bedienten") müssen inventarisirt und ausgeliefert werden. Alles,
was den Kirchen, Klöstern und geistlichen Orden in der Stadt genommen worden und in
Natura noch vorhanden ist, soll zurückerstattet werden und alle von den Franzosen in der
Stadt gemachte Schulden sind vor dem Ausmarsche zu berichtigen. Unter den rein militai-
schen Punkten der Capitulation sind noch zu erwähnen, dass alle nicht französischen Officiere,
Beamten und Soldaten nicht mit der Garnison ausmarschieren dürften, sondern schuldig sein
sollten, entweder bei den Brandenburgern oder deren Verbündeten Dienst zu nehmen oder
sich mit Pässen in ihre Heimath zu begeben. Ferner sind alle Gefangene frei zu geben, und
von den Kranken und Verwundeten sollen die Transportablen zu Schiffe auf dem Rheine
und der Mosel nach Montroyal geschafft werden, die Nichttransportablen durften bis zu ihrer
Genesung in der Stadt bleiben. Endlich soll nach Unterzeichnung der Capitulation den Verbündeten das Sternthor übergeben und mit 200 Mann besetzt werden [47]

Nachdem man sich über diese Bedingungen geeinigt hatte, wurde die Capitulation unterzeichnet. Der Kurfürst hatte dem schwer verwundeten Commandanten von Asfeld seinen

47) Hennert, Beiträge. Theatr. Europ. XIII. etc.

Leibarzt Gervais zugeschickt, welcher dessen Zustand sehr bedenklich fand und demselben die beste ärztliche Pflege zuwendete. Am 12. October 1689, „an eben dem Tage, wo ein Jahr vorher der Kurfürst Joseph Clemens durch seine Bevollmächtigten Besitz vom Erzstift hatte ergreifen lassen," gelangte er durch die Eroberung wieder in den Besitz seiner zwar übel zugerichteten, aber alles Elend gerne vergessenden Residenzstadt Bonn [48]). — Das Stern-thor und die dort liegenden Werke wurden mit einem Regimente münsterscher Infanterie unter dem Obersten von Landsberg und 400 Brandenburgern und Holländern besetzt. Den 15. October erfolgte der Auszug der Franzosen, in der Stärke von nur noch 3000 Mann, dar-unter noch 420 berittene Reiter und Dragoner [49]). Der Oberst Graf Schlippenbach wurde beauftragt, dieselben mit einer starken Eskorte nach Thionville zu führen. Zur Sicherheit für die Eskorte blieben der Marquis von Thiauges und mehrere Officiere als Geisseln zurück. Herr von Asfeld, in einer Sänfte auf den Platz getragen, bat um die Vergünstigung, sich nach Aachen begeben zu dürfen, wo er kurze Zeit nachher starb. Auch von den Branden-burgern erlagen noch der Generalmajor von Belling und der Oberstlieutenant St. Bonnet ihren beim Sturm erhaltenen Wunden. Der wegen bewiesener Tapferkeit zum Obersten beförderte Graf Christoph zu Dohna wurde nach München gesendet, um dem dort noch verweilenden Kurfürsten Joseph Clemens von Köln die Siegesbotschaft zu überbringen und ihn im Namen des Kurfürsten von Brandenburg wegen der Wiedereinsetzung in seine Staaten zu beglück-wünschen [50]).

Am nächstfolgenden Sonntag wurde im Lager und in der Stadt ein Dankgottesdienst gehalten und unter Lösung des Geschützes von den Wällen und aus den Batterieen das Tedeum gesungen. Dann begab sich der Kurfürst mit seinem ganzen Hofstaate in verschie-denen bereit gehaltenen Jachten und Schiffen nach Cleve, um daselbst die Huldigung einzu-nehmen. Die Truppen aber rüsteten sich zum Abmarsch und zum Beziehen der Winter-quartiere, welche ihnen jedoch nicht, wie der Kurfürst verlangt hatte, und wie es zur gün-stigen Fortsetzung des Feldzuges für das folgende Jahr angemessen gewesen wäre, im Köl-nischen und Jülichschen zugestanden wurden. Kurprinz Johann Wilhelm von der Pfalz, der Regent der Jülich- und Bergischen Lande, hatte es beim Kaiser durchzusetzen gewusst, dass sein Gebiet von der Bequartierung befreit blieb, musste jedoch diesen strategischen Fehler schwer büssen, da die Franzosen im Jahre 1690 den Feldzug gleich mit einer Invasion des Herzogthums Jülich eröffneten, welche er bei der weiten Entfernung der brandenburgischen Regimenter durch die eigenen Truppen nicht verhindern konnte. So war nun Stadt und Festung Bonn wieder in den Händen ihres rechtmässigen Landes-herrn, aber in welchem Zustande! — Ganze Strassen lagen in Schutt und Asche, zerstörte Klöster und Kirchen gaben Zeugniss von der gewaltigen Wirkung der Geschosse, und die zum grössten Theile niedergeworfene Kehlmauer am Rheine verlieh der Festung von hier aus fast das Ansehen einer offenen Stadt. Nach und nach kehrten die geflüchteten Bürger zu ihrem Gewerbe und zu ihrer gewohnten Thätigkeit zurück und suchten unter den Trüm-

48) Theatr. Europ. XIII.

49) Brandenb. Diarium. Nach anderen Nachrichten sollen es nur noch 1500 Mann gewesen sein.

50) C. de Dohna, Mémoires etc. Der Verfasser ist jedoch von der Aufnahme, die er dort gefunden, wenig befriedigt.

mern ihrer gans oder theilweise zerstörten Häuser das von ihrer Habe noch Vorhandene hervor. Als wieder eine geordnete Verwaltung in die Stadt eingeführt war, blieb es die nächste Aufgabe, das Zerstörte aufzuräumen und wieder herzustellen; allein es bedurfte noch vieler Jahre, ehe dies zu Stande gebracht werden konnte, trotz der Unterstützung, welche der Kurfürst Joseph Clemens der Stadt und den Bürgern auf ihre wiederholten inständigen Bitten durch Verabreichung von Baumaterial und durch Zollbefreiungen zukommen liess. Auch an der Wiederinstandsetzung und Verstärkung der Festung wurde eifrig gearbeitet, und wir finden nach einem Jahrzehend die zerstörten Werke wiederhergestellt und durch Neuanlage von Aussenwerken vermehrt[51]). Kaum war jedoch die Stadt wieder zu einigem Flor gekommen, als sie im Mai 1703, im spanischen Erbfolgekriege, aufs Neue die Gefahren einer Belagerung zu tragen hatte. Diesmal stand jedoch der Kurfürst Joseph Clemens, durch Versprechungen und reiche Subsidien Ludwigs XIV. verleitet, als Verbündeter der Franzosen dem Kaiser und dessen Verbündeten feindlich gegenüber und hatte freiwillig 3000 Mann französische Besatzung in die Stadt genommen. Diese Belagerung vom Jahre 1703 durch brandenburg-preussische, hessische, kur-triersche, hannoversche, münstersche und holländische Truppen ist noch dadurch militärisch bemerkenswerth, weil sie von dem berühmten holländischen Ingenieur-General Cochorn geleitet wurde.

---

51) Die alten Werke erhielten dabei vielfach neue Benennungen, s. B. das Zollbastion: „drei Könige," das Stockenthorbastion „St. Maria," das Bastion Wilhelm „St. Joseph," das Bastion Camus „St. Clemens," das untere Rheinbastion „St. Michel." Die Ravelins haben alle ihre Namen geändert und die Contreegarde vor dem Bastion Cassius und Florentius findet sich auf den Plänen von 1702 als „St. Amour" bezeichnet. Pläne im Stadt-Archiv zu Bonn.

Anlage I.

Verzeichniss

der brandenburgischen Truppen, welche im März 1689
zu Felde commandirt worden.

Aus dem Königl. Geh. Staats-Archiv zu Berlin entnommen und mitgetheilt in v. Oelsnitz,
Geschichte des K. P. 1. Infant.-Reg.

	Comp.	Stärke M.	Prima-Plana **)	Ge-meine.	Köpfe.
A. Cavallerie*).					
Die Kurfürstl. Trabanten-Garde	3	—	54	398	452
Grands-Mousquetaires	4	—	131	283	414
Leib-Regiment	8	12	112	400	524
Regiment Kurprinz	8	12	112	400	524
„ Anhalt	8	12	112	400	524
„ Derfflinger	8	12	112	400	524
„ Du Hamel	8	12	112	400	524
„ Lüttwitz	8	12	112	400	524
„ Pr. Heinrich von Sachsen	8	12	112	400	524
„ Lethmathe	2	—	24	104	128
	65	84	993	3585	4662
B. Dragoner.					
Leib-Regiment	8	12	128	512	652
Regiment Derfflinger	8	12	128	512	652
„ Anspach — (Markgraf Friederich)	4	6	64	256	326
„ Sonsfeld	4	6	64	256	326
„ Perbandt	4	6	64	256	326
	28	42	448	1792	2282
C. Infanterie.					
Regiment Kurfürstl. Leibgarde	26	24	468	3250	3742
„ Gen.-Lieut. Graf Dönhoff	10	12	180	1250	1442
„ Gen.-Lieut. von Barfuss	10	12	180	1250	1442
„ Gen.-Maj. de Schomberg	10	12	180	1250	1442
„ Kurprinz ***)	5	12	90	625	727
„ Markgraf Philipp v. Brandenburg	5	12	90	625	727
„ Anhalt-Dessau	5	12	90	625	727
„ Derfflinger	5	12	90	625	727
„ Alt-Holstein	5	12	90	625	727
Latus	81	120	1458	10,125	11,708

*) Cuirassiere, welche damals allein unter der Bezeichnung „Cavallerie" verstanden wurden. Die Dragoner bildeten eine besondere Truppengattung.

**) Prima-Plana sind die auf dem „ersten Blatte" der Muster-Rolle verzeichneten Officiere, Unterofficiere Spielleute, Feldscheerer, Fahnenschmied, während die in Reih und Glied stehenden Gemeinen auf den folgenden Blättern aufgeführt sind.

***) Da die Regimenter zu 10 Compagnien in 2 Bataillonen formirt waren, so liegt die Vermuthung nahe, dass von den hier nur mit 5 Compagnien aufgeführten Regimentern das andere Bataillon entweder in den Garnisonen und Festungen zurückgeblieben war, oder, im Solde Hollands bei der Armee des Fürsten von Waldeck stand.

	Comp.	Stabs.	Prima-Plana	Ge-meine.	Köpfe.
Transport . .	81	120	1458	10,125	11,703
Regiment Spaen	5	12	90	625	727
„ Jung-Holstein	5	12	90	625	727
„ Briquemault	5	6	90	625	721
„ Zieten	5	12	90	625	727
„ Prinz Ferdinand von Kurland	5	12	90	625	727
„ Graf Dohna	5	6	90	625	721
„ Belling	5	6	90	625	721
„ Varenne	5	12	90	625	727
„ Lottum	5	12	90	625	727
„ de Cournaud	5	6	90	625	721
„ Piemonteser	1	—	—	143	143
Summa Infanterie . . .	132	216	2358	16,516	19,092
Dazu Cavallerie . . .	65	84	993	3585	4662
Dragoner	28	42	448	1792	2282
Total . . .	225	342	3799	21,895	26,036

Die Feldartillerie zählte 79 Geschütze mit 798 Mann und 926 Pferden.

Ordre de Bataille

von der verbundenen Armee am Niederrhein 1689.

General-Feldmarschall-Lieutenant von Schöning.

Gen.-Maj. v. Dalwig.	Gen.-Lt. Schwartz.	Gen.-Maj. Orf. Schomberg.	Herzog v. Holstein.	Gen.-Maj. Briquemault.	Gen.-Lieut. v. Barfuss.	Gen.-Major du Hamel.
2000 Pferde. Niederländer.	4000 M. Infanterie. Münstersche Truppen.	8 8 8 2 Comp. Lüttwitz. Lothmate. du Hamel. Derfflinger. 1000 Pferde Münster.	1 1 2 Bat. Schomberg. Spaen. Derfflinger.	2 1 1 1 Bat. Kurprinz. Mkgr. Philipp. Anhalt. Barfuss.	6 Bat Leibgarde.	8 8 8 8 8 Cp. Trab urde. Granduvauquet. Leib-Regiment. Kurprinz. Prinz Holstein. Anhalt.

General-Feldzeugmeister von Spaen.

Gen.-Maj. von Zieten.	Gen.-Maj. v. Heiden.	Gen. d. Cav. Meinhard Graf Schomberg.
8 Comp. Bat. Lottum. Cournaud. Briquemault. Sonsfeld-Dragoner. Derfling-Dragoner.	1 1 1 1 Bat. Zieten. Kurland. Dohna. Belling. Varenne.	2 1 4 4 8 Cp. Leib-R. Dragon. Mkgr. v. Anap. Verband. Bat. Holstein. Jung-Holstein. Dönhoff.

1. Comp. Piemonteser.
Oberst von Weiler.
Park von 79 Stücken. 798 Mann Artillerie und Knechte.

VI.

Beiträge zur Geschichte der Kurkölnischen Universität Bonn.

Von

Dr. C. Varrentrapp.

Diese Abhandlung erschien nebst zehn urkundlichen Beilagen (auf 59 Seiten) als Festgabe des Vereins von Alterthumsfreunden im Rheinlande zur 50jährigen Jubelfeier der Universität Bonn am 3. August d. J. Sowohl der Gegenstand der Abhandlung als die Tendenz vorliegender Beiträge, Bausteine zur Geschichte Bonns aus alten Zeiten zusammenzutragen, rechtfertigen den Wiederabdruck der erstern, unter Weglassung des urkundlichen Materials, hinsichtlich dessen wir auf die Jubelschrift selbst verweisen.

Am 6. Februar 1761, mitten im siebenjährigen Krieg, starb Kurfürst Klemens August von Köln. Dem reichen, prachtliebenden und verschwenderischen baierischen Prinzen folgte als Erzbischof von Köln wie als Bischof von Münster Graf Max Friedrich von Königsegg [1]), damals 53 Jahre alt, ein Mann, dessen Charakter nicht minder als seine äussere Stellung von dem seines Vorgängers in höchstem Grade verschieden war. Fehlten ihm die äusseren Mittel, dessen glänzendes Regiment in gleicher Weise fortzuführen, so durfte man erwarten, dass er auch innerlich weniger zu gleichem Leben sich hingezogen fühlte: er hatte als Dechant des Kölner Domcapitels durch leutseliges Wesen, vor Allem durch sanftes und bescheidenes Auftreten sich beliebt gemacht; man rühmte, dass er persönlich sittenstreng. Allerdings, es zeigte sich nur zu bald, dass Kraft und Energie seiner Natur mangelten; mehr und mehr zog er sich von den Geschäften zurück und überliess die Last derselben seinen Ministern; wie in Münster die eigentliche Regierung in den Händen des Domherrn Franz von Fürstenberg lag, so schaltete in Köln von Jahr zu Jahr unumschränkter der Freiherr von Belderbusch. Aber während unter Fürstenbergs einsichtigem und wahrhaft humanem Regiment das Bisthum Münster sich zu einer bis dahin nicht gekannten Blüthe erhob, fand man in Kurköln nur allzuviel Grund zur Klage über den Druck der eigenmächtigen und willkürlichen Verwaltung des Bonner Ministers, über das frivole und sittenlose Treiben des Bonner Hofes, in welches es gelungen den Kurfürsten selbst zu verwickeln. Doch wie sehr die Wege der beiden Minister von Max Friedrich auseinander gingen, in einer Beziehung ist eine Aehnlichkeit zwischen beiden nicht zu verkennen: „die Rückwirkung der Zeit Friedrichs des Grossen und Josephs II." macht eben damals sich auch in Kurköln bemerklich; wie in der Mehrzahl der weltlichen und geistlichen Territorien damaliger Zeit entschloss man sich auch hier zu Reformen. Und wie in Münster wandte man auch hier sein Hauptaugenmerk auf die Hebung des Erziehungswesens; in der That war eine Reform der niederen wie der höheren Unterrichtsanstalten auf das Dringendste geboten [2]). Das Wichtigste, was in dieser Beziehung geschah, war die Gründung der Bonner Akademie.

---

1) Ausser den bekannten Werken von Ennen, Häusser und Perthes vgl. für das Folgende: Mering, Die 4 letzten Kurfürsten von Köln. Aus dem Nachlass dieses eifrigen Sammlers für Kölnische Geschichte sind zwei Sammelbände von Flugschriften, Reden etc., die sich auf die beiden letzten Kölner Kurfürsten beziehen, in den Besitz von Hr. Geh. Rath Merissen in Köln gekommen, der mir die Benutzung derselben gütigst verstattet.

2) Vgl. u. A. das unten erwähnte 1783 von Max Friedrich erlassene Decret, sowie den abgedruckten Bericht des Akademieraths vom 21. September 1786. In einem an Meusel gerichteten Schreiben aus Bonn vom 28. Sept. 1784 heisst es: „Von der kläglichen Beschaffenheit der Dorfschulen muss ich Ihnen doch einige besondere Beispiele mittheilen. Zu Herzogsfreude ist eine Kapelle, die von einem Mönche bedient wird und der auch die Schule besorgen soll, aber herzlich schlecht katechisirt. Im Dörfchen Uekesdorf ist bei der dortigen Kapelle ein Beneficiat, der Messe liest, übrigens aber ein Stallausfeger, Buttermacher und Holzhacker ist. In Ippendorf

1

In Bonn war der Gymnasialunterricht in alter Zeit den Minoriten anvertraut; Kurfürst Max Heinrich übertrug an ihrer Statt denselben 1673 den Jesuiten. Gerade ein Jahrhundert später erfolgte, wie bekannt, die Auflösung des Jesuitenordens; am 16. August 1774 wurde die päbstliche Unterdrückungsbulle den Mitgliedern des Bonner Jesuitencollegiums mitgetheilt. Die Güter des Ordens beschloss die kurfürstliche Regierung zur Hebung des Unterrichts zu verwenden; wie schon Clemens August in Bonn Lehrstühle für Jurisprudenz und Philosophie errichtet hatte, wurden nun, bereits im September 1774, einige Lehrer aus allen Facultäten bei dem Bonner Gymnasium angestellt, und nachdem im J. 1777 der Fonds desselben durch einen mit der Stadt Köln über die Güter des dortigen Jesuitencollegs abgeschlossenen Vergleich ansehnlich vermehrt waren, in demselben Jahr das Ganze zu einer Akademie erhoben. Eine ausführliche Darlegung der Motive, welche zu ihrer Stiftung geführt, ist uns in einem interessanten Rescript von 1783 [1] erhalten. „Wir sahen", heisst es hier, „mit ernstlichem Blick auf die Beschaffenheit der Schulen unseres Erzstifts, wir vernahmen, dass die kleinen Trivialschulen, in welchen der Grundstein eines guten Christen und rechtschaffenen Bürgers bei der zarten Jugend gelegt und diese zu höheren Wissenschaften vorbereitet werden sollten, wo nicht ganz ausser Acht gelassen, doch in ihrer Einrichtung sehr mangelhaft waren; wir sahen ferner die höheren Schulen und Wissenschaften in unserem Erzstift und Staaten eingeschläfert und in der Gefahr ganz vernachlässigt zu werden. Wir erkannten, dass die Köllnischen Schulen jene Früchte nicht mehr hervorbrächten, welche man sich bei ihrer Einrichtung von ihnen versprach, wir fanden dieselben von ihrer ersteren Einrichtung entwichen. Durch die bis zum höchsten Missbrauch und schier äussersten Verderb eingerissenen Schulzänkereien wurden die vorzüglichsten, das Wohlsein unseres Erzstifts und Staates bezielende Lehren und Wissenschaften entweder ganz in den Schulen hintangesetzt oder doch ohne sonderbaren Nutzen nur obenhin abgehandelt. Wir sahen sie sich selbst überlassen, weil es ihnen an nöthiger Aufsicht fehlte und sie von unserer Einsicht und

wurde vor einigen Jahren durch den wahrhaft patriotisch denkenden Herrn Pfarrer Schlösser in Lengsdorff eine Schule eröffnet und ein armer, aber ziemlich geschickter Schulmeister dabei angestellt: er kannte aber wegen der grossen Armuth der Leute nicht lange daselbst bleiben." (Meusel, Histor. Litt. f. 1784 Bd. 2, 363). Und über die höchste Bildungsanstalt des Landes, die Kölner Universität äusserte 1777 ein Kölner Professor Dr. Menn: „Es waren Zeiten, wo sich unsere Vaterstadt das Athen am Rhein nennen durfte. — Aber warum musste doch unser Athen dem alten auch darin gleich werden, dass die Wissenschaften von ihm auswanderten und dieser ihr Wohnsitz in gänzlichen Verfall gerieth? Seit anderthalb Jahrhunderten zog sich ein immer trüberer Nebel um uns her, der auch sogar von dem im übrigen Europa mehr und mehr aufgehenden Licht keinen Strahl zu uns durchliess. Es verscheuchten wohl innerliche Unruhen oder Kriegsläufe die Musen eine Zeit lang von ihrem geliebten Wohnsitz; aber ist es nicht eine unverzeihliche Sache, dass hier statt einer vernünftigen Gelehrsamkeit die Sphynx jener räthselhaften abgezogenen und leeren Schulweisheit unter der Larve einer systematischen Philosophie sich vor das feiernde Heiligthum lagerte und es bisher gegen die Ansprüche der zurückkehrenden Wahrheit mit Vorurtheilen behauptete?" Bianco, Die alte Universität Köln, 1, 590. Vgl. Ennen, Zeitbilder S. 30 ff.

1) Dasselbe findet sich in dem Aktenfascikel: Einkünfte und Rechnungswesen der vormaligen Kurkölnischen Universität zu Bonn (Bonner Universitätsbibliothek S. 92 e. IV no. 2). Ueber die Einrichtung der Bonner Akademie liegen zwei sehr eingehende, leider nicht unterzeichnete Gutachten vor in dem Aktenfascikel: Vorschläge und Pläne zu der zu errichtenden kurfürstlichen Akademie zu Bonn (a. a. O. d. X n. 1 u. 2). Eben dort findet sich auch ein leider nicht datirter umfangreicher Reformvorschlag von Prof. Brewer.

zu erlassenden Verordnungen entzogen zu sein glaubten; wir erinnerten uns dabei jener ernsthaften und öfters wiederholten Bemühungen unseres Vorfahren Adolf[1]) und der ganzen Kölnischen Provinzialversammlung, welche gänzlich vereitelt worden. Ungeachtet der päbstlichen sowohl als unterschiedentlichen kaiserlichen, und zwar von izt regierender Allerhöchst-Kaiserlicher Majestät darüber erlassenen ruhmwürdigsten Verordnungen blieben doch dieselbigen bei ihrer vorigen Beschaffenheit ungeändert; wir sahen daher mit Grund vor, dass eben jene Hindernisse, welche so viele heilsame Verordnungen vereitelten, auch unsere Verwendungen in ihrem Ursprung ersticken würden. Wir vernahmen zu unserem Höchsten Missvergnügen vielfältige Klagen, dass Unterthanen unseres Landes und Zöglinge unseres Erzstifts, auch jene, welche genannten Schulen die nächsten waren, sich von selbigen entfernten, auf andere Universitäten, wo unserer Religion entgegenstehende Lehren und Sätze vorgetragen wurden, sich verfügten, um in jenen Wissenschaften, nicht ohne Gefahr ihrer einzigen und wahren Religion, sich zu üben, welche sie auf den Schulen unseres Erzstifts und Staaten nicht erlernen zu können, wegen Abgang nöthiger Einrichtung, vermeinten. Aus diesen wichtigsten, von uns genauest und öfters erwogenen, das Wohlsein unseres Erzstifts und Staaten sehr nahe betreffenden Ursachen haben wir uns entschlossen, dass wir zu unserer Residenzstadt Bonn unter unserer eigenen Höchstpersönlichen Aufsicht eine öffentliche Akademie im J. 1777 stifteten, welche als ein Generalstudium in unserem Erzstift und Staaten, und dessen Nutzen allgemein, auch für jene sein sollte, welche anderen Staaten zwar Bürger, aber unserer erzbischöflichen obristhirtlichen Obsorge von der göttlichen Vorsicht übertragen sind; wir ordneten ferner zu dem Ende einen ordentlichen Akademierath gnädigst an, dem wir die Obsorge und Verbesserung des ganzen Schulwesens, auch der kleineren Trivialschulen unseres Erzstifts und Staaten anvertrauten, weil wir sehnlichst wünschen, dass die zärtliche Jugend mit den Grundsätzen unserer christlichen Religion, guten Sitten, nöthigen und nützlichen Wissenschaften gleichfalls erwachsen, und alle der Kirche und Staaten nützliche Glieder und Bürger werden sollen."

Wir sehen, die neue Einrichtung sollte nicht minder den niederen wie den höheren Unterricht fördern; in der That widmete der genannte Akademierath auch den Trivialschulen seine Aufmerksamkeit; doch führten seine Bemühungen zu Lebzeiten von Max Friedrich, wie es scheint, zu keinem erheblichen Resultat[2]). Mehr geschah für die wissenschaftlichen Studien, die auf der Akademie selbst gepflegt wurden. Erfreulicher Weise sind uns von mehreren Jahren die Verzeichnisse der auf ihr gehaltenen Vorlesungen aufbewahrt[3]);

---

1) Die Bemühungen des Erzbischofs Adolf III (1546—1556) für Hebung des Unterrichts sind eingehend in einem früheren Abschnitt dieses Schreibens geschildert.

2) S. Bericht des Akademieraths an den Kurfürsten vom 2. Januar 1783 in dem S. IV, Anm. 2 citirten Aktenfascikel: Vorschläge und Pläne zu der zu errichtenden kurfürstlichen Akademie fol. 4.

3) Handschriftliche Verzeichnisse finden sich in dem Aktenfascikel: Lehrwesen und Lehrpläne von verschiedenen Jahren (Bonner Universitätsbibliothek S. 92 d. VI), gedruckte in einem Sammelband der Bonner Universitätsbibliothek Ab. 1227. Lectionskataloge der Akademie haben auch Meuser vorgelegen bei seinem Aufsatze: Zur Geschichte der kurfürstlichen Universität Bonn in Lersch's niederrheinischem Jahrbuch 1844, S. 86—163, der, soweit mir bekannt, bisher einzigen selbstständigen literarischen Bearbeitung, welche die Geschichte der alten Bonner Universität gefunden.

sie geben uns die Möglichkeit, uns ein Bild ihrer Thätigkeit zu entwerfen. Gehalten wurden die Vorlesungen in dem alten Jesuitencollegium in der Bonngasse, dem heutigen Gymnasialgebäude, alle Hauptfächer in öffentlichen Collegien gelehrt, die gratis gelesen wurden; doch erboten sich daneben die Professoren meist auch zu Privatvorlesungen und zu Repetitorien. Begonnen wurden die Vorlesungen stets Anfang November, geschlossen Ende September; an bestimmten Tagen fanden jährlich öffentliche Disputationen Statt. Neben dem Vortrag der heute auf der Universität gelehrten Wissenschaften ging ein Unterricht in Fächern her, die wir heute dem Gymnasium zuweisen. Wir begegnen in unseren Katalogen einem ziemlich bunten Gemisch von „philologischen Vorlesungen"; dabei ist rühmend die ausgedehnte Berücksichtigung hervorzuheben, welche die Pflege des Deutschen zugewandt worden, während leider die classischen Sprachen und namentlich das Griechische hier, wie später auf der Universität, arg vernachlässigt worden. Der theologische Unterricht lag in den Händen der Minoriten; die beiden Professoren, die in den ersten Jahren theologische Vorlesungen hielten, gehörten diesem Orden an, Marcellin Hoitmar und Sinnigen, und ebenso Justinian Schallmeyer [1], der 1782 an Sinnigens Stelle trat. Auch in der philosophischen Facultät finden wir neben dem Lieutenant Sandfort, der Mathematik lehrte, zwei Minoriten thätig, Elias van der Schüren [2] und Jochmaring [3]; ersterer las Logik, Psychologie, Geschichte der Philosophie, Naturrecht, letzterer Physik und Mathematik. Schlimm bestellt war es in den ersten Jahren mit der Medicin; ein einziger Professor, Franz Wilhelm Kauhlen [4], vertrat alle medicinischen Wissenschaften; er musste in den verschiedenen Jahren Anatomie, Physiologie, Chirurgie, Pathologie und gerichtliche Medicin vortragen. Die meisten Lehrer zählte die juristische Facultät; hier unterrichteten Peter Dünwald, Jacob Müller, Gottfried Moll [5], Hubert Brewer [6], Joseph Vitalian Lomberg [7]. Auch die hervor-

---

1) Aegidius Jakob Schallmeyer war am 31. Mai 1757 zu Eupen geboren, trat November 1774 in den Minoritenorden, erhielt damals den Namen Justinian, studirte seit 1776 in Bonn und wurde hier besonders Hedderichs Schüler. Vgl. Apollinar, Festgesang, als die kurfürstlich-kölnische Universität zu Bonn den sechsten Jahrgang ihrer Entstehung feierte, den 20. November 1791. Zum Anhang folgt: Ode auf die Einrichtung und Einweihung belobter Universität sammt einigen biographisch-literärischen Nachrichten. Diese Nachrichten sind unsere wichtigste Quelle über die Lebensschicksale mehrerer Bonner Professoren. Der Verf., ein Bonner Hofrath, dessen Dichtername Apollinar, stand in nahen Beziehungen zu den hervorragendsten unter ihnen, namentlich zu Dereser. (Vgl. die Einleitung zu dessen Rede über religiöse und papistische Toleranz S. 5 Anm. d.) Genanntes Werk ist neuerdings wieder abgedruckt im: Rheinischen Antiquarius, Mittelrhein, Abth. III Bd. XIV Lief. 1, 54—75.

2) v. der Schüren (Peter Joseph mit seinem Tauf-, Elias mit seinem Ordens-Namen) war den 13. März 1750 zu Aachen geboren, studirte zu Trier unter Hedderich, wurde dann Lehrer in Münster, 1777 nach Bonn berufen. Vgl. Apollinar a. a. O. S. 40.

3) Jochmaring, Johann Hermann, geb. 1750 zu Greven. E. Rassmann, Nachrichten über münsterländische Schriftsteller.

4) Franz Wilhelm Kauhlen, geb. zu Hemmerden am 27. Januar 1750, begann in Köln Theologie zu studiren, wandte sich dann aber schon dort zur Medicin und setzte diese seine medicinischen Studien in Duisburg und Strassburg fort, liess sich dann als praktischer Arzt in Bonn nieder, ward 1777 kurf. Hofrath, 1782 Oberarzt der hiesigen Kriegsbesatzung. Apollinar a. a. O. S. 37.

5) G. Moll geb. in der gräflich Salm-Dyklschen Unterherrschaft Alfter des Erzstifts Köln 1753 (Meusel Gelehrtes Deutschland V 10, 318) las besonders Criminal- und Lehenrecht.

6) Brewer 1744 in Bonn geb. las Pandekten, Prozess und bekleidete das Amt eines Fiskus der Akademie.

7) J. V. Lomberg geb. zu Bonn 1740 (Meusel a. a. O. V 4, 500) vertrat das Völker- und Staatsrecht.

ragendste und einflussreichste Persönlichkeit der Akademie gehörte dieser Facultät an, der Repräsentant des Kirchenrechts, Philipp Hedderich[1]). Er war am 7. November 1744 zu Bodenheim bei Mainz geboren, 15 Jahre alt in Köln in den Minoritenorden eingetreten und hatte dort auch seine theologischen und juristischen Studien begonnen. Erst 22 Jahre alt wurde er hier dann selbst als Lehrer der Theologie und des Kirchenrechts angestellt; 1771 kam er nach Trier. Die Jahre, die er in dieser Stadt verlebte, wurden für ihn von entscheidender Bedeutung; er trat hier in nahe Beziehungen zu Hontheim und suchte, als er 1774 nach Bonn berufen worden, auch dort für die Verbreitung febronianischer Ideen zu wirken. Durchaus in Uebereinstimmung mit dem leitenden Minister vertrat er in seinen Schriften wie auf dem Katheder jene freiere dem römischen Stuhl oppositionelle Richtung, die damals überall im katholischen Deutschland an Einfluss gewann und eben jetzt in Kurköln durch lang andauernde Streitigkeiten zwischen dem Nuntius und dem erzbischöflichen Hofe besonders genährt wurde. Hedderich selbst war ein äusserst fruchtbarer Schriftsteller von nicht geringer Belesenheit und Gelehrsamkeit; die Göttinger gelehrten Anzeigen nennen ihn einen „unserer gelehrtesten Kanonisten"; er war dabei offenbar ein Lehrer von entschiedenem pädagogischen Talent. Zwei seiner nachmaligen Collegen in Bonn, die beiden oben genannten Minoriten Schallmeyer und van der Schüren, waren durch ihn herangebildet; sie vertheidigten als Lehrer der Akademie mit ihm die gleiche Sache.

Begreiflich, dass eben diese Richtung der einflussreichsten Professoren — Hedderich bekleidete neben seinen anderen Aemtern auch den wichtigen Posten eines Censors — mannigfachen Anstoss erweckte, begreiflich, dass namentlich von Köln aus die Anstalt, in welcher man nicht bloss die Rivalin, sondern auch die Vertreterin einer entgegengesetzten wissenschaftlichen und kirchlichen Richtung sah, mit wenig freundlichen Augen betrachtet wurde[2]). Und nicht minder begreiflich, dass diese feindliche Gesinnung stieg, je bedeutender die Akademie sich entwickelte. Man hatte für deren Hebung Manches Seitens der kurfürstlichen Regierung gethan; im J. 1778 war verordnet worden, jeder Kurkölnische Jurist solle auf der Bonner Akademie studiren: immer aber fehlte es an dem Wichtigsten, an den nöthigen Lehrkräften. Diesem Grundübel wirksam abzuhelfen erliess am 22. Juni 1783 der Kurfürst ein Rescript[3]) an die einzelnen Mönchs-Klöster seines Territoriums; er erinnerte sie, wie seit alter Zeit die Pflege des Unterrichts als eine Hauptaufgabe der Klöster betrachtet worden, und kam endlich auf Grund einer dahin abzielenden ausführlichen historischen Erörterung zu dem Befehl: dass Ihr uns zwei würdige und zu jenem Fache der Wissenschaften, wohin wir dieselbe nach vorgehender Prüfung bestimmen werden, fähige und auf Euere Kosten dahier zu unterhaltende Geistliche aus Euerem Gotteshause innerhalb 4 Wochen nach Verkündigung dieses unseres gnädigsten Ausschreibens in Vorschlag bringen oder aber in ist bestimmter Zeit für Unterhalt der anstatt derselben anzustellenden Lehrer zu einem Beitrag gehorsamst erklären sollt. Gleichzeitig wurden die Nonnenklöster aufgefordert, sich ebenfalls binnen 4 Wochen zu einem ansehnlichen jährlichen Beitrag zur Unterstützung der Aka-

---

1) Vgl. Apollinar a. a. O. 26—52.

2) Schon im J. 1779 kam es zu einer Klage des Kölner Domkapitels gegen Hedderich, über welche uns eine Reihe von Akten erhalten sind in dem Aktenfascikel: Hedderich X (Bonner Universitätsbibl. S. 92 f. XI.)

3) S. S. IV Anm. 1.

demie bereit zu erklären. Gegen diese Verfügungen aber erhob man nun in Köln Ein-
sprache; ja der Kölner Magistrat wandte sich mit einer Klage an den Kaiser. Und auch
der Pabst, den Max Friedrich um eine Sanctionirung seiner Anordnung angegangen, erklärte sich mit derselben nichts weniger als einverstanden[1]. Er beklagte, dass der Kurfürst nicht früher seinen Rath eingeholt, er bedauerte, dass manchen Klöstern durch diese
Verordnung eine unbillige und zu schwere Last aufgebürdet wurde; vor Allem aber wandte
er sich in scharfen Worten gegen Heddcrich; solle er (der Pabst) die Akademie bestätigen, so
sei die Entfernung dieses Mannes die erste Bedingung[2].

Eine ganz andere, durchaus günstige Aufnahme fand dagegen das Vorgehen des Erzbischofs in Wien; man wünschte dort nur das Eine, der Kurfürst möge ausdrücklich erklären,
dass seine Verordnung nur auf diejenigen Klöster seiner Erzdiöcese sich beziehen solle,
welche auch seiner Landeshoheit untergeben, da in dem entgegengesetzten Fall leicht Streitigkeiten mit anderen Landesherrn zu fürchten seien; ein Wunsch, dem die Bonner Regierung
sofort in einem eigenen nach Wien gerichteten Schreiben nachkam. Schon am 19. September 1783 konnte der Agent des Kurfürsten in Wien seinem Hofe melden, die Sache der
gegen denselben beim Reichs-Hofrath Seitens des Kölner Magistrats angestrengten Klage
befinde sich in den besten Händen; in der That wurde im Januar 1784 der genannte Magistrat
abschlägig beschieden[3].

Bereits vorher hatten in Bonn die neuen durch das Rescript des Kurfürsten für die
Akademie erworbenen Lehrer ihre Thätigkeit begonnen. Die Kölner Klöster St. Pantaleon
und St. Martin, die Benedictinerabteien in Deutz und Brauweiler hatten je einen ihrer Angehörigen als Lehrer nach Bonn gesandt: Anselm Becker, Sebastian Scheben, Andreas Spitz
und Franz Cramer[4]; sie übernahmen die Professuren der Polemik, der Pastoral-Theologie,
der Kirchengeschichte und der Diplomatik. Dazu kamen zwei Carmeliter, Anastasius a S.
Rosa und Thaddäus a S. Adamo; ersterem wurde der Unterricht im Hebräischen, Chaldäi-
schen und der Exegese des alten Testamentes, letzterem das Griechische und die Exegese
des neuen Testamentes zugewiesen. Endlich ermöglichten die hingekommenen Geldbeiträge
auch die Anstellung neuer Lehrer in der medicinischen und juristischen Facultät; in jener traten neben Kaublen, der wie erwähnt bisher Jahre lang allein alle medicinischen Fächer vertreten hatten, jetzt Rougemont und Gynetti; für die juristische Facultät wurde H. G. W. Daniels

---

1) Das päbstliche Schreiben vom 30. August 1763 befindet sich auf der Bonner Universitätsbibliothek
S. 92 a.

2) Praeterea eam e anima adhibenda esset cautio, ut optimis instituendae academiae professoribus forent
instruetae, a quibus nimirum omnis sinistra doctrinae suspicio deberet, et eam id, quod summopere interest, a
Te Nobis praecipue fuisset referendum: ipse nihil attulisti quo nostram hanc sollicitudinem sublevares, quae tanto
magis Nos angit hoc tempore, quo ischia florere apud Te audimus Hedderich illum, cuius ejusmodi quaedam
sententiae theses-que pervulgatae sunt, ut facile intelligi valeat, plurimam inferri labem adolescentibus ab eo posse,
ut multo potius esset magisterio illos carere, quam talibus imbui disciplinis. Hinc agnoscis approbari Nobis nullo
modo posse academiam ullam, in qua vel canonicum jus vel aliam scientiam quamlibet ille profiteatur.

3) S. die Correspondenz des kurkölnischen Agenten in Wien Dietrich mit der Bonner Regierung in den
auf der Bonner Universitätsbibliothek S. 92 a. IX aufbewahrten Akten.

4) Ueber Schaben vgl. Apollinar a. a. O. 42, Anm.; über Cramer Seibertz, Westfälische Beiträge zur Deutschen Gesch. 1, 132 und Ersch und Grubers Encyclopädie I 20, 85.

gewonnen. Iu einer feierlichen Rede führte Hedderich am 11. November 1783 sämmtliche neue Professoren in ihr Amt ein; er forderte sie schliesslich zur Ablegung des Tridentinischen Glaubensbekenntnisses auf, beschwor sie stets desselben eingedenk zu sein, um den Endzweck der Akademie zu fördern, „der Religion und Kirche Blüthe und Stärkung" [1]).

Besonders der Gewinn von Daniels, Rougemont und dem Pater Thaddäus, oder wie er mit seinem Taufnamen hiess, Anton Dereser war für die Akademie von grösster Wichtigkeit; sie haben auf dieser und der aus ihr hervorgegangenen Universität eine sehr hervorragende Stellung eingenommen, beiden Anstalten wesentlich mit ihre Signatur gegeben. Alle drei standen damals noch in jugendlichem Alter: Daniels war 1754, Rougemont 1756, Dereser erst 1757 geboren; alle aber hatten sich bereits als Lehrer versucht; Daniels war daneben in praktischer Thätigkeit erprobt; er war schon 1780 von Max Friedrich als Hofgerichtsrath angestellt. War so Daniels, der in Köln geboren, dort auch studirt hatte, mit den Verhältnissen des kölnischen Landes bereits auf das Genaueste vertraut, so kam dagegen Dereser ein geborener Franke, der in Würzburg und Heidelberg studirt hatte, aus Heidelberg, wo er seit 1780 Lehrer der Philosophie und Theologie gewesen, Rougemont überhaupt nicht aus Deutschland, sondern aus Frankreich. Er war geboren in St. Domingo, studirte in Lyon und Paris, ward 1777 hier in die école practique aufgenommen, 1778 in dieser mit dem ersten Preise gekrönt und lehrte seitdem als Demonstrator der Anatomie zuerst in Paris und dann in Brest, bis er den Ruf nach Bonn erhielt[2]).

Durch die neu hinzugetretenen Lehrkräfte war die Akademie in den Stand gesetzt, eine wirklich bedeutsame Wirksamkeit zu entfalten: der Gedanke lag nahe, dieselbe dadurch zu steigern, dass ihr die Würde und Gerechtsame einer Universität beigelegt wurden. Und in der That schon im Anfang des Jahres 1784 sehen wir die Bonner Regierung mit Ausführung dieses Planes beschäftigt; am 13. März d. J. wandte sich der Kurfürst an den Kaiser mit der Mittheilung, „er habe zu mehrerer Aufnahme und unumstösslicher Befestigung seiner Akademie es für zuträglich und höchstnöthig erachtet, dieselbe beiliegendermassen in eine Universität umzuschaffen und zu erheben" und bat „zur Beförderung dieses gemeinnützigen Vorhabens die allergnädigste Bestätigung zu ertheilen". In der That wurde schon am 7. April das gewünschte kaiserliche Diplom ausgefertigt.

Noch ehe er dasselbe erhalten konnte, war aber am 15. April Erzbischof Max Friedrich gestorben. Durfte man erwarten, dass sein Nachfolger seiner Stiftung mit gleichem Eifer sich annähm?

Es war kein anderer, als der jüngste Bruder Joseph II., Max Franz [3]). Er war am 8. December 1756 geboren, damals also 27 Jahre alt. Von seinem Charakter hat uns sein Bruder Leopold in einem vertrauten Brief an Joseph II. ein interessantes, aber wenig schmeichelhaftes Bild ge-

---

1) Diese Rede erschien im Druck u. d. T.: Anni 1783 dies undecima novembris academica solemnia.

2) Vgl. über alle drei Apollinar 22, 32, 34; über Dereser ausserdem Felder, Gelehrtenlexicon der kathol. sehen Geistlichkeit 1,163 und Düntzer, Rheinische Provinzialblätter 1839, Bd. 142 ff.; über Daniels, Kampts, Jahrb. f. preuss. Gesetzgebung Bd. 29, S. 271—275 und Nekrolog der Deutschen V 1, 330.

3) S. ausser den S. III Anm. 1 citirten Quellen besonders die ihn betreffenden Stellen bei Arneth, Maria Theresia und Joseph II., die im Register Bd. III S. 291 verzeichnet sind.

8

zeichnet. Leopold rühmt seine gute Begabung, sein vortreffliches Gedächtniss, seine Höflichkeit und Gefälligkeit; aber als der Grundzug seines Wesens erscheint ihm eine geradezu staunenswerthe Indolenz. Max scheut nach ihm alles, was irgend geistige Anstrengung verursacht, jede geistige Arbeit, jedes ernste Gespräch, jede vernünftige Lectüre; misstrauisch gegen sich wie gegen alle Anderen liebt er es mit Leuten zu verkehren, denen er sich überlegen weiss; in den kleinen wie in den grossen Dingen des Lebens fehlt es ihm an jeder Initiative; es ist interessant und unterhaltend in dem Bericht zu lesen, bis zu welcher Vollendung der Erzherzog es in der Kunst gebracht, alles zu vermeiden, was ihn irgend geniren könnte. Er war 19 Jahre alt, als sein Bruder diese Schilderung von ihm entwarf; fünf Jahre später gelang es dem Geschicke der österreichischen Diplomatie seine Wahl zum Coadjutor von Max Friedrich in Köln und Münster durchzusetzen (1780, 7. u. 16. Aug.)[1]; in demselben Jahre wurde er auch zum Hochmeister des deutschen Ordens in Mergentheim gewählt. Es ist bekannt, dass Mozart, als er den Prinzen, den er 1775 zu Salzburg gesehen hatte, nach diesen Wahlen 1781 wieder traf, ihn in hohem Grade und wenig zu seinem Vortheil verändert fand; in der That scheint eine Veränderung seines Wesens vorgegangen zu sein, nur möchte ich sie eher als eine günstige bezeichnen; er war, scheint es, gesprächiger, freier, thätiger geworden, mehr bedacht, auch auf seine Umgebung zu wirken. Jedenfalls, als ihn nun der Tod von Max Friedrich auf den erzbischöflichen Stuhl von Köln berief, zeigte er in keiner Weise jene Indolenz und Passivität, die einst Leopold in Erstaunen versetzt; war er vielleicht auch mehr geschäftig als thätig, immer ist nicht zu leugnen, dass er namentlich in den ersten Jahren mit allem Eifer den Regierungsgeschäften sich widmete. Allerdings wie an geistiger Bedeutung so war er auch an Arbeitskraft seinen beiden ältesten Brüdern nicht vergleichbar; jenen ungestümen Trieb zu wirken und zu schaffen, der vor Allem Joseph charakterisirt, dessen schroffe Energie würde man bei ihm vergebens suchen. Auch in seinen kirchlichen und politischen Anschauungen war er von seinem kaiserlichen Bruder verschieden, um Vieles weniger leidenschaftlich und radical, durchaus festhaltend an den Lehrsätzen der katholischen Kirche, auf der anderen Seite aber nicht minder erfüllt von dem Bewusstsein seines Herrscherrechts, entschlossen, jeden gegen diesen Punkt gerichteten Angriff, käme er auch vom Pabste, entschieden zurückzuweisen, beseelt dabei von dem Wunsche, Wissenschaft und Aufklärung zu fördern. Ich habe hier nur kurz daran zu erinnern, dass eben in die ersten Jahre seiner Regierung der Kampf der deutschen Erzbischöfe für ihre von Rom bedrohte Jurisdiction und Selbstständigkeit, der Streit über die Nuntiatur, die Emser Punktation fällt; wir sehen den neuen Kölner Kurfürsten hier mit grösster Entschiedenheit für die Erhaltung und Erweiterung der erzbischöflichen Selbstständigkeit einstehen. In solcher Lage musste die Pflege und Weiterbildung der wissenschaftlichen Stiftung seines Vorgängers ihm besonders nahe liegen; in der That entwickelte er für sie von Anfang seiner Regierung an die eifrigste Thätigkeit.

Wir besitzen aus den Jahren 1784 und 1785 eine Reihe von Schreiben, die zwischen

---

1) S. Dohms ausführlichen Bericht in den Denkwürdigkeiten meiner Zeit 1, 295 ff. Hocherfreut über diese Wahl ihres Sohnes war besonders Maria Theresia; s. die Auszüge aus ihren Briefen an Maria Christine bei Adam Wolf, Marie Christine 165.

ihm und dem Akademierath gewechselt worden[1]): in ganz anderer Weise energisch wurde aber die Vollendung der Universitätsstiftung in Angriff genommen, seit durch Patent vom 26. Juli 1786[2]) Franz Wilhelm Freiherr Spiegel zu Diesenberg zum Präsidenten der Akademie und Vorsitzenden des Akademieraths ernannt war. Es kam damit an die Spitze der Anstalt der Mann, welcher, wie die Akten zeigen, recht eigentlich die Seele des Ganzen geworden. Spiegel[3]) war den 30. Januar 1752 zu Canstein geboren, der älteste Sohn des Freiherrn Theodor Hermann, Landdrosten in Westfalen, der älteste Bruder des späteren Erzbischofs von Köln[4]). Er studirte in Löwen und Göttingen, trieb hier juristische historische und philosophische Studien, hörte bei Pütter und G. L. Böhmer, bei Heyne und Schlözer. Nach Vollendung dieser Universitätszeit wurde er am Hofrathscollegium in Bonn angestellt: hier entschloss er sich, dem geistlichen Stand sich zu widmen und wurde Domherr in Münster und Hildesheim. Als solcher unternahm er eine Reise nach Rom; heimgekehrt wurde er nach dem Tode seines Vaters (1779) dessen Nachfolger als Landdrost von Westfalen. Er sorgte hier für gute Polizei- und Justizpflege, wie für Verbesserung der Unterrichtsanstalten; Verdienste, welche er sich in dieser Stellung erwarb, bewirkten, dass Max Franz ihn bald nach seinem Regierungsantritt zum Geh. Extraconferential-Regierungsrath ernannte, ihm das Präsidium der Hofkammer und die Direction des Hofbauwesens übertrug. So war er durch vielseitige Studien, durch mannigfache Thätigkeit gebildet, er hatte bereits ein entschiedenes organisatorisches Talent an den Tag gelegt, als er nun 34 Jahre alt die Leitung der Akademie übernahm.

Seine Thätigkeit machte sich sofort geltend; der Akademierath[5]) unterbreitete am 23. September 1786 dem Kurfürsten einen ausführlichen Entwurf über die Festlichkeiten, welche die Einweihung der Universität verherrlichen sollten, sowie über die Einrichtung der neuen Anstalt, besonders über die Ertheilung akademischer Würden und Ehrenstellen; er übersandte an demselben Tag den genau ausgearbeiteten Vorschlag einer Studienordnung. Beide in un-

---

1) Sie beziehen sich u. A. auch auf das Lehrerpersonal. Im J. 1785 erhielt Hedderich einen vortheilhaften Ruf nach Mainz; seine Entlassung war bereits ausgefertigt; er liess sich dann aber doch zum Bleiben bewegen. Dagegen schieden die Lehrer Crevelt und Schönebeck, die 1784/85 Materia Medica und Botanik vorgetragen hatten, in dem folgenden Jahre wieder aus, „da der wenige Zulauf, den ihre diesjährigen Collegien gehabt haben, dieselben auch ganz entbehrlich macht".

2) S. das Aktenfascikel: Vorstand und Verwaltung der Akademie, Bonner Universitätsbibl. S. 93 e V fol. 821.

3) Vgl. den auf Mittheilungen des Amtmanns Philippi zu Canstein basirten Aufsatz von Selberts, Westfälische Beiträge zur Deutschen Geschichte 2, 147.

4) Vgl. den Stammbaum des Geschlechts Spiegel-Desenberg bei Fahne, die Herren und Freiherrn von Hövel 1, 173.

5) Ueber das Folgende, die Inauguration der Universität und die Vorbereitungen zu derselben vgl. die offizielle, nach einer Angabe von Dereser verfasste Schrift: Entstehungs- und Einweihungsgeschichte der Kurkölnischen Universität zu Bonn. Kl. Fol. 79. S. Bonn, Abshoven. Dieses Werk ist neuerdings fast ganz wieder abgedruckt im Rheinischen Antiquarius, Mittelrhein, Abth. 3 Bd. 14 Lfg. 1, S. 4—54. Wichtiger sind die auf der Bonner Universitätsbibliothek S. 92 b II u. III aufbewahrten Akten und vor Allem die „Akten zur Inauguration der Universität", die früher im Besitz des H. Steuerempfänger Manger in Siegburg von diesem in liberalster Weise an den seitigen Rector der Bonner Universität, H. Prof. von Sybel überliefert sind. Letzterem verdanke ich die gütige Mittheilung derselben; er hat mir dadurch den ersten Anlass zu der Bearbeitung vorliegender Schrift gegeben.

serer Schrift zum ersten Male mitgetheilten Aktenstücke geben wie mir scheint zusammmenge-
nommen mit den Bemerkungen, die der Kurfürst zu denselben gemacht, ein sehr gutes Bild
von dem Geiste, welcher die Gründer der neuen Universität erfüllte; ich mache besonders
aufmerksam auf die Bestimmung, dass, natürlich die theologische Facultät ausgenommen, Religion Niemanden von der Erlangung der Licentiaten- und Doctor-Würde ausschliessen sollte.
Die Würde eines Kanzlers der Universität behielt sich der Kurfürst selbst vor; die oberste
Leitung derselben wurde den Händen eines Curators und Rectors anvertraut. Erstere Stelle
erhielt Spiegel; der Rector sollte jährlich gewählt werden; für das erste Jahr wurde zu diesem Amte der Director der unteren Klassen, Bonifacius Oberthür[1]), designirt[2]). Beide sollten die Polizei der Universität leiten, „so lang als die Sache nicht fiscal oder criminal wird";
alsdann sollte sie „an die Juristenfakultät gebracht werden, wo der Curator und Rector nebst
den Decanen, zwei älteren Professoren der Juristenfakultät und der advocatus fisci die Sache
weiter verhandeln. Auch „die Oeconomica, welche bisher bei dem Akademierath verhandelt
sind, sollten in der Folge von dem Curator und Rector mit Beisitz des hierzu von den wirklichen Hofkammerräthen zu ernennenden Geh.-Rath Coels besorgt werden"[3]). Dem Curator
war ausserdem die Leitung einer für das Bonner Gymnasium und alle Schulen des Landes
einzusetzenden Schuldirection übertragen, sowie das Präsidium des Medicinalraths, der, gebildet aus sämmtlichen Professoren der medicinischen Fakultät die Ordnung der Medicinalpolizei wahrnehmen sollte[4]).
Aber es galt nicht bloss, die akademischen Behörden, die Examina, den Gang der Studien zu ordnen, es galt daneben auch sehr materielle Fragen zu regeln, u. A. Wohnungen
für die vermuthlich in grösserer Zahl eintreffenden Studenten zu beschaffen. Die Einwohner
von Bonn, welche solche zu vermiethen bereit seien, wurden aufgefordert, Anmeldungen zu
machen; am 4. November konnte in Folge dessen publicirt werden, dass „dermal zureichende
Quartiere und Kosthäuser für die auf hiesiger Universität studiren wollende Candidaten zu
verschiedenen Preisen ausfindig gemacht worden. Die Preise sind für eine gute Mittags-
und Abends-Kost sammt Bier, für Frühstück, Heizung, Licht und ein möblirtes Zimmer von
12, 11, 10 und 9 Rthlr. per Monat — für Mittags- und Abendkost sammt Bier, ohne Logis,
von 9 Rthlr., von einer Carolin und von 5 Rthlr. per Monat — für Mittagskost allein von 6 Rthlr.
von 5½ Rthlr. und von 3 Rthlr. 20 Stüber per Monat. Die Mittagskost besteht in Suppe,
Gemüse und Beilage, Rindfleisch, Ragout oder Braten, die Abendkost in Suppe oder Salat

---

1) B. Oberthür, ein Bruder des berühmten Würzburger Theologen Franz O., geb. zu Würzburg 27. Sept.
1749, nach Auflösung der Bonner Universität im Stift Haug zu Würzburg Pfarrer, starb 2. Oktober 1804. Meusel,
Gelehrtes Deutschland V 5, 473 und 11, 583.

2) Die beiden folgenden Jahre war Hedderich Rector, 1789/90 Kauhlen, 1790/91 v. der Schüren, 1791/92
Behohen; der letzte Rector der Universität war Moll.

3) Kurfürstliches Statut vom 4. Oktober in den Akten der Inauguration.

4) „Dieser hat die in die Medicinalpolizei einschlagenden Geschäfte zu besorgen, in Fällen aber, wo Stra-
fen zu erlassen sind, wird ihm nur die Untersuchung des Facti überlassen und sobald daraus die Nothwendigkeit
einer Ahndung erhellt, soll die causa instructa cum voto unserem Kurf. Hofrathe zu fernerer Ausführung überlassen werden, wohin wir die Verfügung wollen ergehen lassen, damit auf Ansuchen der Medicinischen Fakultät
solche Sachen ungesäumt von demselben vorgenommen werden." Aus dem in vor. Anm. citirten Aktenstück.

mit kaltem Fleisch, sodann noch einer Fleischspeise. Quartiere allein, mit und ohne Heizung, und nothdürftig ausmeublirt sind auch jetzt um geringere Preise als vorhin zu haben"[1]). Und neben den Wohnungen für die Studenten handelte es sich darum Quartiere für die Ehrengäste zu finden, die zu der Einweihungsfeierlichkeit geladen waren, um Wagen[2]), die bei den Festlichkeiten benutzt werden konnten; in verschiedene Zeitungen wurde ein Programm des Festes und eine Ankündigung der Universität eingerückt, an die nicht eingeladenen auswärtigen Universitäten wurde ein Notificationsschreiben[3]) geschickt (um Absendung von Deputationen hatte man nur Bamberg, Heidelberg, Köln, Mainz, Münster, Trier, Würzburg ersucht): die uns erhaltenen Akten zeigen, wie all dies die Professoren und vor Allem den Kurfürsten und Spiegel beschäftigte.

Unter ihren Bemühungen und Anordnungen waren endlich die Tage herangekommen, an denen die feierliche Inauguration der Universität Statt finden sollte. Man hatte als Hauptfesttag ursprünglich den 5. November in Aussicht genommen, sich dann aber für Montag den 20. November entschieden. Das Fest verlief, wie das Bönnische Intelligenzblatt berichtet, "über alle Maassen prächtig und herrlich und zur höchsten Zufriedenheit Sr. Kurfürstlichen Durchlaucht". Er selbst leitete am Montage den Inaugurationsakt durch eine Rede ein, der dann zwei Reden Spiegels und Oberthürs und die Leistung des Amtseides Seitens des Rectors und der Professoren folgte; Mittags war Hoftafel von 90 Gedecken, zu welcher die einheimischen und fremden Professoren geladen waren, Abends grosses Concert; "nachher" heisst es in der officiellen Schilderung des Festes, "ward wie Mittags bei Hofe gespeist und aus der Hippokrene unseres Apolls strömten jedesmal ausländische und einheimische Weine jeder Gattung für die Musen". Die folgenden beiden Tage waren hauptsächlich Disputationen und Promotionen gewidmet; am Abend des Dienstags fand ein Ball im Englischen Hause Statt[4]); an demselben Abend bezeugte die Stadt durch eine grossartige Illumination ihre Theilnahme[5]). Auf Kosten des Stadtraths war nach dem Plane von Professor Sandfort auf

---

1) S. Bönnisches Intelligenzblatt Jahrg. 1786, S. 185 und 189. Auch abgedruckt bei Meuser Niederrh. Jahrb. 1844 S. 172.

2) Eben damals im November 1786 erhielt Bonn eine neue Droschkenordnung. An der Spitze des Bönnl. schen Intelligenzblatt vom 14. Nov. 1786 finden wir folgende Bekanntmachung: "S. Kurf. Durchlaucht haben zu Bequemlichkeit des hiesigen Publikums gnädigst gutgefunden, für die in hiesiger Hochstdero Residenzstadt Bonn befindlichen Lohnwagen nachstehende Taxe einstweilen festsetzen zu lassen: Für den Gebrauch eines Lohnwagens auf einen ganzen Tag bis Abends 11 Uhr 2 Rthlr., auf einen halben Tag 1 Rthlr. 20 Stüber, auf eine einfache Hinfahrt 20 Stüber, auf eine Hin- und Rückfahrt 40 Stbr. Zu Haltung sothaner Lohnwagen haben Se. Kurf. Durchlaucht dem Posthalter Paull die höchste Erlaubniss dergestalt verliehen, dass solche dem hiesigen Kurf. Posthause immerhin anklebig sein solle; auch haben vor der Hand zu ebenfallsiger Haltung derselben die hiesigen Haaderer Lauten, Radermacher, Levenberg, Ahrens und Neubauer sich erboten".

3) Dasselbe ist eingerückt in den ersten Bericht des Akademieraths vom 23. Septbr. Die Antworten darauf finden sich: Einweihungsgesch. 26—34 und 79.

4) Die Liste der Personen, an die Ballbillets auszutheilen, findet sich in den Akten der Inauguration.

5) Ueber die Theilnahme der Stadt an dem Feste finden sich die genauesten Nachrichten in den Rathsprotokollen, deren Benutzung mir gütigst von H. Oberbürgermeister Kaufmann verstattet worden. Abbildung und Beschreibung der Ehrenpforte liefert die Einweihungsgeschichte.

dem Markte eine grosse Ehrenpforte aufgerichtet, geschmückt mit lateinischen und deutschen Inschriften, die Prof. Lomberg verfasst.

Uns interessiren von den Feierlichkeiten am Meisten die dabei gehaltenen Reden[1]), weil sie den Geist charakterisiren, in welchem die Universität gegründet worden. Der Kurfürst pries in seiner Rede „Joseph, der die Menschen und den Nutzen der Aufklärung zu schätzen weiss"; an die einzelnen Facultäten wandte er sich mit folgenden Worten: „Ihr, sagte er, denen die so wichtigen göttlichen Wissenschaften anvertraut sind, werdet keine Mühe sparen tüchtige Theologen, nicht Grübler, sondern gründlich Denkende, nicht Neuerungssüchtige, sondern Gläubige, nicht Heuchler, sondern Ueberzeugte, nicht Verfolger, sondern Belehrer, nicht stolze, sondern sanftmüthige, nicht träge, sondern emsige, mit thätiger Nächstenliebe beseelte Geistliche zu bilden. Ihr Rechtslehrer müsset Euch bestreben, durch wahre Beibringung des Sinnes und des Zweckes der Gesetzgebung gute Rechtsgelehrte zu bilden, sofort dem Kandidaten den Stand eines Rechtsfreundes, eines Richters und dessen verschiedene Pflichten begreiflich zu machen, damit sie erkennen, wie wichtig, wie nützlich solche Aemter seien und wie sie sich dereinst beeifern sollen, ihnen die unparteilichste, die schleunigste Justiz zu verschaffen. Und Ihr, die Ihr Euch die Heilkunde des Menschen zur Beschäftigung machet, suchet die Natur des Menschen und ihre Heilmittel ganz zu ergründen; denn nur durch die Kenntniss derselben werdet ihr gute Land- und Wundärzte bilden können. Sehet zurück zu Eurer Aneiferung auf die grosse Zahl Menschen, die Eurer Hilfe bedarf, und wie viele unglückliche Wittwen und Waisen der Mangel an derlei Leuten hervorgebracht hat. Lasst in dem Herzen Eurer Schüler das Gefühl des Wohlthuns und der Nächstenliebe entstehen, welches allein fähig ist, sie wahrhaft glücklich zu machen. Was soll ich zu Euch sagen, Ihr Weltweisen, die Ihr den Menschen mit sich selbst bekannt macht und zu allen anderen Kenntnissen vorbereitet. Ihr habet die Jünglinge unter Euren Händen, gerade in der Zeit, wo sich ihre Talente am Meisten entwickeln. Ihr lehret sie denken: das ist das Entscheidende des Menschen. Sie gottesfürchtig, edel, gehorsam, tugendhaft, redlich und für den Nächsten gefühlvoll denken lehren, sei Eure erste Pflicht. Den Menschen seine selbstige Seelenkraft, sein Verhältniss mit Andern, seine Schuldigkeiten und die Wege zum wahren dauerhaften Vergnügen kennen zu machen, ihn endlich zu lehren, wie er seine Gedanken ordnen und daher bestimmt und überweisend ausdrücken soll, sei Euer Lieblingsgeschäft. Dann werdet Ihr die Jünglinge denken, Ihr werdet sie richtig schliessen gelehrt haben, wodurch der Mensch allein gebildet und befähiget wird, sich Seele, Körper und Vermögen zu erhalten und gegen die verschiedenen in diesem Leben vorfallenden Angriffe zu schützen". Wesentlich gleiche Anschauungen finden wir in Spiegels Rede ausgeprägt, der einen kurzen Ueberblick über die bisherige Geschichte der Kölnischen Schulanstalten gab. „Der Himmel", sagt er zum Schluss, „hat uns unter allen Völkern Deutschlands vorzüglich beschenkt. Die Natur ist in den Abwechslungen ihrer Produkte sowohl als in deren Werth gegen uns gleichfalls verschwenderisch gewesen. Nutzen werden uns diese Reichthümer

---

1) Die bei dem Fest erschienenen Schriften finden sich in unserem Verzeichniss der von Mitgliedern der Bonner Universität verfassten Schriften. Sämmtliche Reden sind abgedruckt in der Einweihungsgeschichte, die Reden des Kurfürsten und Spiegels im Journal von und für Deutschland 1787, Bd. I, S. 166.

nichts, nie können sie unter unsern Händen gedeihen, werden uns nie zu dem Grade der Wohlfahrt führen, dessen wir fähig sind, wenn wir sie nach ihrer Bestimmung zu gebrauchen nicht gelehrt werden, wenn sich nicht von den höheren bis auf die unterste Classe der Staatseinwohner der Satz zur Evidenz verbreitet und die Wahrheit davon gefühlt wird, dass der Zweck des Allerhöchsten die Vervollkommnung Unserer und alles, was uns hienieden umgiebt, ist, dass die Absicht des Allweisesten nie erreicht wird, wenn wir von dem bisherigen Gebrauche der Dinge auf die Unmöglichkeit eines verbesserten Gebrauches schliessen". Und zu Ansichten, wie sie hier von dem Kanzler und Curator der Universität vorgetragen, bekannten sich bei den an den folgenden Tagen Statt findenden 'Disputationen auch die hervorragendsten Professoren; am interessantesten ist die von Dereser gehaltene Vorrede zur theologischen Disputation. „Wenn die Gottesgelehrtheit des Katholiken", so begann er, „diese unserem philosophischen Jahrhundert so gehässige Wissenschaft, ihren verdienten Werth erhalten soll, so muss sie auf Hermeneutik gegründet, mit Geschichte verbunden und in der Volksprache vorgetragen werden. Die Hermeneutik, von orientalischer Sprachkenntniss geleitet, führt den Theologen an die Quelle der Offenbarung, macht ihm die ältesten Urkunden der heiligsten Religion verständlich und zeigt, was eigentlich die redende Gottheit von dem Menschen fordere, was er nach ihren Aussprüchen zu glauben, und wie er nach ihrem Willen zu handeln habe. Die Geschichte, kritisch behandelt, stürzet den Götzen des Ansehens, zertrümmert die Fessel knechtischer Anbeter des Alterthums und bringt die goldene Freiheit im Denken zurück, da sie mit forschenden Blicken auffallende Fehler in den Systemen solcher Väter entdecket, deren einziger Name sonst hinlänglich war, Sätze zu beweisen, Sätze zu widerlegen. Der reine, gutgewählte Vortrag in der Volksprache verbannt von akademischen Lehrstühlen eine Menge unnützer Schulfragen, für welche, weil sie an Begriffen leer sind, in lebenden Sprachen sich keine Ausdrücke finden, bringt Folianten von untheologischem Wortkram auf wenige zum Wohl der Menschheit abzweckende Wahrheiten und stellt echte Gottesgelehrtheit, die weltbeglückende Tochter des Himmels in einem Gewande dar, worin sie jeder Sterbliche zur inneren Beruhigung willig umarmt". Dereser vertheidigte dann eine Schrift über die Geschichte des H. Jonas. Ein Opponent führte an, dass einige hier aufgestellte Sätze, welche auch Isenbiehl gelehrt, zu Mainz verdammt wären. Dereser erwiderte, man hätte sie widerlegen, nicht verdammen sollen; jenes sei schwerer aber nützlicher als dieses. Man sah, heisst es in einem an Nicolai gerichteten Brief[1], dem Kurfürsten an, dass er diese freimüthige, echt christliche Aeusserung billigte.

Ich habe es für nothwendig gehalten, ausführlicher die Gründung der Universität, soweit thunlich, die Personen und Verhältnisse zu schildern, die für dieselbe von besonderer Bedeutung geworden; es ist nicht die Absicht dieser Blätter eine erschöpfende Geschichte der Universität zu liefern. Zu einer solchen würde nur berufen sein, wer über die wissenschaftlichen Leistungen ihrer bedeutendsten Professoren als Fachmann zu urtheilen im Stande; ich erachtete es für meine Aufgabe vor Allem und zunächst das Material zusammen zu bringen, auf welches vornehmlich eine solche zu basiren. Die wichtigsten der mir zu Gebote gestandenen Materialien sind unten abgedruckt; sie geben, irre ich nicht, die Möglichkeit

---

1) Dieser auch sonst interessante Bericht ist abgedruckt: Allg. Deutsche Bibliothek Bd.71, 201-203.

an die Hand, wenigstens über die wichtigsten Punkte eine zutreffende Vorstellung zu gewinnen. Zusammenzustellen, was zu ihrem besserem Verständniss dienen könnte, darauf gestützt die eigenthümliche Bedeutung unserer Anstalt hervorzuheben, ist der Zweck dieser einleitenden Bemerkungen. Von diesem Gesichtspunkt aus wird es begreiflich erscheinen, dass ich glaubte mich in dem Folgenden kürzer als in den vorausgeschickten Bemerkungen fassen zu sollen.

Ueber das Bedeutendste, den auf der Universität herrschenden Geist lassen die Vorgänge bei ihrer Gründung keinen Zweifel zu: er tritt nicht minder auch in dem weiteren Verlaufe ihrer Geschichte zu Tage. Von besonderem Interesse sind eben in dieser Beziehung die Reden Spiegels, die er in jedem Jahre bei Einführung des neuen Rectors in sein Amt hielt[1]; 1788 sprach er bei dieser Gelegenheit über den Nutzen der Aufklärung[2]. Er halte es nicht für überflüssig, sagte er, eben dieses Thema zu behandeln; „denn von jeher gibt es Menschen, deren Interesse mit der Dummheit der Uebrigen unmittelbar verbunden ist; diese müssen wenigstens das Hellwerden nur immer zu verhindern, sich zum Ziel setzen. Je grösser das Licht wird, welches sich unter den Menschen verbreitet, desto stärker werden die von den Stupiditäts-Beförderern entgegengestellten Kräfte sein. Eine ihrer Hauptmaximen, wodurch sie ihre Absicht zu erreichen suchen, ist, den aus Aufruhr der Unterthanen entstandenen Zerfall eines Staats als Folge der dort allgemein gewordenen Kultur des menschlichen Verstandes vorzustellen, und da sie zur Begründung ihrer Behauptungen einen ganz unrichtigen Begriff von der Aufklärung selbst zum Grunde zu legen pflegen, so muss ihnen bei Vielen, deren Werk mehr glauben als forschen ist, der Sieg gewiss sein". Er gibt darauf selbst eine ausführliche Definition des wahren Begriffes der Aufklärung und kommt zu dem Schlusse, dass sie „nicht allein unschädlich sei, sondern vielmehr nothwendig, und je allgemeiner sie wird, desto sicherer erreichen wir das Ziel unseres Hierseins, das ist Glückseligkeit". Nicht minder charakteristisch sind die Schriften einiger der hervorragendsten Professoren; eben im ersten Jahre der neuen Universität betheiligten sich an dem Kampf der deutschen Erzbischöfe mit Rom Hedderich und Lomberg durch mehrere Flugschriften; unter dem Pseudonym Arminius Seld schrieb Ersterer über die Geschichte der Nuntien. Es ist nicht zu verwundern, dass eine solche Haltung einflussreicher Persönlichkeiten der neuen Universität die principiellen Gegner derselben nicht eben versöhnlicher stimmte. Das Kölner Domcapitel hatte sofort, nachdem ihm der Kurfürst seinen Entschluss der Gründung der Universität mitgetheilt, seine Bedenken nicht verhehlt; es hatte der ihm gewordenen Einladung Folge leistend Deputirte zu den Einweihungsfeierlichkeiten geschickt; als ihm aber wie allen an-

---

1) Seine 1767 gehaltene Rede ist abgedruckt in der Berlinischen Monatsschrift, herausgegeben von Gedike und Biester 12, 326. „Wir zweifeln nicht", schreibt die Redaction, „dass auch unsere Lahre mit Vergnügen die richtigen und edlen Grundsätze der Erziehung, die in derselben herrschen, bemerken werden". Es liegen mir ausserdem die 1788 und 1790 gehaltenen Reden vor.

2) Gegen diese Rede erschien: Cornelius Agrippa von Verulamio apokalyptische Noten über die Einführungsrede des Freiherrn von Spiegel. 8. 83 S. Es wird hier S. 51 ein charakteristischer Auszug aus der 1787 erschienenen Schrift gegeben: Wer sind die Aufklärer? beantwortet nach dem ganzen Alphabet; er beginnt: Autheren abscheuliche ausgeschämte Ablassbestürmer Affen Aergernissstifter. B. Betrüger berufsmässige, Blinde. C. Christenthumsstörer, Cölibatsstürmer, Cerimoniendiebe, Censurverachter. D. Despoten, Deisten, Dummköpfe u. s. w. das ganze Alphabet hindurch.

deren Theilnehmern an dem Foste mehrere Exemplare der officiellen Beschreibung desselben übersandt wurden, schickte der Syndikus des Capitels Bollich, dieselbe zurück, mit folgendem lakonischen Schreiben: Die von Euer Hochedelgeboren an mich adressirte Abdrucke der Entstehungsgeschichte der hiesigen Universität sind nicht angenohmen, sondern auff besonderen Befehl all solche Abdrucke abrucksenden soll, wesselbigen Auftrags dann mich andurch gehorsamst entledige [1]). Irgend einen Grund für solch ungewöhnlichen Verfahren erachtete er nicht für passend beizufügen. Die Kölner Universität war ebenfalls eingeladen Deputirte zu der Inauguration zu schicken, hatte aber abgeschrieben; wegen des Semesteranfangs könne kein Lehrer nach Bonn entsandt werden. Und es blieb nicht bei diesem harmlosen Symptome einer wenig freundlichen Gesinnung gegen die neue Anstalt; es kam vielmehr so weit, dass 1789 der Erzbischof publicirte, er habe wegen der Halsstarrigkeit und des unanständigen gegen ihn bezeigten Betragens der stadtkölnischen Universität sich bewogen gefunden, denjenigen, welche nach Ablaufung des beendenden Schul-Curses a prima novembris anzufangen auf besagter stadtkölnischer Universität der Theologie, Jurisprudenz und Medicin sich widmeten und denen desfallsigen öffentlichen oder Privatvorlesungen beiwohnen werden, den Zutritt zu allen öffentlichen geistlichen und weltlichen Aemtern in den Kurkölnischen Landen zu versagen. Natürlich schärfte diese Verordnung den Gegensatz zwischen Köln und Bonn noch mehr; unter dem 20. Januar 1790 übersandte das Domcapitel dem Kurfürsten eine Klageschrift gegen mehrere Bonner Professoren, Hedderich, Dereser und van der Schüren; auch Spiegels bei Inauguration der Universität gehaltene Rede wurde hier wegen eines Satzes über Erzbischof Hermann von Wied angegriffen. Der Erzbischof forderte die Beklagten auf sich zu rechtfertigen; am 4. März übersandte ihm Spiegel ein Schreiben, das sein eigenes Verfahren rechtfertigte und dem die Vertheidigungsschreiben der drei beklagten Professoren beigefügt waren [2]). Von besonderem Interesse ist auch hier wieder Deresers Erklärung. „Die alte Religion", heisst es hier u. A., „muss freilich bleiben und beibehalten werden, aber wie ihre Feinde die Waffen ändern, so müssen es auch ihre Vertheidiger thun. Man hat dieses wohl tausendmal den Schultheologen vorgepredigt und doch bleiben sie, aller vernünftigen Vorstellungen ungeachtet bei ihrem alten finstern Wesen und fügen durch ihre falsche sogenannte Orthodoxie der wahren Religion den grössten Schaden zu. Dass dies Alles sich nicht vom Hochw. Domcapitel sagen lasse, versteht sich von selbst." Eingehend weist er vor Allem den Vorwurf zurück, dass er die H. Schrift durch seine Auslegung lächerlich gemacht haben sollte; er bittet das Domcapitel, seine Schriften zu lesen, ehe es dieselbe tadle und sich nicht durch Gerüchte bestimmen zu lassen, „die man geflissentlich in Köln ausstreut, um die hiesige Universität gehässig zu machen. Schriebe ich nichts, so würde man sagen, was thun die Theologen in Bonn mehr als die in Köln? Was nützt Eure Universität? Jetzt da ich schreibe und durch meine Schriften den Beifall des gelehr-

---

1) Dieses Schreiben wie die anderen diese Sache betreffenden Aktenstücke finden sich in den Akten der Inauguration.

2) Spiegels Schreiben nebst den Anlagen ist uns erhalten in den auf der Bonner Universitätsbibliothek aufbewahrten Akten S. 92 d VI n. 18, gedruckt sind alle in Frage kommenden Aktenstücke in der Schrift: Klage des Domkapitels zu Köln gegen die Kurkölnische Universität zu Bonn. Von einem katholischen Priester zu Antwerpen 12, 97 S. Freiburg 1790. Dagegen erschienen: Vertraute Briefe über die Rechtfertigungen der 3 Professoren in Bonn. 1792.

ten Publikum erhalte, sucht man meine Orthodoxie in Vedacht zu ziehen und dichtet mir Meinungen an, die meiner ganzen Denkart zuwider sind". Er führt zum Belege des hier Gesagten die lange Reihe von protestantischen und katholischen Zeitschriften auf, die seinen Werken Beifall gezollt: eine Aufzählung, die allerdings deutlich das Interesse bekundet, welches der Bonner Professor in weiten Kreisen erregt. Er nennt von katholischen Zeitschriften die nova bibliotheca ecclesiastica Friburgensis, die Literatur des katholischen Deutschlands, die Mainzer Anzeigen von gelehrten Sachen, die Würzburger gelehrten Anzeigen und die Oberdeutsche allgemeine Literaturzeitung, von protestantischen die allgemeine deutsche Bibliothek, die Jenaer allgemeine Literaturzeitung, die Gothaer gelehrten Zeitungen, Posselts wissenschaftliches Magazin, die Stromata (eine Unterhaltungsschrift für Theologen), die Annalen der neuesten Literatur von Rinteln, endlich die Frankfurter gelehrten Anzeigen.

Es muss auffallen, dass in der hier zurückgewiesenen Klageschrift des Domcapitels nicht der Name eines Mannes genannt wird, der damals bereits seit längerer Zeit in Bonn thätig vor Allem Grund und Anlass zu mannigfachem Anstoss geboten hat, der Name von Eulogius Schneider[1]). Die wenig erfreuliche Episode in der Geschichte der Bonner Universität, die sich an seinen Namen knüpft, ist der einzige Punkt derselben, der häufig und mit einer gewissen Vorliebe geschildert ist; ich habe daher nur kurz an Bekanntes zu erinnern. Eulogius Schneider, 1756 in einem fränkischen Dorf des Bisthums Würzburg geboren, war 20 Jahre alt in den Franciskanerorden getreten; mehr und mehr bildete sich bei ihm eine heftige Abneigung gegen das Klosterleben aus; 1786 wurde er Hofprediger in Stuttgart, von hier aus 1789 durch Spiegels Bemühungen nach Bonn berufen.

Ihm wurde hier die Professur des Griechischen und der Belletristik übertragen; im Anfange fand er den grössten Beifall. Er war nicht ohne schriftstellerisches und rednerisches Talent, von entschiedener geistiger Gewandtheit, empfänglich und lebhaft, voll Streben und Feuer, aber leider im Grund seines Wesens flach, stark sinnlich erregt, ohne wahre geistige Tiefe, ohne echten sittlichen Ernst. Unvorsichtigkeiten und Taktlosigkeiten waren bei einer solchen Natur unvermeidlich: es konnte nicht ausbleiben, dass sein Reden und Thun bald mannigfachen Anstoss erregte. Im Anfang des Jahres 1790 erschien eine Sammlung seiner Gedichte; sie bezeugen auf das Klarste den eben geschilderten Charakter des Mannes; sie gaben seinen Feinden die willkommenste Unterstützung bei den Anklagen, welche sie gegen ihn erhoben. Man verbreitete, Schneider suche seinen Studenten böse Grundsätze gegen die Religion und die Sitten beizubringen; der Kurfürst sah sich bewogen

---

1) Wir besitzen über Schneider eine eigene Literatur. Die wichtigste Quelle für die Kenntnise des Mannes bilden seine Schriften; die während seiner Bonner Wirksamkeit verfassten sind unten zusammengestellt, betreff der übrigen verweise ich auf Heltz, notes sur la vie et les écrits d'Euloge Schneider. Strasbug 1862; in der Vorrede dieses Buches sind auch die Quellen über seine Lebensschicksale verzeichnet; von diesen ist für uns die wichtigste: E. S.'s Leben und Schicksale im Vaterlande. Frkf. 1790. In Deutschland hat man in neuerer Zeit sich mehrfach mit seinem Leben beschäftigt; specielle Aufsätze über ihn finden sich von H. Düntzer in den Rheinischen Provinzialblättern 1838, Bd. 4, 83 ff.; von L. Lersch in den Monatsblättern zur Ergänzung der Augsb. Allg. Zeitung 1845 Dec. u. 1846 Febr.; in den historisch-politischen Blättern Bd. 53, S. 109 ff.; von Rudolf Frank in der Didaskalia 1868, n. 168 ff.

zwei Kölner Geistliche, Dechant Marx und Marcellin Hoitmar zu beauftragen, Schneider wegen dieses Punktes zu verhören. Die Thatsachen, die man gegen den Professor angeführt, liessen sich nicht beweisen; mit Recht warf der Kurfürst den Examinatoren vor[1], dass sie einen parteiischen Bericht geliefert, den das Protokoll des Verhörs selbst widerlege; aber andererseits erging auch gleichzeitig an den Curator die Weisung, Schneider zu mehr Bescheidenheit in seinem Schreiben, Reden und Betragen zu ermahnen[2]. Es war, wie bekannt, die Zeit, da gegenüber der französischen Revolution an der Mehrzahl der deutschen Höfe eine rückläufige Strömung zu beobachten, Joseph II. war gestorben, in Preussen herrschte das Ministerium Wöllner: auch auf den Kölner Kurfürsten übten diese Ereignisse ihren Einfluss; es war in solcher Lage für Schneider Vorsicht auf das Dringendste geboten. Aber sie zu üben liess er sich nicht bewegen; so trat in Folge eines zweiten von ihm 1790 herausgegebenen Buches, des berufenen Katechetischen Unterrichts, die seit lange vorauszusagende Krisis ein. Die Schrift war zuerst unter Gutheissung der erzbischöflichen Censur erschienen, wurde dann aber 1791 verboten; eine taktlose Erklärung, die Schneider über dies Verbot veröffentlichte, führte seinen Bruch mit dem Kurfürsten herbei. Er musste Bonn verlassen und ging nach Strassburg; dort starb er 1794 durch die Guillotine. Bedeutender als sein Verlust war für Bonn, dass bald ein anderer Bonner Professor ebenfalls Bonn mit Strassburg vertauschte, Dereser[3]; man hatte ihn als Freund Schneiders, als radicalsten Vertreter der Aufklärungs-Ideen in Bonn verdächtigt; „Klatschereien und Stadtgeschwätze", wie der Kurfürst schreibt, verleideten ihm den dortigen Aufenthalt, und Spiegel glaubte eben jetzt den vielfach angegriffenen Mann nicht halten zu sollen. Seinem Beispiel folgten zwei andere langjährige und bewährte Professoren der Universität, van der Schüren und Jochmaring; auch sie verliessen Bonn, und zwar ohne ihre Entlassung genommen zu haben, und gingen ebenfalls nach Frankreich[4]. Diese Verluste trafen hart die Anstalt, die eben bedeutender aufzublühen begann. Schon im J. 1787 war zu den bei Gründung der Universität vorhandenen Professoren[5] ein Lehrer für Kameralwissenschaften, Scheibler, getreten, im J. 1789

---

1) In einem interessanten Schreiben vom 19. Mai 1790, das sich neben dem Protokoll des Verhörs und anderen damit in Verbindung stehenden Akten in dem Aktenfascikel: Professor Schneider (S. 92 g VIII) findet.

2) Auch dieses Schreiben findet sich in dem in voriger Anmerkung citirten Aktenfascikel.

3) Dass ihm ein in sehr anerkennenden Ausdrücken abgefasstes Entlassungsschreiben ausgestellt worden, theilt Dereser selbst mit in der Einleitung zu der seinen Freunden in Bonn gewidmeten Amtspredigt über religiöse und politische Toleranz. In einem Brief an Spiegel vom 11. Nov. 1791 schreibt der Kurfürst, er vermuthe, dass dieser selbst die Entfernung Dereser, nicht ungern gesehen habe „und hierin kann ich Ihrer Meinung nichts als beipflichten; denn so fähig und geschickt der P. Thaddäus ist und so untadelhaften Lebenswandel er auch geführt hat, so war er jedoch öfters sehr impudent und hatte vorzüglich den damals so gemeinen und schädlichen Fehler des Eigendünkels und der Unlenksamkeit". S. die Akten in dem Fascikel: Das Lehrerwesen und einzelne Lehrer persönlich betreffende Sachen, Bonner Universitätsbibliothek S. 92 d VII.

4) S. die hierauf bezüglichen Schreiben des Kurfürsten, Spiegels und beider Professoren in dem in voriger Anmerkung citirten Aktenfascikel.

5) Es sind die uns von früher bekannten Namen; ihre Aufzählung s. bei Meuser, Niederrhein. Jahrbuch 1844. S. 99.

konnte eine neue Anatomie dem Gebrauch übergeben werden [1], für 1790[2] wurden drei neue Lehrer für Staatsrecht, für Geburtshilfe und für Mineralogie angestellt, J. L. Werner[3], Wegeler[4] und Arndts[5]. Aber mehr als all diese Erwerbungen die Universität gefördert, wurde sie durch die Vorgänge des J. 1791 geschädigt; die Frequenz der Anstalt sank in dem folgenden Jahr um ein Bedeutendes.

Unablässig war Spiegel bemüht, einen Ersatz für die erlittenen Verluste zu beschaffen. In erster Zeit half in der Philosophie für van der Schüren Schallmayer aus; dann gelang es für dieses Fach in Johannes Neeb[6] eine bedeutende Kraft zu gewinnen. Schon früher hatte van der Schüren in Bonn Kantsche Philosophie vorgetragen; von Neeb besitzen wir eine akademische Rede an seine Zuhörer über Kants Verdienste um das Interesse der philosophirenden Vernunft. „Die Athenienser", heisst es hier, „hatten dem unbekannten Gott einen Altar errichtet, der weder dem Gedankending ihrer Philosophie, noch dem Ungeheuer ihrer Priester glich. Paulus kam und predigte den unbekannten Gott; man hörte ihn. Dafür, dass Kant den unbekannten Gott predigt, dem todten unbeweglichen grausenvollen Ens Entium der Philosophen die Huldigung versagt, mag er immer ein Atheist gescholten werden; diesen Ruhm theilt er mit den ersten Christen. Dafür, dass er eine Tugend lehrt, die für das enge Herz des Eigennutzes zu erhaben ist, mag er für einen phantastischen Schwärmer gescholten werden: grosse Männer müssen Zwerggeistern immer so erscheinen. Die Kenner seiner Werke aber werden ihm die Achtung nicht versagen, die seinem Verdienste gebührt". Für die theologische Exegese trat an Doresers Stelle Odenkirchen, der „treueste und geliebteste" Freund des gleich zu erwähnenden Juristen Fischenich, welcher seinen Tod (Sept.

1) Ueber die wissenschaftlichen Anstalten ergibt sich auch aus den mir vorliegenden Akten nicht wesentlich mehr, als was Meuser a. a. O. 99 zusammengestellt. Der medicinische Theil der Bibliothek hatte 1779 einen sehr wesentlichen Zuwachs erhalten durch das Geschenk der Bibliothek des Kölner Professor Menn; ein Katalog der letzteren befindet sich in den Akten der Bonner Universitätsbibliothek S. 9f f. XI.

2) Lumberg schied damals aus, privatisirte seitdem in Köln, ward 1804 durch die Franzosen Professor des Staatsrechts in Aschaffenburg und starb in St. Blasien 21. Mai 1806. Meusel, Gelehrtes Teutschland V 11, 495.

3) Johann Ludwig Werner, geb. in Trier, verliess Bonn bald wieder, da ihn Kaiser Leopold zum Mitglied des Reichshofraths ernannte. Er starb 18 9 in Steiermark. Rheinischer Antiquarius a. a. O. 75. Sein Nachfolger war Schultz.

4) Franz Gerhard Wegeler, geb. in Bonn den 22. August 1765, gest. in Koblenz den 7. Mai 1848, studirte Medicin in Bonn unter Rougemont, 1787—89 in Wien, wo er am 1. Sept. 1789 promovirte. Heimgekehrt zum Professor ernannt widmete er sich nach Auflösung der Universität ganz dem Berufe des praktischen Arztes, entfaltete später bis zu seinem Tode unter preussischer Regierung eine einflussreiche Thätigkeit als Regierungs-Medicinalrath in Koblenz, seit 1825 als Director der rheinischen Ober-Examinationscommission. S. die Vorrede seiner Schrift: Nachrichten über Beethoven, Koblenz 1838; Berliner Medicinische Zeitung 1849 n. 24; Nekrolog der Deutschen XXVI 1, 356.

5) Anton Wilhelm Stephan Arndts, geb. zu Arnsberg den 1. Nov. 1765, studirte seit 1782 zu Bonn Jurisprudenz, 1785—88 auf Spiegels Anrathen in Göttingen Berg- und Hüttenkunde. Vgl. Seibertz a. a. O. 1 402. 2, 264.

6) Johannes Neeb, geb. in Steinheim am 1. Sept. 1767, studirte in Mainz, wurde dann Lehrer am Gymnasium in Aschaffenburg und von hier aus nach Bonn berufen. Nach Auflösung unserer Universität wurde er Professor der Philosophie an der Centralschule zu Mainz; als Napoleon diese in ein Lyceum verwandelte, verlor er allein unter seinen Collegen seine Professur; er pachtete sich in Niedersaulheim bei Mainz zwei Güter, von denen er das eine später käuflich erwarb, wurde Bürgermeister des Ortes, später mehrfach Vertreter des Kreises Wöllstein in der darmstädtischen Kammer. Er starb 13 Juni 1843. Vgl. Neebs hinterlassene Schriften, Mainz 1846, Einleitung; Scriba, Lexikon der Schriftsteller des Grosshzth. Hessen I 282 ff. u. II 518 f.; Nekrolog der Deutschen XXI 1, 577.

1810) als einen grossen unersetzlichen Verlust bezeichnete. „Es war, schreibt er damals[1]), eine kindlich reine Seele, vom echten Geist der Wissenschaft beseelt. Sich immer gleich ertrug er die Stürme der Zeit, die ihn seinem eigentlichen Beruf entzogen. Aber er feierte darum nicht, er lehrte, rieth, half und förderte, wo sich eine Gelegenheit darbot, wohlwissend, dass der geringste Keim in der grossen Saat der Zeit nicht verloren geht. Sein ganzes Wesen war stilles bescheidenes Wirken". Eben der Schreiber dieses Briefes, eben Bartholomäus Ludwig Fischenich und neben ihm Reiner Stupp, beide Schüler von Daniels, wurden als Professoren in der juristischen Facultät angestellt; Stupp las juristische Encyclopädie und Rechtsgeschichte, Fischenich Natur- und Völkerrecht. Letzterer[2]) war nach Vollendung seiner Studien in Bonn von dem Kurfürsten zu seiner weiteren Ausbildung nach Jena gesandt, um dort vor Allem bei Hufeland zu hören: er trat hier in die engsten Beziehungen zu Schiller und seiner Frau, die aufrecht erhalten wurden, auch nachdem Fischenich die Professur in Bonn übernommen; Frau von Schiller nennt ihn in ihren Briefen „ihren ältesten Sohn". Er war vor Allem ein vorzüglicher Lehrer; fähig und liebenswürdig, erfüllt von jugendlichem[3]) Feuer, ausgestattet mit ungewöhnlichen rednerischem Talent fesselte er die Studenten in höchstem Grade[4]).

Die Vertretung der Kameralwissenschaften übernahm nach Scheiblers Tode Trunck, soweit sich aus den von ihnen veröffentlichten Lehrplänen schliessen lässt, von ähnlicher Richtung wie sein Vorgänger, ein entschiedener Merkantilist. Was endlich die Naturwissenschaften angeht, so wurde die Physik an Jochmarings Stelle jetzt von Zulchner gelehrt, für Chemie in der medicinischen Facultät[5]) Wurzer[6]) angestellt, der in Heidelberg, Göttingen, Würzburg und Wien Medicin studirt, 1789 sich in Bonn als praktischer Arzt niedergelassen hatte. Er hatte einen nicht geringen Erfolg; im Sommersemester 1794 zählte er 70 Zuhörer.

Allein in eben diesem Semester begannen auch noch entschiedener, als es schon in den letzten Jahren der Fall gewesen, die Kriegsunruhen die wissenschaftlichen Arbeiten in Bonn

---

1) In einem Brief vom 16. Sept. 1810 an Charlotte von Schiller. Urlichs, Charlotte von Schiller und ihre Freunde 3, 126.

2) S. über ihn kurze Nekrologe in der Kölnischen Zeitung und der Preussischen Staatszeitung vom Juni 1831, Nekrolog der Deutschen IX 1, 400, vor Allem die ansprechende Schrift von Hennes, Andenken an Fischenich 12, 171 S. Stuttgart und Tübingen 1847, in welcher mehrere Briefe Schillers und seiner Frau an F. mitgetheilt werden. Briefe Fischenichs an Frau von Schiller finden sich bei Urlichs, Charlotte von Schiller und ihre Freunde 3, 93—129, ein Brief von ihr an ihn ebendas. 1, 410. Der handschriftliche Nachlass F.'s ist im Besitze von H. Franz Gerhards in Bonn, der mir dessen Einsicht gütigst verstattete; eine ausserordentliche Fülle von Excerpten aus juristischen, politischen, philosophischen Werken zeigt die seltene Belesenheit des Mannes. Interessant ist der in dem Bonner Stadtarchiv befindliche Entwurf einer Rede, die F. 1815 bei Gelegenheit des Huldigungsfestes in Aachen gehalten. Endlich besitzt H. Kammergerichtspräsident Lamberts in Bonn ein von seinem Vater nach Vorträgen F.'s nachgeschriebenes Collegienheft und ein durchschossenes Exemplar von Hufelands Naturrecht, in welches F. Bemerkungen eingetragen.

3) Er war geb. 2. August 1768 zu Bonn, er starb als Staatsrath und Geheimer Ober-Revisionsrath am rheinischen Revisions- und Cassationshof zu Berlin am 4. Juni 1831.

4) S. Urlichs a. a. O. 102.

5) Diese verlor 1793 durch den Tod Kauhlen.

6) S. die bei dem Verzeichnisse seiner Schriften angeführten Werke, vor Allem den auf eigenhändige Nachrichten basirten Artikel in Strieders Hessischer Gelehrtengeschichte 17, 311.

zu stören; das Kurfürstenthum Köln kam jetzt zuerst in unmittelbare Berührung mit der französischen Republik; schon am 12. August schreibt Fischenich[1]): „Die meisten Studenten sind bereits von hier gewandert und dies hat viele Professoren veranlasst ihre Vorlesungen zu endigen. Ich fahre noch immer fort, obgleich die Zahl meiner Zuhörer in einem Collegium auf 16, in dem andern 12 vermindert ist". Die Bibliothek, das physicalische und Naturaliencabinet wurden geflüchtet; die Professoren liessen sich ihren Gehalt für ein Quartal voraus bezahlen, es entstand dadurch das Gerücht, die Universität solle aufgehoben werden. In den ersten Tagen des Oktober verliess der Kurfürst Bonn; von den Professoren ging u. A. Rougemont nach Hildesheim, Neeb nach Miltenberg, Wegeler nach Wien. Noch im Oktober rückten die Franzosen in Bonn ein. In dem ersten Jahre der Occupation war an Lesen nicht zu denken; später kehrten einige Professoren zurück; so machte man dann 1795 den Versuch, die Vorlesungen wieder aufzunehmen. Aber es war nur ein Scheinleben, das die Universität in den folgenden Jahren führte; 1797 erfolgte die definitive Aufhebung. Im December traten die Professoren Moll, Schmitz, Wurzer, Spitz, Odenkirchen, Schallmeyer, Fischenich, Gynetti, Wegeler und Rougemont zu der letzten Universitätsitzung zusammen. „Da sich vorhersehen lässt, heisst es in dem von ihnen unterzeichneten Aktenstück[2]), dass die bei der hiesigen Universität angestellt gewesenen Professoren ihr Lehramt nicht weiter fortsetzen können, weil sie Bedenken gefunden haben, den ihnen abgeforderten Eid der Treue an die französische Republik unbedingt und ohne Einschränkung auszuschwören, so hat Professor Breuer alle zu seinem Empfang gehörige Nachrichten bei der heutigen Universitätsitzung zur Registratur deponirt.

Von den hervorragenden Persönlichkeiten unserer Hochschule ist wie bekannt der Kurfürst 27. Juli 1801, Spiegel 6. August 1815 gestorben. Rougemont und Gynetti wurden praktische Aerzte in Köln, Wurzer Professor in Marburg; Daniels, Fischenich und Wegeler haben im preussischem Staatsdienst eine einflussreiche Stellung eingenommen. Hedderich wirkte eine Zeitlang als Pfarrvicar in Honnef, kam dann als Lehrer nach Düsseldorf und starb hier am 20. August 1808[3]).

So hat die Bonner Universität ein frühes Ende gefunden; wer ihre Bedeutung würdigen will, darf es nicht vergessen, von wie kurzem Bestand sie gewesen. Ihr Wirken ist trotzdem nicht ohne Frucht geblieben; einer der ersten Kenner westfälischer Verhältnisse, Seibertz[4]), bezeugt es, dass Westfalen vielleicht ihr verhältnissmässig mehr Schriftsteller, besonders in juristischer Hinsicht verdankt, als allen früher besuchten Universitäten, dass sie „während der kurzen Zeit ihrer Existenz in dem ausgesuchten Kreise gelehrter Männer, der auf ihr lebte, eine solche Menge hoffnungsvoller Schriftstellerblüthen entfaltete, wie wir früher nicht gekannt hatten". Und noch entschiedener spricht sich 1817 zu ihren Gunsten ein angesehener preussischer Beamter aus, der damalige Oberlandesgerichtspräsident Sethe. „Die Universität Köln, sagt er[5]), stand

---

1) Urlichs a. a. O. 3, 107.

2) Mitgetheilt von Meuser a. a. O. S. 174.

3) S. Westfälischer Anzeiger Bd. 21, S. 1336.

4) Westfälische Beiträge zur deutschen Geschichte 2, 461.

5) In einem Gutachten an Altenstein. Aus den Sethe'schen Akten, welche Bürgermeister Bleek in Sobernheim gütigst der hiesigen Universität mitgetheilt.

auf der tiefsten Stufe der Mittelmässigkeit oder vielmehr einer gänzlichen Nullität, während die Universität zu Bonn in einem kurzen Zeitraum herrlich aufblühte und gewiss bei längerem Fortbestehen unter den Auspicien einer liberalen Regierung in den Rang der ersten Universitäten Deutschlands eingetreten sein würde. Köln würde gar keine Studenten gehabt haben, wenn nicht verschiedene Fundationen für Studirende dort vorhanden gewesen wären und wenn nicht die Theologen dort ihre Examina hätten passiren müssen, was ihnen sehr erschwert wurde, wenn sie auf einer anderen Universität und namentlich zu Bonn studirt hatten, weil die Bonner Universität von den Kölnern mit scheelsüchtigen Augen angesehen und der Heterodoxie verdächtig gehalten worden*.

In der That so offen die mancherlei Schwächen der Bonner Universität zu Tage liegen: dennoch bezeichnet ihre Gründung in der Geschichte der rheinischen Bildungsanstalten einen erheblichen Fortschritt; es ist ungerechtfertigt, mit dem kurzen Worte über sie abzuurtheilen, dass sie die Wirkungsstätte von Eulogius Schneider gewesen. Auch die Gegner der hier vor Allem vertretenen wissenschaftlichen und kirchlichen Tendenzen rühmen die Bedeutung der juristischen und medicinischen Professoren, die hier gewirkt, und wohl mag es unvergessen bleiben, dass hier in verhältnissmässig früher Zeit auf einem damals wenig empfänglichen Boden Kantsche Philosophie gelehrt worden. Allerdings wesentlich ist die Universität gegründet und geleitet worden im Sinne der Aufklärung: ein flacher, ja platter Rationalismus tritt uns häufig auch bei ihren hervorragenden Persönlichkeiten wenig erfreulich entgegen, neben doctrinärer Unterschätzung der Macht der bestehenden Verhältnisse, wie der gegnerischen Kräfte, mit denen es zu kämpfen galt, ein bedenklicher Mangel an eigenem positiven Gestaltungsvermögen. Wie auf politischem Gebiet deckte auch hier die Reformbewegung des 18. Jahrhunderts mehr die Schäden des bestehenden Zustandes auf, als dass es ihr gelungen, selbst ein besseres Neues an die Stelle zu setzen.

Oft ist den Klagen über das Elend deutscher Zerrissenheit gegenüber auf den Nutzen hingewiesen, welchen die geistigen Interessen unseres Volkes eben aus diesem Verhältnisse gezogen, oft in beredten Worten der Gewinn gepriesen, welchen die Kleinstaaterei unserer Bildung gebracht. Wer mit unbefangenem Auge die Geschichte der Rheinlande betrachtet, kann hier zu gleichem Urtheil nicht gelangen. Erst die Vereinigung dieser Lande mit Preussen gab ihren Bewohnern das Beste, was um mit Niebuhrs Worten zu reden „das Schicksal zur Ausrüstung des Mannes zu verleihen vermag. Denn nicht nur in der Knechtschaft ist die Hälfte des Mannes geraubt: ohne Staat und unmittelbares Vaterland gilt auch der Beste wenig, durch sie auch der Einfältige viel". Der Segen der Theilnahme an einem wirklichen Staatsleben hat den Rheinländern sich nicht bloss auf materiellem Gebiet offenbart: nicht weniger als ihr Wohlstand und Reichthum ist in dem letzten halben Jahrhundert ihre Bildung gestiegen. Die neue Bonner Universität, deren Stiftungsfeier wir in diesen Tagen begehen, darf sich rühmen, vor Allem dieses Wachsthum befördert, in diesem Werke ihre beste Kraft bethätigt zu haben: möge sie in aller kommenden Zeit, die ihrem Wirken beschieden, sich stets treu dem Geiste erweisen, in welchem sie gegründet worden, eine Pflanzstätte echter deutscher Wissenschaft reichen Segen bringen fort und fort den Rheinlanden und dem gesammten deutschen Vaterlande.

VII.

Die Münsterkirche zu Bonn.

Von

Prof. Dr. aus'm Weerth.

(Siegel des Cassiusstifts aus dem 13. Jahrhundert.)

Wenn die beiden ersten Abhandlungen dieser Festschrift keinen Zweifel über die Bedeutung Bonn's zur Römerzeit bestehen lassen, so belehren uns auch die Märtyrer-Acten, dass es unter die ältesten Ausgangspunkte des Christenthums an den Ufern des schicksalsreichen Rheinstroms gezählt werden muss.

Die zwar in ihrer späteren Gestalt poetisch umrankte, in ihrem historischen Kerne aber durchaus glaubhafte Legende der thebäischen Legion bekundet die Thatsache der Hinrichtung von Abtheilungen dieses aus Nordafrika rekrutirten Heerkörpers, welche unter andern Orten auch in Trier, Bonn, Cöln und Xanten standen, wegen ihres Bekenntnisses zum Christenthum durch den leidenschaftlichen Christenverfolger und Mitkaiser Diocletians, Maximianus Herculeus um das Jahr 285. Als Führer dieser Märtyrerschaaren werden in Trier Thyrsus und Palmatius, in Bonn Cassius und Florentius, in Cöln Gereon, in Xanten Victor genannt[1]). Eine in keiner Weise durch historische Umstände gestützte Weiterbildung der Legende führt dann die Christusbegeisterte Mutter Constantins Helena an die genannten Orte und lässt sie über den Gräbern der Märtyrer prächtige Kirchen errichten und reich ausstatten[2]).

Erscheint es schon selbstverständlich, die durch römische Militärbesatzungen begründeten und ausgezeichneten Orte, also hier Trier, Bonn[3]), Cöln und Xanten, als die hauptsächlichsten ihrer Zeit und unter sich verbunden zu betrachten, so liegt es auch nahe, in ihnen an und für sich schon die ersten vorgeschobenen Posten des im Abendland von Rom ausgehenden Christenthums zu suchen. Das Blut und die Glorie der Märtyrer gab diesen Anfängen, indem sich auf den Gräbern der Geopferten christliche Gotteshäuser erhoben, auch ohne die durchaus sagenhafte Mission der Kaiserin Helena eine besondere Bedeutung und gewiss bereits früh die kirchliche Verbindung, wie sie bis dahin militairisch schon bestanden.

---

1) Acta Sanct. Bolland. T. V. Oct. pag. 681. *Rettberg* Kirchengesch. Deutschlands I. pag. 163. verwarf ohne volle Kenntniss des Materials die ganze Legende, die indess nachmals *Braun* Geschichte der thebaischen Legion (Bonner Winkelmanns Programm von 1855.) u. *Schmitt*, die Kirche des heil. Paulinus in Trier 1853, sowie neuestens *Friedrich*, Kirchengesch. Deutschlands I. pag. 101. ff. in ihrem historischen Kerne hinreichend begründeten.

2) Dieser Anschauung begegnen wir in einer Urkunde von 1236 bei *Binterim* und *Mooren*, alte und neue Erzdiöcese Cöln III, cod. N. 96 (vergl. *Günther*, cod. Rhen. Mosellan. I, pag. 141), und bekämpft bei *Spenrath* und *Mooren*, alterthümliche Merkwürdigkeiten der Stadt Xanten und ihrer Umgebung. 3. Heft S. 55. Es ist für diese Frage wesentlich entscheidend, dass die um die Mitte des 9. Jahrhunderts verfassten Annalen von Xanten von dieser Helenasage gar nichts erwähnen.

3) Bonns hervorragende Stellung bezeugt Regino, der ad ann. 881. Bonn gleich wie Cöln in Gegensatz zu den Burgen (castris) Neuss, Zülpich u. Jülich eine civitas nennt. Der Synode von 22 Bischöfen in Bonn (in Bonna, Bonna castello) gedenken der Continuator Reginonis ad a. 942. Lambert. Hersfeld. ad a. 943. u. v. A.

Somit werden wir nach der staatlichen Anerkennung des Christenthums dort die drei ältesten christlichen Militairgemeinden zuversichtlich zu suchen haben. Als aus diesem Verhältnisse entsprungen darf man deshalb wol die Fraternitäts - Urkunde zwischen den Stiften zu Xanten, Bonn und St. Gereon zu Cöln vom Jahre 1236 [4]), ihre hervorragende Rang- und Machtstellung gleich nach der erzbischöflichen Cathedrale zu Cöln betrachten und die heftigen Streitigkeiten der drei Capitel untereinander über ihre Graduirung begreifen. [5]) Der Probst von Bonn war Archidiacon des Erzstifts, ihm gebührte der erste Platz nach dem Erzbischofe im Domchor, bei Processionen, Synoden und andern feierlichen Gelegenheiten, sowie die geistliche Jurisdiction in den umliegenden vier Decanaten. Vergeblich versuchten die Stifte vom h. Gereon und vom h. Victor zu ihren Gunsten diese Stellung zu schmälern, die Kirche des h. Cassius blieb die vornehmste nach der Domkirche, die Ecclesia secundaria des Erzstifts [6]) und der Propst von Bonn in seiner Herrlichkeit, welche die Dörfer Endenich, Poppelsdorf und Ippendorf begriff, fast in dem Ansehen und der Geltung eines unmittelbaren Reichsfürsten. Es wird uns auch berichtet, dass das mit der Märtyrerkirche verbundene ursprüngliche Kloster schon im Jahre 883 zu einem Canonikatsstifte mit Propst, Dechant, 40 Canonicis und 28 Vicarien erhoben worden sei. [7]) Greift diese, was ihr Datum anbetrifft, urkundlich nicht fixirte Ueberlieferung auch der geschichtlichen Entwicklung vor, indem sie uns einen offenbar erst allmählich hervorgetretenen Zustand als einen in jener alten Zeit des gemeinsamen Klosterlebens schon fertigen darstellt, so gewährt sie doch ein wesentliches neues Moment für die Erkenntniss sowohl des Alters, als der frühen Bedeutung unseres Münsterstifts.

Wie weit schon im 9. Jahrhundert die kirchliche Entwickelung des Cassiusstiftes auf dem Territorium der alten Römerstadt gediehen war, illustrirt eine merkwürdige urkundliche Bezeichnung, wonach der ganze Bezirk der Kirche als villa basilica zusammen gefasst wird, zum Beweise, dass man die damalige Kirche als Basilica bezeichnete [8]) und vor allem, dass sie bedeutend genug war um einem ganzen Bezirk ihren Namen aufzudrücken und dadurch dessen Zugehörigkeit zu ihr auszusprechen. Auch ihre Umbauten müssen zu jener Zeit belangreich gewesen sein, denn aus einem im 14. Jahrhundert sich erhebenden Streite zwischen dem Stifte und der Stadtgemeinde um die Gerechtsame der an das Stift stossenden Mauer

4) Binterim u. Mooren l. c.

5) Lersch Niederrh. Jahrb. f. Gesch., Kunst u. Poesie 1843. p. 226. (Günther cod. Rhen. Mosel. I. pag. 249. 841—44.

6) Günther l. c. Nr. 122, 125, 157. als Ecclesia secundaria des Erzstifts wird die Münsterkirche ausdrücklich bezeichnet in Urkunden Erzbischofs Heinrich II. von 1314. Erzbischofs Friedrich III. von 1381, Erzbischofs Rupprecht von 1471 (Archiv zu Düsseldorf).

7) Die Handschrift, aus welcher diese Stelle genommen ist, (vergl. Jahrb. d. Ver. v. Alterthumsf. im Rheinlande Heft I p. 13. u. Günther cod. dipl. Rhen. Mos. I. p. 171. Anm.) kann nur eine spätere sein. weil schon dort als Patron des Stiftes zusammen mit Cassius und Florentius der h. Mallusius auftritt, dessen Gebeine erst im 12. Jahrh. nach Bonn gelangten.

8) Denn dass das Wort in damaliger Zeit nicht einen bestimmten bewussten Baucharakter anzeigte, sondern vielmehr nur Ausdruck für Kirche überhaupt war, ist längst anzgemacht und geht aus vielen urkundlichen Beispielen hervor, wie im gegenwärtigen Falle aus der Bulle des Papstes Innocens II von 1139 b. Günther l. c. No. 125.

mit ihren Thürmen, Thüren, Treppen und Plattformen lernt man diese als ein ansehnliches und ausgedehntes Bauwerk kennen, dessen „splendor et decora facies" gerühmt wird.[9] Sie bilden also ein litterarisches Gegenstück zu dem durch seinen mosaikartigen Materialwechsel in Deutschland[10] einzig dastehenden fränkischen Clarenthurm zu Cöln. Einem noch bestehenden Architectur-Theil jener Zeit begegnen wir leider nicht, wol aber andern monumentalen Zeugnissen. Es finden sich nämlich vermauert unter den Säulen der Crypta der jetzigen Kirche ungefähr 3 und 1½" messende Steinplatten, die in dem Balken eines linearen Kreuzes Namen, Stand und Todesart Verstorbener anzeigen. Zwei dieser Steine liessen wir im Jahre

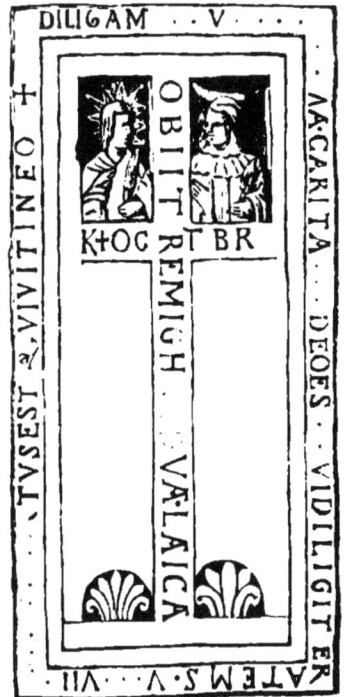

1862 aus der Fundamentirung der Säulen hinwegnehmen und sind diese nunmehr in der westlichen Wand des Kreuzganges mit einem dritten Steine gleicher Art eingemauert.[11]

Wir wissen nicht anzugeben, wer die auf diesem Kreuze genannten Personen, der Diakonus Godescalc, die Wittwe Remiga[12] (Remigh vidua laica), Fritheburhe (wie offenbar statt Frithebubhe in der Inschrift zu lesen ist), und der auf dem dritten Kreuze nebengeschriebene Guthupho waren. Nur schliessen wir von vorn herein aus dem vorzüglich den rheinisch-römischen Denksteinen üblichen Material des Jura-Kalks[13], jener alterthümlichen Darstellung der sonst nur typisch zu Seiten der Kreuzigung Christi vorkommenden Personificationen von Sonne und Mond mit Fackeln in den Händen und endlich aus dem Umstande, dass diese Steine zur Zeit der Erbauung der Krypta, welche in das erste Viertel des 11. Jahrhunderts gesetzt wird, lediglich zum Baumaterial benutzt, mithin werthlos als Documente geworden waren, dass sie keinen Falls nach dem 10. Jahrhundert angefertigt sein können, auch abgesehen von dem geringen oder grössern Zeitraume, der zwischen ihrer Geltung und Verwerfung angenommen werden muss. Ein Umstand, der während dieser Ausführung neu hinzutrat, gibt derselben Bestätigung und nähere Bestimmung. Unter dem Erzbischofe Gunthar von Cöln (850—873) nämlich

9) *Lacomblet* Archiv f. d. Gesch. d. Niederrh. II. 1. p. 19. ff.

10) In Frankreich dürften ähnliche Monumente häufiger sein. Caumont, Abécédaire. 2 Ed. I. p. 10. und dessen Archéologie des Ecoles primaires. Caen 1868, p. 188.

11) Alle drei wurden bereits von mir publicirt in Heft XXXII. d. Jahrb. d. Vereins von Alterthumsf. im Rheinl. pag. 114. ff.

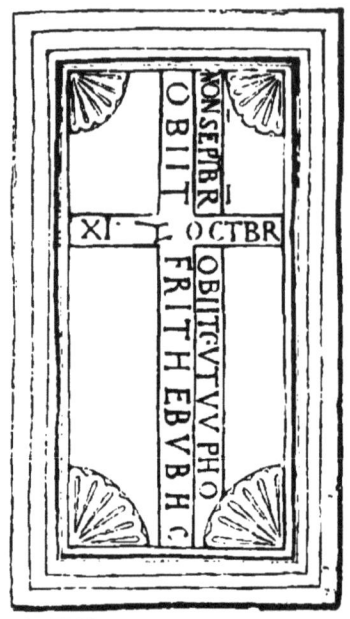

lebte als Wohlthäter des Cassiusstiftes der Priester Heriger. [14] Aus einer allerdings schlechten und unverstandenen Zeichnung des J. M. Laporterie vom Jahre 1788, welche kürzlich in unseren Besitz gelangte, erfahren wir nun, dass ein ähnlicher, wenn auch der mehr konischen Form nach vielleicht etwas jüngerer Gedenkstein als die vorstehend drei abgebildeten zum dankbaren Andenken des verstorbenen Heriger sich früher in der Münsterkirche befand. Er enthält im Querbalken das Wort 'Obiit', im Langbalken, soweit die sehr unzulängliche Abschrift erkennen lässt, verstümmelt und abbreviirt wahrscheinlich die Worte

12) Ihr Memorienstein trägt aus Joh. 4, 7. die jetzt lückenhafte Inschrift: Diligamus nos invicem, quia caritas ex deo est e. q. s. Der Godescalco begegnen uns manche, darunter z. B. der Schreiber des Evangeliars Karl's des Grossen im Louvre zu Paris und ein Baumeister an der Mauer unter den Nordfenstern des Mittelschiffs der Kirche zu Zülpich (s. Bonner Jahrbb. XII, S. 112) u. s. w. aber bei Kolmen ist eine Beziehung auf unsere Münsterkirche nachweisbar. Ein Canonicus Godesculc von S. Cassius, welcher nach Cäsarius v. Heisterbach (Dialog III. 33 u. XII, 12) Zeitgenosse Erzbischof Engelbert's I. v. Cöln war, kann selbstverständlich hier nicht in Betracht kommen.

13) Die merkwürdige Thatsache, dass die Römischen Denksteine des an Steinmaterial verschiedener Art reichen Rheinlandes fast durchgängig aus Jurakalk gearbeitet sind, findet sich zuerst Jahrbb. Heft 39, p. 348. beobachtet.

14) Lacomblet, Archiv II. 1. p. 66. Die aus dem Nachlass des in Trier verstorbenen Dr. Linde herrührende Zeichnung verdanke ich der Güte des Herrn Dr. theol. F. X. Kraus zu Pfalzel.

'Heriger o Jesu anime ignosce cius.' Dieser Stein giebt einen Anhalt, die vorstehenden gleichartigen, welche nach ihrer einfacheren Form und dem kargeren rein kalendarischen Inhalte als die ältern gelten dürfen, mindestens in dieselbe Zeit zu setzen, wonach sich also als Entstehungszeit das 9. Jahrhundert ergibt.

Gehen wir von dieser Zeit aus und nehmen ein Jahrhundert dafür in Anspruch, bis das Andenken der Dankbarkeit an Heriger, Godescalc, Remiga u. s. w. [15]) verloren ging und man diese Steine zum Baumaterial der Crypta warf, so wird man mit dem Urtheile des ersten kritischen Beobachters der ältern Theile unserer Münsterkirche übereinstimmen, wenn er den Ursprung derselben und namentlich der Krypta dem ersten Viertel des 11. Jahrhunderts zuschreibt. [16])

Die Münsterkirche, wie sie heut zu Tage als eins der herrlichsten Bauwerke des ganzen rheinischen Mittelalters dasteht und in dem unserer Festschrift vorangestellten Stahlstich uns entgegentritt, zeigt ein Architecturbild dreier, dem 11., 12. und 13. Jahrhundert angehörigen Bauperioden. Alle liegen innerhalb des romanischen Stils von seinem schüchternen Beginne bis zu seiner letzten glänzenden Entfaltung. Betrachten wir mit einem Blicke die Theile dieser drei Bauperioden in ihrer chronologischen Reihenfolge.

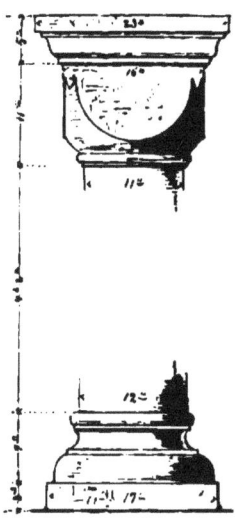

I. Bauperiode. Einen allen übrigen an Alter voranstehenden Theil der ehemaligen Cassiuskirche bildet offenbar das zwischen dem Ost-Chore mit seinen beiden Thürmen und den Seitenchören mit dem Mittelthurm in der Vierung befindliche Langhaus und der unter diesem sich erstreckende Theil der Krypta. Letztere, im Querschiffe beginnend, in dessen Mitte zwischen den zum erhöhten Chore führenden modernen Treppen ihr Haupteingang liegt, zieht sich unter dem ganzen Ostchore hin. [17]) Ihr älterer ursprünglichster Theil ist der westliche von dem Eingange an bis zu den beiden letzten östlichen Säulenpaaren. Dieser Theil, dreischiffig, wie die ganze Krypta, charakterisirt sich durch niedrige überall 10 Fuss hohe Kreuzgewölbe, drei Paar viereckige, rauh und kaum fertig behauene Pfeiler mit einer einfachen Schmiege zur Basis und durch Rundstab und Plättchen mit dem Schafte verbundenem weit auskragenden Karnies als Capitell; vier Paar stämmige kurze, sich nach oben verjüngende glatte Säulen mit attischen Basen ohne Eckblätter und einfachen nur an den oberen Ecken etwas auskragenden Würfel-Capitellen (vergl. nebenstehenden Holzschnitt) und dem bis zum 11. Jahrhundert herrschenden Abacus mit demselben weit auskragenden Karniese der Pfeiler, der zugleich auch als Capitell jenen den Säulen und Pfeilern entsprechenden Wandpfeilern dient.

---

15) Im Bonner und Cölner Museum und noch unter den Säulen der Krypta befindliche Fragmente ähnlicher Memoriensteine sind von mir bereits in den Jahrb. d. Vereins v. Alterthumsfr. XXXII. p. 120 erwähnt und nach dieser Hinweisung von Braun p. 105 im XXXV. Jahrb. daselbst besprochen worden.

16) v. Quast in seiner vortrefflichen Studie über d. Chronologie der Gebäude Cölns im X. Heft d. Jahrb. d. Vereins v. Alterthumsfr. im Rhein. p. 197.

17) Einen Ausgang hat die Krypta in der südlichen Wand des Langhauses zu einem Raume des Capitelhauses, der die Verbindung zwischen der Strasse und dem Kreuzgange vermittelt

(Südwand des Langchores.)

Entsprechend diesem älteren Abschnitte der Krypta erscheint der Aufbau ihrer beiden Seitenwände, deren oberste Theile freilich in weit späterer Zeit durch eingefügte gothische Blenden und Fenster wie aufgesetzte romanische von Lissenen abgetheilte Rundbogenfriese in ihrer Ursprünglichkeit verwischt sind. Immerhin zeigen sie aber noch in klarer kenntlicher Weise den Rest des Schiffes einer mit flacher Deckung angelegten Basilika. Auf hoher Basis, die an der Nordseite mit Mörtel verputzt, an der Südseite erhalten und dort zur Aufnahme der noch vorhandenen Fenster der Krypta angelegt ist, erheben sich, wie die beistehenden Holzschnitte es veranschaulichen, im Mauerwerk grosser regelmässig geschnittener Tuffsteine, beiderseitig eine untere Reihe hoher schmaler Blendbogen mit kaum 2″ hervortretenden Wandpfeilern, deren einfache Kämpfer nur aus Rundstab und Plättchen darunter bestehen und an den Bogenstirnen jenen regelmässigen Wechsel von flachen den römischen

ähnlichen Ziegeln und Tuffsteinen zeigen, welcher (vergl. an der Südseite a. b. c.) älterer Technik entstammend, römischen und altchristlichen Gebäuden Frankreichs eigenthümlich und in Deutschland sowol am fränkischen Clarenthurm zu Cöln, wie noch im 11. Jahrhundert an der Kirche zu Pfalzel, am Dome zu Trier, wie St. Pantaleon und Cäcilia in Cöln vorkommt. [18])

Eine zweite niedrigere obere Arkadenreihe bekundet sich an der Südseite nur noch in einer an ihrer Bogenstirn ebenfalls im Wechsel von Tuff und Ziegel ausgeführten nunmehr vermauerten Fensternische (d), an der Nordseite in zwei solchen ohne Ziegel lediglich in Tuff gemauerten Nischen, von denen die eine vollständig erhalten, die andere von einem späteren gothischen Fenster grösstentheils verdrängt ist. Andere Unterschiede zeigen beide Langwände nicht, es seien denn an der Südseite fehlende, an der Nordseite vorkommende innere zweite Bogen von Tuff unter den Bogenstirnen gemischten Mauerwerks der unteren Blenden; und eine weit über die Höhe der ehemaligen Kryptafenster- hervorragende vermauerte Thüre der Nordseite. [19]) Gleichen Alters wie das Langschiff und der ihm entsprechende Theil der Krypta dünkt uns dann auch der äussere untere viereckige Vorbau des Westchores mit seinen beiden flankirenden Rundthürmen zu sein. Nicht allein das hin und wieder mit römischen Ziegeln vermauerte Tuffstein-Mauerwerk, die noch erkennbaren nunmehr ausgefüllten drei Fenster einer ehemals vorhandenen Westkrypta [20]) deuten dahin, sondern vor Allem das in dieser Anlage erkennbare Befolgen einer alten typischen Bauweise, wie sie annähernd die Westseiten der Dome zu Aachen und Trier, der Kirche zu Essen, des ältern Baues von St. Paulin in Trier, der Liebfrauenkirche zu Mastricht und der Stiftskirche zu Münstereifel u. s. w. zeigen. Wir gelangen dadurch naturgemäss zu der Folgerung, den Grundriss der jetzigen Kirche in seinem ganzen Umfange mit Ausnahme der in der zweiten Bauperiode hinausgeschobenen Absis mit den Ostthürmen als schon denjenigen des Baues vom Anfange des 11. Jahrhunderts zu erkennen. [21])

II. Bauperiode. Wenn es schon beachtenswerth erscheint, dass die verbrüderten Märtyrerkirchen des h. Gereon und des h. Cassius ihre ältern resp. ältesten Bautheile [22]) beide in einem durchaus ähnlich gestalteten Langchor besitzen, so muss es um so mehr her-

18) Wir sahen denselben z. B. an den neben dem Hotel Cluny zu Paris befindlichen römischen Bauresten wie an dem Fragmente eines neben dem Dom zu Beauvais stehenden Gebäudes.

19) Ein im östl. Theile der Südwand noch befindliches nicht heraustretendes Bogenstück entzieht sich der Bestimmung seines ursprünglichen Zweckes. Aehnliche Wandbildungen der Langchöre zeigen S. Gereon (v. Quast, l. c. Taf. VIII) u. nach Kuglers Bemerkung (bei Gallhabaud t. III. zu Taf. 115.) die Peterskirche in Zülpich.

20) Bei einer vor einigen Jahren von mir veranlassten Nachgrabung fanden sich die Spuren einer wahrscheinlich gelegentlich des im Innern dem 13. Jahrh. entstammenden Umbaues des Westchores zerstörten Krypta.

21) Kugler (Text zu Gallhabaud t. III u. kl. Schr. II, 118) nimmt freilich auch Fundamente und Basis der Absis- Thürme des Ostchores als des alten Bruchsteinmaterials und des darin steckenden Restes einer röm. Pilasters halber, gleich alt an; Gründe, die indessen abgesehen davon, dass der römische Stein ebenso gut später und zu jeder Zeit vermauert werden konnte, nicht zutreffen, weil der noch erhaltene alte Sockel der Südseite des Langchores lediglich aus Tuff besteht, also ein plötzlicher Materialwechsel doch nur durch verschiedene Bauzeiten sich erklären würde.

22) Denn bei der Gereonskirche kommt der Langchor im Alter erst nach den ursprünglichen Theilen des Rundbaues.

vorgehoben werden, dass auch beide in unverkennbarem Zusammenhange, in Cöln mit der
Auffindung, in Bonn mit der Erhebung der Gebeine ihrer Titularheiligen zu deren Aufbe-
wahrung und Verehrung neue glänzendere Krypten und Chöre erbauten.

Im Jahre 1121 fand der h. Norbert, Probst von St. Victor in Xanten, später Bischof
von Magdeburg und Stifter der Prämonstratenser den bis dahin verborgenen Körper des
h. Gereon [23]); und unmittelbar in den nachfolgenden Jahren entstand der erweiterte d. h. neue
Ostchor mit den beiden viereckigen Thürmen der Gereonskirche. [24])

In St. Cassius wurden während der Erneuerung der Kirche Körper der thebäischen
Legion gefunden [25]), ob es die nach der Vollendung dieser Erneuerung im Jahre 1166 unter
dem Erzbischof Rainald von Dassel feierlich erhobenen Titularheiligen Cassius und Florentius [26]) und der sich diesen jetzt zum ersten Male urkundlich zugesellende h. Mallusius [27])

23) Gelenius de magnitudine Col. p. 269. Act. Sanct. Belland. 6. Ian. vol. I. p. 835.

24) Quast, Chronologie und Gebäude Cölns, p. 224 im X. Jahrb. d. Vereins v. Alterthumsfr. im Rheinlande.

25) Caesar. Heisterbac. Dialog. miraculorum VIII, 65. ed. Strange II. p. 186: Quando renovata est ecclesia Bunnensis, quorundam martyrum corpora ex sacra legione Thebaeorum illic reperta sunt e. q. s. Manche
der bisherigen Forscher haben diese Stelle auf den Bau unter Propst Bruno bezogen, eine Annahme, welche in
dem Zusammenhange bei Cäsarius keine Begründung findet. Denn von der Erneuerung der Kirche ist dort einfach nur als von einer vergangenen Thatsache, ohne nähere Zeitbestimmung, die Rede, wogegen Cäsarius als
Augenzeuge hinzufügt, dass Reliquien der Thebäischen Legion von Bonn nach Heisterbach geschenkt wurden;
um so wahrscheinlicher ist es, dass Cäsarius, der gothei Zeitgenosse des Probstes Bruno war, jenes Neubaues als
einer vor seiner Zeit liegenden Begebenheit gedachte. Auf die Mitte des 12. Jahrhunderts als die Zeit der Weihe
der durch Gerhard erneuerten Kirche führt auch eine Mittheilung der Elisabeth von Schönau an ihren Bruder
Eckbert, Canonicus zu Bonn zwischen 1164 und 1167. (Corp. revelat. Colon. 1628, p. 181). Da nach der Angabe jener Nonne das Ende der an den Bruder berichteten Vision mit der Vollendung der Kirchweihe am Tage
der Kreuzerhöhung (14. Sept.) zusammenfiel, als Tag der Erhebung der Gebeine der hh. Cassius, Florentius und
Mallusius durch Erzbischof Rainald von Dassel aber der 2. Mai überliefert ist (Kalendar. eccles. maior. Colon.
bei Lacomblet, Archiv II, 1. S. 12.), zudem auch das Jahresdatum (1166) des letztern Ereignisses durch die
grossen Cölner Annalen (annal. max. Colonienn. ad a. 1166) glaubwürdig fixirt erscheint, so sind wir versucht,
die der Translation etwa vorhergegangene Kirchweihung auf den 14. Sept. 1165 zu setzen.

26) Die undatirte Urkunde Erzbischofs Rainald bei Günther, l. c. I, Nr. 183, womit er den mit dem Trans-
lationsfeste stets verknüpften Markt verlieh, gehört den Zeugen zufolge höchstwahrscheinlich dem Jahre 1167 an.
Dass der Bau Gerhards übrigens schon vor 1150 begonnen, beweist die Urkunde Erzbischofs Friedrich II. von
1150, Günther l. c. I. 150. Lersch Niederrh. Jahrbb. I. p. 229 vermuthet, dass der Kirchenbau im Jahre 1143
begonnen habe.

27) Es darf bei dieser Gelegenheit nicht unerörtert bleiben, wohin dieser Mallusius, dessen Person und ursprüngliche Begräbnissstätte noch Friedrich, Kirchengeschichte Deutschlands, I. S. 134, nicht zu erklären weiss,
eigentlich hingehöre. Das 'Bertun', wo Mallosus oder Mallusius gemartert worden, oder das oppidum Bertunense,
wo nach Gregor v. Tours, de gloria martyrum, c. 63, sein Oratorium, später Basilika, bekannt war, zu einer Zeit, als
man die Reliquien des h. Victor noch nicht gefunden hatte, ist nichts Anderes als Birten bei Xanten, das Blersuna
des 9. Jahrhunderts (Annal. Fuldens. ad a. 864). Der in den Urkunden des 10. u. 11. Jahrhunderts noch nicht
den Namen der hh. Cassius und Florentius beigesetzte Heilige (vgl. Lacomblet Archiv II. S. 67 und 80) wurde
wahrscheinlich erst im 12. Jahrhundert, unmittelbar vor der Erhebung durch Rainald v. Dassel, nach Bonn gebracht. Den Reliquien und dem ganzen Schatze der Münsterkirche hat der Truchsessische Krieg (1583) unersetzlichen Schaden gebracht. Am 29. Dec. 1583 beschloss das nach Cöln geflüchtete Capitel des Cassiusstifts, da
seine heiligen Gefässe und Reliquien, die Kirchenornamente und kostbaren Manuscripte durch die Geusen vernichtet werden, die Altäre in Schutt liegen u. s. w., dass jeder neu eintretende Canonich 40 Goldflorin und 20 dergl.

waren, ob überhaupt deren Ruhestätte vorher bekannt und wo sie bis dahin bestattet gewesen, steht dahin. Jedenfalls aber, sei nun diese Erhebung eine Folge des erst geschehenen Fundes der Märtyrergräber oder eine neue Verherrlichung älteren Besitzes [28]) ihrer Gebeine, sie tritt als die Krönung des Neubaues Gerhard's des Propstes aus dem gräflichen Hause von Are-Hochstaden auf.

Gerhard [29]) war wol zweifellos der hervorragendste der Pröpste Bonns; willenstark, ehrgeizig und baulustig mehrte er den Besitz seiner Kirche, ganz besonders durch die Erwerbung der von ihm ausgebauten festen Burg auf dem Drachenfels [30]), reorganisirte das Klosterleben [31]), erweiterte und erneuerte in glänzender Weise die Baulichkeiten der Kirche und des Klosters. Dass zu seinen Neubauten vor Allem der Ostchor und der Kreuzgang gehören, sagen ausdrücklich gleichzeitige Urkunden [32]), und untrennbar im baulichen Charakter gesellen sich diesen die beiden viereckigen Ostthürme und der Capitelsaal zu, so dass wir im jetzigen Gebäude: den östlichen Theil der Krypta, die darüber befindliche Absis mit ihren Seitenthürmen, Kreuzgang und Capitelsaal als das Werk der zweiten ums Jahr 1143 begonnenen und mit der Reliquienerhebung im Jahre 1166 beschlossenen Gerhard'schen Bauperiode zu betrachten haben.

---

bei der Installation zahlen und dagegen die üblichen Gastmähler der Novizen abgeschafft werden sollten. Neue Ornamente und Paramente wurden 1589 und 1590 durch Collecten bei Stiften, Klöstern und Privaten beschafft.

28) An die Stätte, wo Cassius und Florentius mit ihren Gefährten den Tod fanden, soll die sog. „Mord-kapelle" bei Endenich nach der Legende erinnern. Die Anhöhe, auf welcher diese Kapelle liegt, wurde „Mord-kaule" genannt.

29) Gerhard, wie die Bleitafel seines Sarkophages bekundete, 'Are castello nobiliter natus', also ein Graf von Are. Der alte Irrthum, Gerhard sei ein Graf von Sayn gewesen, was offenbar ein Verwechselung mit seinem Nachfolger Bruno III, wurde in den Registern der Pröbste und chronistischen Nachrichten hartnäckig fortgepflanzt. Vgl. Materialien zur geist- und weltlichen Statistik I. S. 442.

30) Günther, cod. dipl. Rheno-Mosell. I. 148., 183.

31) Lersch, Niederrh. Jahrb. I. S. 224 ff.

32) Günther, cod. dipl. Rheno-Mosell. I. 150. Auf den Chordienst und die durch denselben bedingte Beleuchtung des Chors und gewisser Theile des Schiffes bezieht sich die in der Beilage mitgetheilte Aufzeichnung „der Gefälle der Lampen im Chore" aus dem 15. Jahrhundert, welche auch zugleich für die damaligen Altäre und Vicarieen des Münsters von Interesse ist. Der Vicarieen waren 22 und zwar: die des hh. Cassius und Florentius, der hh. Petrus und Paulus, B. M. V. in crypta, B. M. V. in pasculo, ss. trium regum, XI millum virginum, s. Urbani, s. Lamberti, s. Mariae Magdalenae, B. M. V. et Benedicti in ambitu, s. Crucis, s. Iohannis evangelistae, s. Cyriaci, ss. Barbarae et Agathae, ss. Annae, ss. Catharinae et Blasii, s. Nicolai, in crypta ss. Michaelis et Helenae, s. Aegidii, s. Clementis, s. Iacobi, s. Stephani.

Säule des III. Theils der Krypta.

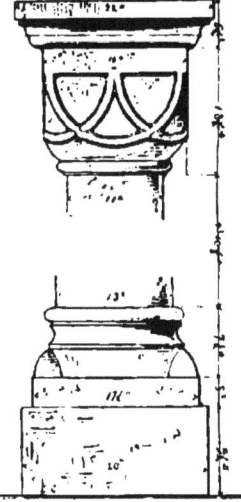

Der architectonische Charakter des zur ursprünglichen Krypta hinzutretenden neuen Theiles wie der zu diesem gehörigen beiden Thurmcapellen unterscheidet sich von ersterer nur durch 3' grössere Höhe der Kreuzgewölbe und schlankere Säulen mit höherer Plinthe, Eckblättern an den Basen und verzierenden Bandverschlingungen der Würfelcapitelle von zweien der beiden Paare. Belangreicher ist der Fortschritt der Weiterbildung des Ostchores mit seinen beiden sich nach oben etwas verjüngenden viereckigen Thürmen gegenüber dem ältern Langchore. Hier tritt uns ein volles Bild (man vergleiche die Abbildung) der strengen, klaren und reichen, dem Niederrheine eigenthümlichen romanischen Formentwicklung des 12. Jahrhunderts entgegen. Im Innern einfach, ohne allen architectonischen Schmuck und auf die ausschmückende Hülfe der Malerei angewiesen, zeigt die Absis in ihrem Aeussern gleich den Thürmen reiche Gliederung. Ueber dem Sockel von Basalt und Bruchstein erheben sich, in Tuffstein gemauert, in zwei Etagen übereinander Säulen, zum Theil von kostbarem Kalksinter, mit Eckblättern und verschiedenfach verzierten Capitellen, deren unterste durch ein grades Gesims abgeschlossen, deren oberste in der Absis von einem Kranz spätterhin vielleicht erweiterter, mit gothischem Stabwerke versehener Fenster eingenommen werden. Ueberwärts der letztern umgibt die Chornische eine offene niedrige Säulengallerie, welche ein Wulstgesims mit versetztem, auf kleineren Kragsteinen ruhendem Stabwerk abschliesst.

Der einst vierseitige *Kreuzgang* verlor sichtlich im 13. Jahrh. beim herausgerückten Baue des südlichen Schiffes und Querschiffes der Kirche seine Nordseite. Gegenüber den innern Wänden, dem von ihm umschlossenen Mittelhofe zu besteht er nach der ursprünglichen Anlage jederseitig aus fünf viertheiligen Säulenarkaden, die von kräftigen Pfeilern mit vorspringenden, weite Blendbogen tragenden Säulen geschieden werden. Die obere Etage zeigt durch kleine Säulen getrennte gekuppelte Fenster und bildet nebst dem östlich an Kreuzgang und südliches Querschiff anstossenden, durch eine Absis, zwei denen der Ostkrypta entsprechende Säulen und Kreuzgewölbe charakterisirten Capitelsaale, das claustrum interius der vorhin bezogenen Urkunde Erzbischofs Friedrich II. vom Jahre 1150. In strengem, jedoch dem der Befangenheit schon entrückten Kunstgeiste der zweiten Hälfte des 12. Jahrhunderts charakterisirt diese schöne Architektur des Kreuzganges sich durch die Weiterbildung und phantastische dem Thier- und Pflanzenleben entnommene Ornamentation der Würfelcapitelle. Eckblätter fehlen selbstverständlich den Säulenbasen nicht und ist die Wölbung, wie der Grundriss zeigt, eine zwiefache. [33])

---

33) Eine kurze Mittheilung über den Kreuzgang nebst Abbildung s. bei *Lersch*, Niederrh. Jahrb. I. p. 217.

Zu dem nicht mehr erhaltenen Portale des Gerhard-schen Kirchenbaues gehörte ohne Zweifel auch die vor nicht langer Zeit noch in zwei Exemplaren vorhandene Gruppe eines Löwen, der ein Lamm bewältigt[34]), eine typische nach I. Petri, V. 5—8: 'Euer Widersacher, der Teufel, gehet umher wie ein brüllender Löwe und suchet, welchen er verschlinge' — an unendlich vielen Kirchenthüren vorkommende symbolische Darstellung des 11. und 12. Jahrhunderts, die nach der Wegräumung des Monuments von seiner ursprünglichen Stelle Wahrzeichen des Stifts und später der Stadt mit anderer Bedeutung und Erklärung der Thiere wurde.

Probst Gerhard starb 1169. Seine Gruft befand sich wahrscheinlich in der Mitte des Westendes des Mittelschiffs, wo jetzt die Statue der Kaiserin Helena, ein angeblich im vorigen Jahrhundert in Rom gefertigter Bronceguss[35]) aufgerichtet ist. Sein Sarg enthielt jene bereits erwähnte Bleitafel, welche des hochstrebenden Probstes Bauthätigkeit, seine Schenkungen an das Stift und die unter ihm vollführte Erhebung der Gebeine der Titularheiligen rühmt[36]).

Das Grab[37]) deckte einst ein nunmehr leider zerstörtes Denkmal der liegenden lebensgrossen Figur des Verstorbenen, der das Evangelienbuch in der Linken, in der Rechten das Modell seiner Kirche hielt. Die preisende Beischrift lautete:

Nemo . priorum tanta . restruxit quanta . Gerardus. | Nobilis . ortu . clarior . actu . gloria

---

Die an den Capitelsaal anstossende allerdings in den alten Mauern stehende moderne Pfarrwohnung ist im Grundrisse weggeblieben.

34) Zuerst habe ich dieses dargelegt in meinem Werke: Kunstdenkmäler des christl. Mittelalters u. s. w. Abthlg. I. Bd. III. p. 43. Die Gruppe befindet sich nunmehr im Hofe des Rathhauses. Vgl. über das betreffende Secret-Siegel der Stadt Bonn die Ausführung von Dr. Harless Seite 32 des Abschnittes IV. dieser Schrift.

35) *Hundeshagen*, Stadt und Universität Bonn (1832), S. 89. Gemäss anderen, indess unzuverlässigen und sich zudem widersprechenden Angaben soll die Helenastatue schon 1688 errichtet worden sein. Vgl. Beitr. zur Gesch. der Kirchen und Klöster Bonns (1861), S. 45.

36) Die Inschrift der Tafel lautet nach Auflösung der Abbreviaturen: Anno incarnationis dominicae M. C. LXVIII positum est corpus | Gerardi praepositi in hoc loculo. qui ecclesiam multis | aedificiis et luminibus decoravit et praediis dita | vit. et corpora sanctorum martirum transtulit eisque ornamenta | multa contulit. Hic Arae castello nobiliter natus | nobilius vixit. miserere christe servi tui amen ‖ †.

37) Bei einer Nachgrabung in der Münsterkirche fanden wir ein zum Einsenken der Fundamente der Helenastatue benutztes 15' und 9' messendes, mit fünf Wandnischen versehenes Gewölbe, zu welchem eine aus neun Stufen bestehende Treppe hinabführte. Es ist durch die Bedeutung der Stelle an und für sich wahrscheinlich und wird auch durch die Tradition bestätigt, dass das Ende des vorigen Jahrhunderts noch vorhandene Grabdenkmal dort stand und der Helenastatue weichen musste. Das angeführte Denkmal des Grabes ist auch in den uns vorliegenden Handzeichnungen des J. M. Laporterie vom Jahre 1788 enthalten, aber freilich in einer für die Wiedergabe nicht genügender Weise. Nach einer auch in die moderne Umschrift oben erwähnter Bleitafel übergegangenen Tradition soll sich das Grab Gerhards in der Capelle des h. Cyriacus (angeblich mit dem heute sogenannten Capitelsaale identisch) befunden haben und es wird ferner erzählt, dass das Monument zur Zeit der Fremdherrschaft nach Frankreich verkauft worden sei. Beide Angaben sind indess ebenso unbestimmt als unwahrscheinlich.

stirpis . | Mutat . opes . non . ponit opes . dum . talia . condit | Atria . claustri . menia .
templi . plena . decore . | Quod . fuit . artum . construit . amplum . sordida . mundans . |
Dum . noua . confert . funditus . aufort . apta . ruine . | Usibus . aptum . quiequid . ineptum .
perfecit . omne . | Gratia . Christi . conferat . ipsi . premia . regni.

III. Bauperiode. In den Wirren, welche über die niederrheinischen Lande bei dem
Streite um das Reich zwischen Philipp dem Hohenstaufen und Otto IV. nach dem Tode
Kaisers Heinrichs VI. hereinbrachen, blieb auch Bonn nicht von den Plünderungen der feindlichen Heere verschont. In den Jahren 1198 und 1205 wurde die Stadt, wie berichtet wird,
nebst vielen umliegenden Dörfern verheert und zum Theil eingeäschert.[38]) Hieraus mag
sich die Nothwendigkeit einer zum Neubau führenden Herstellung der Münsterkirche ergeben
haben und wir werden kaum irren, wenn wir als Zeitpunkt dieser Restauration die Regierungszeit des Probstes Bruno von Sayn (1198—1205) und seiner Nachfolger Oliverius
(† um 1224), Heinrich von Müllenark (um 1225) und Johann I. (um 1230) annehmen[39]).

Wenn uns auch ein schriftliches Zeugniss für den letzten Fortbau der dritten Periode
nicht überliefert ist, er selbst ist Beweises genug für die Zeit seiner Entstehung. In gross-
artigem flüssigen Gusse leichter künstlerischer Gestaltung fügt sich nämlich an den östlich
von Gerhard mit Chor und Thürmen versehenen alten Langchor westlich der neue Bau
des Querschiffes und dreitheiligen Langhauses aus der ersten Hälfte des 13. Jahrhunderts.
Offenbar begann derselbe am Langchore selbst mit Erhöhung desselben durch Rundfenster
in Spitzbogenblenden wie den an den Querschiffen gleichmässig fortgeführten Lissenen und
Rundbogenfriesen. Die Querschiffe sind nun bereits nicht mehr rund, sondern mit halbem
Zehneck polygon geschlossen, wenngleich die unten kreisrunden, oben halbrunden Fenster,
der Abschluss durch Zwerggallerien, sowie die erwähnten Lissenen und Rundbogenfriese noch
ganz dem rein romanischen Stile angehören. Vorgeschrittener im Stile erscheint die De-
coration des auf der Vierung befindlichen mächtigen achteckigen Thurmes, dessen beide
Etagen schon von Spitzbogen überwölbte Arkadenfenster zeigen. Seine jetzige Höhe ist
keinenfalls die beabsichtigte[40]). Denn das unserer Abhandlung vorgedruckte Stiftssiegel (nach
einer Urkunde des Jahres 1280), wenn auch kein diplomatisch getreues Architecturbild, lässt über
die stilgerechtere kuppelförmige Abdachung der Erbauungszeit keinen Zweifel.

Die Flügelschläge des Genius jener neuen schwärmerischen Zeit hingebender Frömmigkeit,
dessen idealen künstlerischen Ausdruck der germanische Baustil darstellt, wehen uns aus der Bil-

---

38) Annal. max. Colon. ad a. 1198 u. 1205.

39) Vgl. die Series praepositorum Bonnens. in den Materialien zur geistl. und weltl. Statistik des Niederrh.-
Westfäl. Kreises IV, p. 444 sq. Dass die Stelle des Cäsarius (Dial. VIII, 65) sich nicht auf Bruno's Zeit bezieht,
ist schon oben bemerkt. — Kugler führt für den Antheil des Sayn'schen Grafenhauses am Neubaue des Bonner
Münsters an, dass sich in der Klosterkirche zu Sayn ganz ähnliche Arkaden mit Spitzbogen in germanischem
Stile, wie sie sonst nicht häufig seien, vorfinden.

40) Der alte Helm des Thurmes ging durch die wiederholten Beschiessungen Bonns im 16. und 17. Jahrhunderts verloren und erst um die Mitte des vorigen Jahrhunderts ward die gegenwärtige Bedachung vollendet.
Vgl. Chr. v. Stramberg. Rhein. Antiquarius, II, 14. Heft 2. Analog sind die Anlagen des Mittelthurms bei den
Kirchen von Grossmartin zu Cöln und zu Schwarzrheindorf, deren letzterer Weihe bekanntlich Probst Gerhard
von Bonn beiwohnte.

dung des **Langhauses** an. Grosse Vielblattfenster der Seitenschiffe, spitzbogige, die Ober-
wände ganz durchlaufende Säulenarkaden, deren Rundfenster von der Mitte aus nach den Seiten
pyramidal niedriger werden, bekunden schon das Princip vollständiger Mauerdurchbrechung
und mit jenem verkünden die selbst an späteren Bauwerken noch seltenen, zur Verbindung
der Schiffe dienenden Strebebögen die neue Bauweise. Ebenso das einzige an der Nordseite
befindliche, reich mit beringten Halbsäulen und abschliessendem Ornamentband gegliederte
Hauptportal der Kirche, dessen Bogenfeld auf den Schmuck durch Bildhauerarbeit berechnet gewesen zu sein scheint[41]. Zwei kleinere in den Kreuzgang führende Portale sind
ausgezeichnet durch reiches Blattornament der Umfassung. Unvollendet blieb dieser
Prachtbau bei der inneren Gestaltung einer Absis des viereckigen Vorbaues der Westseite. Ihr Grundriss besteht aus einem flachen Halbkreise, der auf hohem Sockel mit
sechs Paar oben durch Bögen verbundenen Halbsäulen versehen ist und ihre unterbliebene
Weiterführung verdeckt nunmehr der Orgelchor. Von diesem aus tritt dem Auge das ma-
jestätische über 300' lange Innere, welches in wunderbarer Harmonie und Grossartigkeit
seines gleichen unter allen ähnlichen Bauten sucht, fesselnd entgegen. Statt seiner Beschreibung lassen wir bei der Kürze der Zeit die nachstehende schöne Abbildung — welche hinreichend die breiten Arkaden und Verhältnisse, die reiche Gliederung der mit Halbsäulen be-
lebten Pfeiler, aus denen die Gurten und Rippen der Gewölbe herauswachsen, die leichte
Bogengallerie und schöne Fensterarkatur veranschaulicht — eintreten. [42])

---

41) Es gab beim Cassiusstifte bis in's 14. und 15. Jahrhundert ein besonderes Steinmetzamt (officium bastonariae) oder Steinmetz-Erbhende. Mit Bulle vom 5. Sept. 1302 beauftragte Pabst Bonifacius VIII. die Pröbste
vom h. Georg zu Cöln und von Xanten, den Christian Schilling in dieses officium bastonariae einzuführen. Jedenfalls erinnert dieses officium an die 'aliorum officiorum artifices' der Urkunde Erzbischofs Arnold I. von 1143
(Günther, cod. Rheno-Mosell. I. p. 281). Von einem noch ältern Künstler, einem um die Münsterkirche verdienten Goldschmiede Heinrich . giebt uns eine von *I. M. Laporterie* copirte Inschrift Kunde, welche nach unserer
Lesung wie folgt lautet: Ille . qui . defunctus . iacet . aurifele . vice . penotus | Henricus . dictus . manuum . fuit .
arte . peritus . | Qua . sunt . quaelibet . res . et . stipendia . vite . | Vivere . quando . fuit . sedi ornatura deprompsit . |
Qui . legis . hoc . sancto . petiturus . otia . porte . | Elus delicti . maculas . deposce . relicti — d.h. 'der da hier
entseelt liegt, ein Stäubchen (Punkt) an Stelle des Goldschmieds, Heinrich genannt, war erfahren in der Kunst
der Hände, da wo gesucht sind die Dinge und der Lohn des Lebens. Als das Leben ihm war, kehrt' heraus er,
was dem Sitze (der Kirche) ein Schmuck sein sollte; der du dieses liesest, im Bestreben die Ruhe der heiligen
Pforte (des Himmels) zu erreichen, bitte ab die Flecken der ihm überbliebenen Sünde'. Der Charakter der von
Laporterie nachgeahmten Schriftzüge stimmt mit denen der poetischen Grabschrift auf Probst Gerhard genau überein
und lässt somit nicht bezweifeln, dass auch jener Heinrich dem 12. Jahrhunderte angehörte und ein Mitglied in
der Reihe tüchtiger Kräfte war, deren sich Gerhards weitblickender Geist zur Ausführung seines Baugedankens
bediente. Ueber den wahrscheinlichen Goldschmied 'custos Heinricus', den Vorfertiger des Annoschreins vgl. meine
Denkmäler, Text III, S. 21.

42) Der gleichen Bauperiode scheint ein jetzt im ehemaligen Kelterhause des Capitels verbautes zum West-
flügel des Kreuzganges führendes offenes Atrium angehört zu haben, welches 1256 urkundlich erwähnt wird. S.
oben Abschn. IV, S. 14. Bemerkenswerth erscheinen auch als Endstücke eines dem 14. Jahrhundert entstammenden Lettners zwei vor den Ostwänden der Querschiffe noch befindliche gothische Bogen.

Aeltere Kirchengeräthe und Mobilien besitzt die in den letzten Decennien des 16. Jahrhunderts gründlich ausgeräumte Kirche nicht mehr. Auch von den ehemals in ihr sich erhebenden Grabmälern von Wohlthätern und Würdenträgern sowie einzelner Cölnischer Erzbischöfe, sind nur noch zwei vorhanden:

1) Der 9' lange, 4' breite und 2½' hohe, dem 14. Jahrhundert angehörige Steinsarkophag Engelberts II. († 1275) mit dessen auf einem Löwen liegender Gestalt in Pontificalkleidung und mit der Umschrift:

Engelbertus de Falkenburg archiepiscopus Coloniensis

Floreat . in . celis . tua . laus . verona . fidelis.

Filia . tu . matris . Engilberti . qua patris .

Que tua . metropolis . non habet ossa . colis .

Zu den Häupten des Erzbischofs tragen zwei jetzt ihrer Köpfe beraubte Engel die Seele des Verstorbenen in einem Tuche gen Himmel. [43]

2) Ferner die in der Länge 8'3" messende gleichfalls steinerne Tumba des 1480 gestorbenen Cölnischen Erzbischofs Ruprecht von der Pfalz, welche auf drei Seiten des Randes der Deckplatte die Inschrift trägt:

Anno . Domini . MCCCCLXXX . XXVI . mensis Iulii

Obiit . Reverendissimus in Christo . pater . et dominus .

Ropertus archiepiscopus Coloniensis.

cuius anima requiescat feliciter amen.

43) Vgl. die nähere Beschreibung im Texte zu Bd. III. meine Denkmäler S. 44.

Obiit Reverendissimus in xpo pr-et das das Copertus-Archiepus Colonien

Auch auf diesem Monumente [44]) erscheint die ruhende Figur des Erzbischofs in Pontificalgewändern, mit Handschuhen und Bischofsring über der letztern; zu den Füssen der Figur erblicken wir einen Löwen, gleichwie bei Engelbert II. auch bei Ruprecht das Wappenthier des Geschlechtes.

Von den Umbauten der Münsterkirche, der Ende des 11. Jahrhunderts errichteten kreisrunden St. Martinskirche hinter dem Ostchore [45]) der vom Erzbischof Heinrich II. († Anfang 1332) zu seinem Begräbnisse erwählten St. Barbarakapelle [46]), der Pfarrkirche des h. Gangolf und der Helenacapelle besteht nur noch die letztere, offenbar eine dem 12. Jahrhundert angehörige Privatcapelle der ehemaligen geistlichen Bewohner des jetzigen v. Geyr'schen Hauses. [47])

---

44) Zuerst beschrieben von *Lamey*, Iter literar. in actis academiae Theodor. Palat t. III, ed. Manhem. 1778, p. 60. Vgl. auch hierüber meine Denkmäler, Text Band III. S. 44—45.

45) Ueber diese im Jahre 1802 abgebrochene 40' weite mit Chor und erhöhtem Mittelschiffe versehene Rundkirche des 11. Jahrhunderts, welche wahrscheinlich ursprünglich eine Taufkapelle war, vergl. man die Abhandlung von *Häffer* in den Annalen des historischen Vereins für den Niederrhein v. 1863. Abbildungen des Aeussern hat Boisserée, Denkm. d. Baukunst am Niederrhein 1833, das Innere Meyer, Rheinische Denkm. Heft I.

46) *Lacomblet*, Urkundenb. III. Nr. 375.

47) Wir dürfen diese Abhandlung nicht schliessen, ohne Namens des Congressvorstandes der Verlagsbuchhandlung von T. O. Weigel in Leipzig für die leihweise Gewährung der Stahlplatte des Titelbildes, sowie den Herrn Architekten Zellner, Wiegen und Henry für die Anfertigung der übrigen Zeichnungen zu danken.

Anlage.

Register der Gefälle zur Unterhaltung der Lampen im Chor, im Schiff, in der Krypta und den Capellen der Münsterkirche zu Bonn. — Aus dem 15. Jahrh. [48])

Item lampas in choro habet in redditibus XXIIII. talenta olei nouum de heredibus quondam dicti allober in landestorp. Item Ryehwinus filius quondam henerici pesch de mesfendorp VIII talenta olei eciam nouum. Item Ebdomidarius ecclesie dat ad eandem II. marcas. Item ad eandem lampadem solalt Hilla de stralsvelt relicta quondam heymonis sanderi unam sembrinum tritici ad illuminacionem eiusdem de uno iurnali vinee in marviachten de quo dat tercium botrum monialibus de capellen. Item eadem Hylla relicta de eadem iurnali solait eciam unam sembrinum tritici preuisori beate marie in cripta ad illuminacionem sue lampadis in cripta. Item lampadem in choro sancti petri altarista sancti petri illuminat et ardebit die ac nocte. Et idem illuminabit lampadem in cripta sancti Michaelis et ardebit in nocte tantum. Item rector sancti stephani ponet candelam per noctem semper in lucerna ante altare sancti petri ardentem et pro eo habet decimam in Reyde. Item rector altaris beate Marie magdalene illuminat lampadem ante altare sancte Katherine per noctem tantum. Item in dottendorp quidam de XLII quartalibus terre arabilis ibidem illuminat lampadem ante altare sancti stephani per noctem tantum et quodlibet quartale solait unam talentum olei. Item rector sancte Barbare illuminat per noctem lampadem capelle sue. Item rector sancti elementis illuminat lampadem suam. Item henricus quondam rack illuminat lampadem ante altare sancti iohannis. Item rector sancti Iacobi illuminat lampadem suam. Item rector sancti Blasii illuminat lampadem suam. Item rector sancti eiriaci illuminat lampadem capelle sue per noctem tantum. Et lampadem super sepulchrum sancti Casili die ac nocte. Et lampadem unam de tribus pendentibus ante altare beate Marie in cripta per noctem tantum. Item rector altaris beate marie unam de iam dictis tribus per diem et noctem. Item berwicus laycus unam de iam dictis tribus illuminat de uno quartali vinee in Marviachten. Item lampadem ante altare sancti lamberti illuminat Theoderycus de Duren canonicus. Item ante altare sancti Nicolai in crypta lampadem unam illuminare debet rector altaris sancte Marie Magdalene. Item lampadem ante altare sancte Helene illuminat clericus in Reyde. [Item rector s. Crucis ponet candelas ardentes sex, in choro duas et in corpore ecclesie quatuor in lucernis pendentibus et pro eo habet vineam intra muros dominorum et a curtim magistro 45. marcas] [49]).

---

48) Original - Pergamentblatt mit deutlicher Schrift. Auf der Rückseite steht 'Rolla Lamparum (sic) in area ecclesie' von einer Curalvhand des ausgehenden 15. Jahrh.

49) Das Eingeklammerte ist Zusatz von einer Hand aus der Mitte des 16. Jahrh.

Grundriß der Crypta der Münsterkirche in Bonn.

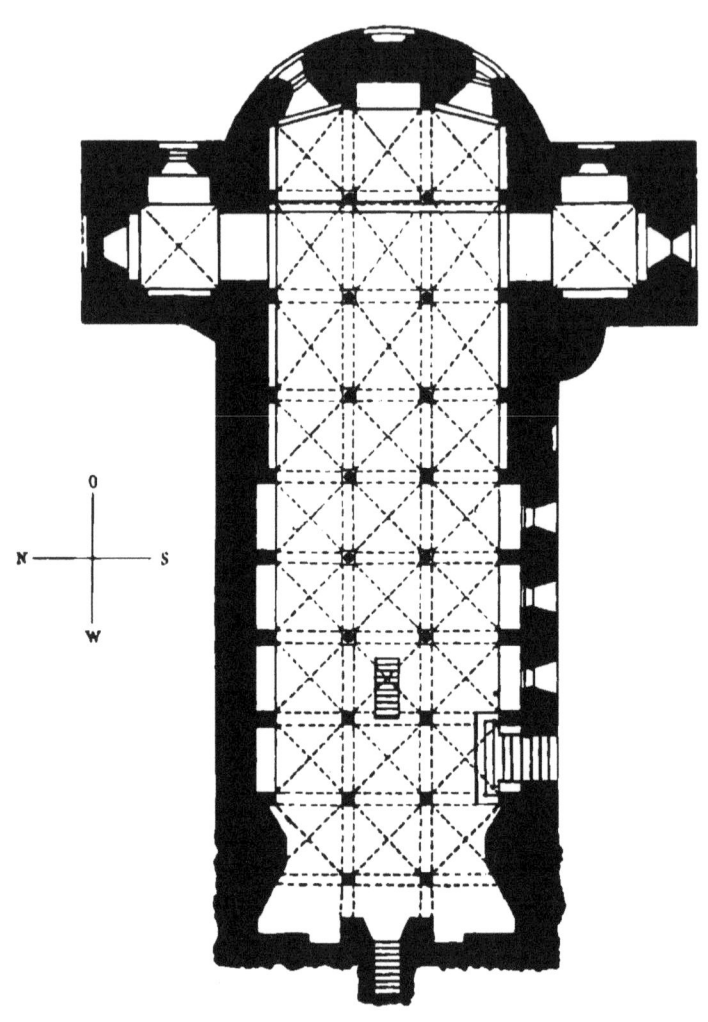

VIII.

Die Münzen und Medaillen Bonn's.

Von

E. A. Wuerst.

Einleitung.

Wenngleich Bonn mit zu den ältesten Niederlassungen am Rheine gehörte und sich früh schon aus einer bedeutenden Römerstation zu einem ansehnlichen Platze entwickelte, so ist die Stadt doch nicht in die Reihe der vielen anderen getreten, welche das Recht zu münzen hatten.

Aus den uns überkommenen metallenen Beweisen, nämlich den aufgefundenen Münzen, ersehen wir, dass nach dem Sturze der Römerherrschaft die fränkischen Fürsten in Bonn Münzen schlugen [1]), und dass auch später Karl der Grosse, der im Jahre 775 hier über den Rhein zum zweiten Kriege gegen die Sachsen zog, — in Bonn münzen liess [2]).

Von den späteren deutschen Königen und römischen Kaisern sind dagegen nur von Sigismund Beweise, dass er das Münzrecht in Bonn ausübte, vorhanden.

Die Stadt gehörte mit ihrem alten, weitberühmten Stifte zu dem Erzbisthum Cöln und war den Erzbischöfen treu ergeben.

Alle Schicksale, die das Erzstift im Laufe der Jahrhunderte trafen, berührten auch die Stadt Bonn und zwar umsomehr, als in Folge der Zerwürfnisse des Erzbischofs Engelbert von Falkenburg mit der Stadt Cöln, dieser 1267 seine Residenz von Cöln nach Bonn verlegte.

Seit jener Zeit blieb Bonn der Sitz der Erzbischöfe und Kurfürsten von Cöln, bis der letzte dieser geistlichen Fürsten, Max Franz von Oesterreich, 1794 den unter Pichegru anrückenden Franzosen weichen musste.

Es ist bekannt, dass die Erzbischöfe von Cöln seit dem X. Jahrhundert Münzen schlagen liessen; wann sie das Münzrecht erhalten haben, ist urkundlich nicht nachzuweisen [3]).

In Bonn fing zuerst Erzbischof Siegfried von Westerburg (1275—1297) an Münzen zu schlagen und ihm folgten die Erzbischöfe Heinrich der Zweite von Virneburg (1306—1332) bis auf Hermann IV. von Hessen (1480—1508).

Hermann von Hessen ist der Letzte, auf dessen Münzen wir den Namen Bonn antreffen, denn seine Nachfolger bedienten sich — von Westphalen abgesehen — nur noch der Münzstätten zu Riel und Deutz.

Zwar hat Erzbischof Gebhard Truchses während der Belagerung Bonn's im Jahre 1583 hier noch einmal Münzen fertigen lassen, allein es waren eben nur wenige Stücke, die in

---

1) Combrouse. Monétaires des Rois Mérovingiens. Paris 1843. pl. 15.
2) Grote. Münzstudien I. p. 68. — Joh. Heinr. Müller. Deutsche Münzgeschichte Leipzig. 1860. pg. 196.
3) Müller. Deutsche Münzgeschichte I. p. 180.

der grossen Noth aus dem Silbergeschirr geschnitten und mit verschiedenen Stempeln markirt wurden, um zur Soldzahlung an die in der Festung eingeschlossenen, geworbenen Truppen benutzt zu werden.

Nur zweimal hat die Stadt selbst gemünzt und zwar 1563 und 1699, wo sie nach dem Vorgange vieler andern Städte, Rathszeichen für ihre Rathsmitglieder prägen liess.

Eine eigene Münzgeschichte besitzt die Stadt Bonn sonach nicht; — es ist jedoch eine grössere Zahl von Medaillen vorhanden, die auf die Belagerungen Bonn's und andere merkwürdige Ereignisse, Festlichkeiten etc. Bezug haben; daran schliessen sich andere Stücke zu Ehren solcher berühmter Männer an, welche in Bonn geboren worden, oder längere Zeit hier gelebt haben und hier gestorben sind.

Ueber die Errichtung der erzbischöflichen Münze in Bonn ist, wie noch bemerkt werden muss, keine Urkunde vorhanden, eben so wenig kann nachgewiesen werden, in welchem Jahre die Bonner Münze ihre Thätigkeit eingestellt hat oder aufgehoben worden ist. Es steht nur fest, dass bis jetzt keine kurcölnischen Münzen vom Kurfürst Philipp II. (1508—1515) und seinen Nachfolgern bekannt sind, die den Namen der Bonner Münzstätte führen.

In den nachfolgenden Blättern sind nun alle bekannt gewordenen Münzen, die in Bonn geschlagen worden, so wie die Medaillen, Jetons und Zeichen, die auf Bonn Bezug haben, in chronologischer Reihenfolge zusammengestellt, wobei insbesondere auch auf die Stempelverschiedenheiten der einzelnen Stücke Rücksicht genommen worden ist.

Die Eintheilung der Beschreibung ist nach den Zeitperioden der Art erfolgt dass erst die Münzen der fränkischen Fürsten, dann die Kaisermünzen und ferner die der Erzbischöfe aufgeführt stehen; an diese reihen sich die städtischen Rathszeichen an und folgen dann alle Medaillen, Jetons und Zeichen.

Verschiedene bisher unedirte sind ebenso wie die seltensten oder sonst interessantesten Münzen und Medaillen in möglichst getreuen Abbildungen beigefügt. Die Nummern der Letzteren correspondiren mit den Nummern des Textes. Auch ist bei jedem Stücke angegeben, in welcher Sammlung es sich befindet oder in welchem Werke, Zeitschrift, Catalog etc. es bereits beschrieben oder angeführt ist.

Die Grösse wurde in Millimetern angegeben.

Alle Münzen, Medaillen etc. bei denen kein Metall angeführt ist, sind von Silber.

Die gebrauchten Abkürzungen sind die bekannten und erklären sich durch den Text selbst. Mit „Cappe" sind die Nummern bezeichnet, welche in dessen „Beschreibung der Cölnischen Münzen des Mittelalters. Dresden 1853." stehen; mit „v. Merle" dagegen die Nummern in „Wallraf's Beschreibung der Köllnischen Münzsammlung des Domherrn von Merle. Kölln 1792."

Die zahlreichen Beiträge, welche mir zu dieser Arbeit von so vielen Seiten aus Deutschland, Oesterreich, Holland, Belgien und Frankreich zu Theil geworden, verpflichten mich zu dem innigsten Danke, den ich hiermit noch besonders auszusprechen mir erlaube.

W.

I. Fränkische Zeit.

Aus dieser Zeit sind bis jetzt nur nachstehende 2 in Bonn geschlagene Münzen bekannt geworden:

Gold-Triens.

1. Av. BONAFITVR ×   Kopf v. d. r. Seite.
   Rv. CHADOALDOMϢ   schwebendes Kreuz.   Gr. 12½.

   Sammlung d. Fürsten v. Fürstenberg in Paris. Scheint dasselbe Stück zu sein, welches von Combrouse, Monétaire des Rois Mérovingiens. Paris. 1843. pl. 15 N. 14 abgebildet und als in der Sammlung Rollin in Paris befindlich, angegeben ist. [Siehe Tafel I.]

2. Av. VVIL......NIL./NI...   Kopf von d. r. Seite.
   Rv. BONNACASTI....   in einem Kranse ein schwebendes Kreuz, zwischen zwei Punkten.

   In der Sammlung d. Fürsten v. Fürstenberg. [Tafel I abgebildet.]

In der kaiserl. Sammlung zu Wien befindet sich ein Gold-Triens von sehr roher Prägo:
    Av. OHOAΠ — IΠAM   Brustbild v. r.
    Rv. CIVITASBONCOLVNIA   eine Victorie, in d. Linken ein Kreuz.

Es wird diese Münze aber nicht Bonn zugewiesen werden können, sondern Cöln, gleich den späteren Münzen, auf denen „Bona" nur Beiwort des eigentlichen Städtenamens ist.

II. Münzen der Kaiser und Könige.

Aus der Zeitperiode der Carolinger gehören die Bonner Münzen zu den grössten Seltenheiten; es sind bis jetzt nur die folgenden 5 Stück bekannt geworden, welche alle unter Carl dem Grossen geschlagen worden sind. [Siehe die Abbildungen auf Tafel I.]

Carl der Grosse. (768—814.)

Denare.

3. Av. in zwei Zeilen CARO — LVS
   Rv. BOИ\
       darüber ein Kreuz, darunter eine Hellebarde oder Streitaxt.

   Cappe. Kaiserm. N. 3. Götz Kaiserm. Taf. IV. N. 4. Eckhart. Comment. de rebus franc. etc. T. III. p. 92. N. 4.

4. Dieselbe Münze, im R. neben dem Kreuz ein Ringel oder Kugel.

   Mader. I. Taf. I. N. 9.

5. Dieselbe Münze, aber mit BOИA.

    Cabinet de France.

6. Dieselbe Münze im Rv. BONA   darüber die Hellebarde, darunter ein Krumstab. Gr. 19.

    Revue de la numismatique belge. 1859. pag. 222. Taf. VIII N. 16.

    O b o l.

7. Av. CIЛO — LVS   Rv. Bonn

    oben ein Kreuz, daneben ein Punkt, unten die Hellebarde.

    Gefunden zu Domburg (Prov. Zeeland) jetzt in der Sammlung der Societät der Wissenschaften zu Middelburg. Siehe C. A. Rethaan Macaré: Tweede Verhandeling von de by Domburg gevonden romeinsche, frankische, brittannische etc. Munten. Middelburg. 1856. Taf. III. N. 16, und v. d. Chys. IX. p. 128, pl. XII. N. 25.

Es muss hierbei noch bemerkt werden, dass der von Cappe — Kaisermünzen N. 4 — aufgeführte Denar Carls d. Gr. mit ABONCATS, oder wie Götz — Deutsche Kaisermünzen N. 3 — angiebt BONACAS nicht nach Bonn sondern nach Avranches in der Normandie gehört. Lelewel. I. p. 99.

Von den spätern deutschen Königen und römischen Kaisern haben zwar Götz N. 229, 230, 231 u. 232. — Beeker [Description de la très interess. Collection de Médailles etc. Amsterdam etc.] N. 1011. — Mader. Thl. IV. p. 82. — Joachim. Groschen-Cabinet Supl. I. N. 57. — Lelewel. Taf. 21. N. 1. — Münzen Heinrich II. publicirt, aber auch diese gehören nicht nach Bonn, sondern wie dies auch Cappe (Kaisermünzen p. 85 N. 387) angeführt, nach Deventer, weil auch auf diesen Münzen BONA nur das Beiwort zum Stadtnamen bildet, wie dies schon oben Seite 5 bei dem Gold-Triens des Wiener Cabinets bemerkt worden ist.

Sigismund. (1411—1437.)

In einer Urkunde des Kaisers Sigismunds — nämlich in dem Bestallungsbriefe der Münzmeister zu Nördlingen und Frankfurt a. M. vom Jahre 1418, — werden „Bonn", Bingen, Wesel, Höchst und Offenbach als die Orte erwähnt, in denen Goldgulden geprägt worden [1]. In den Werken von Götz — deutsche Kaiserm. N. 567—70. und Cappe d. Münzen d. deutsch. Kaiser und Könige, Dresden 1848. — No. 809—23. sind nur Goldgulden Sigismunds aus den Städten Basel, Frankfurt, Hamburg, Mainz, Mülheim a. Rh. und Dortmund aber keine aus Bonn beschrieben. Dagegen citirt Mader in seinen kritischen Beiträgen I. p. 151 einen seltenen Goldgulden,

    8a. Av. SIGISMVND . RONORVM . REX.

    Rv. MONETA . BVINSISIS.

Er hat denselben aus dem Supplement des monnaies en or du Cabinet de S. M. l'Empereur p. 83 entnommen.

Eine nähere Beschreibung dieses Goldguldens kann hier nicht gegeben werden, da letzteres Werk dem Verfasser nicht zugänglich war.

---

1) Blätter f. Münzkunde. I. N. 16.

In dem kaiserlichen Cabinet zu Wien befindet sich folgende Münze:

8b. Av. ✝ꜰꜱꜰꞬꜱꞟ M·ꝟ·ꝺ·ꞃꝋ`·ꝺꞁꞃꝟM·ꝺꞁ ×
  Reichsapfel in einem Dreipass.

Rv. ꝏꞁꞃꞬꝟꞁ : — ꝯꝟꞁꞃꞁꝱꝝ (Doppeladler)
  Der stehende heil. Johannes mit einem Kreuzstab in der linken Hand. Kopf
  und Füsse reichen bis in die Umschrift hinein.

Beiderseits die Umschrift in zwei Perlenkreisen.

Gr. 22.

Die Münze ist von Silber und vergoldet [1]).

III. Erzbischöfliche Münzen.

Hamm [2]) führt in seinem Werke über die Cölner Münzen pag. 135 u. f. nicht nur 3 verschiedene Doppelgroschen vom Erzbischof Bruno (953—965), sondern auch Doppelgroschen, einfache und halbe Groschen von Pilgrim (1021—1036), Anno II. (1056—1075) und Arnold (1137—1151) auf, die alle nach den Abbildungen in Bonn geschlagen sein sollen, zum Theil auch den Namen „Verona" zeigen.

Auch Hartzheim [3]) hat mehre dieser Münzen in seinem Werke angegeben und auf Tafel II, III und IV abgebildet.

Wenngleich die Aechtheit dieser Münzen nun schon lange in Zweifel gezogen worden ist, so haben doch Lersch [4]) in der Abhandlung über Verona und Lacomblet [5]) in seiner Untersuchung über die römische Basilika zu Bonn die Echtheit festgehalten.

Beide Forscher beachteten aber nicht, dass von allem übrigen abgesehen, lediglich schon der ganze Typus der abgebildeten Münzen ein solcher ist, dass der Numismatiker sie unbedingt eben so für Fantasien halten muss, wie die von Hamm gleichfalls abgebildeten Turnosen Karls des Grossen.

Hamm hat seiner Arbeit die Aufzeichnungen des Stadt Cölnischen Münzwardeins Friedrich Rodorff zu Grunde gelegt und diese Aufzeichnungen [6]) allein sind die Quellen für ihn und Hartzheim gewesen.

Ob ähnliche Münzen überhaupt existirt haben, ist noch nicht einmal erwiesen, denn es

---

1) Der k. k. Custos, Herr Freiherr von Sacken in Wien, dessen Güte Ich die Mittheilung eines Staniol-Abdrucks dieser unedirten Münze verdanke, bemerkt, dass es trotz des alten Aussehens ein höchst verdächtiges Stück und auch in der Sammlung als „falsch" bezeichnet sei.

2) Hamm. Moneta ubio-agrippinensis ab urbe condita etc. Cöln.

3) Hartzheim. Historia Rei Nummariae Coloniensis. Cöln. 1754.

4) Jahrbücher d. Vereins v. Alterth.-Freunden i. Rheinland I. p. 1. u. f.

5) Archiv f. Gesch. d. Niederrheins. 1854 II. p. 70.

6) Codex monetarius; ein dem Anfang des XVII. Jahrhunderts angehöriger Folioband. [A. VII. 5. in dem Cölner Stadt-Archive.]

sind Originale bis jetzt nicht bekannt. Man kennt sie nur aus den Abbildungen dieser Autoren.

Aber selbst wenn uns die Münzen vorlägen, so würden sie nur beweisen, dass man früher erzbischöflich Cölnische Münzen ebenso „erfunden" und fabricirt hat, wie man dies mit römischen und andern Münzen vielfach gethan.

Der positiven Behauptung, dass jene Münzabbildungen alle erfunden sind, wird auch von Lepsius [1]) und Prof. Hüffer [2]) unbedingt beigestimmt.

Wir lassen jene Münzabbildungen ebenso wie die von Hartzheim Taf. IV N. 14 abgebildete Turnose des Erzbischofs Conrad von Hochstaden (1238—1261) als nicht echt unbeachtet und gelangen so erst unter Siegfried von Westerburg (1275—1297) zu dem ersten Erzbischofe, der nachweislich in Bonn hat Münzen schlagen lassen.

Mit ihm beginnt die lange Reihe der erzbischöflichen Münzen, welche theils den Namen „Verona", theils den Namen „Bonn" tragen.

Siegfried von Westerburg. (1275—1297.)

Groschen.

9. Av. SIFRIDVS — EPISCOPVS

Der Erzbischof mit spitzer Inful, in der R. den Stab, in der L. ein offenes Buch, sitzend auf einem verzierten Stuhle.

Rv. BEATA — VERON — π: VINCES·

Grosse Kirche mit einem hohen und drei kleinern Thürmen und zwei Kreuzfahnen.

Beiderseits Perlenrand.

Gr. 20. — Siehe Tafel I. —

Höchst selten, in Grote. Blätter f. M. IV. pg. 59 publicirte Münze, abgebildet dort Taf. IX No. 221

Es ist dies die erste Münze, auf welcher der Name „Verona" vorkommt; auch widerlegt diese Münze die Annahme Maders (Kritische Beiträge B. VI p. 93) dass der Beiname „Beata" von der in Bonn stattgefundenen Krönung Königs Friedrich herkomme, indem diese erst 1314 durch Erzbischof Heinrich II. vorgenommen wurde.

Heinrich II. Graf von Virneburg. (1306—1332.)

Turnosen.

10. Av. a. ·HENRICVS·E — PIS·COLONEN

b. HENRICVS EP — VS COLONIE

Der stehende Erzbischof, in der R. den Stab, in der L. ein Buch, links neben dem Kopf ein Sternchen.

Rv. im innern Kreise a. ✠GROSSVS : BONNENSIS.

b. ✠ . : BONENS

---

1) Neue Mittheilungen des Thüringisch-Sächsischen Vereins für Erforschung des vaterländischen Alterthums. Halle. 1848. B. VII. p. 151.

2) Die alte St. Martinskirche in Bonn und ihre Zerstörung. Annalen des hist. Vereins f. d. Niederrh. Cöln 1863. Heft 13 u. 14. p. 145.

Aussere Umschrift a. +XPS · VINCIT · XPS · REGN · XPS · IMPE ·

b. ✠————————————REGNAT : XPS : IP

Im Innern Kreise ein Kreuz, in dessen zweitem Winkel ein Stern.

a. v. Merle. P. 156 N. 1. Hamm. P. 143. Cappe. 780.

b. Hartsheim Taf. IV. N. XV. Cappe. 781.

Die Echtheit dieser Stücke muss sehr bezweifelt werden, in welcher Hinsicht auf Seite 7 verwiesen wird.

Sterlinge. (Englische.)

11. Av. a. HGNR — RGHIG — PS . CO

b. ——— — — — — . CO'

c. HGNRA — RGHIG — PHL'GI

d. NGNRA — .RCHIG — PRCOL

e. NGIR — RGHIG — PSGOL

In einem Dreieck das Brustbild des Erzbischofs mit spitzer Inful. Oben in jeder Ecke des Dreiecks drei Kugeln, unten eine Kugel.

Rv. a. b. c. d. und e. MON — GTA — BVR — GRS

Grosses über die ganze Münze gehendes und die Umschrift theilendes Kreuz in dessen vier Winkeln je ein sechsspitziger Stern.

Umschrift zwischen zwei Perlenkreisen.

a. Cappe. 784. v. Merle. p. 158. N. 11. b. Sammlung d. H. Dr. Grote in Hannover. c. Cappe. 765. v. Merle. N. 11. d. Cappe. 783. u. S. Dr. Grote. e. Renesse. Mes lolelrs. 17886.

Ausserdem führt Cappe. 785 einen gleichen Sterling auf, bei dem die Kugeln in den Ecken des Dreiecks fehlen; jedoch ist die Beschreibung des Stücks mangelhaft und kann daraus die Umschrift des Av. nicht entnommen werden.

Hr. Dr. Grote in Hannover besitzt eine Münze wie die vor sub a (Cappe. 784.) angegebene, jedoch mit der Umschrift IIMGR — RRRG — M'PS und im Rv. MOR — GTR — CIVI — TRS (Gewicht 0,93) die entweder auch nach Bonn gehört, da Sterlinge Heinrichs II. aus andern Münzstätten nicht bekannt sind, oder eine Nachprägung eines Unberufenen ist. — Die corrumpirte Umschrift des Av. lässt letztere Annahme als die zutreffendere erscheinen.

Pfennige.

12. Av.	Rv.
a. HGRR'. RRC — HGPS . COL	SIGRGCCG . HGI . GRSSSI . RVRGR
b. HGRRIRCh — IGPS . COLR	——— . ——— . ———— . ———— .
c. ——— — ———	—— . — . SCI . CRRSSI . ———
d. ——— — — ...	———— . SCI . ———— . ———
e. HGRG'ARC — HGPS . ———	—. GGCG . SCI . CARSSI . ————
f. ' ARCh — IGPS . ———	—— . — . ——— . ———— .
g. —.' — — IGP'S . ———	——— . HGI . GRSSSI . ——
h. —.' — — IGPS . ———	——— . ——— . ——— . ——— .
i. — .' — — .	——— . ——— . CRSSSI . ——
k. — .' RRC — HGPSGOLR	——— . ——— . ——— . ——

Av.   Rv.

	Av.	Rv.
l.	henr .... reh — ierscolh	sigecce . seiensei . ev . nehs
m.	henr .' nrc — hers . coir	— . ecce . sei . ———— . bvner
n.	hricarch — ierscolh	sigecc . sei . cassii . bonnen .
o.	henrtec — hers . coln'	sigecce . sei . cassii . evner
p.	henr'.arch — iers . coln .	sigecce . sei . cassii . evner .
q.	hi .... — ...... b .	si . dddd .... iv ....
r.	henr nich — hers . coln:	sigh cece . sei . cissii . evner :
s.	henr.'arch — hers . ———— :	— — . ———— . evner :
t.	— .' — — — . ————— :	— — . — . cassi . ——— :
u.	henb . — — — . ———— :	— — . — : cissii : ——— :
v.	— b . — — — . ———— :	— — . — — : ———— :
w.	— . — — . ———— :	— — . — . ———— :
x.	henriech — ierscoln :	— — . scicassii . ——— :
y.	hen .... rch — ierscoln :	— — . sei . cissii . evner :
z.	henr.arch — icr2 : — :	— — . — . cissii . ——— :
aa.	henb.arch — hers . . — ⚜	— — . — . cissii . evner
bb.	henripci — iere . coln ⚜	sign . ecce . scicissen . evner
cc.	henr : are — chierscole	sigr . ecce . scicassi .
dd.	henr.nrc — elenicii :	sigh cece . sti clissii . ev . ncn
ee.	hei ...... — .... iscoi	s .... sei . cassii . evr

Av. Der sitzende Erzbischof mit Stab und Buch.

Bei b, d, h und o über dem Buch ein Punkt.

Rv. Das 5thürmige Kirchengebäude; auf den kleinen Thürmen sind Knöpfe, der mittelere hohe, mit einem Kreuze versehen. s. hat auf allen Thürmen Knöpfe. Bei b. unter der Kirche 2 Punkte, bei e, h und o ein Punkt.

Gr. 20. ee. ist von Kupfer.

a. S. d. H. Garthe in Cöln. b. c. d. S. Wuerst. e. Cappe. 800. v. Merle. p. 156. N. 4. f. Cappe. 801. Renesse -Breidbach Mes Loisirs. (Anvers 1836. 8.) II. N. 17882. g. Cappe. 796. h. S. d. H. Whalten in Bonn. Cappe. 797. Grooch. Cab. X Taf. VII N. 68. Renesse. 17880. Vogel Chorogr. I. p. 139. i. S. d. Dr. Grote in Hannover. k. S.' d H Whalten. l. S. d. H. Garthe. m. S. Wuerst. n. Cappe. 804. v. Merle. N. 10. o. Samml d. Gesell. f. nütal. Forschung. s. Trier. p. Cappe. 796. Reichel. IV. N. 2642. q. und r. S. Wuerst. s. S. d. H. Jungfer in Berlin. Cappe 793. Taf. XIII. N. 211. u. andere Prägen. 1313. u. 1314. t. S. Dr. Grote. u. Kaiserl. Sammlung in Wien. v. Cappe. 794. w. S. d. H. Whalten. x. Capp. 803. v. Merle. N. 8. y. u. z. S. Wuerst. aa. Cappe. 796. bb. Cappe. 799. v. Merle. N. 3. ee. Cappe. 802. v. M. N. 7. dd. S. d. H. Garthe u. S. Wuerst. ee. S. Wuerst.

13. Av.   a.   henricv   — s : archie

        b.   ————   — s : archie

        c.   ————   — s : ————

        d. : henricv   — srdchie

     e u. f. henricv   — si —

        g.   henricvs — nrchier

        h.   henricv   — s : archier

        i.   ————   — s : ————

Av.

    k. .: ҺENRICV — ᴅ:ᴀRCҺIEᴘ:

    l. ·ҺENRICVꝹ— ARCҺIE: ᴘ

    m. ·ҺENRICVꝹ— ᴀRCҺIE: ᴘ

    n. ·ҺENRICVꝹ —ARCҺIE: ᴘ"

    o. ·———— — ᴀRCҺIE: ᴘ"

    p. ҺEᴊRVꝹAꝹ — CIᴘISꝹOL

       Der Erabischof in der R. den Stab, in der L. ein offenes Buch haltend, —
       mit Infol, sitzend auf einem mit Thierköpfen verzierten Stuhle. Umschrift
       zwischen Perlenkreisen.

Rv. a, e—b u. n. ⊹BEATA: VE — ᴅᴇN — A: VINCEꝹ

    b u. i. ⊹ —— : — — — A: VINCEꝹ

    c. ⊹BEᴀᴛᴀ: VE· — ·ᴅᴇN· —·ᴨ: VINEꝹ

  d, f u. p. BEᴀᴛᴨ: V — CᴅᴇN — ᴨ: VIᴧCEꝹ

    g. ⊹BEᴀᴛᴨ: V · · CᴅᴇN · · ᴨ . VINCEꝹ

    k. BEᴀᴛᴨ: VE— ᴅᴇN — ᴨ: ————

    l. ⊹BEATA: VE· — ·ᴅᴇN· —·A: VINCEꝹ

    m. BEᴀᴛᴨ: V·— ·CᴅᴇN· — ·ᴨ: VINCEꝹ

    o. · : VE— ᴅᴇN — ᴨ: VINCEꝹ :

       Kirche mit einem grossen und 4 kleinen Thürmen;
       bei l. hat der mittlere grosse Thurm 3 Spitzen, bei p. 2 herabhängende
       Fahnen.

    Gr. 20. (Siehe Abbl. Tafel I.)

a. Cappe. 789. Berliner Blätter f. Münzkde. IV. Tafel IX. N. 22. b. S. Dr. Grote in Hannover (wiegt
0.86). c. S. d. H. Gartha. d. Kaisl. Sammlung zu Wien. e. S. Dr. Grote (wiegt 1.10). f. Grothe Münzstudien IV. p. 59. Taf. IX. N. 222. [auch wohl die M., welche Lersch in den Jahrbüchern d. Ver. v. Alterth.
f. im Rheinlde. Heft I. p. 9. aufgeführt. g. S. d. H. Jungfer in Berlin. h. Cappe. 790. Reichel. IV. 2. Abth.
N. 2645. i. S. Dr. Grote (wiegt 0.96). k. S. Wuerst. l. Cappe. 787. Tafel XIII. N. 210. v. Merle S. 157. N. 6.
m. S. Wuerst. n. Cappe. 788. Lelewel. Taf. XIX. N. 18. o. S. d. H. Whalten. p. Cappe. 1315.

Ronesse N. 17888 führt ein Stück auf mit ᴀRCҺIᴘ und ᴨVIᴀC.

14. Av. □: ҺENRICVꝹ — ҺIELLIEᴘ

       Der sitzende Erabischof mit lang herabhängendem Pallium.

    Rv. ⊹BEATA :V — A: VINCEꝹ

       Die 5thürmige Kirche, vom Hintertheil des Chors gesehen.

Cappe. 792. v. Merle. p. 156 N. 5.

    Halbe Pfennige.

15. Av. a. ·ҺENRICV — ꝹARCҺIE :

    b. ·———— — ꝹARCIҺE :

       Der Bischof, wie vor.

    Rv. BEᴀᴛᴨ.V — ᴇNᴨ — VINCEꝹ :

       Die Kirche, wie vor, aber statt der Kreuze, sind Knöpfe auf den Thürmen.

a. Cappe. N. 791. b. Sammlung Dr. Grote (0.52.)

Wallram von Jülich. (1333—1349.)

Turnosen.

16. Av. a.)
b.)
i.)
k.) ꞇWRLꞆ — ꞅꞈXꞍꞁꞅ
l.)
n.)

c.)
d.)
e.)
f.) ꞅ ——————— ꞌ
g.)
h.)
m.)
o.)

Kurzes Brustbild des Erzbischofs mit Inful, auf der Brust ein Wappen mit
dem Cöln. Kreuze; umgeben von einer Einfassung von 12 Doppelkreisen in
denen Kleeblätter.

Rv. Kreuz, welches die Umschriften zwischen Perlenkreisen theilt;
innere Umschrift:

a.)
c.)
d.) ꞅꞈꞆ — ꞇꞇꞅ. — .Ꞅꞈꞅ — ꞌꞅꞅ
e.)
f.)

b. .ꞅꞈꞆ — ꞇꞇꞅ — Ꞅꞈꞅ — ꞌꞅꞅ.

g. h. ꞅꞈꞆ — ꞇꞇꞄ — ꞄꞈꞆ — ꞌꞅꞅ

i. ꞅꞈꞆ — ꞇꞇꞅ — Ꞅꞈꞅ — ꞌꞅꞅ

k. ——————————————————ꞌꞅꞅ

l. ———————— . — .Ꞅꞈꞅ — ꞌꞅꞅ

m. ———————— — Ꞅꞈꞅ — ꞌꞅꞅ

n. ———————————————— ꞌꞅꞅ

o. ꞅꞈꞆ — ꞇꞇꞅ: — Ꞅꞈꞅ — ꞌꞅꞅ

Aussere Umschrift:

a. B̄NDICTV⋮ SIT⋮ HOꝏꞇ⋮ DHI⋮ ꞅꞅꞁ⋮ Dꞇꞁ⋮ ꞁꞣV.ꞀꞁꝒꞅ.

b. ———————————————————— ⋮ ꞁꞣV.ꞀꝒꞁ

c. ———————————————————— ⋮ ꞁꞣV.ꞀH̄

d. ———————————————————— ⋮ ꞁꞣV.ꞁꝒH̄

e. ———————————————————— ⋮ ꞁꞣV.ꞀꝒꞁ

f. ———————————————————— ⋮ ꞁꞣV.ꞀꝒꞁ .

g. ————— ⋮ — ⋮ NOEN⋮ — ⋮ — ⋮ — ⋮ — .— .

h. ————— ⋮ NOE ⋮ —————————— .

i u. l. ✠B̄NDꞁꞇꞇV̄ ⋮ ꞅꞁꞇ ⋮ Hꞈꝏ̄ ꞇ ⋮ DH̄I ⋮ ꞅꞅꞁ ⋮ Dꞇꞁ ⋮ ꞁꞣV.ꞀꝒꞁ

k. ✠BꞀDꞁꞇꞇV ⋮ — ⋮ ꞅꞈꞇꝏꞈ ⋮ DHI ⋮ — ⋮ — ⋮ — .—

m. +DNDICTV: SIT: Hem⁻ε:DHI: nnDE....ihV.IPI
n. Umschrift sehr verwischt.
o. +BnDICTV: SIT: noMe: Dni: nni: Dei: ihV
Gr. 27 bis 28. n. ist von Kupfer und nur 25 gr·

a. Cappe. 818.   b. Cappe. 821.   c. Cappe. 817. Tafel XIII. N. 213.   d. Cappe. 819.   e. S. d. H. Dr. Grote in Hannover.   f. Cappe. 820. — v. Merle. p. 161. N. 6.   g. Cappe. 822. — v. Merle. N. 7.   h. Cappe. 823. i. k. l. m. S. Wuerst.   n. S. Wuerst.   o. Gr. 27. S. d. H. Garthe in Cöln.

17. Av. ₰WALR — ARChIa
Kopf d. Erzbischofs wie vor, aber mit zweispitziger Inful.
Rv. Kreuz, die innere Umschrift theilend.
innere Umschrift: men — ETn — Bvn — Ens.
äussere   „   +DNDICTV: SIT: nome: Dni: Dei: HYnPI.
Cappe. 824. — v. Reichel IV. 2. Abt. N. 2650.

18. Av. VALRAM': ARChIEPE • COLОnE
Brustbild des Erzbischofs mit Inful, in der R. ein Buch, in der L. den Stab haltend; in einer sechsmal gerundeten und eingebogenen Einfassung.
Rv. Schild mit dem Cöln. Kreuz.
innere Umschrift: +MonETA: EVnEnS.
äussere   „   +IPC: VInCIT: IPC: RЕGnAT: IPC: iMPERA.
Cappe. 816. — v. Merle. p. 160. N. 2.

19. Av. a. +WnLRnM nnChIEPES: COLОnIE:
b. WnLRnM: ——— : COLОD
c. ———:   ——— : CОLОNI:
d. ———:   ——— : ———
e. ———:   ——— : CОLОNIE:
f. ———:   ——— : CОLОNIE:

Kurzes Brustbild des Erzbischofs in siebenbogiger, mit Kleeblättern ver-
zierter Einfassung, spitze Inful, Wappenschild mit dem Cöln. Kreuze auf der
Brust.
Rv. Kurzes Kreuz, darum zwei Umschriften:

innere Umschrift: äussere Umschrift:

a.) +MОnETn : EVnEnSI'   a.)
b.)   b.) +IPC : VInCIT : IPC : RЕGNAT : IPC : iMPERAT
c. ——— : EVnEnS   c.)
d. +·MОnETn : ———·   d.)
e.) + ——— : EVnEnSI   e.) ——— : ——— : — : ——— : —) iMPERAn
f.)   f.) ——————————————————— : IMPERAT
Gr. 26.

a. Cappe. 825. Tafel XIII. N. 214.   b. Cappe. 826.   c. Cappe. 827.   d. Cappe. 828.   e. Cappe. 829. v. Merle. p. 161. N. 5.   f. Cappe. 830. — Bei Renesse N. 17896 eine Münze mit CОLnIE

Pfennige.

20. Av. a. WARAM : ARCHIEPIS : COLONI :

    b. WALRAARC — ꝏꝑꝑ : COL .

    Der Erzbischof mit einem Kreuschildchen auf der Brust und dem Pallium ohne Kreuschen.

Rv. a. ✝ꞇCCꞇ : ꙅꙇꙅNVM : CRVCIS : BVNEN

    b. ✝ꙅꙇꙅ : ꙍCCꙍ : ꙅCꙇ : CASSꙇꙇ : ꙍVꙏꙍꙏ

    Kreuz.

a. Cappe. 812. v. Merle. p. 165. N. 14. b. Cappe. 813. Reichel. IV. 2 Thl. N. 2651.

21. Av. a. .Wꙏꙇꙏ' Aꙏꙍ — ꙏꙇꝑꙅ.' COLN .

    b. ———' ——— — —— . ꙍꙍꙇ'

    c. Wꙏꙇꙇ...ꙏꙍ — ꙏꙇꙍꝑꙅ ꙍꙍꙇ'

    d. WALRAR — ꙇꙍꝑꙅꙍꙇ'.

    e. WALRARC — ꙇꙍꝑꙅꙍꙇꙇ

    f. ——————— — ꙇꙍꝑꙍꙇꙏ

    Der sitzende Erzbischof mit zweispitziger Inful, mit Krummstab und Buch.

Rv. a.} ꙅꙇꙅꙏꙍꙍꙍ . SI SAꙏꙍASSI ꙍVꙏꙍꙏ
    b.}

    c. ꙅꙇꙅꙏꙍꙍꙍ SI ꙅꙇꙇꙏꙍꙇ .... ꙍVꙏꙍꙏꙅ

    d.} ———— SICAꙏCASSI ————
    f.}

    e. ꙅꙇꙅꙇ....... ISAꙏ CASSI ————

    Die 5thürmige Kirche.

    Gr. 19—20.

a. Cappe. 807. b. S. d. H. Whaltes in Bonn. c. S. d. H. Garthe in Cöln. d. Cappe. 808. — v. Merle. p. 165. N. 15. e. Cappe. 809. — v. Merle. N. 16. — Joachim Grosch.-Cabinet X. Taf. VII. N. 69. — Renesse. 17900. — Vogel Chorog. I. p. 141. f. Cappe. 810.

Von a. Falschmünze in schlechtem Billon, S. d. M. Dr. Grote in Hannover. u. S. Wuerst.

    Groschen.

22. Av. ✝ WꙏꙇꙏꙍM : ꙏꙏꙍꙇꙇꙍꝑꙅ : ꙍꙍꙇꙍꙏꙍ

    Im Perlenkreise Brustbild d. Erzbischofs mit Inful, in d. L. den Stab, in d. R. ein Buch, unten ein kleines Wappenschild mit dem Cölner Kreuze.

Rv. ꙏꙍꙏ — ꙍꞇꙏ — ꙍVꙏ — ꙍꙇꙅ

    Grosses die Umschrift theilendes Kreuz, in dessen 4 Winkel 6spitzige Sterne.

    Gr. 25.

Cappe. 814. Tafel XIII. N. 212.

    Halbergroschen.

23. Av. a und b. WALRA AR — HIEPICOL .

    c. ——— ARC — HIEPS : COL .

    d und e. Wꙏꙇꙏꙏ ꙀꙇC — ꙏꙇꙍꝑꙅ : — .

    f. Wꙏꙇꙏꙏ. ꙀꙇC — ꙏꙇꙍꝑꙅ : COL

    Der sitzende Erzbischof in d. R. den Stab, in d. L. ein Buch haltend.

Rv. a. ✠ΔΙϬ : FCCF ϴCI CΛϬϬII . ΕVΝΕΝ

   b. ✠ — : —— — ——˙. ΕVΝΕΝ

   c. ✠ — : C.FCC : CΛϬϬII . ΕVΝΕΝ .

   d. ✠ — : FCCE : ϴCI : CΛϬϬII : ΕVΝΕΝ

   e. ✠ — : ϬCϬC : — : —— : ΕVΝΕΝ :

   f. ✠ — ϬCCΛ ϴCI : CΛϬII : ΕVΝΕΝ

Ein Kreuz, welches an den Enden mit Laubwerk verziert ist.

Gr. 25. — e. ist von Kupfer und nur 24 Gr.

a. Cappe. 811. — v. Merle. p. 164. N. 13. — Renesse 17899. b. S. d. H. Dr. Grote in Hannover. c. Revue
belge. I. p. 171. aus d. Funde von Bekkevoort. d. S. Whallon u. Wuerst. e. S. Wuerst. f. S. d. H. Garthe.

Drittelgroschen.

24. Av. a. ✠ ΨΛLΛΠΜ . ΠΡCΗΙϬΡϬϬ : CΘLϬϬ

   b. ✠ ΨΛLΛΠΜ : ΠΡCΗΙϬΡϬϬ : CΘLϬΠ

Brustbild des Erzbischofs mit breiter Inful, auf der Brust Wappen mit dem
Cölner Kreuze.

Rev. Ein die Umschrift theilendes Kreuz, in dessen Winkeln 4 - sechsspitz. Sterne.
Zwischen Perlenkreisen die Umschrift:

   a. ΜΘΠ — ϬΤΠ — ΕVΠ — ϬΠϬ

   b. —— — —— — —— — ϬIϬ˙

a. Gr. 19. S. Dr. Grote in Hannover, [Renesse. N. 17901. hat CΘLΘΠ] Siehe Tafel I.

b. Gr. 19. S. J. H. Garthe in Cöln.

Drittelturnose.

25. Av. ✠ ΨΛLΛΠΜ : ΠΡC : ΗΙϬΡϬϬ : CΘLϬΠ

Ein nach r. gewendeter Adler. Unten das Wappen mit dem Cölner Kreuz,
die Umschrift theilend.

Rv. Kreuz. Zwischen Perlenkreisen doppelte Umschrift:

innere ✠ ΜΘΠϬΤΠ : ΕVΠϬΠ

äussere ✠ ΧΡC : VIΠCIΤ : ΧΡC : ΠϬϬΠΛΤ : ΧΡC :

Gr. 19. Siehe Tafel I. Sehr selten. Gew. 17,9. S. d. Dr. Grote. Aus der Renesse'schen Samml. (Renesse. N. 17902.)

Wilhelm von Gennep. (1349—1362.)

Groschen.

26. Av. a. WILLEMV' . ARϬ • — • ΕΡVϬ • CΘLϬΠ

   b. WILLEMVϬ . —— . • . —— . ——˙.

   c. ——— : ΣΠ • — . —— : ——˙

d. und e. ——— : —— . • . —— . ——˙

   f. ——— : AR • — • : ——˙

   g. ——— . •AR • — . —— : CΘLϬΠ:

   h. ——— : ΠΠ • — • ΕΡVϬ : ——

   i. ——— : — • — . —— : ——˙

   k. ——— : — • ΕΡVϬ : ——˙

   l. ——— : ΠΠ • — . —— : CΘLϬΠIE

   m. ——— : ΠΠ • — • ΕΡVϬ : :

   n. ——— : ΛΠϬ • — • ΕΡVϬ CΘLϬΠIE

Der Erzbischof sitzt auf einem mit 4 Drachenköpfen verzierten Stuhle, mit spitzer Inful, in d. R. einen in die Umschrift reichenden Kreuzstab, in d. L. ein Buch; auf der Brust kleines Wappenschild mit d. Cöln. Kreuz, unten zu den Füssen in die Umschrift reichend, das Familien-Wappen.

Rv. Ein Kreuz, umgeben von doppelter Umschrift:

innere Umschrift:

			äussere Umschrift:
a.	+ MONETA : EVRERS.'		+ XP'E · VINCIT · XP'C · REGNT · XPE · IMPER
b.	+ ——— : EVRERSIS		+ —— . ——— . —— . ——— . ——'
c. d. und f.	+ —— : ————		+ —— : —— : —— : ———— : —— : INPEIT
e.	+ ——— : ————		+ —— : —— : : REGNIT : XP'E : IHPER
g.	+ ——— : ————		+ —— : —— : : REGNAT : XPE : IMPE :
h.	+ ——— : ————		+ —— : —— : : REGHWT : XP'C : IHPER
i.	+ —— : EVRERSI		+ —— : —— : : ———— : —— : INPE'
k.	+ ——— : ————		+ —— ! —— : —— : REGNIT : —— : IRPE :
l.	+ ——— : EVRERSIS :		+ —— : —— : —— : REGHWT : —— : IIIPE
m.	+ ——— : ———— .		+ —— : —— : : ———— : —— : IHPER
n.	+ ——— : ——		+ —— : —— : : REGNT : XPE : IMPERA :

Gr. 28.

a. Cappe. 857. b. Cappe. 856. c. Cappe. 851. — v. Merle. p. 166. N. 2. — Ranesse. 17911 (?) d. Cappe. 852. — Reichel. IV. II. Abt. N. 2654. e. S. d. H. Garthe in Cöln. f. Cappe. 854. g. Cappe. 853. — v. Merle. 166. N. 5. — Reichel. N. 2655. — Ranesse N. 17912. h. und l. S. d. H. Dr. Grote in Hannover. k. S. d. H. Garthe. l. S. d. H. Garthe. — Cappe. 850. Taf. XIII. N. 215. — v. Merle. 167. N. 6. — Ranesse. 17907. — Revue belge. 1851. p. 107. Taf. VIII. N. 4. m. S. d. H. Garthe. n. Cappe. 855.

Halbe Groschen.

27. Av. a. WILLEMVS AR · — · EPVS : COLONIE
   b. WILLELMVS — · — · — E
   c. WILLEMVS · AR · — · —— · COLONI'
   d. ———— : — · — . —— : COLONIE :

Der Erzbischof wie auf den ganzen Groschen. No. 26.

Rv. Wie bei den ganzen Groschen.

innere Umschrift:

			äussere Umschrift:
a.	+ MONETA : EVRERSIS		+ XPE : VINCIT : XPE : REGNAT : XPE
b.	+ ——— :		+ —— : ———— : —— : ———— : XPE
c.	——— . EVRERSI.'		+ —— : ———— : —— : ———— :
d.	———— : ——— :		+ —— : ———— : —— : —— : —— :

Gr. 21.

a. Cappe. 858. — v. Merle. p. 168. N. 7. b. Cappe. 859. — Mader. B. I. N. 94. c. Cappe. 860. d. Cappe. 861.

Adolph II. Graf von der Mark. (1363—1364.)

Turnosen.

28. Av. a. ADOLPI : ELE · — VS : COLONIE'
   b. ADOLPHI : — · — — : —— '
   c. ADOLPI : ELE · — VS : ——' :

Der stehende heil. Petrus in der R. einen Kreuzstab, in der L. einen Schlüssel, zu den Füssen ein Schild mit dem Märkischen Wappen.

Rv. Ein Kreuz, von doppelter Umschrift umgeben,

    innere: äussere:

    a. +MOÑETA ⋮ EVÞEÑSIS   +IⱤG ⋮ VIÑGT ⋮ IⱤG ⋮ ⱤGGⱤAT ⋮ IⱤG ⋮ IÑⱣGⱤĀ

    b. und c. Ebenso mit am Schlusse IÑⱣGⱤĀ

  a. Cappe. 875. — v. Merle. p. 169. N. 1. b. Cappe. 876. c. Cappe. 877.

Engelbert III. Graf von der Mark. (1364—1368.)

Groschen.

29. Av. a. G—ⱤOGLⱤTA — ÞGⱤS GOLGⱤ'

    b. G—ⱤOGLⱤT.Ⱥ — ÞGⱤS ⋮ —— ⋮

    c. G—ⱤOGLⱤT.A — ÞGⱤS . GOLGⱤIG.

        Der stehende Erzbischof mit spitzer Inful, in der R. ein Buch, in der L. den
        Bischofsstab, der die Umschrift theilt; auf der Brust ein Wappenschild mit
        dem Cöln. Kreuz; zu den Füssen ein die Umschrift theilender Schild mit dem
        Märkischen Wappen.

Rv. a. MOÑG—TA +Ⱨ—VⱤⱤG—ⱤOIS

    b. ———VⱤ +Ⱨ————— ⋮

    c. ———TA.+Ⱨ——— —

        Ein Lilien-Kreuz in dessen Mitte im Vierbogen ein kleiner Märkischer Wap-
        penschild. In jedem Kreuzwinkel eine Krone, die Umschrift durch 4 Kronen
        getheilt.

        Gr. 26.

  a. Cappe. 995. Ähnlich der Abbildung Taf. XIII. N. 218. — Remesso. 17913. b. S. d. H. Garthe in Cöln.
c. Cappe. 906.

Cuno von Falkenstein. Erzbischof von Trier. Coadjutor Engelberts III., und Administrator des Erzstifts von 1366—1370,

hat in Bonn keine Münzen schlagen lassen, wenigstens sind bis jetzt unter den zahlreichen
Cuno'schen Münzen, noch keine mit dem Bonner Namen vorgekommen.

Friedrich III. Graf von Saarwerden. (1370—1414.)

Goldgulden.

30. Av. a.⎫

    b. ⎬ FRIDIG — VS ⱤUP — VS GOL'

    c.⎭

    d. ———— —   — VS . GON .

    e. FRIG — ———— — —. — '

    f. FRIDIG — ———— — VS GOLⱫ

    g. ———— — ———— — VS GÞL'

        Im Dreipass das Wappenschild, geviertet, mit d. Cöln. Kreuz u. Saarwerde-
        ner Adler. Oben r. das Mainzer Rad, l. das Trier. Kreuz, unten eine Ro-
        sette.

                                                      4

Rv. a. ✠ MONETA — BVINENS
b. MONETA — ·BVINSIS
c und d. ✠ MONETA — BVINSIS .
e. ——— — BVNINSIS
f. ——— — BVNSIS
g. ——— — BVINSIS .
Johannes der Täufer stehend, d. R. erhoben, in d. L. den Kreuzstab; das Wappen mit dem Cöln. Kreuz auf d. Brust. Am Ende der Umschrift ein Doppeladler; bei b. f. und g. hat der Heilige einen Lilienstab, auch befindet sich bei b. und f. zwischen den Füssen d. Heil. ein Punkt.
Gr. 22—23.

a. Cappe. 993. Tafel XIV. N. 226. b. S. d. Gesellschaft f. nützl. Forschungen in Trier. c. Cappe. 994. — v. Merle. p. 179. N. 9. — v. Soothe N. 538. — Wellenheim II. 7945. d. J. J. Becker. collection de Medailles N. 1865. (3.63 Grammes.) e. Sammlung d. H. Settegast in Coblenz. f. und g. Samml. d. H. Garthe in Cöln.

31. Av. FRIDIC — VS ARP VS COLN
Dreipass darin das Schild mit dem Cöln. Kreuze und dem Saarwerdenschen Mittelschild. R. zwei übereinander gelegte Schlüssel, l. das Cölnische, unten das Saarwerdensche Wappen.
Rv. ✠ MONETA BVNSIS
Der heil. Petrus in gothischem Stuhle sitzend, in der R. den Kreuzstab, in d. L. den Schlüssel haltend; unten das Saarwerdensche Wappen.

Cappe. 967. — v. Merle. p. 179. N. 10. Bei Renesse 17921. mit COL und BVNENS aufgeführt.

32. Av. a. FRIDICS — AREPS — COL
b. FRIDICVS — ✱ — AREPS — COL'
c. FRIDICVS — · — . AREPSCOL'
Der stehende Johannes der Täufer wie auf dem Rv. der No. 30., aber ohne Wappen auf der Brust.
Rv. a und b. MONETA BVN. — ENSIS .
c. .MONE. — .A.BVN. — .ENSIS.
Im Dreipass das Cöln. Kreuz mit dem Saarwerdenschen Schild in der Mitte. Oben l. das Mainzer Rad, r. das Falkensteinsche, unten d. Pfälzische Wappen.
Gr. 21.

a. Cappe. 995. — v. Merle. p. 178. N. 7. — v. Soothe N. 540. b. Cappe 996. — Reichel. IV. 2660. c. Sammlung d. Kön. Universität zu Leiden.

33. Av. a. FRIDICV — SARPS CON .
b. FRIDICV — S — ARPSCON
Johannes d. Täufer stehend, die R. zum Segnen erhoben, in d. L. den Kreuzstab, zur R. das Cöln. Kreuz, zur L. das Saarwerdensche Wappen.
Rv. a. ✠ PERITAL ARCAN . MONETA B'
b. ✠ PERITAL ARCAN MONETA BN
In einem Dreipass das Wappen mit dem Cölner Kreuz, darauf liegend das Saarwerdensche Wappenschild.

a. Cappe. 964. — v. Merle. p. 177. N. 6. — v. Soothe N. 539. b. (Gr. 21.) Samml. d. H. Garthe in Cöln.

34. Av. RRIDIGVS — NNPVSGOLN
   Der stehende Johannes, in der L. den Kreuzstab, zwischen den Füssen ein
   grosses Kreuz.
   Rv. ✠ PGRITAL NRGITN MONGTA GVS
   In einem Vierpass das Wappen von Saarwerden, umgeben von vier kleineren
   Wappenschilden, nämlich oben Cöln, r. Trier, l. Mainz, unten Pfalz.
   Gr. 22.

Samml. d. H. Garthe in Cöln; ist auch im Verzeichniss d. Münz- und Medaillen-Sammlung von Leopold
Weisl von Wellenheim. (Wien, 1845.) II. B. N. 7944. und Renesse. 17920. mit MORGTTRVS aufgeführt.

35. Av. a. FRIDRI' AREPSC'.
      b. FRIDRI — NNGPSG
      Brustbild des heil. Petrus mit dem Kreuzstab in d. R. unter einem zierlichen
      gothischen Portal.   Bei b. unten die Umschrift theilend die nebeneinander-
      gestellten Wappen von Saarwerden und Moers.   Zwischen beiden ein Punkt.
   Rv. a. SACRI . IMPEI . MONETA BVNENS .
      b. ✠ SNCGI · IIIPGI . MONGTA GVNGNS
      In sechsbogiger Einfassung das Wappenschild mit 2 Kreuzen.
      Gr. 21.

a. Cappe. 966. — v. Soothe. N. 537.   b. Samml. d. H. Garthe in Cöln.

36. Av. a. FRIDIGVS — RRPVS COL .
      b. ——— — RRPVS COL
      Brustbild des heil. Petrus unter einem Baldachin, in d. R. einen Kreuzstab,
      in der L. den Schlüssel haltend, auf der Brust ein Wappenschild mit dem
      Cöln. Kreuz; unten, die Umschrift theilend, ein Schildchen mit dem Saar-
      werdener Doppeladler.
   Rv. a. PGRITAL NRGNN MONGTA GVS
      ✠ ——— ——— ——— GVN
      In einem Dreipass ein geviertetes Wappenschild mit dem Cöln. Kreuz und
      dem Saarwerdenschen Doppeladler.
      Gr. 27.

a. Revue d. l. numism. belge. 1856. p. 453. pl. XXIV. N 11. — Sammlung Dr. Eberling in Luxemburg
(aus dem Echternacher Funde).   b. [Gr. 22.] Samml. d. H. Garthe in Cöln.

   Weisspfennige.

37. Av. a. FRIDIGVS ARGPVS COLGN
      b. ——— NNRGPVS GOLZ
      c. ——— COLIN .
   d und e. FRIDIGVIS AGPVS COLN
      Ebenfalls der heil. Petrus unter einem Spitzbogen, aber oben die beiden Schild-
      chen mit dem Saarwerdenschen Wappen.
   Rv. a. PGRTIF — .NRGNN — MONGTA'
      b. .PGITN — .——— — MONGG?
      c. PEITA — ARCIN — MONE.

d. PEITR. — ΠRGΠΠ — MΘRGTB

e. PGITAI — ARGAR — MΘRGTB

In einem Dreipass d. Wappen mit dem Cölner Kreuz, mit dem aufliegenden Saarwerdenschen Schilde. Oben r. und l. und unten 3 mal das Saarwerden-sche Wappenschildchen.

Gr. 26.

a. Cappe. 988. Tafel XIV. N. 229. b. S. d. H. Garthe in Cöln. c. Cappe. 989. — v. Merle. p. 183. N. 21. d. Sammlung Dr. Grote. e. Cappe. 990.

38. Av. a. FRIDICVS ΠRGPVS GΘLΘΠ.

b. ———— ARGPS GΘLΘ.

c. ——·—— AΠGPVS ————

d. ———— AREPIVS COLN

e. ———— ΠRGPVS GΘLΠ

f. ———— . AREPVS. ——

g. ———— ΠRGPVS GΘLΠ

Der heil. Petrus unter goth. Spitzbogen r. Kreuzstab, l. Schlüssel haltend, auf der Brust das Cölner Kreuz. Oben zweimal das Saarwerdensche Wappen. Bei e. über dem Schlüssel ein Punkt, bei f. ebenso und unten nochmals das Saarwerdensche Wappen.

Rv. a. MΘΠGᵼ — ᵼBVXᵼ — ᵽGΠΘIΘᵽ

b und c. ———— — ᵼGVΠᵼ — ᵼΠGΠΘIᵽ.

d. PEITA ARCAN MONET B'

e. PEITR' ΠRGΠR MΘΠGT B'

f. PE.ITA' ARCAN' MONET B

g. PGITR' ΠRGΠR MΘΠG B

Im Dreipass das Cöln. Kreuz mit dem aufliegenden Saarwerdenschen Schilde und bei a. b. c. oben r. Falkensteinsche, l. Mainzer, unten Kurpfälz. Wappen, bei d. e. und g. oben r. zwei übereinanderliegende Schlüssel, l. Trierer, unten Saarwerdensche Wappen, bei f. oben r. Mainzer, l. Triersche Wappen und unten eine Rosette.

Gr. 27.

a. Cappe. 1000. b. Cappe. 1001. — Vogel Chorogr. I. p. 145. c. Cappe. 1002. — Groschen-Cab. X. Tafel VII. N. 73. — Reness. 17923. d. Cappe. 1003. — v. Merle. p. 185. N. 26. — Vogel Chorog. I. p. 146. e. Samml. Dr. Grote. f. Cappe. 1005. — v. Merle. p. 186. N. 29. g. S. Wurst. — Reness. 17924.

39. Av. a. FRIDICVS ΠRGPV.SGΘL

b. ————————VGGΘLΘΠ

Der heil. Petrus unter einem goth. Portal, in der R. den Kreuzstab und in der L. den Schlüssel haltend. Bei b auf der Brust das Wappenschildchen mit dem Kreuz, oben zu beiden Seiten der Portalspitze zwei kleine Wappen mit dem Saarwerdenschen Doppeladler.

Rv. a. ᵼPGΠITΠL ΠRGΠΠ . MΘΠGTΠ ᵼV

b. ᵼPGITΠL ΠRGΠΠG . MΘΠGTΠ ᵼVG

Das Wappenschild mit dem Cöln. Kreuz mit aufliegendem Saarwerdener

Schild im 6. Paß, bei a. aus 6 Bogen, bei b. aus 6 Bogen und 6 Spitzen
gebildet.

Gr. 25.

a. Sammlung Flahtel in Luxemburg [aus dem Echternacher Funde]. — Revue belge. 1856 p. 455. Taf.
XXIV. N. 12. b. S. Dr. Grote in Hannover.

40. Av. a. ⎫
b. ⎬ FRIDICVS : ADCPVS COLOR
c. ⎪
d. ⎭

e. ——— : ——— COLO'
f. ——— : ——— COL'
g. ——— : ——— COLOT

Unter einem gothischen Spitzbogen das Brustbild des h. Petrus, in d. R. den
Kreuzstab, in der L. den Schlüssel. Oben neben dem Spitzbogen r. das
Saarwerdensche Wappen, l. das Cölnische. Bei c. und g. links das Falken-
steinsche (?) Wappen.

Rv. a. PER YTRL RRGR : MOROTH EVRGR
b. PGR.YTRL .RRGR ——— EVRGR
c. + — . ——' . —— : ——— EVRG
d. — . — . —— : ——— EVRGR .
e. — . —— . —— : ——— EVRGR'S
f. — . —— . —— : ——— EVR .
g. — . —— . —— : ——— EVIR ... (Endbuchstaben verprägt.)

In einer aus 6 Bogen und 6 Spitzen gebildeten Einfassung das Wappenschild
mit den zwei Kreuzen.

Gr. 26.

a. S. Wuerst. b. Cappe. 968. Tafel XIV. N. 227. — v. Merle. p. 186. N. 30. — Vogel Cherog. L p. 146.
e. S. d. Gesell. f. nütal. Forsch. zu Trier. d. Cappe. 969. — Grosch.-Cabinet X. Taf. VIII. N. 76. e. Cappe.
970. f. Cappe. 971. g. S. Wuerst.

41. Av. FRIDICVS ADCPVS COLOI

Der heil. Petrus wie vor. — Auf der Brust ein kleines Wappen mit dem
Cöln. Kreuz. Oben r. das Cölner, l. das Saarwerdensche (?) Wappen.

Rv. +PGITTRLRRGRGRBMORGTRRVZ

In einer vierbogigen Einfassung grosses Wappenschild mit dem Saarwerdenschen Doppeladler — umgeben von 4 kleinen Wappen, nämlich oben Mainz,
r. Trier, l. Cöln, unten Bayr. Wecken.

Gr. 25. Unedirte Münze. S. Wuerst. [Siehe Tafel I.]

Diese Münze ist insofern höchst merkwürdig, weil sie als Hauptwappen, das Familien-
Wappen des Erzbischofs führt. Das Stück stammt aus einem Funde Cölner Münzen, der
vor einigen Jahren im Rheingau gemacht worden sein soll.

Sterlinge. [Engelsche.]

42. Av. a. ⚜FRIDeeVB — mmerseel
    b. FRIDERICw — REPS COLON :
    c. ———— — ——: eeLR
    d. FRIDERIC.w — REPS . ——:
    e. FRIDeDIe.n — eePB eeLR:
    f. FRIBeDIen — DePB eeLeR:
        Der heil. Petrus (Kniestück) in d. R. den Kreuzstab, in d. L. den Schlüssel
        haltend, unten das Saarwerdensche Wappen die Umschrift theilend.
  Rv. a. .MOn — eTn — eVeR — BeIB
    b. MON — ETeB — VNNE — NSIB
  c. d. e. f. MOn — eTnR — VRne — RBIB
        Grosses Kreuz, die Umschrift theilend; in den 4 Winkeln je drei Kugeln.
        Gr. 20. [Siehe Tafel I.]
a. S. d. H. Garthe in Cöln. b. Cappe. 1013. — v. Merle. N. 82. c. S. d. Gesell. f. nütal. Forschungen
in Trier. — Benesse N. 17936. — Revue numism. 1856. p. 456, aus dem Echternacher Funde. d. Sammlung
d. H. Settegast in Coblenz. e. [Gr. 21] S. d. H. Garthe in Cöln. f. S. d. H. Dr. Grote in Hannover.

Dreilinge. (Viertel Weisspfennige.)

43. Av. a. FRIDIeVS — .RPVSeOL .
    b. ———— — mmerseeL'
    c. ✠ ——— — ————
        Der heil. Petrus (Kniestück) in d. R. den Kreuzstab, in d. L. den Schlüssel.
        Bei a. unten das Saarwerdensche Wappen die Umschrift theilend, bei b und c.
        ohne Schild.
  Rv. a. meRe — TR.eV — neIB .
    b. MON — ETe B — VNENS
    c. MeM — eTnR — VRBIB .
        Bei a. im Dreipass das Wappenschild, geviertet, Cölner Kreuz und Saarwer-
        denscher Doppel-Adler, oben r. Wappen von Mainz, l. von Trier, unten eine
        Rosette. Bei b. und c. Cölner Wappen mit dem Saarwerden. Mittelschild,
        oben r. Falkensteinsches, l. Mainzer, unten Kurpfälzer Wappen.
        Gr. 20. [Siehe Tafel I.]
    a. Sammlung d. Dr. Grote in Hannover. — Cappe. 1007. Taf. XIII. N. 223. b. Cappe. N. 1012. —
v. Merle. p. 187. N. 31. c. S. d. Gesell. f. nütal. Forsch. in Trier u. S. d. H. Garthe in Cöln.

Theoder II. Graf von Moers. (1414—1463.)

Goldgulden.

44. Av. a. THeeDIe' mneRI' eeL
    b. THeeDIe' ADeRI' • eeL'
    c. •—— ·—·' ——·' • eeLe'

d. und e. THEODIC . AREPI . COLONI

    f. ——— . ——— . COL

    g. ———' ———' . — .

    h. THEODICVS . ARC . EPI . COLO .

Der stehende Erzbischof die R. erhoben, in der L. den Stab, zu den Füssen das Moersische Wappen.

Rv. a. ✠ MONETA · NVBGN · BVB'

    b. ✠ MONETA · NOVA AVREA BVB'

    c. ——— · —— ——— BV .

    d. MONETA . DE . BVNENSIS .

    e. MONETA EVINGNSIS .

    f. · MONETA · NOVA · AVREA . BVN.'

    g. MONETA · — · ——— . BVN

    h. ——— . —— . ——— . BVNNE

In einem Dreipass das Cölner Wappen mit dem Moersischen Schild aufgelegt. Bei a. und f. das Wappen geviertet mit dem Cölner Kreuz und Moersischen Mittelschild, bei g. das Cölner Kreuz in einer dreibogigen und dreispitzigen Einfassung.

a. Sammlung d. Gesellsch. f. n. Forsch. in Trier. b. Cappe. 1035. c. Cappe. 1036. d. Cappe. 1040. — Köhler Ducat.-Cab. N. 916. e. Wellenheim. II. N. 7951. f. Cappe. 1041. g. Cappe. 1044. — v. Merle. p. 202. N. 28. — Reichel. IV. N. 2668. h. Cappe. 1042. — Köhler Ducat.-Cab. N. 913.

45. Av. THEODIC' — AREPI' COL'

Der Erzbischof in ganzer Figur, mit d. R. segnend, in d. L. den Stab, neben der linken Schulter ein sechstheiliger Stern.

Rv. ✠ MONETA · NOVE · NVBGN · BV

In einem Dreipass das Cölner Wappen mit d. Moersischen Herzschild.

Gr. 22.

Samml. d. H. Garthe in Cöln u. Samml. d. Gesell. f. n. Forsch. in Trier.

46. Av. a. THEODIC — AREPI — COLONI

    b. ——— — AREP — ———

    c. ——— — AREPI — ———

    d. ——— — —— — ——

    e. THEODI — ANREPI — COLOB'

In einem Dreipass das geviertete Wappenschild von Cöln u. Moers. Oben r. zwei Schlüssel, l. Triersche Wappen, unten eine Rosette.

Rv. MONETA — EVINSIS

Der stehende Johannes der Täufer, die R. erhoben, in der L. einen Lilienscepter. Am Ende der Umschrift ein doppelköpfiger Adler.

Rev. bei a. und b. gleich, bei c. ist der Adler kleiner, bei d. von anderer Stellung.

Gr. 22.

a. Cappe. 1027. — v. Merle. p. 191. N. 1. — Renesse. 17947. b. Cappe. 1028. c. Cappe. 1029. — v. Merle. p. 192. 1a. d. Cappe. 1030. — v. Merle. N. 2. e. S. d. H. Garthe in Cöln.

47. Av. a. • TʰEODIC' A — REPI' • COL'

    b. • TʰEODIC • ꝑ' • REPI' • COL'

    c. •——————— —————— • COLO'

    d. .————————' • ꝣ — REPI' • COLO'

    Der heil. Petrus stehend, in der R. den Schlüssel, in der L. ein Buch, unter ihm das Wappen von Moers.

Rv. a. • MONE • NOVA • BVNE'

b. und c. • MONE' — • NOVꝡ' — — • EVNE'

    d. •——' — •——— • — • ——'

    Im Dreipass das Wappen mit dem Cölnischen Kreuz, darauf das Moersische Wappenschild, oben r. das Mainzer, l. das Trierer, unten das Pfälzische Wappen.

    Gr. 23.

a. Cappe. 1032. — v. Merle. p. 102. N. 3. b. Wellenheim II. N. 7948. c. ibid. N. 7949. d. Samml. d. H. Garthe in Cöln.

48. Av. a. THEODIC AR' EPI' ⚹ COLON'

    b. ⚹——' • A— REPI' • COL'

    Der heil. Petrus stehend, in der R. den Schlüssel, in der L. ein Buch. Zu den Füssen das Mörsische Wappen.

Rv. a. • MON' • NOV' • BVN • ENS'

    b. • MON' • ——' • ——' • . ENS

    Im Vierpass das Wappen mit dem Cöln. Kreuz und aufliegendem Moersischen Wappen. Oben das Mainzer, R. das Trierer, L. das Pfälzische, unten das Jülichsche Wappen; bei b. unten statt des Jülich. Wappens eine Rosette.

a. Cappe. 1065. — v. Merle. p. 197. N. 14. b. Cappe. 1068. — v. Merle. N. 15.

    Weissgroschen.

49. Av. a. ⚹ TʰEODIC' AREPI' CO'

    b. ⎫

d. und e. ⎬ ————' ⚹ REPI'·COL'

    c. ⎭ ————' REPI'·COL'

    Der heil. Petrus unter einem gothischen Portal, in d. R. den Kreuzstab, in d. L. den Schlüssel.

Rv. a. • MON' NOVA• •BVNE'

    b. MONE' NOVNE EVNE'

    c. MONE' ⚹NOVN ——'

    d. MONE' ⚹NOVN⚹ ⚹——'

    e. ⚹ — — ⚹ —— ⚹ EVNE'

    Im Dreipass das Wappen, geviertet von Cöln und Moers. Oben r. das Wappen von Mainz, l. Trier, unten Pfalz-Bayern.

    Gr. 25 bis 26.

a. Cappe. 1064. — v. Merle. p. 198. N. 4. — Revue belge. 1866. 4. Serie IV. p. 256. b. Cappe. 1088. Tafel XIV. N. 284. c. Cappe. 1100. d. S. d. H. Garthe in Cöln u. S. Waerst. e. S. d. H. Dr. Grote in Hannover. — Renesse. 17963 mit MON — NOVN aufgeführt.

50. Av. a. THEODIC . II — DENIEPS COL

    b. THEDERIC — VERDEPS —

c. und d. THEBERIC — —— —

      e. THEDERIGV — BERERIC : COL

      f. —— — : COLE

g. und h. THEODIC . ER - - EDIEPY ——

i. und k. —— : ER — DEPVE .

      l. THEODIC . II — ——

      m. THEODIC . II — —— : COLCE

Der heil. Petrus unter einem gothischen Portal, in der R. den Kreuzstab, in der L. den Schlüssel, auf der Brust das Wappen mit dem Cöln. Kreuz; oben zwei Schilde mit dem Saarwerdenschen Wappen, unten das Wappen von Moers.

Rv. a. · MOREIN — DEVII E — EDREN ·

    b. · ——E — DEVIEN — ERREN

    c. · —— — · — E — —— ·

    d. · —— — · — E — ·

e. und f. · ——E — DEVII E · — · —— ·

    g. · —— — · — E · — —— ·

    h. · —— — · — E · — · —— ·

    i. MOREIN — · —— E — ER . REN *

    k. Mon — DEV EVE — ERS

    l. MOREIN — DEVII . E — ERCEIN

    m. E — .... CIE

Im Dreipass das gevierte Wappen von Cöln und Moers, oben r. zwei Schlüssel, l. Trierer Wappen, unten Rosette.

Gr. 20—27.

a. Samml. d. H. Garthe in Cöln.   b. Cappe. 1086. Tafel XIV. N. 230.   c. S. Wuerst.   d. S. d. H. Garthe.   e. Cappe. 1086. — Groschen-Cab. X. Taf. IX. N 80. — Hannover. 17900. f. Wellenheim II. N. 7954. g. S. Wuerst. h. Samml. d. Dr. Grote in Hannover u. H. Garthe in Cöln. i. S. d. H. Garthe. k. Cappe. 1089. — Reichel. IV. N. 2672. l. Samml. d. H. Garthe. m. Reistorff. der Isenberger Münzfund. (Leipz. 1866.) N. 7.

51. Av. a. ✠ THEODIC ✠ EPCPI'S CO'

    b. THEODIC. ... EPI'S COL'

    c. —— '✠ EDEPI'✠ COL'

    d. —— '✠ EREPI COLE'

    e. ✠ — —' EREPI COLER'

    f. —— — . — '

    g. ⎧

    h. ⎨ THEODIC'. AREPI'. ——'

    i. ⎩

Der heil. Petrus unter einem gothischen Portal, in der R. den Kreuzstab, in der L. den Schlüssel; bei a. hat der Heilige eine grosse 6blätterige Rosette auf der Brust als Mantelhalter.

6

Rv. a. b. d. e. f. Men' a— ѺNЄѴ' — ѺᴋѴᴦᴀ — Ѻᴦᴄᴦᴀ'

c. Men' — ᴦᴦᴇѴ' — ѺᴋѴᴦᴀ — ᴦᴄᴦᴀ'

g. b. i. ᴦMen — ᴦᴦᴇѴ' — ᴦᴇѴᴦᴀ — ᴦᴄᴦᴀ'

In einem Vierpass das geviertete Wappen von Cöln und Moers, umgeben von 4 kleineren Wappen, und zwar bei

a. und i. oben: Mainz, rechts: Trier, links: Pfalz-Bayern, unten 6blättrige Rose.

b. c. e. h. „ „ „ „ „ „ „ „ Jülich.

d. f. g. „ Trier „ Mainz „ „ „ „

Gr. 26.

a. und b. Samml. d. H. Dr. Grote in Hannover. c. S. d. H. Garths in Cöln. d. S. Wuerst. e. S. d. H. Dr. Grote u. S. Wuerst. f. S. d. H. Dr. Grote. g. Cappe. 1091. — v. Merle. p. 198. N. 20. h. Cappe. 1092. — v. Merle. N. 17. — Groschen-Cab. X. Taf. IX. N. 81. — Kelsterff. Isenberger Fund. N. 26 b. I. Revue num. belge. Serie 4. B. IV. p. 257. Bei Reoesse. 17962 mit ᴏᴏʟ aufgeführt.

1432.

52. Av. a. TII — EODI' ARE — PI' CO'

b. ᴦʜ — ᴇᴏᴏ' ARᴇ — ᴦI' ᴄᴏ

Der Erzbischof stehend, mit Inful, die R. erhoben, in der L. den Bischofsstab. Zur R. in die Umschrift reichend das Wappen mit dem Cöln. Kreuz, zur L. das Mörsische Wappen.

Rv. Ein Kreuz, umgeben von zwei Umschriften:

die Innere: a. +MONETA : BVNE'

b. +Mᴇnᴇᴦᴀ ; ᴇVnᴇ'

die Aeussere: a. +ANNO · DNI' MCCCC . XXXII . ET ᴙ C

b. +ᴀnnᴏ + DNI' ᴍᴄᴄᴄᴇ · ᴝᴝᴝII · ᴇᴦ · ᴄ'

Gr. 24. Die älteste Bonner Münze mit einer Jahreszahl.

a. Cappe. 1103. — v. Merle. p. 204. N. 32. b. Cappe. 1104. Taf. XIV. N. 238. — a. dürfte mit b. identisch und bei Merle nur ungenau beschrieben sein.

Raderalbus. **1450.**

53. Av. ᴦ · ᴀn' . ᴍ · ᴄ — ᴄᴄᴦ ᴧ L

Brustbild des h. Petrus unter einem gothischen Portal, in der R. den Kreuzstab, in d. L. den Schlüssel, unt. das die Umschrift theilende Moersische Wappen.

Rv. ᴀᴍᴇnᴀ' — ᴇnᴇѴnᴀ — ᴀᴋѴnnᴇnᴀIᴀ

Im Dreipass das geviertete Wappenschild von Cöln und Moers, in den Ecken oben r. d. Mainzer, l. d. Trierer, unten d. Pfalz-Bayerische Wappen.

Gr. 25.

Cappe. 1112.

Ruprecht von der Pfalz. (1463—80.)

Goldgulden.

54. Av. a. ROPERTVS — AREPI' CO'

b. · ROPᴇRTVS — ᴝᴅᴇᴦI' ᴄᴏ'

c. ...ROPᴇRTVS· — ·ᴝᴅᴄᴦI' ᴍ'.

Christus auf einem gothischen Stuhle sitzend, die R. erhoben, in der L. ein Buch, zu den Füssen das die Umschrift theilende Wappen von Cöln und Pfalz.

Rv. a. ⚜MONE' NOVA . AVREA . BVNNE .

   b. · Mon' novn · nvoen · Evnne ·

   c. ⚜·Mono' novn · nvoen · N.....ne ·

       Kreuz von 4 Blumenstäben, in den Winkeln die Wappen von Cöln, Pfalz,
       — Pfalz-Bayern, — Mainz u. Trier. — a. in 4 versch. Stempeln vorhanden.

a. v. Merle. p. 212. N. 11.   b. Cappe 1133 u. 1134. — Reichel. IV. N. 2679. — Reneese. 17977. hat GG'
c. Samml. d. H. Hamburger in Frankfurt.

   Raderalbuse (Weisspfennige).

55. Av. a. ⚜ROPERTV — SARCPI' CO'

   b. noponty' — nnepi' ee'

   c. und d. nopontve — nnepi' ee

   e. ——— — ——'

   f. ——— — ——' cen

       Unter einem gothischen Portal, Brustbild des heil. Petrus, in der R. den
       Kreuzstab, in der L. den Schlüssel, unten die Umschrift theilend das Cöln-
       l'fälzische Wappen.

Rv. a. ⚜MONE·' — ⚜NOVA⚜ — ⚜BVNNE·'

   b. ⚜ Mone — novn ⚜ — Evnne'

   c. ⚜ —— — —— ⚜ · —'

   d. ⚜ ——' — ⚜—— ⚜ — ⚜ —'

   e. ⚜ —— — —— ⚜ · ⚜ —— ⚜

   f. ⚜ —— — —— ⚜ — ⚜ —'

       In einem Dreipass ein senkrecht getheilter Schild, r. mit dem Cölner Kreuz,
       l. mit dem Pfälzischen Löwen und den Wecken; in den Ecken oben r. das
       Mainzer, l. das Trierer, unten das Bayerische Wappen.   Gr. 24.

a. v. Merle. p. 213. N. 16 u. 16a.   b. Cappe. 1154. Tafel XV. N. 244. — Reichel. IV. 2680. — Reneese
N. 17946.   e. Cappe. 1157. — Reichel. N. 2681.   d. S. d. Dr. Grote.   e. Cappe. 1156.   f. Cappe. 1156.

56. Av. a. ⚜ ROPERT' — AREPI' CO'

   b. ⚜ noponty — nndepi' ee'

   c. ⚜ noponty — ennepi' ee'

   Wie auf vorhergehender Münze.

Rv. a. ⚜ MONE' — ⚜ NOVA ⚜ — BVNE'

b. und c. ⚜ Mone' — ⚜ novn ⚜ — Evne'

       In einem Dreipass das gevierte Wappenschild von Cöln und Pfalz-Bayern;
       oben r. das Mainzer, l. das Trierer, unten das Bayerische Wappen. Gr. 23.

a. Cappe. 1158 — v. Merle. p. 213. N. 15.   b. Groschen-Cabinet. X. Taf X. N. 90. — Reneese. 17985.
c. S. Dr. Grote in Hannover. — Vogel. Choroz. I. p. 149. hat — wohl irrig — MON . NOVA . BVNNENSIS .

Hermann, Landgraf von Hessen, Verwalter des Erzstifts. 1473—1480.

   Goldgulden.

57. Av. a. ⚜ h'MN' GVL' RR — GCCLG COLON'

   b. · hMn' GVn' nn' — ——' ——'

   c.   HMA . GVDNA . E . C .

Brustbild des h. Petrus, in der R. den Schlüssel, in der L. ein Buch, unten
die Umschrift theilend, das Hessische Wappen.

Rv. a. MONG — DOVN — NVDG' — BONNG'

    b. ——. — ——. — ——·' — —— .

    c. MON. — NOV. — AVR. — BONNE.

Ein grosses die Umschrift theilendes Kreuz, darauf liegend das geviertete
Wappenschild von Cöln und Hessen.

a. Cappe. 1166. — v. Merle. p. 218. N. 1. — v. Soothe. M. 542. — Renesse. 17994. hat BONN'
b. Cappe. 1167. — Zopernick. p. 20. Tafel I. N. 4. c. Cappe. 1168. — Köhler. Ducat.-Cabin. N. 924.

Weissgroschen.

58. Av. a. HMA' GVBN   — ECCLE' CO.'

    b. h' MRI' GVB' n — GGCLG' CG'

    c. h' MTP GVR n' — ———·' —·'

Der heil. Petrus unter einem gothischen Portal, in der R. einen Kreuzstab, in der L. einen Schlüssel, unten die Umschrift theilend das Hessische
Wappen.

Rv. *MONG' — *DOVN* — *NVDG'

In einem Dreipass das geviertete Wappen von Cöln und Hessen, in den
drei Spitzen, oben r. das Cölnische, l. das Hessische, unten das Trierer
Wappen.

Gr. 24.

a. v. Merle. p. 218. N. 2. b. Cappe. 1169. Taf. XV. N. 247. — Groschen-Cabinet X. Taf. X. N. 92. —
Vogel Chorogr. I. p. 149. c. Sammlung Dr. Grote.

Hermann IV. von Hessen. Erzbischof. (1480—1508.)

Goldgulden.

59. Av. a. ✠ h' MRI' GLG'TI — GGGLG' COLOn'

    b. * h' MRh' —·' — — ——·' —·'

    c. H . MA . I . ELECTI . ECCLE . COLO .

    d. ✿ h' MRI' GLCTI   GGGLG' COLOn'

Brustbild des heil. Petrus, in der R. den Schlüssel, in der L. ein Buch,
unten die Umschrift theilend, das Hessische Wappen.

Rv. a. b. c. d. MONG' — DOVN — NVDG' — BONNG'

Grosses die Umschrift theilendes Kreuz, darauf das geviertete Wappen von
Cöln und Hessen.

Gr. 21.

a. Cappe. 1171 u. 72., Tafel XV. N. 245. In 4 versch. Stempeln. — v. Merle. p. 219. N. 3. 4. u. 5.
b. Cappe. 1173. — Reichel. IV. N. 2685. c. Cappe. 1174. Köhler Ducat.-Cab. N. 925. d. Sammlung d. H.
Hamburger in Frankfurt u. Samml. der Univers. zu Leiden. — Wellenheim II. 7957. und 7958., zwei versch.
Stempel. — Renesse. 17995.

Gebhard Truchses, Graf von Waldburg. 1577—1583,

ist nach einer Reihe von fast 80 Jahren der erste, aber auch der letzte Erzbischof, der in Bonn wieder Münzen schlagen liess.

Sein Verhältniss zur Gräfin Agnes von Mansfeld, die Absicht sich mit ihr zu verehelichen, sein Hinneigen zu der neuen Lehre, das Anrufen der Vermittelung der evangelischen Stände, die gewaltsame Besetzung der Stadt Bonn mit geworbenen Truppen, sein Edict über freie Ausübung jeder Religion im Erzstift, alles dies hatte bekanntlich zur Folge, dass das Cölner Domcapitel auf seine Absetzung antrug. Die Landstände erklärten sich gegen Gebhard und für das Domcapitel, die kaiserlichen Gesandten stimmten dem Letztern ebenfalls bei. Gebhard liess sich am 2. Februar 1583 in Bonn mit der Gräfin Agnes von Mansfeld trauen, übergab das Commando in der Stadt seinem Bruder Carl Truchses und verliess diese mit dem erzbischöflichen Archiv und dem kurfürstlichen Schatze am 4. Februar.

Nachdem Gebhard durch den Kaiser und den Papst abgesetzt und excommunicirt, auch am 24. Mai Herzog Ernst von Bayern zum Erzbischof gewählt worden, schritt man endlich zur Einschliessung und Belagerung von Bonn, so wie der andern festen Plätze im Erzstift. Graf Salentin von Isenburg und Ferdinand von Bayern, der Bruder des neuen Erzbischofs, waren die Anführer der Belagerungstruppen, die am 21. December Bonn einschlossen. Am 28. Januar 1584 kam mit der entmuthigten Besatzung eine Kapitulation zu Stande, in Folge deren Karl Truchses ausgeliefert wurde, die Söldner aber am 1. Februar aus der Stadt rückten und diese vom Kurfürsten Ernst besetzt wurde [1]). Während der langen Einschliessung hatten die Truppen Gebhards wiederholt mit dem grössten Mangel zu kämpfen, da ihnen alle Hülfe von Aussen abgeschnitten war. Auch fehlte es Gebhard an den nöthigen Mitteln zur Besoldung der deshalb aufsässigen Truppen. Er musste Hülfe schaffen, und liess in dieser Noth aus Silbergeschirr Münzen fertigen, die in Klippenform geschnitten, bloss mit seinem und dem erzstiftischen Wappen markirt wurden.

Es sind von diesen zu den grössten Seltenheiten jetzt gehörigen Nothmünzen folgende bekannt:

1583.

Thaler.

60. Einseitige viereckige Klippe.

In der Mitte ein ovaler Wappenschild eingeschlagen, mit dem Cölner Kreuze; auf demselben liegt ein 2mal ein- und ausgebuchtetes Schild mit 3 übereinandergehenden Löwen (das Truchses'sche Wappen). Neben dem oberen Kreuzbalken B—83 Ueber dem ovalen Schild ist ein G eingeschlagen.

---

1) Das Nähere ist zu ersehen aus:

Michael Eysinger. Historische Beschreibung oder Relation dess, so sich alt allein under dem jetzt Regierenden Khayser Rudolph II etc. verlossen. Cöln. 1584.

Meshov und v. Isselt. Religionsgeschichte der cölnischen Kirche etc. Cöln. 1764. II. Bd. p. 176. u. f.

Gerh. v. Kleinsorgen. Kirchengeschichte von Westphalen etc. Münster 1779 a. 80. III. Th. enthält: Tagebuch von Gebhard Truchses.

Vogel Chorograph. III. p. 185. u. f. — Müller Geschichte von Bonn. p. 109. u. f.

Fr. W. Barthold. Gebhard Truchses v. Waldburg. Historisches Taschenbuch, neue Folge. I.

Gr. 31.

van Loon I. p. 339. — v. Merle. p. 278. N. 33. — Vogel Chorogr. II. p. 152. — Mailliet. Cata-
logue des Monnaies obsidionales et de nécbssité p. 39. N. 1. — Revue num. belge. IV. Ser. IV.
p. 441.

61. Ebenso, jedoch oben . B — 83 .
Gr. 33. [Siehe Tafel I.]
Kaiserliches Cabinet zu Wien.

62. Ebenso, mit B — 83 jedoch neben dem Truchses'schen Wappen in den Kreuz-
winkeln 4 Punkte.
Gr. 31. (1³/₄ Loth.) [Siehe Tafel I.]
Königliches Cabinet zu Berlin.

63. Ebenso, aber in den Kreuzwinkeln oben 2 Punkte, unten 2 Sterne; auch liegt der
Truchses'sche Schild schief.
Gr. 32. (1³/₄ Loth.) [Siehe Tafel I.]
Königliches Cabinet zu Berlin.

64. Ebenso wie N. 62 mit den 4 Punkten, aber um den ovalen Schild sind auf den
Ecken 4 G eingeschlagen.
Gr. 30. (1³/₄ Loth.) [Siehe Tafel I.]
Königl. Cabinet zu Berlin.

65. Klippe wie N. 60. mit B — 83. und auf den Ecken der Klippe 4 G eingeschlagen.
Gr. 34.
v. Merle. N. 29. — Köhler. histor. Münzbelustigungen. 1. Stück. 38. p. 297.

66. Rund geschnittenes Stück wie die N. 60.
Das Cöln. Kreuz in Form eines Deutsch - Ordens - Kreuzes ausgeschweift mit
B — 83 . in den untern beiden Kreuzwinkeln 2 Sterne; um das Wappen 4 G
eingeschlagen.
Gr. 45. (1¹³/₁₆ Loth.) [Siehe Tafel I.]
v. Merle. p. 277. N. 27. — Schulthess - Rechberg N. 3320. jetzt in der Sammlung d. H. Whaltes
zu Bonn.

67. Ebenso, aber viereckige Klippe.
Gr. 34. [Siehe Tafel I.]
Sammlung d. H. Whaltes. — v. Merle. N. 26.

68. Ebenso Wappenschild wie N. 60, aber ohne Buchstaben und Jahreszahl. Oben über
dem Schild 15—83 In den Ecken 4 G eingeschlagen.
v. Reichel. IV. N. 3098.

Halbe Thaler.

69. Silberne Klippe wie N. 60, nur Wappenschild kleiner.
Gr. 24.
v. Loon. I. p. 339. — v. Merle. p. 279. N. 34. — Mailliet. p. 39. 4. 2. — Revue num. belge. IV.
p. 441. N. 2.

70. Ebenso, jedoch Gr. 30. (1⁄₄ Loth) [Siehe Tafel I.]
Königl. Cabinet zu Berlin. — v. Merle. p. 278. N. 32.

71. Ebenso, aber mit B. — 83. und 4 G zu den Seiten des ovalen Schildes eingeschlagen.

Gr. 23. bis 24.

Joachim Grosch.-Cabinet X. Taf. 12. N. 102. — v. Merle. p. 278. N. 30. — Mailliet. p. 39. d. 2½.
[auf der Abbildung bei Joachim fehlt der Punkt hinter 83]. Dieselbe Klippe ist abgebildet bei Mader und von Isselt. Im II. Bande. Titelkupfer mit . B — 88

72. Ebenso, aber ohne Buchstaben und Jahreszahl im Schilde.

Gr. 24.

Hartzheim Tafel 12. N. 102. — v. Merle. ibid. N. 31.

Viertel Thaler.

73. Silberne Klippe wie N. 60 und 69, aber noch kleiner. Das Truchsess'sche Wappenschild ist nicht eingebuchtet, sondern unten rund.

Gr. 19.

v. Loon. I. 599. — v. Merle. p. 279. N. 35. — Mailliet, p. 59. d. 3. — Revue num. belge. IV.
p. 442. N. 3.

74. Ebenso mit . B — 83 das Truchsess'sche Wappenschild ausgebuchtet und um den
ovalen Hauptschild 4mal G eingeschlagen.

Gr. 22. (⁷/₁₆ Loth.) [Siehe Tafel I.]

Königl. Cabinet zu Berlin.

75. Viereckige einseitige Silberklippe mit dem eingeschlagenen Buchstaben G.

Gr. 22.

Luckius Sylloge Numismatum Elegantiorum. p. 290. — v. Merle. p. 279. N. 36.

IV. Rathszeichen der Stadt Bonn.

Die Stadt hat allem Anscheine nach nur zweimal Rathszeichen, nach dem Vorgange
anderer Städte wie Cöln, Nymwegen etc. — schlagen lassen, und zwar 1563 und 1699; von
anderen Jahren sind keine Zeichen bekannt. Ueber die Ausprägung der Stücke von 1563
ist nichts Urkundliches mehr zu ermitteln, da das Stadt - Archiv bei der Belagerung 1689
verloren ging. Dagegen giebt das „Prothocollum sive Rhaets-Buch der Statt Bonn" unterm
22. December 1699 an, dass 152 Stück Rathszeichen geschlagen worden sind [1]. Das Rathszeichen von 1563 ist sehr selten; von dem des Jahres 1699 kommen 2 verschiedene Prägen
vor. [Siehe Abbildungen auf Tafel I.]

1563.

76. Av. In einem Perlenkreise das Wappen der Stadt, oben und an beiden Seiten des Wap-
penschildes Zweige; der Löwe ist nach Rechts schreitend und gekrönt.

Rv. In einem Perlen- und feinen Linienkreise eine Deckelkanne, neben derselben die
Jahreszahl .15· 6·3

Gr. 20.

S. Wuerst. — v. Merle. p. 578. N. 1. hat [wohl irrig] — .15. — 6 3.

---

1) *Anno 1699. Dinstag d. 22¹. Abris*

Eodem ist der newgemachter stempel van den Rhatszeichen praesentirt, vnndt darauff per maiora conclu-
dirt worden, dass H. Christian Sbergheim hondert fünfftig zwey Rhatszeichen darnach tragen, vnndt dass
diese von Hr Bürgermeistern vnndt Rhatsverwante auß ihre eigene privat Mitteln zahlt werden solle.

1699.

77. Av. a.} Das Stadtwappen umgeben von Verzierungen; der Löwe im Wappen hat den
    b.} Kopf nach Vorne gewendet und ist ohne Krone.

  Rv. a. GOTT SEIE — MIT VNS

      b. —— ——— — UNS ·

      Eine hohe Deckelkanne; neben derselben unten die Jahreszahl 16—99
      beiderseits Strichel-Rand.

      a. Gr. 22., von grobem Schnitt.

      b. Gr. 20., zierlich gearbeitet.

a. S. Wuerst. — v. Merle. p. 578. N. 2. — Renesse. N. 34274. wo irrig GOT steht.   b. Königl. Cabinet
zu Berlin und S. Wuerst. — Appel. Taf. 7. N. 14. — Renesse. N. 34275.; auch abgebildet auf dem Umschlage
des Niederrheinischen Jahrbuchs für Geschichte, Kunst und Poesie. Bonn 1843. 1. Band.

V. Medaillen, Jetons und Marken.

[Siehe Tafel II.]

    Die Medaillen und Jetons, welche speciell auf Bonn Bezug haben, beginnen erst mit
dem Ende des 17. Jahrhunderts, indem dergleichen Denkmünzen auf ältere Begebenheiten etc.
nicht vorhanden sind. Die Jahre langen Kämpfe Kurfürst Ernst mit Gebhard Truchses und
seinen General Martin Schenk haben zwar Veranlassung zu einigen Medaillen geboten, allein
keine derselben hat einen speciellen Bezug auf Bonn. Erst die Belagerung Bonn's

1689

giebt für eine grössere Zahl Medaillen etc. Veranlassung.

    Nachdem Kurfürst Max Heinrich 1688 gestorben, hatte der Cardinal Wilhelm Egon
von Fürstenberg als Administrator der Cölner Lande das Erzstift in Besitz genommen, französische Hülfstruppen von Ludwig XIV. erhalten und auch Bonn damit belegt; so behauptete
er sich in dem Lande, obgleich Herzog Joseph Clemens von Bayern zum Erzbischof gewählt
und bestätigt worden war. Die Franzosen waren nicht nur in die Pfalz, Franken etc. eingerückt, sondern hatten auch das ganze Rheingebiet bis nach Wesel hin in Besitz genommen.
Da vereinigten sich die Kurfürsten Friedrich III. von Brandenburg, Georg von Sachsen,
Maximilian Emanuel von Bayern, der Herzog von Braunschweig-Lüneburg etc. etc. unter Bei-
stand Kaiser Leopolds, zu einem Bündniss gegen Frankreich, dem auch Holland und England
beitraten. Bereits im Mai und Juni 1689 eroberten die Brandenburgischen Truppen Rheinberg, Neuss, Linnich, Kaiserswerth, und gegen Ende Juni schon rückte Kurfürst Friedrich
mit 17000 Mann Brandenburgischen, Kaiserlichen, Münsterschen und Holländischen Truppen
vor Bonn. Am 1. Juli wurde die Beueler Schanze auf der rechten Rheinseite überrumpelt
und es erfolgte nun die regelmässige Belagerung, welche mit der Capitulation am 12. October endete.

Auf diese denkwürdige Belagerung sind folgende Medaillen geschlagen [1]):

78. Av. Drei ovale Medaillons, und zwar oben zwei kleine und darunter ein grosses, zwischen Waffen, Fahnen etc. In den Medaillons oben rechts, Ansicht einer Stadt, darüber KAISERSWERT. — links Plan einer Festung, darüber RHEINBERG.

Unten in dem grossen Medaillon Ansicht der Stadt und Festung Bonn von der rechten Rheinseite aus gesehen, auf dieser im Vordergrunde die Beueler Schanze, mit Schanzkörben, Kanonen etc.; über der Stadt steht BO NN.

Im Abschnitt A TYRANNIDE GALL.

LIBERATÆ.

1689.

Rv. NE QVISQ. SIBI SVMAT HONOREM, SED QVI VOCATVR A DEO TAMQ. ARON.

HEB. 5.

Der Hohepriester Aron, vor ihm versinkt die Rotte Korah in Flammen.

Im Abschnitt DIOECESIS COLONIEN

RESTITVTA.

1689.

Gr. 43. [Siehe Tafel II.]

S. Whaltes. — Medal's Auct.-Catalog. N. 1339. — Die Med. ist aus den beiden Rever. v. Merle. p. 367 N. 9. u. p. 364 N. 8. — v. Loon. III. p. 455. zusammengesetzt.

79. Av. FRIDER. III. D. G. MARCH. — ET ELECT. BRANDENB.

Brustbild des Kurfürsten von vorne, mit grosser Perücke und umhängendem Hermelin-Mantel.

Rv. Wie bei voriger Medaille, die Festungen Kaiserswerth, Rheinberg und Bonn. Auf dem Rande erhaben ●GLORIA SIT LEOPOLDE TIBI, SIT GRATIA BRENNO.

Gr. 43. Silberplattirte Zinnmedaille.

S. Woerst. — Als Silb. Med. bei v. Merle. p. 367. N. 9. — v. Loon. III. p. 451.

80. Av. FRIDERI : III D. G. → ELECTOR BRAND &.

Brustbild mit Lorbeerkranz von der r. Seite.

Unten zwischen Schnörkeln der Name des Medailleurs I : SMELTZING.

Rv. Der Rheingott im Schilfe liegend mit Ruder und Urne; eine geflügelte weibliche Person, den Sieg vorstellend, in der Linken Füllhorn und Palme, reicht ihm eine Freiheitsmütze; im Hintergrund Landschaft mit Bombardement einer Stadt.

Oben REBUS ARCHIEP : COL : RESTITUTIS

Im Abschnitt COL : TRAJA BONNÆQ :

VICTORIA 1689.

I. SMELTZING.

Gr. 52. [Siehe Tafel II.]

v. Loon. III. p. 451. — v. Merle. p. 368. N. 10. — Vogel. Chorogr. V. p. 140.

1) Die Belagerung ist ausführlich beschrieben in Hennert C. W. Beyträge zur Brandenburg. Kriegsgeschichte unter Kurfürst Friedrich III. Berlin u. Stettin. 1790. 4°. — Die Ertz-Bischofflich-Chur-Fürstliche Residents-Stadt Bonn, 1689 ohne Ort, in 4°. mit 1 Kupfertafel. — Vogel Chorographie. — Möller Geschichte Bonn's u. m. Anderen.

81. Av. FRIDERIC, III . D . G . M. — BRAND . S . R . I . A.C & E.
Brustbild von der rechten Seite im Harnisch.
Im Armabschnitt scHULTZ

Rv. Landschaft mit vielen Ortschaften, ein Strom (der Rhein) windet sich durch
das Land, und befinden sich an demselben 5 Städte mit den Namensbezeich-
nungen: Relnb. — Kels.w. — Nuys - Collen — Bonn Kaiserswerth und Bonn werden bombardirt. — Im Vordergrunde viele Truppen und ein Cavallerie-Gefecht,
ganz unten *1689*
Ueber der Landschaft schwebt der preussische Adler mit der Krone, Scepter
und Schwert haltend, im Schnabel einen Lorbeerzweig; in den Fängen ein
grosses fliegendes Band mit der Inschrift sErvaTIS & REccPERaTIS RHENI CLAVSTRIS
Gr. 54. Silber.

S. d. H. Whaltes in Bonn. — Reichel. IV. 987.
v. Merle. p. 370. N. 12. hat FRIDERIC . III. etc.
und im Rv. SERVATIS & RECVPERATIS RHENI CLAVSTRIS

82. Av. FRIDERIC — III — D — G — — ELECTOR BRAND &
Brustbild mit grosser Perücke von der rechten Seite, unter dem Armabschnitt
. ganz klein P . B . M.
Unter dem Brustbild CONTERES EOS IN VIRGA FERREA . Ps. II . 9.

Rv. Schanze mit 4 Schanzkörben, Mörsern und einem Pulverwagen, dahinter durch
den Rheinstrom getrennt die Stadt und Festung Bonn, welche aus der
Schanze etc. mit Bomben beworfen wird.
Oben die Inschrift BONO REDIT OMINE BONNA .
Beiderseits 3facher Linienkreis.
Auf dem Rande erhaben
• GALLE VALE MALE . FALLE MALOS . BONA BONNA MANEBO ..px.. [die
Gr. 50. [Siehe Tafel II.]   letzten beiden Buchstaben zwischen gekreuzten Zainhaken.]

S. d. H. Whalten. — v. Merle. p. 367. N. 8. hat im Av. FRIDERIC III . D . G . und IN VIRG —
Vogel. Chorog. V. p. 140. — Müller. pag. 195. — Renesse. 19017. — v. Loon. III. p. 451 hat OMINE BONNA

83a. Av. FRIDER . III . D . G — M . B . S . R . AC & E   [hinter E Schnörkel.]
Brustbild von der r. Seite, im Harnisch. Im Armabschnitt l . RVME.

Rv. Die Stadt Bonn von der Landseite mit ihren Thürmen, darüber steht BONN
Im Vordergrunde Batterien und Laufgräben; ein gekrönter fliegender Adler,
welcher im Schnabel und in beiden Klauen Lorbeerzweige trägt, hält ein Band
mit der Inschrift VICTORIÆ BONÆ FELICI
Im Abschnitt CAPTA $\frac{12}{1}$ OCT
Gr. 42.   1689

v. Loon III. p. 451. — In Zinn: Renesse. 19021. [Siehe Tafel II.]

83b. Av. a. FRIDER . III . D . G . M. — BR . S . R . I . AC & E.
b. ———— III . D.   — G . M . B . S . R . I . AC & E.
Brustbild wie vor, im Armabschnitt bei a. Schultz bei b. scHULTZ

Rv. Bonn von der Landseite aus, vorne Laufgräben und Batterien. Ueber der
Landschaft schwebt ein Band mit der Inschrift VICTORIÆ BONÆ FELICI

bei a. ist die Stadt Bonn nur als Festungsplan dargestellt;

bei b. erscheint die Stadt mit ihren Thürmen; — durch das fliegende Band sind ein Lorbeer- und ein Palmzweig gesteckt. Die Med. ist zierlicher gearbeitet, wie a.

Im Abschnitt steht bei a. CAPTA $\frac{17}{7}$ oct

1689

bei b. CAPTA $\frac{17}{7}$ OCT .

16   89

Gr. 33. [Siehe Tafel II.]

a. S. Waerst. — v. Merle. p. 365. N. 5. — v. Loon. III. p. 453. — Vogel. Choreg. V. p. 140. b. S. d. M. Whaltoe in Bonn. — v. Merle. p. 366. N. 6.

83c. Av. FRIDER. III. D. G. — M. B. S. R. I. A. C & E

Brustbild wie vor.

Rv. Ebenso wie vor, aber ohne Abschnitt unten.

Das Band wird von einem gekrönten Adler gehalten, der im Schnabel und in beiden Klauen Lorbeerzweige hält.

Gr. 42.

v. Merle. p. 366. N. 7.

Speciell noch auf die Theilnahme Englands am Kampfe gegen Ludwig XIV. bezieht sich folgende Medaille:

84. Av. Auf einem Fussgestell die Büste König Wilhelms, von der r. Seite, mit Lorbeerkranz; zwei weibl. Figuren, die eine mit Füllhorn, die andere mit einem Buch mit vielen Siegeln, halten einen Lorbeerkranz über die Büste. Oben die strahlende Sonne, im Hintergrunde Stadt und Meer mit vielen Schiffen.

Auf dem Postament die Inschrift in 6 Zeilen

WILHELM | MAXIMUS | IN . BELGICA | LIBERATOR | IN . BRITANNIA | RESTAURATOR

Darunter im Bogen *lib: Londonderry J689*

Rv. Auf einem gleichen Fussgestell die Büste Ludwig XIV. von d. l. Seite, daneben stehen zwei weibl. Figuren; die Eine mit einer brennenden Burg in d. Linken und Fesseln an dem r. Fusse, hat Doppeladler auf dem Gewande; die Andere hat ein Kleid mit Lilien an, zu ihren Füssen ein Korb; jede hält einen Lorbeerkranz über die Büste; oben Wolken mit Blitzen; im Hintergrunde eine brennende Stadt. Auf dem Postament die Inschrift in 6 Zeilen

LUDOVIC | MAGNUS | IN GERMANIA | BARBARUS | IN . GALLIA | TYRANNUS

Darunter im Bogen *Obs : Mogunt : Eo bona.*

Gr. 43. [Siehe Tafel II.]

v. Loon. III. p. 461. — Bei v. Merle. p. 371. N. 13. nicht genau beschrieben.

Die Thätigkeit Maximilian Emanuels in diesem Feldzuge ist auch auf einer sehr seltenen Medaille Roussel's verherrlicht, welche nachfolgend ihren Platz findet.

1697.

85. Av. MAX.EMAN.D.G.U.BAV.ET.P. — S.DUX.C.P.R.S.R.I.ET.ELECT.
L.I.L

Brustbild mit grosser Perücke, von der r. Seite unten ROUSSEL.F.

Rv. QUÆ . REGIO . IN . TERRIS . NOSTRI . NON . PLENA . LABORIS .

Im Abschnitt in 3 Zeilen

HERCULI . PACIFERO | BELGIUM . POSUIT | MDCXCVII .

Max Emanuel als Hercules, steht in einer Berggegend, in der R. die Keule, die Löwenhaut um die Hüfte geschlagen. Vor ihm sitzen 4 Flussgötter und zwar „die Maas". Überreicht ihm eine Mauerkrone mit der Inschrift NAMURC(o) REC(epto) — der zweite „der Rhein" reicht zwei Mauerkronen mit den Inschriften BONNA RECEP(ta) und MOGUN(tiaco) REC(epto) — der dritte „der Po" hält in der R. eine Lorbeerkrone mit hängenden Bändern, auf welchen steht CONIUM LIBER(atum), in der L. eine Mauerkrone mit der Inschrift CARMA(gnola) REC(epta), — die vierte Figur endlich, „die Donau" überreicht eine Mauerkrone mit den Worten BELG(rado) EXPU(gnato). Auf der Erde liegen noch 6 Kronen, nämlich drei Mauerkronen mit den Inschriften VIENN(a) L(iberata) — BUDA EXPUG(nata) — STRIG(onium) RECEP(tum) während drei Lorbeerkronen auf den langen Bandschleifen die Worte zeigen: PUGNA(a) AD MOH(acs) — PUGN(a) AD STR(igonium) — und STRIG(onium) LIBER(atum).

Gr. 72.

Die Med. ist nur in zwei Exp. bekannt, nämlich eines in Bronce im Königl. Cabinet zu Hag, und eines in Zinn in der frühern Gräfl. Renesse'schen Sammlung. Revue numism. 1857. p. 250. Taf. XVIII. und Renesse Mes Loisirs. II. p. 443. N. 18487.

1700.

Kurfürst Joseph Clemens legte 1698 den Grundstein zu der Hofkapelle und wurde dieselbe 1700 am 18. Juli feierlich eingeweiht. Auf diese Veranlassung sind folgende Denkmünzen geschlagen:

86. Av. BENEDIC DOMINE DOMVM ISTAM QVAM ÆDIFICAVI NOMINI TVO

Zwischen zwei Lorbeerzweigen die verschlungenen Buchstaben CIE darüber der Kurhut; unten klein die Buchstaben D I S

Rv. In 15 Zeilen Schrift. D . T . O . M . | BEATISS DEIPARA | VIRGINI | EIVSQVE SPONSO PARTHENIO | AC VNIVERSÆ SACRÆ CHRISTI | FAMILLÆ | IN | RECOG-NITIONEM BENEFICII | TRIPLICIS | INTRA DIEM . 18. ET . 20. IVLII | COELITVS OBTENTI | CAPELLA ELECT BONNEN | CONSECRATA.FVIT | DIE 18 IVLII | 1700

Gr. 31. (Silb. ¹/₂ Loth.)

v. Merle. p. 392. N. 60. — Appel. p. 186. N. 13. — Renesse. N. 18137. — v. Mering. Geschichte der Ritterburgen. VI. p. 29. — Dieselbe Med. in Bronce: Renesse. 18138.

87. Av. IOS . CLEM . D . G . EL . COL . VTRIVSQ . BAV . DVX

Brustbild des Kurfürsten von der l. Seite.

Rv. DOMINE DILEXI DECOREM DOMVS TVÆ . Fl . 26.

37

Ansicht der Hofkapelle zu Bonn; im Abschnitt in 5 Zeilen:
BENEDIC DOMINE. DOMVM ISTAM | QVAM ÆDIFICAVI ET DEDICAVI | NOMINI
SANCTO TVO | 1700.18.IVI.y . | SCHELE . F .

Silb. Med. Gr. 37. (1¼ Loth.)

v. Merle p. 392. N. 59. — Vogel. Chorogr. V. p. 151. hat „Custodi Domine Domum etc. etc. und
18 Juli 1700. — v. Mering. Geschichte d. Ritterbargen VI. p. 29.
Dieselbe Medaille mit der Jahreszahl 1701 führt v. Merle pag. 305. N. 63. auf.

1703.

Wie bekannt hatte sich Joseph Clemens, ebenso wie der Kurfürst von Bayern mit
Ludwig XIV. verbündet; der spanische Erbfolgekrieg verheerte auch das Erzstift Cöln aufs
neue und Bonn erlitt seine letzte Belagerung.

Die Stadt war von den Franzosen mit neuen Befestigungen versehen worden; bereits
im October 1702 verliess der Kurfürst die Stadt, in welcher der französische General Marquis
d'Allegre den Befehl führte. Im April 1703 begann die Belagerung durch die Alliirten
unter dem englischen General Herzog Malborough und dem holländischen General Coehorn;
am 16. Mai capitulirte die Besatzung.

Die Generalstaaten von Holland liessen damals zu Ehren ihres Generals folgende Medaille schlagen:

88. Av. MENNO . BARO . DE . COEHOORN . SVMMVS . APVD . BATAVOS . ARMORVM.
PRÆFECTVS. &

Brustbild Coehoorns, im Harnisch und mit grosser Perücke, von der rechten
Seite. Im Abschnitt des Armes J.(.

Rv. Ansicht der Stadt Bonn von der Rheinseite, mit den Festungswerken umgeben,
welche von der Nordseite angegriffen werden.

Ueber der Stadt im Bogen die Worte SIC . IGNE . DoMATA . FEROCI.
Im Abschnitt in 4 Zeilen UT TONVS EVERTIT TVBARVM MOENIA | QUONDAM |
SICQ. TONANS COEHORN, MŒNIA . DONNA TUA .

Ganz unten G . r . n.

Beiderseits 3facher Linienkreis. Auf dem Rande erhaben
. E MALA DONNA DIU, SIC DONA FACTA BREVI .

Gr. 48. [Siehe Tafel II.]

S. d. Kaial. Cabinets in Wien und S. d. H. Whalten. —v. Merle. p. 398. N. 70. hat im Av. (wohl irrig)
COEHORN und im Rev. stets V statt U, und MOENIA . DONNA TVA. Müller pag. 209. — Wellenheim
13466. — Vogel Chorogr. V. p. 171. — Bel v. Loon I. p. 342. fehlt die Marke d. Medailleurs.

Zu Ehren Malboroughs aber wurden die nachstehenden beiden Medaillen gefertigt:

89. Av. ANNA . D : G : MAG : BR : — FRA : ET . HIB : REGINA .
Brustbild der Königin Anna von der linken Seite.

Rv. a. SINE . CLADE — VICTOR .
b. —— . ——.—— .

General Malborough zu Pferde, im römischen Feldherrn-Kostüm, mit dem Com-
mando-Stab in der R.; vor ihm eine mit einer Mauerkrone geschmückte weibliche Person knieend und mit der R. auf einem Teller drei Schlüssel über-
reichend; bei b. sieht man im Hintergrunde, hinter dem Pferde, Truppenmassen.

9

Im Abschnitt in 3 Zeilen CAPTIS . BONNA . HVO . | LIMBVRGO . | J703 .

Silber a. Gr. 43. b. Gr. 41. [Siehe Tafel II.]

a. S. Wuerst. — v. Merle. p. 397. N. 69. — Vogel Chorogr. V. 173. — b. v. Loon. IV. p. 346.

90. Av. a. ANNA . D . G . MAG . BR . — FR . ET . HIB . REGINA

b. ———— . — ———— .

Brustbild der Königin von der linken Seite.

Rv. Ansicht der Stadt Bonn von der Rheinseite, welche aus 2 Schanzen bombardirt wird; ganz vorne verschiedene Truppen.

Oben die Schrift DONA A MALIS EREPTA

Unten im Abschnitt in 3 Zeilen

a. SOCIALIBUS ARMIS | I . D 18 MAII | MDCCCI I I

b. SOCIALIBVS ARMIS | ID . 18 . MAY . | M . DCC . III .

Beiderseits Linienkreise.

Gr. 42. [Siehe Tafel II.]

a. v. Loon. IV. p. 342. — b. v. Merle. p. 397. N. 68. — Vogel Chorogr. V. 173.

1714.

Kurfürst Joseph Clemens kehrte erst 1714 aus Frankreich in seine Lande zurück. Er begab sich zuerst nach Lüttich und hielt am 25. Februar 1715 seinen feierlichen Einzug in Bonn, nachdem die holländischen Truppen endlich diese Stadt geräumt hatten. Bei dieser Gelegenheit wurden nach der Vogel'schen Chorographie VI. pag. 155 einige Tausend der nachbeschriebenen Jetons in Gold, Silber und Kupfer, unter das Volk geworfen.

Es ist dieselbe Medaille, die nach der Revue num. belge 1851 pag. 239 auch in Lüttich bei der Rückkehr ausgeworfen worden ist.

91. Av. IOS . CLEM . ARCH . COL . S . R . I . ARCHICAM . ET ELECT . DVX BAU .

Brustbild von der r. Seite, unten am Armabschnitt a. a.

Rv. Ein sitzender gekrönter Löwe, oben die Schrift SUBDITIS CLEMENS .

Im Abschnitt 1714.

Gr. 29.

In Kupfer: S. Wuerst. — Renesse 18143. ; in Silber: S. Wuerst. — Renesse 18142. — v. Merle. p. 410. N. 97. (¹/₂ Loth). — Appel. 187. N. 6. — Bretfeld. 7210. — Wellenheim 7995.

1721?

Joseph Clemens stiftete am 29. September 1693 den adeligen Ritterorden des Erzengels Michael, mit dem eine viele Mitglieder zählende Bruderschaft verbunden war.¹) Erst im April 1721 erhielt der Orden seine Statuten und wurde zum Andenken an die Errichtung des Ordens, die Kapelle nebst Einsiedelei auf dem Godesberg von Joseph Clemens erbaut.²)

---

1) Das Ordens-Zeichen war ein blau emaillirtes Kreuz, auf dessen 4 Schenkel die goldenen Buchstaben P. F. F. P. (Pietas, Fidelitas, Fortitudo, Perseverantia) standen. Ordens-Medaillen der Bruderschaft werden noch vielfach in Bonn und Umgegend gefunden. Verfasser besitzt eine silberne und 8 verschiedene kupferne und messingne Medaillen. Siehe auch Revue num. belge. 1850. p. 340. pl. VII. u. p. 343. pl. VIII.

2) v. Mering „Clemens August, Kurfürst und Erzbisch. v. Köln." — Cöln 1851. pag. 63.

Zum Gedächtniss an die Stiftung dieses Ordens oder auf die Erbauung der Godesberger Capelle [vielleicht auch auf die oben Seite 36 angeführte Erbauung der Bonner Schloss-capelle,] scheint folgende Medaille geschlagen zu sein.

92. Av. IOS . CLEM . D . G . EL . COL . VTRIVSQ . BAV . DVX .
    Brustbild des Kurfürsten von der l. Seite.

  Rv. In einem runden Schilde in 5 Zeilen
    WER AVF | GOTT VER | TRAVT HAT | WOL GE | BAVT
    Unter dem Schilde ein kleinerer mit dem quadrirten Bayerischen Wappen. Statt der Umschrift 4mal das Wort AMEN und 4mal ein mit zwei F und zwei P bezeichnetes Kreuz.
    Gr. 36. Silber. (1¼ Loth.)
    v. Merle. pag. 398. N. 61.

1752.

Vom Kurfürsten Clemens August, dem Nachfolger Joseph Clemens, besitzen wir nur nachstehende sehr seltene auf Bonn bezügliche Medaille.

93a. Av. CLEM . AUG . D : G . AR . ET EL . COL . S . A . B . M . T . ORD
    Brustbild von der rechten Seite. Dicker Strichelrand.

  Rv. · ZELO . ET . DEVOTIONI . IVENT . BONN . XENIVM .
    In einem Linienkreise ein Altar, mit Blumen verziert und mit der Aufschrift in 3 Zeilen PRO | SALUTE | AUGUSTI
    Ueber dem Altar in Strahlen 5 brennende Herzen (2 u. 3), unter demselben die Jahreszahl 1752
    Gr. 27. [Siehe Tafel II.]

Silber und mit grossem Oehr zum Tragen. S. d. H. Garthe in Cöln u. S. Wuerst. — Ohne Oehr S. d. H. Whalten in Bonn.

93b. Dieselbe Medaille im Av. mit CLEM . AVG . D : G . etc.
    und im Rv. auf dem Altar in 3 Zeilen PRO | SALVTE | AVGVSTI
    v. Merle. p. 442. N. 39. — (½ Loth.)

1769.

Kurfürst Maximilian Friedrich erliess unterm 24. Januar 1769 eine „Geschärffte Ver-ordnung wegen der Vagabonden und Bettler"[1]) und bestimmte darin sub 16:

„dass unsere Beamte aufm platten Land, wie auch Bürgermeister und Rath in denen Städten ein bleyernes mit dem Nahmen des Orts bedrucktes Zeichen denen zum Almosen-Sammlen privilegirten Armen zustellen, diese aber solches auf dem Kleid öffentlich tragen, mithin ohne demselben sich allen Bettlens unter Verlust des ihnen verstatteten Beneficii enthalten."

Ob die Stadt Bonn solche Bleimarken für ihre Arme hat fertigen lassen, hat bis jetzt

---

1) Sammlung der Edicten von Maximilian Friedrich. Cöln. 1773. Band II. p. 89.

nicht festgestellt werden können; es scheint, dass es damals nicht geschehen ist, da sich doch sonst wohl noch Exemplare erhalten haben würden.

1771.

Das schöne Bonner Rathhaus, dessen Grundstein am 24. April 1737 vom Kurfürsten Clemens August gelegt wurde, dessen Vollendung aber erst 1782 erfolgte, ist auf einer silbernen Denkmünze dargestellt, welche die Bonner Bürger zu Ehren des Kurfürsten Maximilian Friedrich schlagen liessen. Als nämlich 1771 eine grosse Theurung der Lebensmittel herrschte, legte der Kurfürst Magazine an, stiftete ein Armenhaus in Bonn und sorgte nach Kräften den Nothleidenden zu helfen.[1] Die folgende Denkmünze verherrlicht sein damaliges seegensreiches Wirken.

94a. Av. Platz mit Häuser, links eine Gruppe Volks mit Kindern, rechts Kornähren und davor ein Engel den mit dem Kurhute bedeckten vierfeldigen Kurcölnischen Wappenschild haltend. In der Mitte ein Altar auf welchem ein Bienenstock und darüber die mit dem Kurhute bedeckte Büste des Kurfürsten steht. Am Fusse des Altars 1771 Auf der Vorderseite des Altars die 7zeilige Inschrift

SEINE | REGIRVNG | IST | SANFTMVT | GERECHTIG | KEIT VND | VORSORGE

Gans oben über der Büste zwei Engel, welche den Namenszug des Kurfürsten halten.

Im Abschnitt in 7 Zeilen

DANK UND DENK MUNZE | DEM GNÆDIGSTEN HERREN |

MAXIMILIAN FRIDRICH | CHURFURST ZU COLLN |

FUR DIE ERRICHTUNG | DER DREY LAND | MAGAZINEN

Rv. Ansicht des Rathhauses zu Bonn mit einem Theile des vorliegenden Marktplatzes; auf letzterem verschiedene Personen, Lastwagen mit Pferden etc. Vorne ein Knabe vor einem Rauchfass.

Im Abschnitt in 4 Zeilen

HEROISCHEN WOHLTHATEN | WEIRAUCH OPFRENDER | BURGER VON | BONN

Gr. 46. Silber. [Siehe Tafel II.]

S. Wuerst. — Koeb. N. 456. — Reneese. 18226.

94b. Dieselbe Medaille mit den Inschriften in 7 Zeilen

SEINE | REGIRVNG | IST | SANFTMVT | GERECHTIG | KEIT VND | VORSORG

und

DANK VND DENKMVNTZ | DEM GNÆDIGSTEN HERREN |

MAXIMILIAN FRIDERICH | CHVRFVRST ZU COLLN |

FVR DIE ERRICHTVNG | DER DREY LAND | MAGAZINEN.

und HEROISCHEN WOHLTHATEN | WEIRAVCH OPFRENDER | BVRGER VON | BONN Silber. Gleiche Grösse.

v. Merle. p. 472. N. 25.

---

1) v. Mering. Geschichte der Burgen, Rittergüter und Abteien etc. VI. Heft p. 95.

Eine der denkwürdigsten Begebenheiten für Bonn wird in den nachfolgenden Medaillen verherrlicht, nämlich die

1786

durch Kurfürst Maximilian Franz geschehene Eröffnung der Universität. Das Nähere hierüber haben Müller und v. Mering in ihren oben mehrfach citirten Schriften angegeben, auch
ist [von Dereser] eine „Entstehungs- und Einweihungs-Geschichte der Kurkölnischen Universität
zu Bonn, Bonn 1786." fol. erschienen, welche eine Abbildung der Ehrendenkmünze enthält.
95a. Diese Medaille ist die folgende:

Av. MAX . FRACISCVS S . R . I . PR . & ELECT . COL . WESTPH . & ANG . D .
ARCHIDVX AVST .
Brustbild des Kurfürsten von der rechten Seite, unten ʙ໐ʟᴛᴢᴄʀᴀᴠs.

Rv. Unter einem 6spitzigen Stern in 11 Zeilen
ACADEMIA | BONNENSIS | A | MAXIMILIANO FRIDERICO | CONDITA | A |
MAXIMILIANO FRANCISCO | IN ˙ VNIVERSITATEM ERECTA | XII . CAL .
DECEMBR . | MDCCLXXXVI
Silber. Gr. 45. [Siehe Tafel II.]

S. Wuerst. — Dereser pag. 78. — Koch. 299. — Ampach 7363. — Wellenheim. 6007. — Reichel. 2743.
(2¹/₄ Loth). — Oberthür. Verzeich. v. Gedächtnissmünzen (Würzburg 1825) N. 359. 2¹/₄ Loth. — Renesse N. 18249.
— v. Merle. p. 477 N. 2. hat wohl Irrig im Av. ELET und & & ANG . so wie im Rev. hinter DECEMBR keinen Punkt.

95b. Dieselbe Medaille mit folgenden Stempel-Abweichungen:
im Av. fehlt der Name des Medailleurs,
im Rv. unter dem Stern die Umschrift in 11 Zeilen   ACADEMIA | BONNENSIS |
A | MAXIMILIAN . FRIDERIC ! CONDITA | A | MAXIMILIAN . FRANCISC |
IN | VNIVERSITAT . ERECT | XII . CAL . DECEMB . | MDCCLXXXVI

Gr. 44.   Vergoldete Bronce-Medaille.

S. Wuerst. — Koch. N. 300. — Auch abgebildet auf der dem Dereser'schen Werkchen beigegebenen Tafel.

Die 1786 errichtete neue Universität zu Bonn wurde am 20. November jenes Jahres
durch den Kurfürsten Max Franz eröffnet.[1] Nach v. Mering wäre auch eine Denkmünze
damals erschienen mit dem Bildniss des Kurfürsten im Av. und im Rv. die Inschrift: Aca-
demia Bonnensis a Maximiliano Francisco in Universitatem erecta XII. cal. Decembris 1786.
Es dürfte diese Angabe ungenau und die Denkmünze mit der vor sub 95a beschriebenen identisch sein.

1809.

96. Unter der französischen Herrschaft wurde die alte Remigiuskirche in Bonn abgebrochen
und der Platz, wo sie gestanden nebst dem sie umgebenden Kirchhofe, zu einem öffentlichen
eingerichtet; er erhielt damals den Namen „Remigiusplatz" und wird jetzt als „Römerplatz"
bezeichnet. Am 3. December 1809 zum 5. Jahrestage der Krönung Napoleon I. wurde auf
diesem Platze der unter dem Namen der „Ara ubiorum" bekannte römische Votivstein[2]

1) Siehe auch v. Mering. Geschichte d. Burgen, Rittergüter, Abteien etc. VI. Heft. p. 116.
2) Jahrbücher d. Ver. v. Alterth.-Frd. XVII. p. 47. und Overbeck. Katalog des Köngl. rhein. Museums
vaterländischer Alterthümer. Bonn. 1851. (pag. 83. u. f.)

aufgestellt. Die dabei stattgehabten Festlichkeiten sind nicht nur in der Bonner Zeitung von 1809, sondern auch in einer eigenen Festschrift ausführlich beschrieben worden. [1] Dem Verfasser ist nun vorlängst ein alter Kupferstich zugekommen, welcher eine Medaille zur Erinnerung an dieses Fest vom 3. December 1809 darstellt.

Diese Medaille ist bis jetzt im Original nicht zu ermitteln gewesen; — sie ist den älteren Bonner Einwohnern, welche sich jenes Festes noch wohl erinnern, nicht bekannt; — die Festbeschreibungen erwähnen ihrer nicht, die Werke über die Medaillen Napoleons I. von Millin, Millingen und Pellmann führen dieselbe nicht an, auch befindet sie sich nicht in der Kaiserlichen Sammlung zu Paris. [2] Es scheint deshalb wohl ziemlich sicher, dass diese Medaille, von der Tafel II. N. 96 die Abbildung gegeben, — nur im Project bestanden hat und nicht zur Ausführung gekommen ist. [3]

Die „Ara ubiorum" wurde 1823 von der Stadt dem Königl. rheinischen Museum vaterländischer Alterthümer hierselbst geschenkt.

Ohne Jahr.

97. Der durch seine prachtvollen Arbeiten rühmlichst bekannte Medailleur J. Wiener in Brüssel, hat eine grössere Zahl Medaillen gefertigt, welche die Ansichten der schönsten mittelalterlichen Bauwerke Belgiens, der Rheinlande u. s. w. bringen. Unter letzteren befindet sich auch nachstehend beschriebene Medaille mit der Bonner Münsterkirche [4], die soviel uns bekannt in den vierziger Jahren gefertigt worden ist.

Av. Ansicht der Kirche mit ihren 5 Thürmen (von Südost gesehen).
Umschrift oben MÜNSTERKIRCHE — ZU BONN
Unten im Abschnitt J . WIENER F. BRUSSEL
Rv. Innere Längen-Ansicht der Kirche bis zum Hochaltar.
Im Abschnitt   ERBAUT VOM PROBSTE
                GERHARD VON SAIN 1130—1180
                    BEENDET XIII JAHRH:
Bronce. Gr. beinahe 60.
S. Wuerst

Die Münsterkirche, zum altberühmten St. Cassiusstifte gehörig, soll der Sage nach von Helena, der Mutter Constantins, zu Ehren der zu der thebaischen Legion gehörenden Martyrer Cassius und Florentius gegründet worden sein. Ueber den Bau der Kirche geben Lersch in dem Niederrheinischen Jahrbuch für Gesch., Kunst u. Poesie (Bonn, 1843.) S. 219 u. ff., v. Quast Heft X. p. 197 u. aus'm Weerth in der vorstehenden Abhandlung nähere Nachrichten.

---

1) Description d'un Autel de la victoire, monument antique, érigé sur la place de Saint-Remi à Bonn, le 3. Decembre 1809. 5e. Anniversaire du couronnement de Napoleon Ier. Avec une estampe. Bonn. 1810. 4°.

2) Nach gütiger Mittheilung der Herrn Ch. Robert, Intendant général Inspecteur und Chabouillet conservateur du département des médailles in Paris.

3) Vielleicht giebt gegenwärtige Anführung doch Veranlassung über dieses für die Geschichte Bonn's ebenso merkwürdige wie interessante Stück nähere Aufschlüsse zu erhalten und bittet der Verfasser eventl. um gütige Mittheilung derselben.

4) Beschreibung der Kirche in: Hundeshagen, die Stadt und Universität Bonn am Rhein. (Bonn 1832.) pag. 71 u. ff.

Die nun folgenden Medaillen und Zeichen beziehen sich alle auf V e r e i n e der Stadt Bonn, oder sind von denselben ausgegangen. [1]) Es sind dies

a. der Gesellige St. Mathias-Verein.

1845

bildete sich in Bonn ein Verein unter dem Namen *Geselliger St. Mathias-Verein* der nach seinen Statuten vom 19. December jenes Jahres zum Zwecke hatte „ein näheres Anschliessen des Einen an den Andern, ein gegenseitiges brüderliches Verhältniss der einzelnen Mitglieder unter sich ins Leben zu rufen, um sich auch ihre Gedanken in Beziehung auf wohlthätige Zwecke gegenseitig mitzutheilen." Die neuen Vereinsstatuten datiren vom 8. December 1847; nach § 14 derselben erhält jedes Vereins - Mitglied die nachstehend beschriebene „Vereins-Medaille", welche in jeder Versammlung getragen werden muss.

98. Av. Der stehende heil. Mathias in der R. das Beil, in der L. ein offenes Buch, mit der Umschrift oben GESELLIGER SANCT MATHIAS VEREIN
unten in BONN
Rv. Ansicht der Münsterkirche, darunter im Abschnitt in 3 Zeilen
GESTIFTET | im decbr. | 1845
Zinn. Oval mit Oehr. Gr. mit Oehr 60. Ohne Oehr 52 zu 38.
S. Wuerst.

b. Die Hospital-Vereine.

Im Jahre 1846 wurden in Bonn 3 Vereine gestiftet, um die zum Bau und zur Einrich-tung eines grossen katholischen Hospitals nöthigen Geldmittel zu beschaffen. Ihre aus-gebreitete Thätigkeit reichte bis in das Jahr 1848, wo das neue St. Johannes - Hospital vor dem Cölnthor fertig gestellt war und der Benutzung übergeben werden konnte. Alle 3 Ver-eine gründeten deshalb am 2. Januar 1848 eine besondere Stiftung. Jeder der 3 Vereine hatte für seine Mitglieder eine aus Zinn geprägte Medaille als Vereinszeichen, die nach-stehend beschrieben sind.

99. Av. Ein grosses Gebäude, Abbildung des St. Johannes-Hospitals vor dem Cölnthor.
Unten im Bodenabschnitt der Name des Stempelschneiders, Goldarbeiters sell
Oben im Bogen EINTRACHT AUSDAUER
Unten OPFERWILLIGKEIT
Rv. GESELLIGER HOSPITAL VEREIN IN BONN.
In der Mitte in 3 Zeilen GESTIFTET | IM AUGUST | 1846
Auf beiden Seiten punktirter Rand.
Gr. 36. Zinn und mit Oehr, an einem 11 Mm. breiten schwarz, weiss und roth gestreiften Bande zum Tragen.
S. Wuerst.

---

1) Nicht aufgeführt sind hier, der Gesangverein „Concordia". — der Bonner „Männer-Gesangverein", und der „St. Remigius-Gesangverein." Ersterer hat als Vereinszeichen das in Silberblech geprägte Stadtwappen, letztere beiden silberne Lyra's, an roth-weiss-blauen Bändern.

100. Av. Zwei ineinandergreifende Hände.
    Oben im Bogen EINTRACHT MACHT
    unten STARK
  Rv. BRÜDERLICHER HOSPITALBAUVEREIN
    In der Mitte eine Leyer mit 5 Saiten; unten getheilt die Jahreszahl 18 — 46
    Gr. 31.   Zinn, mit Oehr zum Tragen.   Rohe Arbeit.
    S. Wuerst. — Neumann, Beschreibung d. bekannt. Kupfermünzen. Heft XXV. N. 31584.

101. Av. Die Ansicht des St. Johannes-Hospitals, wie vor, mit der
    unten beginnenden Umschrift WERKTHÆTIGER HOSPITALVEREIN
    unter dem Abschnitt des Gebäudes BONN IM DCBR
                                        1846
  Rv. FLEISS UND THÆTIGKEIT
    In der Mitte ein Bienenkorb.
    Auf beiden Seiten Rand von dicken Punkten.
    Gr. 29.   Zinn, mit Oehr.
  S. Wuerst.

c. Die Carnevals-Gesellschaft.

Nach dem Vorgange der anderen Rheinstädte bildete sich auch Anfangs der 40er Jahre
hier in Bonn eine Carnevals-Gesellschaft, die seitdem alljährlich sich von Neujahr bis zu den
Fastnachtstagen versammelt und die Carnevalsfestlichkeiten, Bälle etc. etc. veranstaltet.

1845—1846.

gab die Gesellschaft ihren Mitgliedern folgende Zinn-Medaille als Vereinszeichen.

102. Hanswurst liegt auf Rasen im Gebüsch, vor ihm ein Wasser. Zur R. liegt die
    Pritsche, in der L. hält er eine Pfefferbüchse; zu Füssen sitzt eine Eule. — Im
    Hintergrund Gebirge und die Sonne.
    Umschrift zwischen zwei dicken Kreisen
      oben BÖNNISCHER
      zu den Seiten 1845 — 1846
      unten PFEFFER LECKER
    Gr. 58.   Einseitig.
  S. Wuerst.

Bezüglich des Ausdruckes „Pfefferlecker" sei hier noch bemerkt, dass er ein alter
Spottname ist, den die Cölner Bürger den Bonnern beigelegt haben sollen. Der Ausdruck
sollte in etwa bezeichnen, dass die Bonner die Schmarozer am kurfürstlichen Hofe wären,
indem sie dort die Gewürz-Sauçen [in der alten Bezeichnung „Pfeffer"] leckten. Es ist deshalb auch ein auf Unkenntniss des Stempelschneiders beruhender Fehler, dass er dem Hanswurst eine für unseren jetzigen Pfeffer gebräuchliche Streubüchse in die Hand gegeben hat.

45

1863

wurde von der Gesellschaft wieder eine Medaille als Vereinszeichen an die Mitglieder gegeben, nämlich:

103. Av. BONNER NARREN-PARLAMENT
   Ein auf einem Kissen mit untergeschlagenen Beinen sitzender Chinese, mit langem Zopfe, in beiden Händen seinen langen Schnurrbart haltend.
   Unten 1863
   Rv. Glatt.
   Weisses Metall (Neusilber?) Gr. 36. Gehört an blau-weiss-rothem Bande.

S. Waerst. — Neumann. N. 31585.

d. Die Schützen-Gesellschaft.

Die Bonner St. Sebastianus-Schützen-Gesellschaft wurde 1473 unter Kurfürst Ruprecht gestiftet und datiren ihre neuen Statuten vom 20. März 1863. Nach denselben hat sie sich die Aufgabe gestellt „Uebung in Handhabung der Waffen unter gleichzeitiger Beförderung und Hebung des Bürgersinns und der Geselligkeit." Im August 1863 fand auf Veranlassung der Gesellschaft in Bonn ein „Rheinisches Provinzial-Preiss-Schiessen" statt, zu dessen Erinnerung die nachfolgend beschriebene Medaille geprägt worden ist.

104. Eine Scheibe, dahinter stecken zwei Hirschfänger, oben auf derselben ein Schützenhut. Auf der Scheibe liegen gekreuzt zwei Büchsen, daran hängen Jagdtasche und Pulverhorn. Oben auf einem Bande
   DEM VATERLAND ZUR WEHR UND EHR
   Unten zwei Eichenzweige.
   Rv. Innerhalb zweier, unten gebundenen Lorbeerzweige in 8 Zeilen
   ERSTES | RHEINISCHES | PROVINCIAL | PREISSCHIESSEN | ZU | BONN |
   D: 9—14 AUGUST | 1863
   Zinn. Gr. 40.

S. Waerst.

Den vorstehenden Vereinszeichen schliessen wir nun der Vollständigkeit wegen noch die folgenden 5 Stücke an; es sind dies:

Privat-Marken.

105. Av. **S. W.**   Rv.   **LINE**
   Sünhoff.   **BIERMARKE**
   Messing. Beiderseits punktirter Rand.
   Gr. 20½.

S. Waerst.

106. Einseitige runde messingne Biermarke; vertieft eingeschlagen
   F. D (Fr. Dahlhausen)
   Gr. 20.

Neumann. N. 31588.

11

107. Einseitige runde Kupfermarke mit 大 𝟁. (A. Daniels.)
1
𝔅ier

Gr. 23.

S. Wuerst. — Neumann. N. 81586.

108. Einseitige runde messingne Biermarke; vertieft eingeschlagen CL. DREESEN
Gr. 26¹/₂.

S. Wuerst.

109. Einseitige runde messingne Marke; vertieft eingeschlagen LINDEN
&
DANIELS

Gr. 22¹/₂.

S. Wuerst. — Neumann. 81587.

Medaillen auf Bonner.

Die Zahl derjenigen Medaillen, welche auf Personen die in Bonn geboren oder gestorben sind, — geschlagen wurden, ist eine kleine. Indem nachfolgend diese Stücke näher beschrieben werden, sind dabei Medaille auf solche Personen, welche in Bonn nur eine Zeitlang gewohnt und dann die Stadt wieder verlassen haben, unberücksichtigt geblieben, wie z. B. die Medaille auf den Kanzler Karg von Bebenburg[1]), den Hofmaler Desmarées[2]) u. A. Die vielfachen Anfragen, ob noch auf andere berühmte Persönlichkeiten, die in Bonn geboren oder hier gestorben sind, Medaillen existiren, z. B. A. W. v. Schlegel — Dahlmann — Hermes — Riess — General v. Velten — Frhr. v. Waldenfels — Graf Spiegel — Ritter Bunsen und Andere, haben zu keinem Resultate geführt.

Bis jetzt sind Medaillen auf folgende Personen bekannt:

Caspar Anton v. d. Heyden gent. Belderbusch,

Sohn des Freiherrn Max Wilhelm v. d. Heyden gent. Belderbusch und der Gräfin Johanna von Satzenhoven zu Berchtoldshoven, unter Kurfürst Max Friedrich Oberbaukommissar, Ritter des Deutschordens und Coadjutor der Ballei Altenbiesen, Kaiserl. Königl. Geheimer Rath, dann kurcölnischer Geheimer Conferenz - Minister. In letzterer Stellung regierte er mehre Jahre vor dem Tode Max Friedrich, fast uneingeschränkt das Cölnische Land. — Er war wenig beliebt und zunächst mit Veranlassung dass Max Friedrich in die Wahl eines Coadjutors willigte; er betrieb dann die Wahl dass Erzherzogs Max Franz von Oesterreich, Sohn der Maria Theresia [am 7. August 1780 zum Coadjutor gewählt], und wurde dafür mit 100000 Gulden, der freien Dispositions-Gewalt über sein Vermögen, der venia testandi und dem Grafen-Diplom für sich und seine drei Neffen bedacht. Das Grafen-Diplom wurde im Februar 1781 ausgefertigt.[3])

---

1) Hauschild. Anhang. 427. — Oberthür N. 279. — Oberbayer. Archiv. XIII. p. 139.

2) Renesse 29,176. — Belerlein. Medaillen auf berühmte Bayern. Oberbay. Archiv. XIII. p. 141.

3) Nähere Nachrichten finden sich bei Fahne Geschichte der Cöln - Jülich. und Bergischen Geschlechter. Cöln u. Bonn. 1848. I. p. 22. — Vogel Chorograph. 8. Fortsetzung (1781) p. 14 u. f. — v. Mering Gesch. der Burgen, Rittergüter etc. VI. (1842). p. 102. — Ennen Frankreich u. d. Niederrhein oder Gesch. d. Stadt u. Kurstaats Köln. Cöln 1856. II. p. 317 u. f. und p. 410.

Auf ihn existirt eine sehr seltene Denkmünze in Silber, die seine Verdienste um die Linderung der Noth 1771 dankbar anerkennt.

110. Die Medaille führt denselben Revers wie die Medaille Nro. 94a zu Ehren des Kurfürsten Max Friedrich, hat dagegen als

Av. auf einem Fluss einen Kahn mit Segel und Wimpel; im Kahne liegen Säcke; am Steuerruder sitzt ein geflügelter Engel; aus dem Kahn fliegt ein Vogel (Taube?) und ein Engel, welcher eine Fruchtgarbe unter dem l. Arme trägt.

Am Ufer r. grosse Gebäude, davor stehen Männer und Frauen; links vor einer Sonnenblume ein nackter Knabe an ein Schild gelehnt auf dem in 5 Zeilen

GOTT | SIEHT (oder siehet) AUF | SEIN | VOLK

Gans oben das Auge Gottes in Wolken und Strahlen.

Im Abschnitt in 6 Zeilen DEM MENSCHENFREUND | CASPAR ANT: VON BELDERBUSCH | FUR DIE DEN EINWOHNERN DER | STADT BONN VERSCHAFFTE | GETREIDHULF IM IAHR | 1771

Gr. 46. Silber. Breiter Rand.

S. d. H. Garthe in Cöln.

Ludwig van Beethoven,

der berühmte Componist, wurde am 17. October 1770 in Bonn geboren, wo sein Vater Johann van Beethoven kurfürstlicher Tenorist war.

Bereits 1785 von Kurfürst Max Franz als Organist angestellt, begab er sich 1792 nach Wien, wo er auch am 26. März 1827 starb.

Auf seinen Tod beziehen sich nachfolgende Medaillen:

111. Av. LUDWIG VAN BEETHOVEN.

Brustbild mit umgeschlagenem Hemdkragen, von der l. Seite.

Unten J. LANG. F.

Rv. Ein trauernder Engel, in der l. eine brennende Fackel gesenkt haltend, stützt sich mit dem r. Arme auf einen antiken Sarcophag (von der schmalen Seite gesehen); unten ist eine mit einem Lorbeerkranz behangene Leyer angelehnt; in Doppellinien die unten anfangende Umschrift

GEB. AM XVII. DEC. MDCCCLXX. DER KUNST ENTRISSEN AM XXVI. MAR. MDCCCXXVII.

Zwischen Anfang und Ende der Umschrift 3 Sterne.

Gr. 48. Silber. 1¼ Loth.

Im Königl. Cabinet zu Berlin. — Ampach. 9293. — Wellenheim. II. 15198.

112. Av. LOUIS VAN — BEETHOVEN

Kopf von der l. Seite; unten GATTEAUX

Rv. In einem Perlenkreise eine grosse Leyer, mit der unten anfangenden Umschrift

• NE LE 17 DECEB 1770 A BONN MORT LE 26 MARS 1827

Beiderseits doppelter Linienkreis am Rande.

Gr. 48. Bronce.

Königl. Cabinet zu Berlin.

Ausser den vor angegebenen Medaillen ist noch der nachstehende Jeton auf Beethoven vorhanden:

113. Av. LUDWIG von — BEETHOVEN
Kopf von der linken Seiten. Unten klein Loser
Rv. In einem unten gebundenen Eichenkrans *JETON*
Gr. 22. Messing.

S. Wuerst.

114. Nach Mittheilung des Hrn. Frhrn. v. Sacken in Wien hat auch der verstorbene Medailleur Böhm, ein Freund Beethovens, auf diesen im Jahre 1825 eine einseitige Portrait-Medaille gefertigt, die Beethovens Brustbild en face zeigt. Das Portrait soll nach dem Ausspruch Aller, die Beethoven kannten, das ähnlichste, und dabei sehr lebendig und charaktristisch aufgefasst sein. Leider war ein Abdruck der Medaille, die gegossen und ciselirt ist, nicht zu erlangen.

Beethovens Name kommt auch in Verbindung mit denen anderer berühmter Componisten auf einzelnen Medaillen vor; so z. B. auf einer Medaille zur Erinnerung an das 15. Niederrheinische Musikfest in Düsseldorf und auf einer Medaille von Loos auf das 17. Niederrheinische Musikfest in Cöln am 7. und 8. Juni 1835. (S. Wuerst.)

Zum Andenken an Beethoven wurde ihm in seiner Geburtsstadt eine Bronce-Statue errichtet, auf Betreiben des hier 1835 zusammengetretenen „Vereins für Beethovens Monument", der unterm 17. December j. J. unter dem Präsidium A. W. v. Schlegel einen Aufruf an die Verehrer Beethovens erliess.

Das Monument von E. J. Hähnel in Dresden modellirt und von Burgschmiet in Nürnberg gegossen, wurde am 11. August 1845 auf dem „Münsterplatze" hierselbst in Gegenwart Sr. Maj. des Königs, Ihr. Maj. der Königin von Preussen und der Königin Victoria von England und vieler anderer hohen Personen feierlich enthüllt. (Vergleiche H. K. Breidenstein Festgabe zur Inauguration des Beethoven-Monuments. Bonn. 1845. 4°. und Breidenstein zur Jahresfeier der Inauguration des Beethoven-Monuments. Bonn. 1846. 4°.)

Bei Gelegenheit dieser Feier erschien nachstehende Medaille von höchst mittelmässiger Ausführung.

115. Av. LUDWIG — V. BEETHOVEN.
Kopf von der linken Seite, mit Lorbeerkranz.
Rv. In 8 Zeilen   ZUR | ERINNERUNG | AN DIE | ENTHÜLLUNGS | FEIR | SEINES DENKMALS | AM XII AUG MDCCCXLV | BONN.
Zinnmedaille.
Gr. 42.

S. Wuerst.

Barthold Georg Niebuhr,

geb. zu Kopenhagen am 27. August 1776, trat 1806 aus dem dänischen in den preussischen Staatsdienst, wurde 1816 preuss. Gesandter am päpstlichen Hofe.

Von Rom zurückgekehrt, zog er 1823 nach Bonn und hielt nun bis 1830 an der hiesigen Universität Vorlesungen. Seine Forschungen, Vorträge und zahlreichen Schriften über die

Geschichte und Entwickelung des classischen Alterthums, besonders aber seine kritische Behandlung der römischen Geschichte, haben ihm einen hohen Rang unter den Gelehrten gesichert. Er starb in Bonn am 2. Januar 1831 und liess ihm König Friedrich Wilhelm IV. auf seinem Grabe ein Monument errichten. Dasselbe ist von Rauch in Berlin ausgeführt und zeigt auf einer Marmortafel die Portraits Niebuhrs und seiner Gattin.

Niebuhr zu Ehren wurde 1842 folgende Medaille geschlagen:

116. Av. BARTHOLDVS G. — NIEBVHR.

Kopf von der l. Seite. Unten klein f. helfricht f. (Hofmedailleur in Gotha.)

Rv. Schrift in 13 Zeilen IMMORTALI MEMORIAE | B. G. NIEBVHRII C. F. | QVEM VIRTVS INTER SVMMOS | VIROS GERMANIAE RETTVLIT | INGENII LVMEN | NOSTRA AETAS ADMIRATVR | POSTERA ADMIRABITVR | HISTORIAE ET PHILOLOGIAE | CONCILIATOREM EGREGIVM | PIE SVSPICIVNT | PHILOLOGI VLMAE | CONGREGATI | A. cIɔIɔCCCXXXXII .

Gr. 45.

S. Wuerst. — Köhne. Zeitschft. III. p. 249.

Ernst Moritz Arndt.

Der Dichter und Vorkämpfer des deutschen Volkes „der Vater Arndt", gehöfte schon seit 1817 Bonn an. Geboren am 26. December 1769 zu Schoritz auf der Insel Rügen, siedelte er nach der Beendigung der Freiheitskriege an den Rhein über und zog 1817 nach Bonn, wo er 1818 bei der Gründung der Universität zum Professor der Geschichte ernannt wurde.

Kurz nach seiner Geburtstagsfeier 1859 erkrankt, verschied er am 29. Januar 1860 tief betrauert vom ganzen deutschen Volke.

Auf seinen Tod fertigte damals die Gravir- und Präge-Anstalt von G. Drentwett in Augsburg nachstehende Medaille:

117. Av. Brustbild von der linken Seite. Oben ERNST MORITZ ARNDT.

Unten gibald f. drentwett. o.

Rv. Innerhalb zweier unten gebundenen Eichenzweige, in 13 Zeilen VOM | DEUTSCHEN | EICHBAUM FIEL | DAS SCHÖNSTE BLATT, | DER MANN | DES DEUTSCHEN LIED'S, | DER DEUTSCHEN THAT — | DOCH GRÜNT ES, | DEUTSCHLAND, STETS | ZU DEINEM RUHM, | BEWAHRST DU'S | I. D. EINHEIT | HEILIGTHUM .

Ganz unten gavsberger

Gr. 37. Schöne Zinn-Medaille.

S. Wuerst. — Numism. Zeitung. 1860. N. 19.

Wenige Tage nach Arndt's Tode bildete sich in Bonn ein Comité zur Errichtung eines Denkmals für denselben. Der geschäftsführende Ausschuss (Vorsitzender Professor Otto Jahn) erliess unter'm 10. Februar 1860 einen bezüglichen Aufruf, der im ganzen deutschen Volke eine solche günstige Aufnahme fand, dass die Gaben für das zu errichtende Monument von allen Seiten reichlich flossen. Am 29. Juli 1865 wurde dasselbe — eine Bronce-Statue von Afinger in Berlin, auf einem Sockel von schlesischem Granit, — auf dem „alten Zoll" feierlichst enthüllt.

12

Bei dieser Gelegenheit erschienen folgende zwei Medaillen:

118. Av. **Was ist des Deutschen Vaterland?** So weit die deutsche Zunge klingt und Gott im Himmel Lieder singt.

In dreifachem Linienkreise Brustbild E. M. Arndt's von der linken Seite.

Rv. Der Rhein Deutschlands Strom, nicht Deutschlands Grenze. Der Gott der Eisen wachsen liess, der wollte keine Knechte.

In dreifachem Linienkreise ZUR

ERINNERUNG

AN

ARNDT

BONN, d. 29. u. 30. Juli

1865.

Gr. 50. Zinnmedaille, oben durchbohrt und mit einer weiss seidenen Band-schleife versehen, auf deren beiden Enden r o t h ARNDTFEIER und b l a u 1865, gedruckt steht. Die Aufschriften sind die des Arndt-Denkmals, und wurde die Medaille bei der Enthüllungsfeier desselben verkauft und getragen.

S. Wuerst.

119. Av. ERNST MORITZ ARNDT GEB. 26. DEC. 1769 GEST. 29. JAN. 1860

Kopf Arndts von der l. Seite; im Halsabschnitt A. MERTENS F.

und unter dem Kopfe a. LOOS DIR.

Rv. Die Statue Arndt's von der l. Seite (ohne Sockel) mit der Umschrift ERRICHTET VOM DEUTSCHEN VOLKE 1865

Am Fusse des Eichenstammes, auf den sich Arndt stützt, steht BAfinger und in dem ausgekehlten Rande A. MERTENS F.

Gr. 53. Eine in Silber, Bronce und Britannia-Metall geprägte sehr schöne Medaille aus der rühmlichst bekannten Loosschen Medaillen-Anstalt in Berlin.

S. Wuerst.

Den vorstehenden Medaillen schliessen wir noch die an, welche 1828 in Berlin geprägt wurde, auf die Vermählungsfeier des noch jetzt in Bonn wohnenden Herrn

Dr. Heinrich von Dechen,

Wirklicher Geheimer Rath, Ober-Berghauptmann a. D. und Ritter hoher Orden, Excellenz.

Herr von Dechen, geboren am 2. März 1800 in Berlin, war 1828 bis Ende 1830 beim hiesigen Königlichen Ober-Bergamte als Assessor angestellt, wurde dann nach Berlin ver-setzt, von wo er 1841 zum Berghauptmann und Director des hiesigen Ober-Bergamts ernannt, — nach Bonn zurückkehrte. Er bekleidete diese hohe Stelle bis zum Schlusse des Jahres 1863, und zog sich dann in den Ruhestand zurück, um sich ferner ungestört seinen wissenschaft-lichen Arbeiten und gemeinnützigen Bestrebungen widmen zu können. Die grossen Ver-dienste können hier nicht aufgezählt werden, die Herr von Dechen sich während seines langen Wirkens um Staat, Provinz und Stadt, um die verschiedenen Vereine, Institute und gemeinnützigen Unternehmungen erworben hat; eben so müssen wir uns versagen hier die vielen höchst bedeutenden wissenschaftlichen Publicationen desselben anzugeben. — Bonn ist stolz auf diesen seinen berühmten Bürger und freut sich diesen hochgeehrten Mann noch rüstig und in unermüdlicher Thätigkeit in seinen Mauern fortwirken zu sehen.

Die Medaille, welche wir hier nun beschreiben wollen, ist eine schöne Arbeit der Loosschen Anstalt in Berlin.

120. Av. Eine geflügelte Aurora, Blumen streuend; auf der r. Schulter Amor mit der Fackel tragend.

Oben DEM GLÜCKLICHEN TAGE

Unten G. LOOS DIR. GUBE FEC.

Rv. Schrift in 9 Zeilen ZUR | VERMAEHLUNG | DES | FRL. LOUIS. GERHARD | MIT DEM | ASSESS. v. DECHEN | AM | 18 IULI | 1828

Unten im Bogen AUS SCHLESISCHEM KADMIUM

Gr. 41. Bronce. (S. Woerst.) Das Ueberreichungs - Exemplar wurde in dem damals noch neuen Kadmium geprägt. (Verzeichniss der Denk- und Gelegenheits-Münzen von G. Loos. pag. 57. Nro. 105.)

I. Nachtrag.

Bei dem Schlusse dieser Arbeit erhielt der Verfasser durch Herrn Camille Picqué Attaché à la section des médailles de la bibliotheque royale in Brüssel, — die Beschreibung und Staniol-Abdrücke der folgenden 4 Münzen. [Siehe Tafel I. Fig. Nro. 1, 2, 3 u. 4.]

1. Av. DVX — LIMB — VRGE	Rv. MOII — ETre — DVII — IIEII
2. DVX — LIMB — VRGIE	— — — — — — —
3. MOIIe — . BVII — eIISIS	DVI — .eere — eere — BIe :
4. MONe — ...VI. -- ...ISIS	eIVI — TRS — eVN — eNS

Grosser der Länge nach getheilter Wappenschild mit zwei Löwen, der Linke mit Doppelschwanz.

Grosses die Umschrift theilendes Kreuz. Die Umschrift zwischen zwei Perlenkreisen.

Gr. 19½.

bei 1. u. 3. in den Kreuzwinkeln 4 Kleeblätter;

bei 2. u. 4. vier 5blättorige Rosetten.

Königl. Sammlung in Brüssel; von N. 2. sind 2 Exemplare, von den N. 1., 3. u. 4. dagegen nur je 1 Exemplar bekannt.

Diese bis jetzt unedirten Sterlinge (Engelsche), sind von ganz besonderem Interesse und zeigen, dass die Stadt Bonn eine Zeitlang in der Gewalt des Herzogs von Limburg resp. Brabants war. Es kann dies nur 1288 und 1289 gewesen sein, kurz vor und gleich nach der Schlacht bei Worringen.

Es ist bekannt, dass diese bedeutende Schlacht durch den Erbfolgestreit um das Herzogthum Limburg hervorgerufen wurde und mit dem Siege des Herzogs Johann I. von Brabant endete.

Letzterer hatte das Erbfolgerecht auf Limburg, von Adolf VI. Grafen v. Berg — welcher nach dem Tode Wallram III. 1280 — als nächster männlicher Erbe auf das Herzogthum Limburg Anspruch machte — gekauft, während Reinald Graf v. Geldern als der einzige Schwiegersohn Wallrams III. Limburg für seine Gattin Irmgardis in Besitz genommen hatte. In dem zwischen den Erbprätendenten entstandenen erbitterten Kampfe hatten die benachbarten Fürsten, Herren, und Städte mit Parthei ergriffen.

Erzbischof Siegfried v. Westerburg (siehe Seite 8), sein Bruder Reinald, Probst zu Bonn, die Grafen von Lothringen, Luxemburg, Cleve, Sayn, Solms etc. etc. waren Verbündete Reinalds, während Adolf VI. v. Berg, Wallram Graf v. Jülich, die Grafen v. d. Mark, v. Los, St. Pol etc. etc., die Städte Cöln, Aachen, Lüttich, Brüssel u. viele Andere, auf Seite Johanns v. Brabant standen.

Dieser war in das Erzstift eingefallen, und verwüstete es vielfach; er zog bis an den Rhein und empfing während seines Aufenthaltes in Brühl den Abgesandten der Stadt Cöln. Siegfried lagerte in Worringen und sperrte den Rhein und die Landstrasse nach Cöln. Herzog Johann zog gegen Worringen und am St. Bonifaciustage   den 5. Juni — kam es zur Schlacht. [1] Johann und seine Verbündeten siegten, Reinald v. Geldern und Erzbischof Siegfried wurden gefangen und an 6000 Mann fielen auf dem Schlachtfelde, während auf Seiten Johanns und seiner Verbündeten an 2000 gefallen waren. Erzbischof Siegfried blieb in Gefangenschaft des Grafen Adolf v. Berg, der ihn auf Schloss Burg (nicht 7 Jahre wie in der Cöln. Kronik irrig angegeben ist) festhielt, bis am 19. Mai 1289 Sühneverträge zwischen Siegfried und den Grafen Adolf v. Berg und Heinrich v. Windeck, mit Wallram v. Jülich, mit Eberhard v. d. Mark, mit Otto v. Waldeck und mit Herzog Johann v. Brabant, abgeschlossen wurden. [2] Am 8. Juli zog Siegfried wieder in Bonn ein.

Es dürften nun wohl die obigen 4 Münzen während der Zeit der Gefangenschaft Siegfrieds geschlagen, und Bonn mit den Erzstiftischen Landen bis zu der Freilassung des Erzbischofs von Herzog Johann v. Brabant und Limburg besetzt gewesen resp. verwaltet worden sein. Hierauf bezügliche Urkunden sind übrigens sonst nicht bekannt.

---

1 Ueber die Schlacht finden sich nähere Angaben in:

Koelhoff. Cronica van der hilj Stat van Coellen. (1499.) fol. CCXL.

Butkens, Christoph. Trophées tant sacrés que profanes du Duché de Brabant. Haag. 1724. Band I. pag. 312 u. f.

Pistorius, Johannes. Rerum Germanicarum veteres scriptores etc. Regensburg. 1726. p. 280

Heberle. Beiträge zur Gesch. d. Stadt Köln. — Cöln. 1840. Nro. 1

Lacomblet Archiv. f. d. Gesch. d. Niederrheins (Düsseldorf 1860) III. B. p. 91 u. f. u. IV. p. 1. u. f.

2 Lacomblet Urkundenbuch f. d. Gesch. d. Niederrheins. II. N. 865., 66., 67. u. 68.

II. Nachtrag.

Ein weiterer Beitrag zur Münzkunde Bonn's wurde uns durch eine Münze des Erzbischofs

Siegfried von Westerburg,

der bereits oben Seite 8 angeführt ist, und zwar mit der ersten nachweislich in Bonn geschlagenen erzbischöflichen Münze.

Der nachfolgend beschriebene Groschen ist bis jetzt unedirt und zeigt ein Gepräge, welches eine solche Aehnlichkeit mit den Münzen Conrads von Hochsteden (Cappe. Taf. XI. N. 191.) hat, dass man wohl diesen, das ältere Gepräge zeigenden Groschen vor den oben Seite 8 Nro 9. beschriebenen setzen und ihn somit als die älteste in Bonn geschlagene erzbischöfliche Münze bezeichnen muss. Dieser Groschen zeigt im

Av. ✠ SIFRIDVS — ᴍᴀᴄʜᴇʀ

Der sitzende Erzbischof von vorne, mit Inful; in der R. den Stab, in der L. ein offenes Buch.

Rv. ɑɪᴠɪᴛᴀꜱ . BVHᴇɴꜱɪꜱ ⁚ MO

Auf zwei Bogen steht ein Thurm zwischen zwei flatternden Kreuzfahnen.

Gr. 20. [Abgebildet auf Tafel II.]

Die Münze ist, ein kleines Loch abgerechnet, sehr gut erhalten, und befindet sich jetzt in meiner Sammlung.

———

Berichtigungen.

Nro. 81. befindet sich in der Kaisl. Sammlung zu Wien, und nicht in der des H. Whalten.

Nro. 83a. beim Rev. ist nachzutragen, dass vorne l. eine Kirche liegt, über derselben steht Creuzb soll also den Kreuzberg bei Bonn bezeichnen.

Inhaltsverzeichniss.